PERSONAL FINANCE
THEORY AND
PRACTICAL CASE

个人理财
理论、实务与案例

陈玉罡 ◎ 编著

图书在版编目(CIP)数据

个人理财:理论、实务与案例/陈玉罡编著. —北京:北京大学出版社,2012.6
ISBN 978-7-301-20582-2

Ⅰ.①个… Ⅱ.①陈… Ⅲ.①私人投资-高等学校-教材 Ⅳ.①F830.59

中国版本图书馆 CIP 数据核字(2012)第 083414 号

书　　　名	个人理财:理论、实务与案例
著作责任者	陈玉罡　编著
策 划 编 辑	叶　楠
责 任 编 辑	叶　楠　金　田
标 准 书 号	ISBN 978-7-301-20582-2/F·3166
出 版 发 行	北京大学出版社
地　　　址	北京市海淀区成府路 205 号　100871
网　　　址	http://www.pup.cn
电 子 信 箱	em@pup.cn　　QQ:552063295
新 浪 微 博	@北京大学出版社　@北京大学出版社经管图书
电　　　话	邮购部 62752015　发行部 62750672　编辑部 62752926
印 刷 者	三河市北燕印装有限公司
经 销 者	新华书店
	730 毫米×1020 毫米　16 开本　25.75 印张　435 千字
	2012 年 6 月第 1 版　2019 年 7 月第 4 次印刷
印　　　数	8001—9000 册
定　　　价	46.00 元

未经许可,不得以任何方式复制或抄袭本书之部分或全部内容。
版权所有,侵权必究
举报电话:010-62752024　电子信箱:fd@pup.pku.edu.cn
图书如有印装质量问题,请与出版部联系,电话:010-62756370

序

关于理财的口号很多,如"你不理财,财不理你"、"跑不过刘翔,一定要跑过CPI"等,这些口号开启了大众朦胧的理财意识。但究竟什么才是真正的理财?经历了2008年股市之殇的投资者有必要重新思考这一问题。

在金融市场发达的国家,许多家庭都依赖于专业理财师的指导,这些指导不仅仅停留在对金融产品的选择上,更多地体现在对家庭财务资源的配置上,比如需要保留多少存款在银行?是否可以用贷款来买房?需要多少保险来规避家庭财务风险?怎样为孩子提前筹备教育金?如何实现退休后的美好生活?怎样将财富传承给下一代?如何避免家庭成员的财产争夺?所有这些问题都可以在专业理财师的指导下找到合理的解决方案。在国外,专业的理财师提供的不是产品导购服务,而是家庭财务解决方案。

本书作者通过亲身经历和多年的实践心得,为读者讲述了理财规划之道。本书最大的特点是以实务为导向,因此书中充满了大量的实务案例。理财规划中的每一个步骤、每一个环节都有详细的案例指导,使一个完全不懂任何理财知识的读者都能一步步弄清楚理财的技巧。

除以实务为导向外,本书还具有如下特点:

1. 实务以理论为指导。大多数的理财书籍或者只讲理论,不讲实务,或者只讲实务,不讲理论。只讲理论对于非金融专业读者来说,会觉得很难理解,因为理财规划是一门综合的学科,需要懂得经济、财务、金融、税务、法律等多方面的知识。不具备一定的专业知识,要想弄懂理财规划的理论,难度较高。但是,理财规划又与大家的生活息息相关。所以结合实务来讲理论,将理论贯穿于生活中的点点滴滴,能帮助读者更好地理解理论,并可直接运用于实践。如果只讲实务,不讲理论,读者也只能学会如何操作,但对实务背后的理论逻辑则一知半解,无法起到举一反三的效果。本书所讲的大量案例都与大家生活息息相关,在此基础上讲授的理论具有针对性,且对读者未来的生活具有长久的指导性。

2. 视角独特。本书既可以站在理财师的角度上去学习如何为客户提供一个全方位的理财规划,又可以站在家庭成员的角度上去理解理财规划对一个家庭的重要性。不论是对于理财师还是对于非专业人士,都能从本书中获得裨益。

3．内容新颖。书中所阐述的一些实务案例是根据最新的一些宏观经济环境的变化、最新的政策和法律法规进行分析的,比如2009年金融危机后的买房方案、2010年金融危机后的宏观经济形势分析、2011年《个人所得税法》修订后的税收规划等。这些案例能更好地帮助大家在未来的生活中更有效地进行理财。

4．逻辑性强。本书作者从事了多年的理财教育,从书中可以看到作者对理财形成了一套很清晰的分析思路。这套分析思路既可以被理财师高效地运用于实践,又可以让非专业人士在较短的时间内掌握理财规划的思路。通过本书的学习,相信读者能很快地制作出自己的理财规划。

5．简明易懂。虽然理财规划的综合性很强,涉及的面很广,非专业人士难以在短时期内达到专业水平,但本书对理财规划的阐述由浅入深、循序渐进、图文并茂、讲解清晰、简明易懂,使读者在较短的阅读时间内能清晰地理解理财规划的思路,并明确自己家庭理财的方向。

本书是一本提高理财从业人员专业素质和普及大众理财基础知识的生动的教科书,饱含了作者多年的实践经验和教育心得,相信会受到读者的欢迎。

李善民

中山大学管理学院教授

中山大学校长助理、财务处处长

前　　言

投身于理财教育事业已经有十个年头了。回想十年前,"理财"两个字对大多数人都是陌生的,对我也不例外。由于我是金融科班出身,有幸以实习生的身份被招进某公司专门研究理财。记得当时所学习的是一本国外的教材,我的任务是将这些教材中有价值的部分翻译成中文并做成PPT。刚接触理财不久,我就被理财规划的理念所吸引,觉得这种理念与自己未来的生活密切相关。也许正是这种吸引力,让我在后来的十年中坚持不断地进行各种学习和思索。在越来越多的思考中,发现以前在教科书中所学习到的理论知识是能够运用于实践的,只不过,要运用娴熟达到炉火纯青的地步,需要不断地总结成功的经验和失败的教训。正如武侠小说中的顶尖高手一样,理论是理财高手的"内力",而实际操作是理财高手的"招数"。内力需要平心静气地去修炼,当内力修炼到一定程度,制胜的招数并不需要太多,一两招就能取胜,甚至可以达到"无招胜有招"的境界。所谓"大道至简",可能就是这样吧。

对于理财与投资的关系,曾在高级理财师班上与众多高手探讨,最后得到一种认识:"理财是道,投资是术"。大多数人学的是术,如果不学,就会"不学无术";如果学,就称为"学术"。但"道"是靠悟的,所以有"悟道"的说法,很少有人说"学道"。既然理财是道,那就要靠"悟",而不是靠"学"。如果用"术"去悟"道",显然是走错了方向。但如果用"道"来指导"术",将会事半功倍。用理财之"道"可以起到一两拨千斤的效果,不用很复杂的操作和技巧就能使财富增值数倍。但如果学的是"术",而又没有将之练习得炉火纯青,最终仍将远离财富。

从战略和战术的关系来看,理财是战略,投资是战术。按照管理大师彼得·德鲁克"做正确的事,正确地做事"的说法,理财是做正确的事,投资是正确地做事。这本书汇集了我十年研究和思考的心得,其中的部分经典案例是本人亲身经历和操作的。这本书既从"道"上为大家开启了财富之门,又从"术"上为大家提供了各种实战技巧。

当今的社会,大家的幸福感普遍下降。买房、子女教育、养老、医疗等几座大山迫使大家拼命地工作,期待着有朝一日能过上轻松幸福的生活。但随着岁月的流逝,大家的财富增长了不少,幸福感却似乎在与日递减。为什么不幸福？因为大家仍然觉得财富不够用。为什么会觉得财富不够用？因为大家不知道自己需要多少财富。不知道自己需要多少财富是个很可怕的问题,这就像大家在茫茫大海之中没有找到灯塔一样,不知道往哪个方向前进,不知道哪里是终点。"需要赚多少钱才够？怎样才能赚到这些钱？"是每个家庭都要思考的问题。一旦家庭成员清晰了自己的目标,并制定了合适的理财规划去达成这些目标,就像在茫茫大海中找到了财富的方向一样,已经可以扬帆出海了。其实,在理财规划的指引下,很多家庭都能不再由于钱的问题而平添烦恼,幸福感可以得到极大地提升。

如果你掌握了制定理财规划的基本思路,就掌握了自己的未来财富,也掌握了自己未来的生活！即使没有时间和精力去钻研这些技巧,也可以在专业理财师的指导下理清自己的目标,找到财富的方向,提升自己的幸福感！书中的最后一章提供了处于不同生命周期的家庭理财规划实例,通过这些实例的学习,大家一定能找到开启财富之门的钥匙,走上通向财务自由之路。

如果你错过了前一个十年的财富机会,相信阅读本书后你不会再错过下一个十年！

本书在写作过程中得到了中山大学管理学院的支持和许多老师的建议,以及北京大学出版社叶楠编辑的有益建议,撰写过程中秦丽参与了第六章的撰写,傅豪、窦倩、田岚、黄捷参与了第八章案例的编写,王慧参与了习题编写和PPT制作,在此表示衷心的感谢！

陈玉罡

2012年5月28日于康乐园

目　　录

第一章　理财行业的发展 ··· 1
- 第一节　美国理财行业的发展 ··· 3
- 第二节　日本理财行业的发展 ··· 8
- 第三节　澳大利亚理财行业的发展 ··· 12
- 第四节　中国理财行业的发展 ··· 15
- 复习题 ··· 20

第二章　理财的基本原理 ··· 22
- 第一节　货币的时间价值 ··· 23
- 第二节　财务计算器 ··· 27
- 第三节　EXCEL财务计算功能 ··· 34
- 第四节　复利计算应用 ··· 35
- 第五节　年金 ··· 47
- 第六节　理财决策 ··· 57
- 第七节　房贷计算 ··· 79
- 第八节　通货膨胀 ··· 95
- 复习题 ··· 97

第三章　理财中的宏观经济分析 ··· 100
- 第一节　理财为什么要懂得宏观经济？ ··· 101
- 第二节　宏观经济目标 ··· 105
- 第三节　宏观经济政策 ··· 117
- 复习题 ··· 130

第四章　家庭财务诊断 ··· 132
- 第一节　家庭资产负债表 ··· 134
- 第二节　家庭收入支出表 ··· 138
- 第三节　家庭现金流量表 ··· 148
- 第四节　家庭财务健康诊断 ··· 157

复习题 ··· 163

第五章　理财规划的步骤　165
　　第一节　现金规划 ··· 167
　　第二节　保险规划 ··· 174
　　第三节　子女教育规划 ··· 184
　　第四节　养老规划 ··· 193
　　第五节　房产规划 ··· 207
　　第六节　投资规划 ··· 222
　　第七节　税收规划 ··· 227
　　第八节　遗产规划 ··· 239
　　复习题 ·· 244

第六章　理财产品的选择　246
　　第一节　保险的选择 ··· 247
　　第二节　银行理财产品的选择 ·· 264
　　第三节　公募基金的选择 ··· 272
　　第四节　股票的选择 ··· 307
　　第五节　其他理财产品的选择 ·· 326
　　复习题 ·· 337

第七章　资产配置　339
　　第一节　资产配置的内涵 ··· 341
　　第二节　收益的度量 ··· 341
　　第三节　风险的度量 ··· 344
　　第四节　风险与收益的关系 ·· 346
　　第五节　投资组合理论 ··· 347
　　第六节　风险类别与风险管理 ·· 361
　　复习题 ·· 365

第八章　理财案例　368
　　第一节　单身期外企白领攻读 MBA 加购房理财规划 ······················· 369
　　第二节　家庭初建期职场新人买房规划 ····································· 372
　　第三节　家庭形成期商界高层新贵理财规划 ································ 376

第四节　家庭成熟期不惑之年换房规划 …………………………………… 380
　　第五节　家庭退休期安逸晚年理财规划 …………………………………… 384
　　复习题 ……………………………………………………………………………… 388
附录一　复利终值系数表（FVIF 表） ………………………………………… 390
附录二　复利现值系数表（PVIF 表） ………………………………………… 391
附录三　年金终值系数表（FVIFA 表） ……………………………………… 393
附录四　年金现值系数表（PVIFA 表） ……………………………………… 394
附录五　投资时针测算盘使用案例介绍 …………………………………… 395
参考文献 ………………………………………………………………………… 401

第一章 理财行业的发展

人生需要三个朋友：医生、律师、理财师

 案例导读

苏茜，出生于最普通的美国人的家庭。为了维持生计，苏茜的父亲开设了一家小小的鸡肉食品作坊。就在13岁那年，苏茜遇到了一生最难忘的事情：父亲的鸡肉食品作坊发生了大火，她亲眼看着父亲不顾生命危险冲入火海，扛着已被大火烧得灼热的金属钱箱跑了出来。当父亲将钱箱扔在地上时，苏茜看到了钱箱上粘着父亲胸口和胳膊上的皮肤。这个场景对13岁的苏茜形成了极大的震撼。她意识到，对于父亲，金钱比生命还重要。从此以后，苏茜将赚钱视为人生的目标。然而，在追求财富的过程中，苏茜既品尝到了金钱天使的一面，也经历了金钱魔鬼的一面。"水能载舟，亦能覆舟"，苏茜意识到，应让人控制金钱，而不是由金钱控制人。为了摆脱金钱的控制，苏茜开始探索财富的掌控之道。1995年，苏茜出版了第一本著作《挣到了，就别失去》。1997年，又根据自己理财顾问的实践，出版了《九步达到财务自由》一书。该书成为当年美国最畅销的非小说类书籍，占据《纽约时报》畅销书排行榜近一年。因畅销书成名的苏茜不得不离开本职工作，在各地巡讲，将自己的理财观和对实现财务自由的方法传递给人们，帮助人们改变对金钱的看法以及对金钱的管理方式。

从追求财富、畏惧失去财富到最终掌控财富的感悟,使她和很多美国人找到了开启财富之门的钥匙。她本人也从一个普普通通的女招待成为拥有亿万财富的理财师。苏茜被誉为"全球最出色、最富有激情,也是最美丽的个人理财师",如果想和她共进晚餐,请先付1万美金。

理财,究竟是什么?为何具有如此大的吸引力?

第一节　美国理财行业的发展

一、美国理财行业的历史沿革

1969年,美国的经济进入了"滞胀"状态——低经济增长和高通货膨胀并存。这种现象在美国经济发展史上是非常罕见的现象。低经济增长的根本原因是实体经济缺乏新的增长点,而通货膨胀的原因则源自扩张性的财政政策和宽松的货币政策。

由于实体经济缺乏明显可见的投资机会,加上通货膨胀使得货币的实际购买力缩水,如何使手中现有的财富超越通货膨胀就成了大家密切关注的问题。在此基础上,金融创新和金融自由化大行其道。除此之外,美国政府当时的养老金体系也开始面临困难。以前的一个美国人退休后依靠社会保障体系发给的养老金就足够过上舒适的日子。但从1970年起接近退休的美国人突然意识到退休后要安享晚年依靠养老金不再那么可靠,一方面是老龄化人口的增加使得政府负担不了高额的养老金,另一方面是通货膨胀使得退休后的养老金赶不上消费品价格的上涨。

不知是巧合还是历史使然,1969年首家理财机构IAFP(International Association for Financial Planning)在美国创建,形成了首个以普及理财知识为目的的社会团体。这个机构的建立起因于一批来自不同金融机构的专家们的一次讨论。在芝加哥欧哈里飞机场附近的一家酒店里,这些行业领先者共同探讨当时金融服务业的不足之处,并认为保险、证券、基金、银行业务中以产品为导向的服务模式不再适合新的环境,金融业的服务模式应改变为以顾客需求为中心的全新服务模式。为了引导这项变革,需要引进一个与单一金融服务完全不同的全新的职业体系——理财规划师。随后为了让更多的美国人接受理财规划的思想,一家专门从事理财教育的学院(College for Financial Planning)在1972年成立,并正式创立CFP(Certified Financial Planners)标志。第一批毕业的学生有42名,这42名毕业生获得CFP证书后认为理财规划具有一定的专业性,必须经过认证才能为客户提供理财服务。为了维护其专业权威性,在他们的倡导下又设立了理财规划师认证机构ICFP(Institute of Certified Financial Planners)。1985年,ICFP为了在全球范围内推动理财教育的发展设立了理财规划师认证国际标准委员会IBCFP(International Board of Standards and

Practices for Certified Financial Planners)。

在理财师认证机构的推动下,理财规划的理念和理财师的服务越来越得到美国人的认可。随着金融产品种类越来越多、老龄化问题越来越严重、通货膨胀率高企,美国人越来越需要寻求理财师的帮助才能更好地使家庭财富得以保值增值,并期待在未来享受更好的生活。

正当理财师地位不断提升、理财师职业成为人们向往的职业时,1987年10月19日的"黑色星期一"(股灾)给金融行业带来了沉重的打击。理财师的信用也在这次暴跌中受到重创,社会地位普遍下降。

为了重建大家对理财行业的信心,先驱者们对理财制度进行了改革,将理财的工作重点放在了为客户制定理财规划上,比如子女教育规划、养老规划等。并且为了使理财师能更好地为客户服务,标准委员会加强了后续教育,并要求理财师严格遵守职业伦理。

经过不懈的努力,在2001年的美国职业评估调查中,理财师成为全美250个职业当中排名第一的理想职业,超越了互联网时代网站经理、精算师等热门职业。目前,这一职业仍然在美国具有很高的认知度和社会地位。

二、理财师的认证

在美国,各个行业的认证体系都非常复杂。之所以如此,是因为即使是在同一个行业,大家所从事的具体工作也不一样,因此所需要的资格证书也会不一样。

从理财这个行业来看,国际上通行的一些认证都可以按人们所从事职业的复合性程度和专业性程度来进行划分。

从理财师这个职业来看,其工作复合程度非常高,既需要具有金融专业知识,又需要具有会计、税务等知识,甚至还需要具备法律知识,并将这些知识综合运用到理财规划中。在美国,关于理财师的三大权威认证是CFP、ChFC、PFS。

CFP是Certified Financial Planner的简称,中文译名为"注册理财规划师",是所有理财认证证书中最权威的证书。CFP的主要职责是根据客户的资产状况和风险偏好,从客户的需求和理财目标出发,采取一整套规范的工作模式,为客户提供全方位的专业理财建议,找到一个为客户量身定做的理财方案,以帮助客户实现不同人生阶段的理财目标。从CFP的工作职责来看,需要具备相当丰富的知识体系,才能完成这项工作。为了培养出合格的CFP,要获得这个证书需要参加注册认证考试,考试内容包括理财规划概论、投资规划、保险规划、税收规划、退休规划与员工福利、高级理财规划等 7 大类 102 个子科目。

ChFC 是 Chartered Financial Consultant 的简称,中文译名为"特许财务顾问"。该证书于 1982 年由美国学院(American College)开始颁发。特许财务顾问注重于为客户提供综合的财务规划,其知识体系与 CFP 类似。参加特许财务顾问考试的人员必须要有 3 年以上的相关工作经验,要通过 8 门核心课程。其中,6 门必考课程为:理财规划的步骤和环境(Financial Planning:Process and Environment)、保险基础知识(Fundamentals of Insurance)、个人所得税(Income Taxation)、退休规划(Planning for Retirement Needs)、投资(Investments)、遗产规划基础(Fundamentals of Estate Planning)。另外 2 门可从金融系统(The Financial System in the Economy)、理财规划实务(Financial Planning Applications)、遗产规划实务(Estate Planning Applications)和退休计划中的财务决策(Financial Decision Making at Retirement)中任意选择。

PFS 是 Personal Financial Specialist 的简称,中文译名为"个人理财专家"。该证书是由美国注册会计师学会(AICPA,American Institute of Certified Public Accountants)为那些致力于专业提供个人理财服务的注册会计师设立的。由于只针对注册会计师,因此要申请 PFS 必须先取得 CPA 资格。除要求具备 CPA 资格外,这个考试还要求申请人具有 250 个小时的个人理财经验。PFS 认证的有效期为 3 年,3 年后必须重新进行认证。这种方式有助于推行理财师的终身教育。

除了以上三类权威认证外,一些机构还提供了 CWM、CFC 等认证体系。

CWM 是 Chartered Wealth Manager 的简称,中文译名为"特许财富管理师"。该证书是由美国金融管理学会(AAFM,American Academy of Financial Management)推出的,已获得全球 100 多个国家及 800 多所大学、美国政府劳工部一级皇家学会联盟、美国证券交易商协会等国际知名组织的认可。CWM 相比 CFP 来说,更加侧重大众化,并且注重培养营销实践技能、信息交流和财富管理实务。考试科目包含全球财富管理市场(Global Wealth Management Markets)、财富管理产业(The Wealth Management Industry)、财富管理角色(Wealth Management Players)、销售咨询(Consultative Selling)、人际沟通技巧(Interpersonal Skills)、资产管理和风险管理(Asset Management & Risk Management)、案例分析和技巧训练(Case Studies and Skill Training)7 个模块。CWM 与 CFP 的知识体系是互通的,CWM 证书持有者补修规定课程后,可申请 CFP

证书。在美国银行从业人员中，CWM 证书持有者的比例最高。

CFC 是 Certified Financial Consultant 的简称，中文译名为"认证财务顾问"。该证书是由理财规划顾问委员会（Institute of Financial Consultants，IFC）推出的。CFC 证书最早在北美地区盛行，在理财行业是衡量从业人员专业能力的一个重要证书。最近几年，理财规划顾问委员会将 CFC 证书推广到亚洲的一些国家和地区，包括日本、新加坡、马来西亚、泰国和中国香港等。CFC 的考试内容主要包括财务报表分析、公司理财、个人理财规划和投资管理四个部分。从考试内容来看，CFC 除涵盖个人理财规划外，还包括公司理财，持有此证书的从业人员为中小企业主提供服务最为合适。

上面所提到的五种认证体系都是针对复合型人才设计的，不仅考试涵盖的内容广泛，对理论学习与营销实践还有一定的提升作用。

另外，还有两类针对专业型人才设计的认证体系：一类是 CFA，另一类是 CLU。

CFA 是 Chartered Financial Analyst 的简称，中文译名为"特许金融分析师"。该证书是由美国投资管理与研究协会（Association for Investment Management and Research，AIMR）于 1963 年推出的一种国际通行的金融投资从业者专业资格认证证书。CFA 与 CFP 不同的是，CFA 更侧重金融证券业，是该领域的最高认证证书，也是全球金融财经界最为推崇的投资专业资格。CFA 资格经常被金融业内不同机构（如投资公司、基金公司、证券公司、投资银行、投资管理顾问公司、银行等）当作衡量某人的工作能力及专业知识的指标。CFA 的考试内容涵盖了定量分析方法、宏观经济学、会计学、公司理财、世界金融市场与投资工具、估值与投资理论、固定收益证券及其管理、权益投资分析、其他投资工具分析、投资组合管理等等。

CLU 是 Chartered Life Underwriter 的简称，中文译名为"特许人寿理财师"。该证书是由美国人寿保险管理学会（Life Office Management Association，LOMA）于 1927 年推出的，是寿险专业领域最高级别的认证证书，在美国、加拿大、欧洲、日本、中国香港等 30 多个国家和地区都被认可。CLU 与 CFP 相比，更加偏重寿险领域中的收入支出规划、不动产规划、财产传承规划、财产管理等方面的能力。考试内容包括人寿保险经营原则及地位、人寿保险销售渠道、个人理财、所得税筹划、人寿保险相关法律、房产以及遗产规划等 7 方面的内容。为了更好地为客户提供服务，CLU 也在逐步向综合理财方向发展。

三、独立理财公司的发展

自从理财规划的思想被人们认可后,很多金融机构在内部建立了个人理财部门。不过这些个人理财业务在单一金融机构内部很难健康生存,其根本原因就是单一金融机构无法提供全方位的理财产品来满足用户的需求。除此之外,个人理财部门相对于对公业务部门来说,给金融机构带来的利润空间在当时实在微不足道。这样,一旦金融机构遭遇外部环境的冲击时,首先裁掉的业务就是个人理财业务。有意思的是,这些被裁掉的个人理财业务却诞生了一个新的行业——独立理财行业。金融机构的内部个人理财部门的从业人员已经积累了相当丰富的专业知识、实践经验、理财技巧、客户关系等,这些部门的负责人索性带着团队开创了各种类型的独立理财公司,从而推动了理财行业的迅速发展。如今的独立理财公司或事务所在美国有上万家。市场需求不仅庞大,而且用户的需求高度多元化,只有独立的理财公司才能为客户量身定做综合理财方案。

商业领域的"二八法则"仍然有效,理财机构80%的收入来源于20%的客户。这20%的客户主要是富人阶层。客户在这里按资产规模通常分成三类:拥有100万美元以上可投资资产的人属于富豪阶层;可投资资产在50万—100万美元之间的属于富裕阶层;可投资资产在10万—50万美元之间的属于新兴富裕阶层。根据私人银行的调查,为富豪阶层理财的利润率为35%左右。

尽管80%的收入来自20%的客户,理财机构也仍然没有放弃对普通客户的服务。嘉信理财公司是美国最大的理财机构之一。根据客户投资额的不同,公司提供的服务也不同。公司的服务按等级从低到高分为五种:基本建议服务、签名建议服务、私人理财顾问建议服务、独立顾问建议服务、富豪财富管理服务。对于基本建议服务,其理财门槛也仅限于1万美元,即只要投资额达到1万美元的客户都可以享受该理财公司的基本建议服务。另外,对不同投资金额的客户,嘉信理财公司收取不同的资产管理费,比如对于投资数额2万美元的客户,嘉信仅收取每年0.35%的资产管理费,提供一年一次的投资组合建议,还可以按客户需要提供对某项具体投资的建议。每个季度,客户还可以收到由高盛公司等世界专业金融机构作出的投资组合盈亏报告。对于投资数额50万美元以上的客户,嘉信将向客户收取1%的资产管理费,并提供一位专门的理财顾问为其服务,理财顾问会为客户制定个性化的理财建议,比如提供每日投资管理服务,根据客户财产的具体情况制定遗产规划,以及帮助客户进行合理避税等等。①

第二节 日本理财行业的发展

一、日本理财行业的兴起与发展

20世纪七八十年代,日本的个人金融资产人均达到1 000万日元左右,社会总的可投资的金融资产达到1 400兆日元左右。这在一定程度上催生了理财需求。另一个催生理财需求的重要因素是日本在1970年开始步入老龄化社会②,拥有金融资产、处于社会中坚力量的中年人对理财的重视程度空前增强。

美国的理财行业起初是从保险业发展起来的,其目的是促进保险产品的营销。但日本的理财行业则是从证券业发展起来的。1970年,国际证券株式会社第一个设立了理财中心,标志着日本理财业的兴起。7年后,第一劝业银行才成立了理财部门,标志着理财的思想进入了银行业。在日本,反而是保险业最后引入理财中心的,以1987年第一生命保险株式会社、住友海上财产保险株式会社等保险机构设立理财中心为代表。

尽管银行、证券、保险三个金融领域在日本是可以混业经营的,但银行仍然是主要负责存贷款的机构、保险主要是负责规避风险的机构、证券则是主要负责投资管理的机构。这三类机构中,银行由于经营历史悠久,仍享有最高信用度,又由于混业经营,所以客户在银行就能获得一站式的理财服务,涵盖证券、保险在内。日本的银行也是最能汇聚人才的地方,拥有较多的专业人才,服务也比较到位。由于银行在混业经营中占据了很大优势,证券与保险两类机构则需要在营销上花费更多的人力和财力才能占据一席之地。

20世纪80年代末的经济泡沫破灭给日本的理财行业予以沉重的打击,日经指数从30 000多点跌到10 000多点。这次金融危机也使日本的中老年人认识到资产配置的重要性。当经济好转时,他们很少再配置证券投资。相反,年轻人对购买证券投资产生了更多的兴趣。

---

① 张维衡,"面向各阶层客户提供个性化产品,美国理财服务什么样",《环球时报》,2004年12月29日,第23版。
② 在老龄人口的问题上,联合国有个统一的说法:当65岁以上人口占总人口的比例超过7%的时候,被称为老龄化社会;如果这个比例再翻一番,超过14%的话,就被称为老龄社会。

二、日本理财师的认证体系

从理财教育的启蒙到理财行业的发展,日本理财协会的作用功不可没。从20世纪80年代起,日本理财协会致力于为日本培养能够胜任的理财师,20多年来共培养了30多万名理财师。这些理财师广泛分布于银行、证券、保险等金融机构。其中任何一家大的金融机构都至少拥有约5 000名具有理财师资格的职员。

1992年,日本将西方的CFP资格引入了国内,但由于国家的法律和税务体系存在很大差异,因此需要对这个舶来品进行改良。一方面要与国际接轨,另一方面要本土化。在这个大的背景下,日本的CFP考试从五门课程变为了六门课程,专门增加了不动产理财的考试。这一点是与西方CFP认证不同的地方。

1997年山一证券破产事件使得CFP成为金融机构从业人员的热门证书。山一证券是日本的四大证券公司之一,经营历史达百年,但在日本经济泡沫破灭之后申请停业,7 500人失去原来的工作。但大多数具有CFP资格的人员很快就被外资金融机构择先录用。CFP的价值在这次事件中得到了充分展示。

随着理财业务的进一步发展,银行等金融机构的理财中心开始转变成私人理财银行部。理财业务正在向高端私人银行业务发展。现在在日本三井住友、瑞穗等大银行就有一批具有国际认证理财师(CFP)的专门人才组建的私人理财银行业务部门(Private Banking,PB)。

三、日本的理财服务[①]

在接受了良好的理财服务教育后,日本特别出台了一个与金融销售有关的法律——《金融商品贩卖法》,按照理财服务的思想对金融机构销售金融产品的行为进行了规范。在这个规范的指引下,日本的银行制定了相关的服务方针,包括:

(1)事先了解客户对金融商品的知识、购买经验、财产状况、购买时间,然后根据这些信息进行综合考虑,力争为客户提供合适的金融产品并能够对金融产品进行充分说明。

---

① 杨雪,日本私人理财业务规范发展,《金融时报》,2005年3月23日。

（2）向客户充分说明金融商品的结构以及本金损失风险等重要事项，在客户充分了解后，让客户自行判断、选择和决定购买金融商品。

（3）在对金融产品进行推荐时，要充分说明对客户的不利事项，不作武断说明或与事实不相符的说明。

（4）原则上在营业场所推荐产品时应在规定的营业时间内进行。如果以电话、走访等形式推荐金融商品，要避免在给客户造成麻烦的场所与时间内进行。

（5）客户咨询产品时，应当迅速作出回答，回答应当简单明了；客户提出意见时，要虚心接受并努力改进。

金融机构在理财咨询方面也设置了严格的操作步骤：

第一步，先了解客户的理财目标。即了解客户的意愿和计划，以及实现计划的时间、所需资金，以便明确有效的资产运用方式。

第二步，搜集客户的信息，包括家庭成员构成、年龄、资产负债状况、收入支出情况、人生设计计划、梦想的目标、金融资产投资的目的、投资经验、风险承受能力等。

第三步，对搜集到的客户信息进行分析和诊断，对客户的资产负债、收入支出等进行分析，找出客户财务管理中的问题所在，以此为依据提供相应的解决问题的方案。

第四步，根据客户的计划和设想，设计能达到客户理财目标的具体方案，并对可选择的金融商品进行说明。如果涉及保险、税收、不动产等，还需要就保险估价、税务节省、不动产活用等方面进行相关说明。

第五步，协助客户执行理财计划，将上述具体方案落实。

第六步，跟踪理财计划。即对理财计划的执行和有效性进行跟踪检查，在理财计划有必要进行修正时适时调整。

在日本，理财师大多分散在各个金融机构的营业网点，而非集中的理财中心。这些营业网点的门口会有理财师的照片、专业资格、理财经验等资料，方便客户办理业务时能很容易地看到并找到相应的理财师。每个银行网点一般都会有1—2个理财师，这些网点靠近居民生活区，因此客户有需要能非常方便地找到理财师。

银行的理财师一般一年可以服务60—80个客户，但对于资深理财师，客户维持在20—30个就可以了。对于拥有丰厚金融可投资资产的高端客户，想要享有更专业的服务，则可以找这些资深的理财师。

银行提供的理财服务可根据客户的金融资产划分为高端客户和中端客户。对中端客户，银行主要提供的是账户服务，比如代发工资、代扣费用等。由于银行拥有客户资金使用的记录，并且对客户账户中的闲置资金非常清楚，银行可以针对这些闲置资金的使用开发一些理财服务。对于高端客户，银行则提供专门的"理财顾问"，这些理财顾问可以接受客户的委托，为客户制定相应的理财方案，并可以帮助客户实施理财计划。

在为客户制定理财方案的过程中，理财师通常要用到三个工具，这三个工具分别反映了客户的理财目标、客户现有的财务资源、客户将来的财务资源。第一个工具是生活大事表，即以家庭为单位，计划未来设想的人生大事，比如孩子教育、买房、养老等。在生活大事表中要设想出这些事情在什么时间发生、需要多少费用。这个工具反映的是客户的理财目标。第二个工具是家庭资产负债表，即以家庭为单位，将家庭的资产和负债状况记录在这个表中。从该表可以看出这个家庭现有的资产、现有的负债、家庭净资产，以及总资产中有多少属于金融资产、有多少属于实物资产等。金融资产需要记录金融资产的金额、存取处、利率、到期期限等，实物资产也需要登记市场价格、税收、费用等情况。负债则需要登记欠债金额、贷款利率、到期日等。这个工具反映的是家庭现有的财务资源。第三个工具是现金流量表。即将家庭未来每年预计的收入和支出都列在这个表中，其中第一个表中的人生大事所需支出和第二个表中的现有财务资源需要整合到该表中，从而可以看出未来在某个时间点是否会有现金缺口。

在日本，人的一生中有三件必不可少的大事是子女教育、买房、养老。如何利用有限的工作时间赚取有限的收入来实现这三大目标，是理财师首先要为客户解决的问题。虽然不同阶层的客户有不同的需求，但任何一个客户都有这三个需求，只是需求的金额不同而已。由于日本1970年就进入了老龄化社会，因此退休后的养老问题是大家最为关注的问题，退休规划也成了日本人最关心的规划。日本人的寿命又很长，男性平均寿命为世界最高，所以日本人认为如果没有做好退休后的规划，则在年老退休的时候就无法享受到幸福人生。在日本人的观念中，年轻的时候是为了生活而工作，但退休后就是人生的黄金时期，能为了兴趣而去做自己喜欢做的事情。他们认为，只有这样，未来的退休生活质量才不会下降，才能老有所养。

除了人生的三件大事外，日本还流行资金三分法，即将资金划分为流动性资金、计划使用资金、收入性资金。

流动性资金相当于应急准备资金，目的是为出现疾病、受伤、灾害等突发事件而预留的资金。这些资金的流动性要很强，即变现而不受损失的能力要很强，一般以活期存款、定期存款、货币基金等方式准备，金额大致为月均必需生活费用的3—6倍。

计划使用资金则是计划在某年需要使用的资金，这些资金一般是对应于人生大事的，比如买房、买车等。由于这些资金的使用期比应急准备要长，所以可以运用一些中期投资金融品种去实现。在日本，有一种叫作"财形储蓄"的制度，是政府牵头设计的，由企业和职员签订协议每月定期从薪酬中扣除一定金额存入财形储蓄账户，以累积定期存款的方式计算利息，在需要使用的时候可以支取。

收入性资金指的是10年内不会使用的资金，这笔资金可以用来满足子女教育和退休养老。由于子女教育和养老规划的时间都超过10年，所以可以采用风险高、收益高的长期投资品种。这笔资金是利用复利效应来赚取资本收入的，因此被称为收入性资金。从本质上来说，收入性资金是真正的理财资金。

随着越来越多优秀理财师的出现，日本的理财市场也发生了一些变化。这些优秀的理财师在积累了一定的客户后，就脱离了金融机构，自己创业开设了理财事务所，为客户提供服务。由于开设理财事务所能够为客户提供更好的、独立的理财解决方案，而不受金融机构销售产品的影响，所以这类机构也越来越得到客户的认同。

第三节　澳大利亚理财行业的发展[①]

一、澳大利亚理财业的起源和发展

如果早期的退休金计划算作个人理财计划的起源，那么澳大利亚个人理财业的历史可追溯到100年前。1909年，澳大利亚就成为最早提供政府退休金计划的国家之一。早期的退休金计划只有高级管理人员和政府高级公务员才能享有。二战结束后，普通公民也有权享受退休金计划，从而使退休金计划成为人们退休理财规划的一个重要工具。

---

① 陈兵、Alfred Wong，澳大利亚个人理财业的发展与启示，《金融教学与研究》，2007年第1期。

澳大利亚比日本更早进入老龄化社会,在20世纪60年代中期就呈现出老龄化趋势。为了老有所养,澳大利亚推出了固定收益(Defined Benefit)计划。固定收益计划是指事先以合约形式规定了受益人最终的受益数额与收益方式的一种退休金积累计划。这一计划构成了最早的理财规划。

60年代推出的固定收益计划使得80年代退休的职员获得丰厚的退休金。在拿到退休金后,如何管理这些退休金成了退休人员的一个重要需求。正是在这个因素的推动下,澳大利亚的理财业才开始蓬勃发展,理财师也相应出现了。

最早推动理财业务发展的是澳大利亚投资计划者协会(Australian Investment Planners Association,AIPA),后来更名为澳大利亚投资和财务顾问者学会(Australian Society for Investment and Financial Advisers,ASIFA)。另一个对个人理财行业起到推动作用的机构是澳大利亚人寿保险联盟(Life Insurance Federation of Australia,LIFA)。与前者不同的是,LIFA属于保险产业。这一机构通过与美国同业组织(如百万圆桌会议)的联合,共同推动了澳大利亚个人理财这个新兴行业的发展。

为了推动澳大利亚理财行业的快速发展,部分有识之士认为有必要学习其他国家的经验。一位叫Gwen Fletcher的女士为此专门于1982年访问美国寻求相关组织的帮助和支持。在美国,她访问了国际理财协会(IAFP),并结识了协会中热心的会员。回国后她认为有必要在澳大利亚也建立一个与IAFP相似的行业协会组织。在她的努力之下,1982年年底IAFP将全球会议定在澳大利亚举行,并协助她在1984年成立了本土的IAFP组织。该组织成立后,会员迅速增加,影响很快超过了澳大利亚投资和财务顾问者学会。1990年,澳大利亚IAFP与国际CFP理事会签署了第一个国际许可证和联属协议,协议允许澳大利亚IAFP参照国际CFP理事会的模式向达到认证要求的理财师颁发CFP资格证书。澳大利亚也因此成为美国本土以外第一个国际CFP理事会成员国。1992年,两个协会合并成立澳大利亚理财协会(FPA)。FPA承担了理财教育的职责,通过举办理财周等系列活动,将理财意识传导给了公众,并且逐渐树立起了公众对理财协会的认可,澳大利亚的理财业获得了迅速发展。

二、澳大利亚理财认证体系

在访问了美国的国际理财协会后,Fletcher也同时推动建立了澳大利亚第一个理财教育机构。1983年,投资培训学院(Investment Training College,ITC)成立。但在1990年成为CFP理事会成员国后,正式的CFP课程体系才被引入澳大利亚,成为理财规划教育体系的核心课程。

经过本土化的改良之后,澳大利亚现行的CFP课程包括四个部分,分别是CFP1:伦理、专业和职业操守(Ethics,Professionalism and Compliance);CFP2:应用策略1(Applied Strategies1);CFP3:应用策略2(Applied Strategies2);CFP4:投资策略(Investment Strategies)。

由于大众理财意识的萌发,澳大利亚的大学也开始重视个人理财教育。许多大学在课程设置上增添了个人理财课程,比如查尔斯特大学(Charles Sturt University)。更有一些大学在学科设置中增设了个人理财专业,比如西悉尼大学(University of Western Sydney)和澳大利亚国立大学(Australia National University)。在西悉尼大学,学生通过专业学习后可以获得个人理财学士学位,而在澳大利亚国立大学通过更高层次的学习可以获得个人理财硕士学位。从这里可见,澳大利亚对个人理财教育的重视程度。

三、澳大利亚理财机构的发展

澳大利亚的金融机构都拥有大的理财服务网络,包括银行、保险公司、基金公司等。一项调查结果显示,澳大利亚开展理财业务的理财师大约有15 000名,其中超过11 000名理财师是分布在前100名金融机构中,这些金融机构包括银行、保险公司、基金公司及会计师事务所等,在澳大利亚个人理财体系中占据了3/4以上份额。

除了银行、保险、证券、基金等金融机构中开设的一些理财业务外,澳大利亚还有两类理财师:一类是签约特许理财师,另一类是独立理财师。

签约特许理财师可以与金融机构签署协议开展其理财业务,但不用承担金融机构执照所规定的法律责任和财务责任。在这个合作中,金融机构承担法律义务,包括教育、培训、监控和管理特许理财师。除了特许理财师与金融机构签订的协议中所规定的业务内容外,特许理财师在其他方面开展业务可不受该金融机构的限制。在合作中,通常金融机构提供服务支持,比如教育、营销、软件等支持。

如果理财师能够独立取得金融执照,在满足澳大利亚证券与投资委员会(Australian Securities and Investment Commission,ASIC)的教育、经验和金融执照要求之后可以不依附于金融机构而独立开展理财业务。与特许理财师不同的是,独立理财师必须承担金融机构的法律责任和财务责任,风险较大,当然收益也较高。

一份调查报告显示了澳大利亚理财师的从业分布情况。从调查报告来看,在金融机构的理财师占了一半以上,为52%,而在会计师事务所的有20%,自己独立开设理财公司的同样占20%。

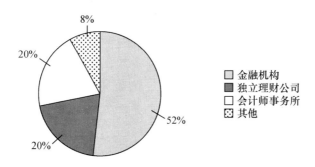

图1-1 澳大利亚理财师的从业分布情况

资料来源:陈兵、Alfred Wong,澳大利亚个人理财业的发展与启示,《金融教学与研究》,2007年第1期。

独立理财公司与金融机构的特许理财师提供的服务有所侧重,前者更倾向提供理财咨询服务,而后者则倾向运用理财服务营销产品。

第四节 中国理财行业的发展

一、中国理财行业的起源与发展

改革开放以来,中国经历了经济高速发展的阶段,居民物质生活水平不断提升,家庭财富的增速也越来越快。但家庭财富的增速却并未让大多数人的幸福感得到提升。这种现象的产生至少有三个原因:第一,贫富差距拉大,与他人对比后幸福感降低;第二,虽然财富增速快,但通货膨胀增速也快,财富增加的幸福感被通货膨胀带来的压力抵消了;第三,现在的财富虽然增加了,但未来的保障仍然不确定,对未来的担忧反而因为经济水平的提升而增加了。这几个原因正促使大部分的家庭从追求工资收入的增加转变为追求保障的增加、追求理财收入的增加、追求幸福感的增加。中国的理财需求正在这种经济高速发展的状态下迅猛增长,而未来也将迎来理财行业的黄金发展期。

2005年起的股权分置改革推动了中国股票市场的发展,也迎来了2006—

2007年间第一个前所未有的大牛市。在此期间,大多数的家庭都或多或少地接受了一次"股票投资"或"基金投资"的熏陶,甚至有一部分家庭开始加入投资的行列。"理财"在这个阶段与"投资"被认为是等同的概念。经过2008年大熊市的洗礼,一些事先未经过"理财教育"就盲目入市的投资者一时间茫然失措。在股票型基金平均亏损幅度高达60%的情况下,大部分投资者的账面收益惨不忍睹。刚刚被唤醒的"理财热情"在残酷的资本市场博弈游戏中一落千丈,对"投资"与"理财"之间的关系尚未明了的投资者也因此远离股市,并与"理财"绝了缘。但另外一部分投资者却在这个迅速变化的环境中意识到了学习的重要性,其理财观念也从单一的激进投资转向了资产配置和综合规划。然而,专业知识的积累并非一朝一夕之功,在意识到自身知识瓶颈以及打理财富的时间、精力有限后,许多家庭对从专业理财师那里获得咨询意见有了越来越强烈的需求。银行、保险、证券、基金等金融机构也越来越重视从综合理财规划的角度为客户提供金融理财服务。中国由此成为全球个人金融业务增长最快的国家之一。

目前我国正处于人均GDP由1 000美元向3 000美元过渡的阶段。研究显示,这个阶段家庭对财富管理的需求会快速增加。2005年国家经济景气监测中心公布的一份调查报告显示,约70%的居民希望自己有理想的理财顾问,50%以上的人愿意支付顾问费。但是,具备专业知识且能够为客户制定综合理财规划的人才缺口相当大,根本满足不了一般老百姓的理财需求。在美国有58%的居民可以得到理财规划师的服务,而在中国目前不到10%。

如果要回过头来追溯中国理财行业的起源,标志性事件是2003年国家劳动和社会保障部(现人力资源和社会保障部)推出了国家理财规划师职业标准。这一标准的制定,使得理财规划师在中国正式成为一个职业,也极大程度地推动了理财行业的发展。除了人力资源和社会保障部的推动外,一些有志于中国理财事业的有识之士也像美国和澳大利亚一样成立了中国注册理财规划师协会,希望以协会的名义吸引各金融机构的优秀人才,共同推动中国理财行业的发展。在官方机构(人力资源和社会保障部)和民间组织(中国注册理财规划师协会)的共同推动下,中国的理财行业正迎来一个高速增长期。

二、中国理财规划师认证体系

人力资源和社会保障部对理财规划师这个职业的定义是"运用理财规划的原理、方法和工具,为客户提供理财规划服务的专业人员"。

理财规划师这个职业按技能高低可划分为助理理财规划师、理财规划师、高级国家理财规划师三个级别。人力资源和社会保障部在对国家职业标准的规定中将国家职业标准从低到高分为五级：初级（五级）、中级（四级）、高级（三级）、技师（二级）、高级技师（一级）。按上述标准，助理理财规划师属于国家职业资格标准中的三级，理财规划师属于国家职业资格标准中的二级，高级国家理财规划师属于国家职业资格标准中的一级。

要获得职业资格认证，可向人力资源和社会保障部申报职业资格鉴定。各类理财规划师的申报条件和鉴定方式如下：

1. 助理理财规划师的申报条件（具备以下条件之一者）

（1）连续从事本职业工作6年以上；

（2）具有以高级技能为培养目标的技工学校、技师学院和职业技术学院本专业或相关专业毕业证书；

（3）具有本专业或相关专业大学专科及以上学历证书；

（4）具有其他专业大学专科及以上学历证书，连续从事本职业工作1年以上；

（5）具有其他专业大学专科及以上学历证书，经本职业助理理财规划师正规培训达规定标准学时数，并取得结业证书。

2. 理财规划师的申报条件（具备以下条件之一者）

（1）连续从事本职业工作13年以上；

（2）取得本职业助理理财规划师职业资格证书后，连续从事本职业工作5年以上；

（3）取得本职业助理理财规划师职业资格证书后，连续从事本职业工作4年以上，经本职业理财规划师正规培训达规定标准学时数，并取得结业证书；

（4）具有本专业或相关专业大学本科学历证书，连续从事本职业工作5年以上；

（5）具有本专业或相关专业大学本科学历证书，取得本职业助理理财规划师职业资格证书后，连续从事本职业工作4年以上；

（6）具有本专业或相关专业大学本科学历证书，取得本职业助理理财规划师职业资格证书后，连续从事本职业工作3年以上，经本职业理财规划师正规培训达规定标准学时数，并取得结业证书；

（7）取得硕士研究生及以上学历证书后，连续从事本职业工作2年以上。

3．高级理财规划师（具备以下条件之一者）

（1）连续从事本职业工作19年以上；

（2）取得本职业理财规划师职业资格证书后，连续从事本职业工作4年以上；

（3）取得本职业理财规划师职业资格证书后，连续从事本职业工作3年以上，经本职业高级理财规划师正规培训达规定标准学时数，并取得结业证书。

符合助理理财师申报资格的人员通过理论知识考试和专业能力考核即可获得职业资格认证。其中理论知识考试采用闭卷或上机考试方式，考试时间为90分钟，达到60分以上为合格。专业能力考核时间不少于120分钟。符合理财规划师和高级理财规划师的人员通过上述考试和考核后还需要经过综合评审才能拿到认证证书，综合评审时间不少于90分钟。

中国注册理财规划师协会是2005年经有关部门核准注册的法人社团组织。该组织推出了AFP和CFP的两套认证标准。

AFP（Assistant Financial Planner）相当于助理理财规划师，要获得该证书必须经全国统一考试取得，每年四次，分别为1月、4月、7月、12月的第三个周末。通过考试后可获得中国注册理财规划师协会金融理财标准委员会颁发的AFP金融理财师资质证书。持证人可以在从事金融理财业务、宣传、名片中使用AFP的商标和标识。

CFP（Certified Financial Planner）则是由中国注册理财规划师协会认定的一种最高级别的会员资格。首先，申请该资格必须要满足教育、考试、经验、操守四个环节的认定。其次，在取得资格后每两年都要对资格进行更新，有接受至少20个课程的继续教育的义务。

资格认证只是表明持有证书的人员达到了从业的最低门槛。不论获得哪种资格的证书，能用专业知识帮助客户进行综合的理财规划，并在职业生涯中严格遵循职业道德才是最重要的。

三、中国理财行业未来发展需要解决的问题

中国的理财行业刚刚起步不久，未来发展的空间巨大。2010年在美国上市的第三方独立理财机构诺亚财富投资管理有限公司，发行时的市盈率达到120倍，彰显了境外投资者对中国理财行业未来增长的预期。尽管如此，中国理财行业仍然是一个嗷嗷待哺的婴儿，在未来的成长中不仅需要外部环境的

培育,还需要注意内部素质的提升。

中国的理财行业在未来的发展中需要解决的问题至少有这样几个:

第一,专业人才缺乏。尽管经过几年的培训,已经有几万人拿到了从事理财师职业的资格认证证书,但证书的含金量仍未得到体现。其中,最重要的一点是很多人只是为了拿证而参加培训,而培训机构的管理体系不健全,培训时的松紧程度不一样,导致拿到证书的人才良莠不齐。部分优秀学员通过学习掌握了较好的理财专业知识,并能在自己的工作岗位上加以运用升华,从而提升了所在工作部门的绩效;也有一些学员只是拿到了证书,但由于在培训过程中没有认真学习而在实际业务中根本无法运用。"所学非所用"一方面造成从业人员仍然用原来的产品销售模式展业,另一方面也造成客户认为理财从业人员就是营销人员,从而对整个理财行业产生了认知偏差,对理财行业的发展起了负面作用。中国的理财行业应开始着重培养一些专业型人才,这些人才是靠其专业知识为客户服务的,而非靠营销技巧。毕竟,理财是金融领域最为综合性的一个学科,没有一定的专业知识积累,是无法为客户提供专业服务的。营销能与客户建立第一次的关系,但要能持续地留住客户,却依赖于专业的服务。

第二,金融机构的激励机制有待改进。目前大部分的金融机构的激励机制都是以业务量为导向,尤其以存贷款量为关键考核指标。对服务的考核权重比对产品销售量的考核权重要低很多。这种激励机制无法使具备理财专业知识的人才脱颖而出,也无法体现出这些专业人才的价值。许多拿到理财从业资格证书的优秀学员原本期待能用专业知识发挥所长,但金融机构目前的体制却无法使其长处得到发挥,人才的价值没有得到充分体现。在各种理财产品频频遭受质疑的时候,以产品为导向的营销模式和激励将无以为继,如果没有事先做好向以服务为导向的模式转变的准备,金融机构也将遭遇发展的瓶颈。

第三,第三方理财需借助政策推动发展。最能体现理财专业服务价值的机构是第三方理财。第三方理财机构站在独立、客观的立场上为客户提供综合理财建议,其中要涉及存款、保险、基金、股票、信托等产品。这些产品很少能由一家金融机构提供,即使有的金融机构通过金融控股方式能提供较全面的产品线,也仅仅是销售其自身拥有的产品。金融机构的这一局限性使得其在为客户服务时无法站在独立、客观的立场上。这种情况会导致一部分品行不佳的销售人员为了自身利益只顾销售产品,而罔顾客户利益。第三方理财机构则可以在为客户进行综合考虑后,在对比各家金融机构产品的基础上,选择最合适的产品满足客户的需求。但要想保证第三方理财机构的独立性,需要借助政策鼓励第三方理财建立靠服务盈利为主的模式,而非靠产品佣金为主的模式。要建立这样的模式,需要政府的支持和政策的推动。

第四,推动专业理财顾问服务的发展。由于现行金融机构的激励机制以及混业经营的限制,金融机构在为客户提供专业理财服务方面不仅遭遇人才的瓶颈,也遭遇自身体制的瓶颈。按照这种体制,如果能设计一种能发挥金融机构和专业理财机构各自优势的制度安排,就能够突破这种瓶颈。笔者的一个初步设想是第三方理财机构可以为金融机构提供专业理财服务,金融机构发挥营销网点的优势,而专业理财机构发挥专业优势。金融机构提供前台服务,而第三方理财机构提供后台支持,包括为客户提供综合理财规划、专业分析报告等。

复习题

一、名词解释

个人理财　PFS　CFA　CLU

二、选择题(不定向选择)

1. 理财行业的兴起是因为(　　)。

   A. 老龄化社会的到来　　　　B. 金融危机

   C. 金融自由化　　　　　　　D. 社会可投资财富增加

2. 美国关于理财师的三大权威认证是(　　)。

   A. CFP　　　　　　　　　　B. ChFC

   C. CFA　　　　　　　　　　D. PFS

3. 美国最大的理财机构之一嘉信理财公司提供的服务包括(　　)。

   A. 基本建议服务、签名建议服务

   B. 私人理财顾问建议服务、独立顾问建议服务

   C. 富豪财富管理服务

   D. 退休规划与员工福利

4. 持有(　　)证书的从业人员为中小企业主进行服务最为合适。

   A. CFC　　　　　　　　　　B. CWM

   C. CFA　　　　　　　　　　D. CLU

三、判断题

1. 美国首家理财机构是1972年创建的。（　　）

2. 在美国，CWM证书持有者的比例最高。（　　）

3. 参加特许财务顾问考试的人员必须有3年以上的相关工作经验，通过6门核心课程。（　　）

4. 只针对注册会计师，要申请必须先取得CPA资格认证的是PFS。（　　）

5. CFP相比CWM来说，更加侧重大众化，并且注重培养营销实践技能、信息交流和财富管理实务。（　　）

四、简答题

1. CFP的主要职责是什么？
2. 简述日本理财咨询的程序。
3. 结合国外理财机构的发展谈谈你对中国未来理财机构发展的看法。

第二章
Chapter 2

理财的基本原理

 案例导读

  现在我们要投资一个项目,当期需要的投资是10万元,第一年年末流入现金收入5万元,第二年年末流入现金收入3万元,第三年年末流入现金收入2.5万元。从现金来看,现金流入10.5万元,赚了0.5万元。

  请思考:这个投资真的赚了吗?

  带着这个思考题,进入下面的学习吧。

第一节 货币的时间价值

一、定义

货币的时间价值(Time Value of Money)是指货币随着时间的推移而增加的价值。比如,现在的 1 元钱,如果按照一年期的存款利率 2.5% 计算,则一年后将增值为 1.025 元,其中的 0.025 元就是货币的时间价值。在实际应用过程中,我们通常以银行利率作为货币的时间价值。

货币的时间价值是投资和理财理论中最重要的一个概念。由于货币具有时间价值,所以同等金额未来的钱和现在的钱其价值是不一样的。比如现在的 100 万元和 10 年后的 100 万元其价值显然不一样。如果让你来选择,你肯定选择现在拥有 100 万元,而不会选择 10 年后拥有 100 万元。因为现在如果你就有 100 万元的话,通过合理投资或存银行,10 年后你拥有的钱比 100 万元要多。

货币的时间价值有两种表现形式:相对表示和绝对表示。

所谓相对表示是指不考虑风险和通货膨胀时的社会平均资金利润或平均报酬率,也称为时间价值率,一般用利率、投资报酬率等表示,比如上面所提到的 2.5%。

所谓绝对表示是指资金经过投资带来的真实增值额,也称时间价值额,比如上面计算出的利息额 0.025 元。

相对表示和绝对表示之间的关系可用以下公式表示:

$$时间价值额 = 货币数量 \times 时间价值率$$

由于货币有时间价值,所以不管是你现在手上持有的货币,还是存入银行的货币,抑或拿来投资项目的货币,都是有成本的。这个成本就是经济学中所学的"机会成本"。比如现在你在看书学习,就不能做其他赚钱的事情,这样你就放弃了做其他事情赚钱的收益,而这个收益就是你在看书学习时的机会成本。这个机会成本如果足够高,你就不愿意看书学习,而更愿意去赚钱了。比如你看书学习的 1 小时如果拿来工作能赚到 1 万元,那么你的机会成本就是 1 万元,你看书学习就会丧失 1 万元的机会成本,也许你会作出不看书学习而去打工赚钱的决定。这个决定的决策依据是机会成本。但如果你把看书学习的 1 小时拿来工作只能赚到 10 元钱,这时你的决定可能就是看书学习而不是去打工赚钱。同样,决策的依据还是机会成本。同一件事情对不同的人来说,机会成本是不一样的。比如上面两种情况,对于打工收入达到1万元的人,他的机会成本是1万元,而对于打工收入只有10元的人,他的机会成本只是10元,这样不同的人作出的决策就会不一样。当然,做决策的过程中还有一个因素要考虑,就是做这件事的收益。比如,如果看书学习的人通过读书,学会了理财知识并运用到生活中,能很轻易地赚取超过1万元的收益,那么即使他的机会成本是1万元,也会选择读书。这就是为什么学费很贵,但仍有很多人愿意选择读书的原因。

货币的时间价值也是一种机会成本,如果你将货币存入银行,那么你就丧失了投资其他项目获得的收益。同样,如果你将货币投资到其他项目上,你就丧失了存入银行可获得的利息。这些都是机会成本的概念。回到最初的思考题上,如果我们将投资在这个项目上的10万元存入银行,假设银行存3年的利率是10%,那么第三年可获得本金10万元和利息1万元,存入银行的收益是1万元。而案例导读中的项目三年后才获得收益0.5万元,并且还要承担风险,因此这个项目本质上是不赚钱的。不赚钱的根本原因在于机会成本(1万元)高于投资收益(0.5万元)。但如果银行存3年的利率是3%,这时这个项目的投资收益高于机会成本,就是赚钱的项目。

二、现值和终值

现值(Present Value)是把将来时点的资金换算成现在时点的资金的价值。比如未来的1.025元按利率2.5%换算成现在时点的价值就是1元。

计算如下:

$$1.025 \div (1 + 2.5\%) = 1 \text{元}$$

终值(Future Value)是把现在时点的价值换算成将来时点的资金的价值。比如现在的1元按2.5%利率换算成1年后的价值是1.025元。

计算如下:

$$1 \times (1 + 2.5\%) = 1.025 \text{元}$$

三、单利和复利

单利(Simple Interest)是指按照固定的本金计算的利息。所谓固定的本金指的是利息不再计利息。比如100元存1年,按银行利率2.5%来计算,1年后有利息2.5元。如果存2年,按同样的银行年利率2.5%来计算,2年后有利息 2.5×2=5 元。其中,第一年的利息 2.5 元不放入第二年的本金中计算利息。计算利息的本金始终为 100 元。

单利的计算公式为:

$$SI = PV \times r \times n$$

$$SFV = PV + PV \times r \times n$$

注:SI 为单利利息额,PV 为本金,r 为利息率,n 为期限,SFV 为本金和利息之和(简称本利和)。

【案例 2-1】 1 000 元存入银行,存 3 年,银行年利率为 3%,那么 3 年后按单利计算可得利息是多少?

【案例分析】 计算公式如下:

$$1\,000 \times 3\% \times 3 = 90 \text{ 元}$$

3 年后按单利计算可获得利息 90 元。

复利(Compound Interest)是指由本金和前一个利息期内应计利息共同产生的利息。即前一年度获得的利息不取出来加入本金在下一个年度继续按利率赚取的新利息,常称息上息、利滚利。不仅本金产生利息,利息也产生利息。

我们以 PV 代表复利本金,以 FV 代表复利终值,以 r 代表利率,以 n 代表年限,则可以得出复利计算公式:

$$FV = PV \times (1+r)^n$$

【案例 2-2】 如果将 1 000 元钱存进银行,1 年期存款利率为 3%,则 3 年后 1 000 元钱的复利终值是多少?

【案例分析】 计算公式如下:

$$FV = 1\,000 \times (1+3\%)^3 = 1\,092.727 \text{ 元}$$

在这里,FV=1 092.727,PV=1 000,r=3%,n=3。

3 年后 1 000 元按照复利计算的终值是 1 092.727 元。

由于利息还可以计算利息,所以按复利计算出的利息比按单利计算出的利息多了 92.727-90=2.727 元。

表 2-1 反映了期初存入 1 000 元,按投资收益率 10% 计算,5 年的复利利息和期末总金额。图 2-1 则反映了按单利计算和按复利计算的利息差异。从表 2-1 和图 2-1 可以看到,按复利计算时,期末金额增加得更快,这是因为利滚利的原因。

表 2-1 复利利息表　　　　　　　　　　　　收益率：10%

期限(年)	期初金额(元)	复利利息(元)	期末金额(元)
1	1 000	100	1 100
2	1 100	110	1 210
3	1 210	121	1 331
4	1 331	133	1 464.1
5	1 464.1	146.41	1 610.51

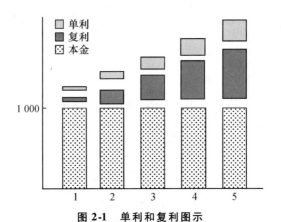

图 2-1　单利和复利图示

复利计算公式中的 $(1+r)^n$ 也叫做"终值系数"。这个系数中的两个重要变量分别是收益率 r 和年限 n。从图 2-2 中可以看到，随着收益率的提高，本金增值的速度越快；随着年限的加长，本金增值的幅度越大。由于利滚利而造成的这种效应也称为"复利效应"。

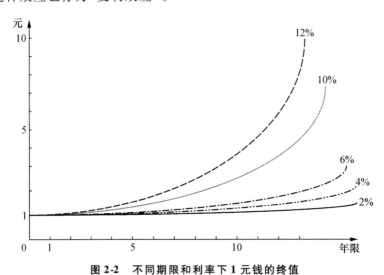

图 2-2　不同期限和利率下 1 元钱的终值

复利效应的威力巨大,特别是对长期投资而言。如果现在有100万元,假设投资年均收益率为8%,那么在30年后这100万元将增值为10 062 656.89元。也就是说,如果在30岁时拥有100万元可投资的金融资产,将其投资在年均收益可达到8%的金融产品上,那么在60岁退休(男性)时即可成为千万富翁。

第二节 财务计算器

目前在理财类考试中常用的计算器有两种:卡西欧财务计算器CASIO(见图2-3)和德州仪器金融计算器BAII Plus(见图2-4)。在理财规划类考试中卡西欧财务计算器应用广泛,而在证券分析类考试中则较多地使用德州仪器金融计算器BAII Plus。由于本书侧重于理财规划,因此我们只介绍卡西欧财务计算器CASIO的使用。

图2-3 卡西欧财务计算器　　图2-4 德州仪器金融计算器BAII Plus

卡西欧计算器内置9种金融公式,可适用的考试范围包括ChFP/CFP/CWM/RFP/FChFP/CFP/CFC/CRFA/IFFSA/CIIA等国内外金融理财专业考试。

卡西欧财务计算器目前有两种型号:一种是FC-100V,一种是FC-200V。后者比前者多了一些复杂的功能,比如债券方面的计算等,其他功能基本相同。本书以FC-200V为基础讲解卡西欧计算器的使用。

卡西欧财务计算器FC-200V功能按钮见图2-5。

第一行从右至左,分别是:

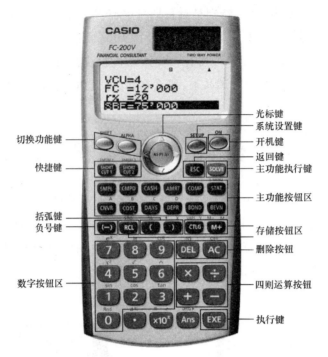

图 2-5 卡西欧财务计算器 FC-200V 功能按钮

开机键:ON。

设置键:SETUP。

光标键:←↑→↓。

字母键:ALPHA。

转换键:SHIFT。

点击设置键(SETUP),可以设置系统中的支付期(Payment)是期初(Begin)还是期末(End),日期模式(DATE MODE)是 360 天还是 365 天等等。修改设置的时候按右下角的 EXE 执行键。

字母键(ALPHA)和转换键(SHIFT)都称为切换功能键,这两个键是用于切换计算器的按键功能。比如,想调用字母 A,则先点击字母键(ALPHA),然后再点击按键 CNVR,屏幕上就会显示字母"A"。同样,调用字母 B,则先点击字母键(ALPHA),然后再点击按键 COST,屏幕上就会显示字母"B"。面板上共有 A、B、C、D、X、Y、M 七个字母可调用,字母的颜色与字母键(ALPHA)的颜色都是红色。

褐色的转换键(SHIFT)则用于将凸出的按键功能转换为面板上褐色字体

的功能。比如，要设置字母 A = 5，则可以先点击 $\boxed{5}$，然后再点击转换键（SHIFT），接着点击 $\boxed{\text{RCL}}$，就会出现下面的界面：

```
Store?
  Shortcut1:
  Shortcut2:
  FMEM1:
  FMEM2:
  A:
  B:
  C:
  D:
  X:
  Y:
  M:
```

利用光标键将光标移动到 A:这一行，然后点击右下角 $\boxed{\text{EXE}}$ 执行键，就会出现：

```
Store?
  [EXE]:Yes
  [ESC]:Cancel
```

再次点击 $\boxed{\text{EXE}}$ 执行键，就出现下面的界面：

```
5→A
                    5
```

意味着已经将 5 这个数值存储进了字母 A 中。

点击 ON 键回到初始状态，然后尝试一下调用字母 A 的数值。操作步骤如下：先点击字母键（ALPHA），然后再点击按键 $\boxed{\text{CNVR}}$，屏幕上就会显示字母"A"。接着再点击右下角 $\boxed{\text{EXE}}$ 执行键，就会出现：

```
A
                    5
```

第二行从右至左分别是：

解答键（或主功能执行键）：$\boxed{\text{SOLVE}}$

返回键：$\boxed{\text{ESC}}$

快捷键2：$\boxed{\text{Shortcut2}}$

快捷键1：$\boxed{\text{Shortcut1}}$

解答键和返回键稍后应用的时候再作介绍。我们先看快捷键的使用。如果不想将5存到字母中，还可以存入快捷键。比如先点击 $\boxed{5}$，然后再点击转换键（SHIFT），接着点击 $\boxed{\text{RCL}}$，就会出现下面的界面：

```
Store?
  Shortcut1:
  Shortcut2:
  FMEM1:
  FMEM2:
  A:
  B:
  C:
  D:
  X:
  Y:
  M:
```

光标停留在Shortcut1:的位置上，然后点击右下角 $\boxed{\text{EXE}}$ 执行键，就可以将5存入快捷键1 $\boxed{\text{Shortcut1}}$ 中了。调用的时候则直接点击快捷键1 $\boxed{\text{Shortcut1}}$ 即可。

第三行和第四行都是主功能按钮键，第三行从右至左分别是：

统计模式：$\boxed{\text{STAT}}$

计算模式：$\boxed{\text{COMP}}$

摊销模式：$\boxed{\text{AMRT}}$

现金流模式：$\boxed{\text{CASH}}$

复利模式:$\boxed{\text{CMPD}}$

单利模式:$\boxed{\text{SMPL}}$

这里先介绍一下单利模式,其他模式在后面的实例中再讲解。

点击$\boxed{\text{SMPL}}$,进入单利模式,界面如下:

```
Simple Int.
  Set:365
  Dys = 0
  I%  = 0
  PV  = 0
  SI:Solve
  SFV:Solve
  ALL:Solve
```

第一行 Simple Int. 表示单利模式;第二行 Set:365 表示 1 年的天数是按 365 天来计算;第三行 Dys 是存款或投资的期限,以天为单位计算;第四行是利率 I%;第五行是现值 PV。第二行至第四行是输入栏目。

第六行是求解单利 SI;第七行是求解单利终值 SFV;第八行是同时求解单利 SI 和单利终值 SFV。第六行至第八行是求解栏目。

下面以案例 2-1 来示范单利模式的应用。

分别将 Dys = 365×3,I% = 3,PV = −1 000 输入到第三行至第五行,界面如下:

```
Simple Int.
  Set:365
  Dys = 1 095
  I%  = 3
  PV  = -1 000
  SI:Solve
  SFV:Solve
  ALL:Solve
```

然后将光标移动到 SI:Solve 这一行,点击蓝色的解答键$\boxed{\text{Solve}}$,就可以求出 SI = 90。

再点击返回键 ESC，返回到刚才的界面，将光标移动到 SFV:Solve 这一行，点击蓝色的解答键 Solve，就可以求出 SFV = 1 090。

最后点击返回键 ESC，返回到刚才的界面，将光标移动到 ALL:Solve 这一行，点击蓝色的解答键 Solve，就可以同时求出 SI = 90, SFV = 1 090。

计算器面板上的第四行从右至左分别是：

盈亏平衡模式：BEVN

债券模式：BOND

折旧模式：DEPR

天数模式：DAYS

成本模式：COST

利率转换模式：CNVR

第五行从右至左分别是：

存储键：M +

目录键：CTLG

右括号：)

左括号：(

回响键：RCL

负号键：(-)

第六行的两个粉红色的键分别是还原键 AC 和删除键 DEL。还原键 AC 可在计算模式中清零。删除键 DEL 则可删除输入错误的某个数字而不必清零。

最后一行最右边的是执行键 EXE，左边是答案键 Ans。

其他键分别是数字键和四则运算键。

第三行和第四行的主功能按钮键在下面的实例中再具体介绍，部分功能键在理财规划中极少用到。读者需要掌握的功能是：

单利模式：SMPL

复利模式：CMPD

现金流模式：CASH

摊销模式：AMRT

利率转换模式：CNVR

上述这五个功能将在后面的实例中一一介绍。

此节最后还要介绍一个重要功能，此功能在计算过程中经常要使用，否则容易出错。这个功能键位于数字键 9 之上。在 FC-200V 计算器的数字键 9 之上我们可以看到有一个褐色的标示 CLR。CLR 是英文 CLEAR 的缩写，中文意思为"清除"。CLR 的功能是清除在计算器中已存储的信息，包含计算器的设置、内存、快捷键信息、字母键信息等。如果没有使用清除功能，则在一些计算中由于仍保留着以前的信息，很容易造成计算错误。因此，建议大家在每一次计算时都先使用一次清除功能，避免出错。

要调用 CLR 功能，需要使用到我们上面所说的 SHIFT 转换键。先点击 SHIFT 转换键，再点击数字键 9，可以看到如下界面：

```
Clear?
  Setup:EXE
  Memory:EXE
  ALL:EXE
  VARS:EXE
  Shortcut:EXE
  FMEM:EXE
  D.Editor:EXE
```

第一行是询问是否清除？

第二行是清除计算器设置。

第三行是清除计算器内存。

第四行是清除所有。

第五行是清除变量。

第六行是清除快捷键信息。

第七行是清除快捷键上方 FMEM 信息。

第八行是清除编辑栏中的信息（在现金流模式下会用到编辑栏，见后文现金流模式的应用）。

将光标移动到第二行 Setup:EXE,再点击 EXE 键,就会出现:

```
Clear Setup?
  [EXE]:Yes
  [ESC]:Cancel
```

再次点击 EXE 键,就可以清除所要清除的信息了。如果不想清除,则点击 ESC 键返回。

第三节　EXCEL 财务计算功能

除了使用上述专业计算器外,个人电脑中的 EXCEL 软件也可以进行一些财务运算。

首先,打开 EXCEL 程序,出现以下界面:

图 2-6　EXCEL 界面

找到 fx 按钮。这个按钮是 EXCEL 的函数功能。

点击 fx,出现:

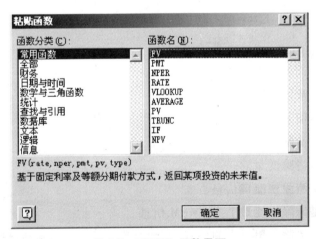

图 2-7　EXCEL 函数界面

函数分类中的第一项是常用函数,如果你经常使用某个函数,这个函数就会出现在右边方框中,比如上面的 FV、PMT、NPER 等函数功能。

上面函数分类列表中的第三项是财务函数。将光标移动到"财务"这一行,将出现:

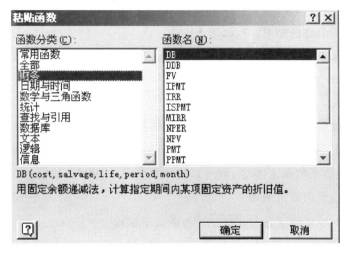

图 2-8　EXCEL 财务函数界面

右边方框中的 DB、DDB、FV 等就是财务函数。

在理财规划中经常要使用的财务函数有这样几个:

终值函数:FV。

现值函数:PV。

分期收付函数:PMT。

年限函数:NPER。

收益率函数:RATE。

以上函数的使用,将在后面的实例中一一讲解。

第四节　复利计算应用

生活中复利无处不在,不过却很少有人意识到复利的巨大威力。爱因斯坦曾把复利看做世界第八大奇迹,由此可见复利的重要性。复利的计算并不复杂,但其应用却很广泛。我们可以从生活中的一些实例来进一步了解复利效应的魅力。

一、复利终值计算

【案例 2-3】 张三将 10 000 元存入银行,年利率为 10%,复利计息,问 5 年后本利和是多少?

【案例分析】 $FV = PV \times (1+r)^n = 10\,000 \times (1+10\%)^5 = 16\,105$ 元

这个例子中是已知 PV、r、n,求 FV。

以上计算靠人工计算显然太慢,为了迅速得到 FV 的结果,可通过以下三种方式:

(1) 查表

在多数财务教科书后都附有复利终值系数表可供查阅。读者可以找到复利终值系数表,查找贴现率为 10%、期数为 5 年的终值系数。查阅的结果是 1.611。将终值系数乘上本金,就可以得到终值为 $10\,000 \times 1.611 = 16\,110$ 元。

(2) 使用卡西欧计算器

点击复利计算模式按钮 CMPD,出现以下界面:

```
Compound Int.
 Set:End
 n = 0
 I% = 0
 PV = 0
 PMT = 0
 FV = 0
 P/Y = 1
 C/Y = 1
```

向下移动光标,将 n 设置为 5,I% 设置为 10,PV 设置为 -10 000,PMT 仍保持为 0,然后将光标移动到 FV 这一行,点击第二行右边蓝色解答键 SOLVE,就可以求出 $FV = 16\,105.1$。

这里要注意的是,通常在理财规划计算中,投资的钱用负号表示,而取回的钱用正号表示。即投资是现金流出,而取回是现金流入。所以这里的 PV 输入的是 -10 000。PV 与 FV 的符号通常是相反的。

解答界面如下:

```
Compound Int.
  Set:End
  n = 5
  I% = 10
  PV = -10 000
  PMT = 0
  FV = 16 105.1
  P/Y = 1
  C/Y = 1
```

P/Y 表示每年的收付次数,而 C/Y 表示每年的计息次数。在这个例子中默认为 1。以后的实例中再介绍这两个指标的应用。

(3) 使用 EXCEL 财务计算函数

打开 EXCEL 程序,进入图 2-8 所示的 EXCEL 财务函数界面,在第三行可找到 FV 函数。

点击后出现下面的界面:

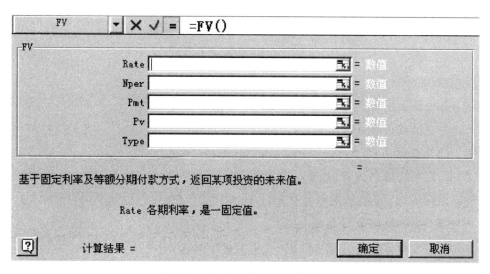

图 2-9　EXCEL 的 FV 函数界面

分别设置 Rate = 0.1(即 10%),NPER = 5,PV = -10 000,就可以求得 FV = 16 105.1。

求解界面如下:

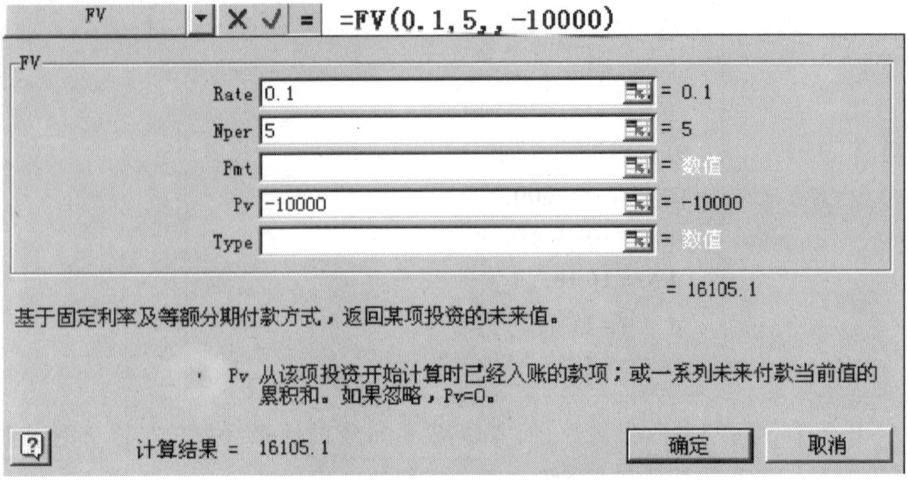

图 2-10　EXCEL 的 FV 求解实例

二、复利终值获取年份计算

【案例 2-4】　李四将 10 000 元存入银行,若银行存款利率为 7%,问多少年后,他能有 15 000 元?

【案例分析】　根据公式 $FV = PV \times (1+r)^n$,可得到:
$$15\,000 = 10\,000 \times (1+7\%)^n$$
$$n = 6$$

这个例子中是已知 PV、FV、r,求 n。

为了迅速得到 n 的结果,可以通过以下方式:

(1) 查表

在复利终值系数表中,查贴现率为 7%、系数为 1.5 对应的年份,查阅结果对应于 (7%,1.501) 的期限是 6 年。

(2) 卡西欧财务计算器

点击按钮复利计算模式 CMPD ,出现以下界面:

```
Compound Int.
  Set:End
  n = 0
  I% = 0
  PV = 0
  PMT = 0
  FV = 0
  P/Y = 1
  C/Y = 1
```

向下移动光标,将 n 保持设置为 0,I% 设置为 7,PV 设置为 -10 000,PMT 仍不变保持为 0,FV 设置为 15 000。然后将光标往回移动到 n = 0 这一行,点击第二行右边蓝色解答键 $\boxed{\text{SOLVE}}$,就可以求出 n = 5.992805314。这里要注意,PV 与 FV 的符号是相反的。

解答界面如下:

```
Compound Int.
  Set:End
  n = 5.992805314
  I% = 7
  PV = -10 000
  PMT = 0
  FV = 15 000
  P/Y = 1
  C/Y = 1
```

P/Y、C/Y 默认为 1。

(3) EXCEL 财务计算器

打开 EXCEL 程序,进入图 2-8 所示的 EXCEL 财务函数界面,在中间位置可找到 NPER 函数,见图 2-11。

点开 NPER 函数后,输入 Rate = 0.07,PV = -10 000,FV = 15 000,即可求出 NPER = 5.992805314,见图 2-12。

对于复利终值获取年份的计算,还有两个速算法则可以运用,分别是 72 法则和 115 法则。

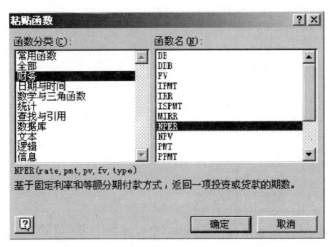

图 2-11 EXCEL 财务函数 NPER 界面

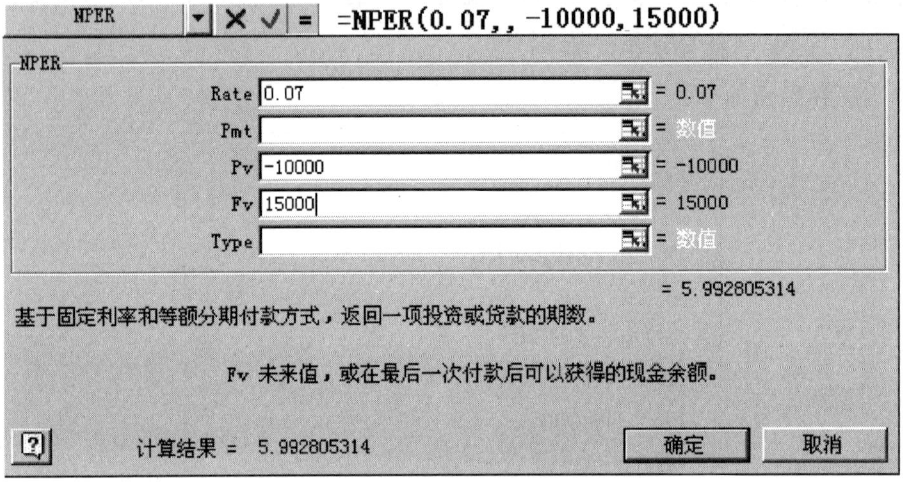

图 2-12 EXCEL 财务函数 NPER 求解实例

72 法则指的是投资翻倍所需要的时间,可以用 72 除以年收益率数值来计算。比如一款年收益为 8% 的金融产品,如果现在购买了 1 000 元的产品,要想使投资本金 1 000 元翻倍到 2 000 元,则需要的时间是 72/8 = 9 年。不论购买多少该金融产品,要想使投资翻倍都需要 9 年,比如投资 1 万元想变成 2 万元、投资 100 万元想变成 200 万元所需要的时间都是 9 年。

115 法则指的是投资从 1 单位增值为 3 单位所需要的时间,可以用 115 除以年收益率数值来计算。比如一款年收益为 11.5% 的金融产品,则投资 1 000 元要增值为 3 000 元所需要的时间是 115/11.5 = 10 年。

当遇到从 1 变成 2 或从 1 变成 3 的问题时,就可以用 72 法则或 115 法则进行速算。

三、复利现值计算

如果将复利终值的计算公式倒过来,就可以用来计算复利现值。

复利现值的计算公式如下:

$$PV = \frac{FV}{(1+r)^n}$$

在复利现值的计算公式中,r 又被称为贴现率。贴现是指将终值换算成现值。贴现率就是换算时所用的比率,如投资收益率、利率等。

【案例 2-5】 王琴将在第 4 年年末收到 60 000 元,按 6% 的收益率计算,这 60 000 元的现值是多少?

【案例分析】 将 $FV=60\,000$,$r=6\%$,$n=4$ 代入复利现值公式,得出:

$$PV = \frac{60\,000}{(1+6\%)^4} = 47\,525$$

这个例子中是已知 FV、r、n,求 PV。

为迅速求得 PV,可通过以下方式:

(1) 查表

这次要查的表是复利现值系数表。查期数为 4 年、贴现率为 6% 对应的复利现值系数,查到的结果为 0.792。然后用 60 000 乘以 0.792 可得到现值 $PV=47\,520$ 元。

(2) 卡西欧财务计算器

点击复利计算模式按钮 CMPD ,出现以下界面:

```
Compound Int.
 Sct:End
 n = 0
 I% = 0
 PV = 0
 PMT = 0
 FV = 0
 P/Y = 1
 C/Y = 1
```

向下移动光标,将 n 设置为 4,I% 设置为 6,PV 保持设置为 0,PMT 仍不变保持为 0,FV 设置为 60 000,然后将光标往回移动到 PV = 0 这一行,点击第二行右边蓝色解答键 SOLVE ,就可以求出 PV = −47 525.61979。这里仍然可以看到 PV 与 FV 的符号是相反的。

解答界面如下:

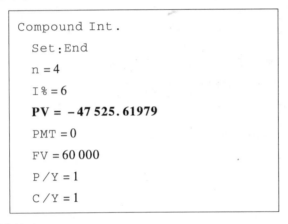

P/Y、C/Y 默认为 1。

（3）EXCEL 财务计算器

打开 EXCEL 程序,进入图 2-8 所示的 EXCEL 财务函数界面,在中间位置可找到 PV 函数,见图 2-13。

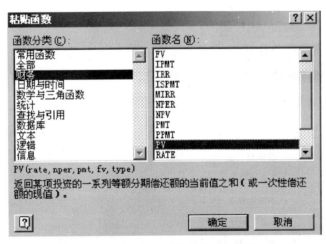

图 2-13　EXCEL 财务函数 PV 界面

点开 PV 函数后,输入 Rate = 0.06，NPER = 4,FV = 60 000,即可求出 PV = −47 525.61979,见图 2-14。

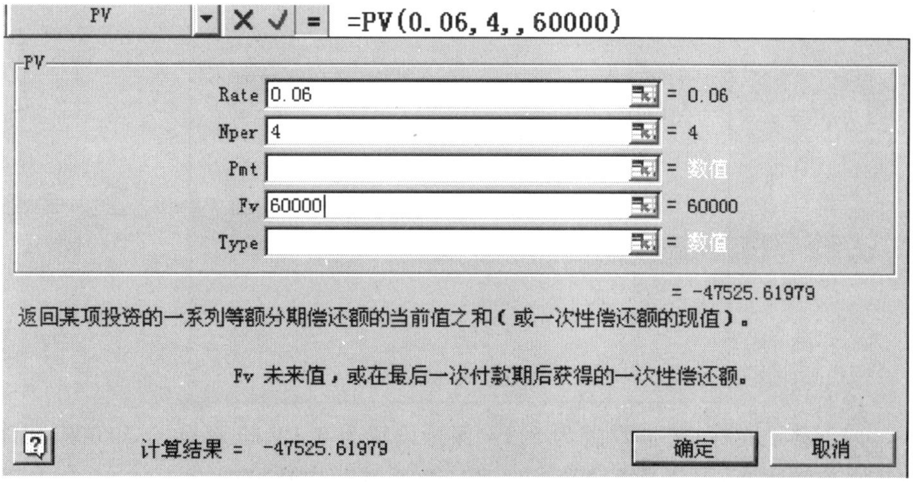

```
        PV        ▼  X ✓ =  =PV(0.06,4,,60000)
```

┌─PV───┐
│   Rate │0.06   │   = 0.06   │
│   Nper │4   │   = 4   │
│   Pmt │   │   = 数值   │
│   Fv │60000   │   = 60000   │
│   Type │   │   = 数值   │
│   = -47525.61979│
│ 返回某项投资的一系列等额分期偿还额的当前值之和(或一次性偿还额的现值)。│
│   │
│ Fv 未来值,或在最后一次付款期后获得的一次性偿还额。│
│   │
│ ? 计算结果 = -47525.61979   确定   取消   │
└──┘

图 2-14 EXCEL 财务函数 PV 求解实例

四、投资收益率计算

【案例 2-6】 张静目前的存款有 150 000 元,她想在第 5 年年末筹集 200 000 元作为购买房产的首付款,如果她希望将存款 150 000 元转投其他金融产品来实现第 5 年年末筹集首付款 200 000 元的目标,请问她需要投资年均收益率为多少的金融产品?

【案例分析】 将 $n=5$,$PV=150\,000$,$FV=200\,000$ 代入复利终值公式,得出:

$$200\,000 = 150\,000 \times (1+r)^5$$

$$r = 5.92\%$$

这个例子中是已知 n、PV、FV,求 r。张静需要将 150 000 元投入到年均收益率为 5.92% 的产品中,才能在第 5 年年末用现有存款筹集到 200 000 元的首付款。

可以通过以下方式求得 r:

(1) 查表

这次要查的表是复利终值系数表。查期数为 5 年、复利终值系数为 1.333 对应的贴现率,查到的结果为 6%。即 $r=6\%$。

(2) 卡西欧财务计算器

点击复利计算模式按钮 $\boxed{\text{CMPD}}$,出现以下界面:

```
Compound Int.
  Set:End
  n = 0
  I% = 0
  PV = 0
  PMT = 0
  FV = 0
  P/Y = 1
  C/Y = 1
```

向下移动光标,将 n 设置为 5,I% 保持设置为 0,PV 设置为 −150 000,PMT 仍不变保持为 0,FV 设置为 200 000,然后将光标往回移动到 I% = 0 这一行,点击第二行右边蓝色解答键 SOLVE ,就可以求出 I% = 5.922384105。这里要注意 PV 与 FV 的符号是相反的。

解答界面如下:

```
Compound Int.
  Set:End
  n = 5
  I% = 5.922384105
  PV = −150 000
  PMT = 0
  FV = 200 000
  P/Y = 1
  C/Y = 1
```

P/Y、C/Y 默认为 1。

(3) EXCEL 财务计算器

打开 EXCEL 程序,进入图 2-8 所示的财务函数界面,在中间位置可找到 RATE 函数,见图 2-15。

点开 RATE 函数后,输入 NPER = 4,PV = −150 000,FV = 200 000,即可求出 Rate = 0.059223841,见图 2-16。

五、计息次数对有效收益率的影响

在现实生活中,计息次数有可能不是按年来计息,而是按月或按季度甚至按

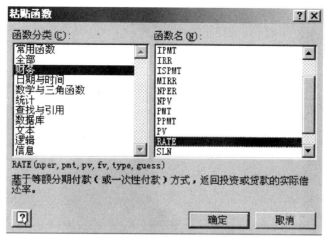

图 2-15 EXCEL 财务函数 RATE 界面

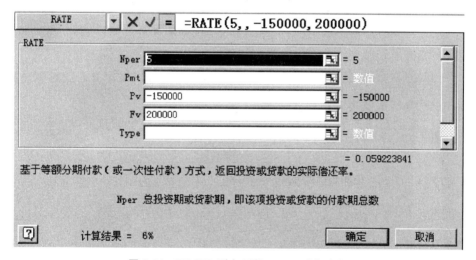

图 2-16 EXCEL 财务函数 RATE 求解实例

天来计息。如果年利率是 6%,按月来计复利利息的话,那么有效的收益率不再是 6%,而是比 6% 要高,因为计算利息的次数从 1 次变成了 12 次。

在这种情况下,要计算有效的年利率,可以采用下面的公式:

$$i = (1 + r/m)^{n \times m} - 1$$

其中,i 是有效年利率,r 是年利率,n 是年限,m 是计息次数。

当年利率是 6%、按月计息的时候,有效的年利率为:

$$i = (1 + 6\%/12)^{1 \times 12} - 1 = 6.16778\%$$

计息次数引起的有效年利率的变化可以见表 2-2。从中可以看到当按季计息的时候,计息次数是1年4次,有效年利率将变成6.13635%;当按天计息的时候,有效年利率将变成6.18313%。

表2-2 计息次数引起的有效年利率的变化

计息次数	m	有效的年利率
一年一次	1	6.00000
半年一次	2	6.09000
一季度一次	4	6.13635
一月一次	12	6.16778
一周一次	52	6.17998
一天一次	365	6.18313
连续计息	无穷	6.18365

表2-2中反映了三个特点:

(1) 随着计息次数的增加,有效年利率在递增;

(2) 随着计息次数的增加,有效年利率递增的速度在降低;

(3) 有效年利率不会无限递增,有上限存在。

对计息次数不同引起的有效年利率的变化计算,可以采用卡西欧财务计算器中的利率转换模式 CNVR 键完成。

点击 CNVR 键,出现如下界面:

```
Conversion
  n = 0
  I% = 0
  EFF:Solve
  APR:Solve
```

将 n = 12、I% = 6 输入,将光标移动到 EFF:Solve 这一行,点击第二行右边蓝色解答键 SOLVE ,就可以求出 EFF = 6.167781186。

也可以用 EXCEL 中的财务函数 FV 功能进行计算。假设现在投资1元,月利率是6%/12,投资12个月,则1年后1元钱将变成多少钱?

在 EXCEL 的 FV 函数中输入 Rate = 0.06/12,NPER = 12,PV = -1,求解出 FV = 1.061677812。即有效年利率为 $(1.061677812 - 1) \times 100\% = 6.1677812\%$。函数界面见图2-17。

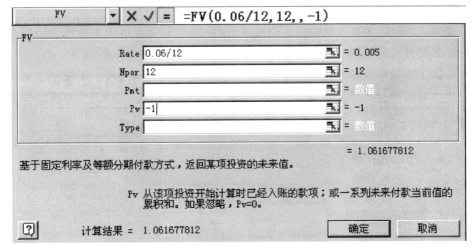

图 2-17　求解利息次数变化引起的有效年利率的方法示例

第五节　年　金

一、年金的概念和分类

年金（Annuity），是指一定时期内一系列的等额现金流入或流出。年金有两个特征：一个是时期特征，即每隔一段时间会有一笔资金流入或流出；另一个是金额特征，即每个时期都会发生一定金额的收支。上述两个特征决定了年金概念和复利概念的不同。年金是指每个时期都有资金的流入或流出，而复利则是指一笔资金获得的本金和收益。如果从投资的角度来看，年金相当于分期投入（比如定期定额投资基金），而复利相当于一笔投资（比如一次性买入某只基金）。如果从保险的角度来看，年金相当于期缴，而复利相当于趸缴。而从社会保险的角度来看，购买养老保险也是一种年金，不但在缴纳保险费时是年金，在退休后支取养老金时也是年金。

根据上述两个特征，可以形成年金期间和年金额两个概念。年金期间是指相邻两次年金额的间隔时间。年金额是指每次发生收支的金额。整个年金收支的持续期叫做年金时期。

按照年金额是在每期的期初还是期末缴纳，可将年金划分为普通年金和即付年金。

普通年金是指在一定时期内每期期末等额收付的系列款项，又称后付年金。

即付年金是指在一定时期内每期期初等额收付的系列款项,又称先付年金或预付年金。从即付年金与普通年金的定义看到,两者的区别仅在于付款时间的不同。但这种付款时间的差异会使得两种年金最终的收益不同。

除了普通年金和即付年金外,还有一种年金叫做永续年金。永续年金是指无限期等额收付的特种年金。它有两个特点:一是期限趋于无穷,二是每期年金额相等。

二、年金的计算

（一）普通年金

1. 普通年金终值

年金与复利一样,都有终值和现值之分。

普通年金终值是指一定时期内,每期期末等额收入或支出的本利和,也就是将每一期的金额按复利换算到最后一期期末的终值,然后加总。

【案例 2-7】 李四每年年末向银行存入 100 元,年利率 10%,到第 3 年年末他的银行账户中会有多少钱?

【案例分析】 从图 2-18 中可以看到,第 1 年年末存入的 100 元在第 3 年年末的复利终值是 121 元,第 2 年年末存入的 100 元至第 3 年年末的复利终值是 110 元,第 3 年年末存入的 100 元在第 3 年年末的复利终值就是 100 元。所以这样一个 3 年期的普通年金终值是 121 + 110 + 100 = 331 元。

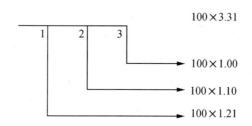

图 2-18 每年存入 100 元,利率 10% 的年金终值示意图

普通年金终值也可以通过一个公式进行计算:

$$FV = PMT \times \frac{(1+i)^n - 1}{i}$$

其中,PMT 代表年金,$\frac{(1+i)^n - 1}{i}$ 是复利终值系数。

普通年金终值也可以通过三种方式求得:

(1) 查表

通过查普通年金终值系数表,查贴现率为 10%、期限为 3 年的普通年金终值系数为 3.31。然后将年金额 100 元乘以 3.31 即可得到该普通年金终值是 331 元。

(2) 卡西欧财务计算器

点击复利计算模式 $\boxed{\text{CMPD}}$,依次输入 n = 3, I% = 10, PMT = -100,然后将光标移动到 FV 这一行,点击 $\boxed{\text{SOLVE}}$ 键,可求得 FV = 331。

```
Compound Int.
  Set:End
  n = 3
  I% = 10
  PV = 0
  PMT = -100
  FV = 331
  P/Y = 1
  C/Y = 1
```

在这里,仍然使用的是复利计算模式。但变量不再是 n、I、PV 和 FV 四个变量之间的换算,而是变成了 n、I、PMT 和 FV 四个变量之间的换算。其中的 PMT 指的就是年金额。但这里的年金计算还与期初(Begin)或期末(End)有关,并且与每年的支付次数(P/Y)和计息次数(C/Y)有关。

第一行的 Set:End 表示的是期末年金。默认状态下是 End。点 $\boxed{\text{EXE}}$ 键可改变为 Begin。

PMT 输入的符号与 FV 的符号也是相反的,表示一方是投入,另一方是收取。

P/Y 表示每年的收付次数。如果是按揭贷款,需要每年按月还款的话,P/Y 是 12。

C/Y 表示每年的计息次数。如果每年是按月计息,则 C/Y 是 1。

默认状态下 P/Y = 1,C/Y = 1。在案例 2-7 中使用的是默认的 P/Y 和 C/Y,因为是按年存款、按年计息。

(3) EXCEL 财务函数

打开 EXCEL 程序,找到财务函数中的 FV 函数,点开后分别输入 Rate =

0.1,NPER=3,PMT=-100,即可求得 FV=331。

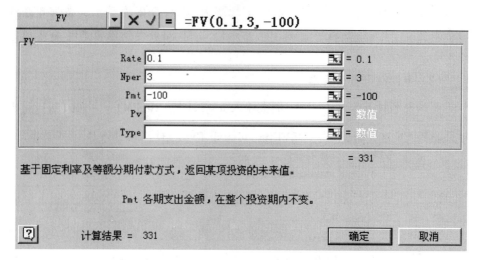

图 2-19 EXCEL 财务函数普通年金终值求解实例

2. 普通年金额

【案例 2-8】 拟在 5 年后还清 10 000 元债务,从现在起每年等额存入银行一笔款项。假设银行利率 10%,每年需要存入多少元?

【案例分析】 可以将普通年金终值计算公式转换为:

$$PMT = \frac{FV}{普通年金终值系数} = \frac{10\,000}{[(1+10\%)^5 - 1]/10\%} = 1\,638 \text{ 元}$$

即每年需要存入 1 638 元,才能在 5 年后有 10 000 元来偿还债务。

以上计算通过手工太复杂,仍然可以采用前述三种方法得到结果:

(1) 查表

查阅普通年金终值系数表,查找贴现率为 10%、期限为 5 年的普通年金终值系数是 6.105。用年金终值 10 000 元除以 6.105,得到年金额 PMT 为 1 638 元。

(2) 卡西欧计算器

点击复利计算模式 CMPD,依次输入 n=5,I%=10,FV=10 000,然后将光标移动到 PMT 这一行,点击 SOLVE 键,可求得 PMT=-1 637.974808。

```
Compound Int.
 Set:End
 n = 5
 I% = 10
 PV = 0
 PMT = -1 637.974808
 FV = 10 000
 P/Y = 1
 C/Y = 1
```

（3）EXCEL 财务函数

打开 EXCEL 程序，找到财务函数中的 PMT 函数，点开后分别输入 Rate = 0.1，NPER = 5，FV = 10 000，即可求得 PMT = -1 637.974808。

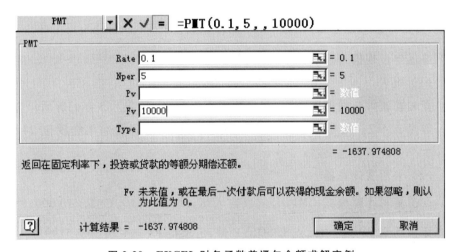

图 2-20　EXCEL 财务函数普通年金额求解实例

3．普通年金的现值

普通年金现值是指为在每期期末取得相等金额的款项，现在需要投入的金额。

【案例 2-9】　陈青出国 3 年，请你代付房租，每年租金 10 000 元，银行存款利率 10%，他应该现在给你在银行存多少钱？

【案例分析】　从图 2-21 来看，第 1 年年末需要支付的房租贴现到当期是 9 091 元，第 2 年年末需要支付的房租贴现到当期是 8 264 元，第 3 年年末需要支付的房租贴现到当期是 7 513 元。将 3 年需要支付的房租现值全部加总，就可以得到普通年金的现值是 24 868 元。即陈青出国时需要向银行存入 24 868 元就可以请你在未来 3 年帮他代付房租。

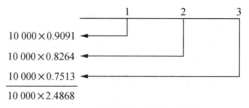

图 2-21 普通年金现值示意图

从这个例子中可以看到,利用货币的时间价值不要存入 30 000 元,只需要存入 24 868 元,可节省 5 132 元。

普通年金现值的计算公式是:

$$PV = PMT \times \frac{1-(1+i)^{-n}}{i}$$

其中,普通年金现值系数为 $\frac{1-(1+i)^{-n}}{i}$。

普通年金现值可通过以下方式获取:

(1) 查表

查阅普通年金现值系数表,查找贴现率为 10%、期限为 3 年的普通年金现值系数是 2.487。用年金额 10 000 元乘以 2.487,得到普通年金现值 24 870 元。

(2) 卡西欧计算器

点击复利计算模式 $\boxed{\text{CMPD}}$,依次输入 n = 3,I% = 10,PMT = 10 000,然后将光标移动到 PV 这一行,点击 $\boxed{\text{SOLVE}}$ 键,可求得 PV = -24 868.51991。

```
Compound Int.
  Set:End
  n = 3
  I% = 10
  PV = -24 868.51991
  PMT = 10 000
  FV = 0
  P/Y = 1
  C/Y = 1
```

（3）EXCEL 财务函数

打开 EXCEL 程序，找到财务函数中的 PV 函数，点开后分别输入 Rate = 0.1，NPER = 3，PMT = 10 000，即可求得 PV = -24 868.51991。

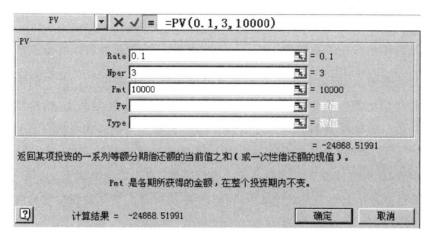

图 2-22　EXCEL 财务函数普通年金现值求解实例

（二）预付年金

预付年金是指在每期期初收取或支付的年金，又称即付年金或先付年金。预付年金与普通年金唯一的区别就是收付时间不一样，普通年金是期末支付，而预付年金是期初支付，如图 2-23 所示。预付年金与普通年金一样，也有现值和终值。

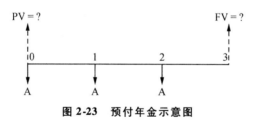

图 2-23　预付年金示意图

1. 预付年金的终值

【案例 2-10】　每年年初将年终奖定投到基金中，每年定投 20 000 元，年均收益率是 8%，那么 6 年后的终值是多少？

【案例分析】　预付年金的终值计算公式为：

$$FV = PMT \times \left[\frac{(1+i)^{n+1} - 1}{i} - 1 \right]$$

其中，$\left[\frac{(1+i)^{n+1} - 1}{i} - 1 \right]$ 是预付年金的终值系数。

预付年金的终值可通过以下三种方式获取：

(1) 查表

由于没有预付年金终值系数表，所以只能查普通年金终值系数表，利用普通年金终值系数来计算预付年金终值系数。

普通年金的终值系数是 $\frac{(1+i)^n - 1}{i}$，比较一下普通年金终值系数和预付年金终值系数后，可以看出两个系数的差异主要在于年份上。由于同样年份的预付年金比普通年金要早存入1年，因此可多获得1年的利息，所以预付年金的终值系数计算复利的时候是用 $(n+1)$。预付年金的终值系数可表达为：

预付年金的终值系数 = $(n+1)$ 年的普通年金终值系数 - 1

例 2-10 中应该查 7 年的普通年金终值系数，查出后还要减 1。查表可得 7 年 8% 的普通年金终值系数为 8.923，再减去 1，就得到 7 年的预付年金终值系数为 7.923。

所以最后的计算结果为 FV = 20 000 × 7.923 = 158 460 元。

(2) 卡西欧计算器

点击复利计算模式 |CMPD|，注意将 Set:End 修改为 Set:Begin，依次输入 $n=6$, $I\%=8$, PMT = -20 000，然后将光标移动到 FV 这一行，点击 |SOLVE| 键，可求得 FV = 158 456.067 2。

```
Compound Int.
 Set: Begin
 n = 6
 I% = 8
 PV = 0
 PMT = -20 000
 FV = 158 456.0672
 P/Y = 1
 C/Y = 1
```

(3) EXCEL 财务函数

打开 EXCEL 程序，找到财务函数中的 FV 函数，点开后分别输入 Rate = 0.08，NPER = 6，PMT = -20 000，需要注意的是在 Type 中输入 1，表示的是预付年金，即可求得 FV = 158 456.067 2。

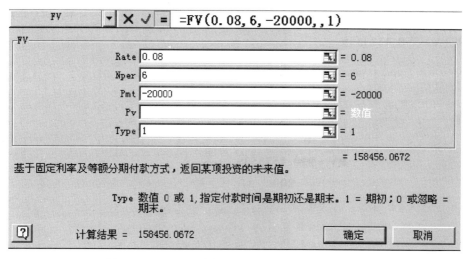

图 2-24　EXCEL 财务函数预付年金终值求解实例

2. 预付年金的现值

【案例 2-11】　以分期付款方式购买手机,期限是 6 年,每年年初付 200 元,设银行利率为 10%,该项分期付款相当于一次现金支付的购买价格是多少？

【案例分析】　预付年金的现值计算公式是：

$$PV = PMT \times \left[\frac{1-(1+i)^{-(n-1)}}{i} + 1\right]$$

其中,$\left[\frac{1-(1+i)^{-(n-1)}}{i} + 1\right]$ 是预付年金现值系数。

比较一下预付年金现值系数和普通年金现值系数 $\frac{1-(1+i)^{-n}}{i}$ 可以发现,预付年金现值系数的年份是 $(n-1)$,而普通年金现值的系数是 n。预付年金现值系数还可以表达为：

预付年金现值系数 = $(n-1)$ 年的普通年金现值系数 + 1

预付年金的现值可通过以下方式获取：

（1）查表

案例 2-11 应该查普通年金现值系数表,不过要查 5 年的普通年金现值系数,查得的年金系数还要加 1。查表得 5 年 10% 的普通年金现值系数为 3.791。

最后求得的预付年金现值为 PV = 200 × (3.791 + 1) = 958 元。

（2）卡西欧计算器

点击复利计算模式 CMPD,注意将 Set:End 修改为 Set:Begin,依次输入 n = 6,

I% =10,PMT= -200,然后将光标移动到 PV 这一行,点击 SOLVE 键,可求得 PV =958.1573539。

```
Compound Int.
  Set:Begin
  n = 6
  I% = 10
  PV = 958.1573539
  PMT = -200
  FV = 0
  P/Y = 1
  C/Y = 1
```

(3) EXCEL 财务函数

打开 EXCEL 程序,找到财务函数中的 PV 函数,点开后分别输入 Rate = 0.1,NPER = 6, PMT = -200,即可求得 PV = 958.1573539。

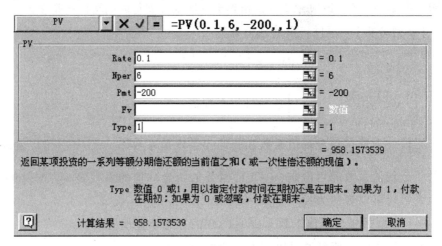

图 2-25　EXCEL 财务函数预付年金现值求解实例

(三) 永续年金

永续年金,顾名思义,是指永远持续的一系列现金流。永续年金的现值有一个简便的计算公式:

$$PV = C/i$$

其中,C 代表永续的现金流。

【案例 2-12】　有一个每年 100 元的永续现金流,如果利率为每年 10%,

这一永续年金的现值是多少?

【案例分析】 PV = 100/0.1 = 1 000 元。即一个每年 100 元的永续现金流的现值为 1 000 元。

永续现金流的现值公式可以用在股票估值中。当一个成熟的公司能给股票投资者获得稳定的分红时,就可看做一个永续现金流。比如一个公司每股每年可以获得 0.3 元的分红,当时的利率如果为 6%,则这个公司每股合理股价为 0.3/0.06 = 5 元。如果现在股票市场价格是 6 元,则说明该股票被高估。这部分的知识在后面的章节中还会详细讲述。

第六节 理财决策

在购买一项金融产品或做一项投资的时候,投资者的思维方式各有差异。有的投资者比较的是产品价格,有的投资者比较的是产品收益率。这些都是理财决策中的一个维度。理财决策的维度共有五个,从这五个维度作出的决策都是一样的,只不过思维方式不同而已。

一、投资决策

【案例 2-13】 假设面值 100 元的 5 年期公债销售价格为 75 元(折价销售),银行年利率为 8%,问是否要买公债呢?(暂时不考虑债券的息票利息)

【案例分析】 这里先要弄清楚一个问题,即哪个是终值,哪个是现值。

在这个例子中,投资者现在需要拿出 75 元来购买公债,那么 75 元就是现值。投资 5 年到期后,投资者可以按面值将公债赎回来,即收回 100 元,这 100 元是 5 年后的终值。此投资示意图如图 2-26 所示。

图 2-26 公债投资示意图

这个投资示意图也被称为时间线工具。用这个时间线工具,可以很好地描述一项投资中的现金流入和现金流出。

下面从五个维度来判断这个公债项目是否可投资。

理财决策维度一:现值法

从公债投资示意图来看,投资者现在需要投入 75 元,5 年后可拿回 100

元。相当于投资者花了 75 元买入了未来 5 年后的 100 元现金流。如果将此项投资看做一个商品的买卖,则投资者需要衡量的就是这个金融商品的价格与价值相比是否合算。价格是 75 元,而金融商品的实质是未来 5 年的现金流入。那么未来 5 年的现金流入在现在值多少钱呢?这就需要考虑到终值和现值的换算关系。

终值换算成现值的过程又称"贴现",即把未来货币的值换算成现在的价值。

根据终值和现值的换算关系式:$FV = PV \times (1+r)^n$,可以得到未来 5 年后的 100 元的现值是:

$$PV = FV \times (1+r)^{-n} = 100 \times (1+8\%)^{-5} = 68.06 \text{ 元}$$

即投资者投资公债购买到的未来 5 年后的 100 元现金流的价值是 68.06 元,而现在需要付出 75 元的价格,显然不合算。所以最终决策是不投资公债。

(1) 查表

这次要查的表是复利现值系数表。查期数为 5 年、贴现率为 8% 对应的复利现值系数,查到的结果为 0.681。然后用 100 元乘以 0.681 可得到现值 PV = 68.1 元。

(2) 卡西欧财务计算器

点击复利计算模式按钮 CMPD ,将 n 设置为 5,I% 设置为 8,PV 保持设置为 0,PMT 仍不变保持为 0,FV 设置为 100,P/Y、C/Y 默认为 1。然后将光标往回移动到 PV = 0 这一行,点击第二行右边蓝色解答键 SOLVE ,就可以求出 PV = −68.0583197。

解答界面如下:

```
Compound Int.
 Set:End
 n = 5
 I% = 8
 PV = −68.0583197
 PMT = 0
 FV = 100
 P/Y = 1
 C/Y = 1
```

(3) EXCEL 财务计算器

打开 EXCEL 程序,点开 PV 函数后,输入 Rate = 0.08, NPER = 5, FV = 100,即可求出 PV = - 68.0583197,见图 2-27。

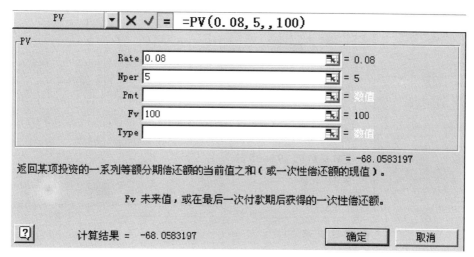

图 2-27　EXCEL 财务函数公债 PV 求解实例

理财决策维度二:终值法

现值法比较的是金融商品的价值与价格孰高孰低。价值是用未来获得的现金流贴现得到。而终值法比较的是现在投入的货币在未来可以获得多少现金流入。就公债这个例子来看,即比较将货币投资公债划算还是存入银行划算。

如果将 75 元投资公债,那么在未来 5 年可以获得 100 元的终值。

如果将 75 元存入银行,那么在未来 5 年可以获得的终值是:

$$FV = PV \times (1 + r)^n = 75 \times (1 + 8\%)^5 = 110.2 \text{元}$$

从这个结果来看,存入银行比投资公债更划算,因为未来可以获得更多的终值。

(1) 查表

这次要查的表是复利终值系数表。查期数为 5 年、贴现率为 8% 对应的复利终值系数,查到的结果为 1.469。然后用 75 元乘以 1.469 可得到现值 FV = 110.175 元。

(2) 卡西欧财务计算器

点击复利计算模式按钮 CMPD ,将 n 设置为 5,I% 设置为 8,PV 设置为

-75,PMT 仍不变保持为 0,P/Y、C/Y 默认为 1。然后将光标往回移动到 FV=0 这一行,点击第二行右边蓝色解答键 SOLVE ,就可以求出 FV=110.1996058。

解答界面如下：

```
Compound Int.
 Set:End
 n = 5
 I% = 8
 PV = -75
 PMT = 0
 FV = 110.1996058
 P/Y = 1
 C/Y = 1
```

（3）EXCEL 财务计算器

打开 EXCEL 程序,点开 FV 函数后,输入 Rate=0.08,NPER=5,PV=-75,即可求出 FV=110.1996058,见图 2-28。

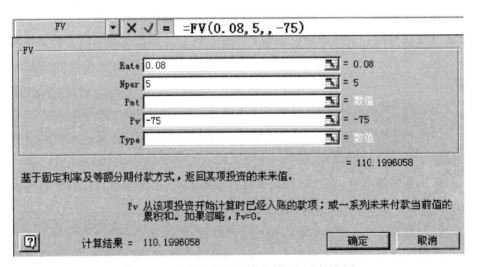

图 2-28　EXCEL 财务函数公债 FV 求解实例

理财决策维度三:投资收益率法

投资收益率法是通过比较两项投资的收益率来进行决策。显然投资收益率越高越好。

在投资公债的例子中,我们已经知道钱存在银行的收益率是8%。现在只需要计算出投资公债的收益率是多少就能很容易地做出投资决策。

收益率的计算可通过公式:

$$FV = PV \times (1+r)^n$$
$$100 = 75 \times (1+r)^5$$
$$1.333 = (1+r)^5$$

求解出 $r=6\%$。

由于投资公债的收益率只有6%,而存在银行的收益率为8%,所以不投资公债。

(1) 查表

这次要查的表是复利终值系数表。查期数为5年、复利终值系数对应1.333的贴现率为6%。

(2) 卡西欧财务计算器

点击复利计算模式按钮 $\boxed{\text{CMPD}}$,将 n 设置为5,I% 设置为0,PV 设置为 -75,PMT 仍不变保持为0,FV 设置为100,P/Y、C/Y 默认为1。然后将光标往回移动到 I% = 0 这一行,点击第二行右边蓝色解答键 $\boxed{\text{SOLVE}}$,就可以求出 I% = 5.922384105。

解答界面如下:

```
Compound Int.
 Set:End
 n = 5
 I% = 5.922384105
 PV = -75
 PMT = 0
 FV = 100
 P/Y = 1
 C/Y = 1
```

(3) EXCEL 财务计算器

打开 EXCEL 程序,点开 Rate 函数后,输入 NPER = 5, PV = -75, FV = 100,即可求出 Rate = 0.059223841,见图 2-29。

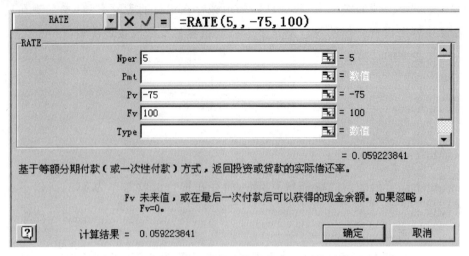

图 2-29　EXCEL 财务函数公债 Rate 求解实例

理财决策维度四：年限法

年限法比较的是从投资开始到获得一定收益的时间。对于获得同样收益的两笔投资来说，投资年限越短越好，越短说明投资增值越快。

在上面的公债投资例子中，投资公债将 75 元增值到 100 元需要花费 5 年时间。如果是将 75 元存入银行，需要花费多少时间才能增值到 100 元呢？

用公式表达是：

$$FV = PV \times (1 + r)^n$$
$$100 = 75 \times (1 + 8\%)^n$$

求解出 $n = 3.74$ 年。

由于投资公债增值时间需要 5 年，而存在银行只需要 3.74 年，所以不投资公债。

（1）查表

这次要查的表是复利终值系数表。查贴现率 8%、复利终值系数对应 1.333 的期数为 4 年。

（2）卡西欧财务计算器

点击复利计算模式按钮 CMPD，将 n 设置为 0，I% 设置为 8，PV 设置为 -75，PMT 仍不变保持为 0，FV 设置为 100，P/Y、C/Y 默认为 1。然后将光标往回移动到 n=0 这一行，点击第二行右边蓝色解答键 SOLVE，就可以求出 n = 3.738022098。

解答界面如下:

```
Compound Int.
 Set:End
 n = 3.738022098
 I% = 8
 PV = -75
 PMT = 0
 FV = 100
 P/Y = 1
 C/Y = 1
```

(3) EXCEL 财务计算器

打开 EXCEL 程序,点开 NPER 函数后,输入 Rate = 0.08, PV = -75, FV = 100,即可求出 NPER = 3.738022098,见图 2-30。

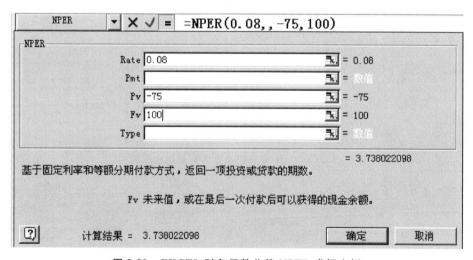

图 2-30　EXCEL 财务函数公债 NPER 求解实例

理财决策维度五:NPV 法

NPV(Net Present Value),中文翻译为净现值,是指一个项目的现金流入的现值之和减去这个项目的现金流出的现值之和。

NPV 可用如下公式表达:

$$NPV = \sum_{k=0}^{n} \frac{I_k}{(1+i)^k} - \sum_{k=0}^{n} \frac{O_k}{(1+i)^k}$$

其中,n 代表投资涉及的年限;I_k 代表第 k 年的现金流入量;O_k 代表第 k 年的现金流出量;i 代表贴现时用的收益率或利率,也叫贴现率。

如果一个项目的现金流入的现值之和大于现金流出的现值之和,即 NPV>0,这个项目就是可投资的;相反,当一个项目的现金流入的现值之和小于现金流出的现值之和,即 NPV<0,这个项目就不值得投资。

对于公债这个例子,投资公债的现金流入是未来 5 年后的现金流 100 元,而现金流出是现在拿出来投资的 75 元。所以这个项目的 NPV 是:

$$\text{NPV} = \underbrace{\frac{100}{(1+8\%)^5}}_{\text{现金流入的现值}} - \underbrace{75}_{\text{现金流出的现值}} = 68.06 - 75 = -6.94$$

由于投资公债这个项目的 NPV<0,所以这个项目不值得投资。

以上分别从五个维度对投资公债的例子进行了分析,这五个维度的前四个是分别围绕复利终值计算公式中的四个变量 PV、FV、r、n 来进行判断的,而最后一个维度 NPV 则是项目投资评估中常用的判断指标。

二、NPV

对于 NPV,再通过一个例子对其进行详细分析。

【案例 2-14】 有 A、B、C 三个投资方案,这三个投资方案的现金流如表 2-3 所示:

表 2-3 A、B、C 三个投资方案的现金流表　　　　　　　单位:元

期间	A 方案	B 方案	C 方案
0	-20 000	-9 000	-12 000
1	11 800	1 200	4 600
2	13 240	6 000	4 600
3		6 000	4 600
合计	5 040	4 200	1 800

假设贴现率是 10%,请问这三个方案中,哪些方案是可行的,哪些方案是不可行的?为什么?

【案例分析】 尽管从上述现金流表来看,三个方案的现金流合计都为正数,但由于未来的现金流的价值要低于当前的现金流的价值,所以应该将未来的现金流入进行贴现计算现值后,再利用 NPV 的方法进行判断。

分别计算三个项目的 NPV:

$$NPV(A) = \left[\frac{11\,800}{(1+10\%)^1}\right] + \left[\frac{13\,240}{(1+10\%)^2}\right] - 20\,000 = 1\,669$$

$$NPV(B) = \left[\frac{1\,200}{(1+10\%)^1}\right] + \left[\frac{6\,000}{(1+10\%)^2}\right] + \left[\frac{6\,000}{(1+10\%)^3}\right] - 9\,000 = 1\,557$$

$$NPV(C) = \left[\frac{4\,600}{(1+10\%)^1}\right] + \left[\frac{4\,600}{(1+10\%)^2}\right] + \left[\frac{4\,600}{(1+10\%)^3}\right] - 12\,000 = -560$$

从三个方案的 NPV 来看,A 方案和 B 方案的 NPV>0,而 C 方案的 NPV<0。所以 A 方案和 B 方案是可行的,而 C 方案是不可行的。

NPV 的计算也可以通过财务计算器和 EXCEL 财务函数来方便地实现。

(1) 卡西欧财务计算器

在复利模式 $\boxed{\text{CMPD}}$ 的旁边,是现金流模式 $\boxed{\text{CASH}}$。点击 $\boxed{\text{CASH}}$ 键,进入现金流模式,出现以下界面:

```
Cash Flow
I% = 0
Csh = D.Editor x
NPV:Solve
IRR:Solve
PBP:Solve
NFV:Solve
```

先来计算一下 A 方案的 NPV。

首先,输入 I% = 10,再将光标移动到 Csh = D. Editor x 这一行,点击 $\boxed{\text{EXE}}$ 键,出现如下界面:

	X	
1		
2		
3		

此界面是用来输入现金流的。根据 A 方案的现金流,可以分别将初期的投入 20 000 元输入,由于初期是现金流出,所以输入的是负值(-20 000)。然后按顺序输入现金流入 11 800 元和 13 240 元。界面如下:

	X	
1	−20 000	
2	11 800	
3	13 240	

输入完毕后,点击 ESC 键退出这个界面,返回初始界面。

```
Cash Flow
I% = 10
Csh = D.Editor x
NPV:Solve
IRR:Solve
PBP:Solve
NFV:Solve
```

将光标移动到 NPV:Solve 这一行,点击 SOLVE 键,可求得 NPV = 1 669.421488。

(2) EXCEL 财务函数计算

用 EXCEL 财务函数功能中的 NPV 函数也可以计算出项目的 NPV。需要注意的是,EXCEL 财务函数对现金流的输入要求与卡西欧计算器不同。

打开 EXCEL 程序,在财务函数中找到 NPV 函数,见图 2-31。

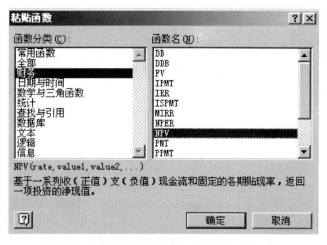

图 2-31　EXCEL 财务函数中的 NPV 函数示意

点击"确定"后打开 NPV 函数,出现的界面如图 2-32 所示。

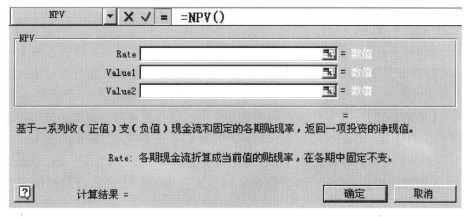

图 2-32　EXCEL 财务函数中的 NPV 函数界面

根据 A 方案的贴现率 10% 和现金流的分布,在 NPV 函数中分别输入 Rate = 0.1,并按图 2-33 输入现金流。

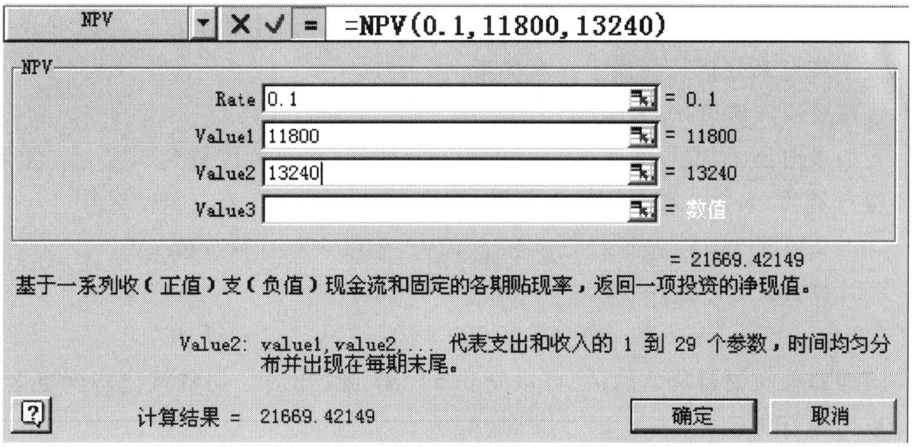

图 2-33　EXCEL 财务函数中的 NPV 现金流输入示意图

从图 2-33 可以看到,EXCEL 财务函数 NPV 中的现金流的第一个值输入的是第一期的现金流入,而不是初期的现金流出。这一点与卡西欧财务计算器有明显的差异。

输入 A 方案的所有各期现金流入后,可以得到现金流入的 NPV 是 21 669.42149 元。这里计算出的是所有现金流入的现值。由于 A 方案初期流出了现金 20 000 元,所以最终 A 方案的实际 NPV = 21 669.42149 − 20 000 = 1 669.42149 元,大于零,可行。

三、贷款决策

案例 2-13 是一个投资的案例,现金流的分布是先有现金流出后有现金流入。与投资案例不同的是贷款案例。贷款中现金流的分布是先有现金流入后有现金流出。

【案例 2-15】 假设你需要借 5 万元买车。银行愿意向你提供一笔年利率为 12% 的贷款。你的公司对买车的经理层也提供 5 万元资助,条件是 4 年后还给公司 9 万元。你是向银行贷款还是接受公司的资助?

【案例分析】 这个案例是贷款案例。现金流的分布可通过时间线工具来看。

贷款中是先拿到现金流入,然后到期后再还款产生现金流出。以下分别从五个维度来分析如何做出这个决策。

理财决策维度一:现值法

如果向公司贷款,未来 4 年后还 9 万元的话,现在可以贷到 5 万元。如果向银行贷款,未来 4 年后还 9 万元的话,现在可以贷到几万元呢?

以 9 万元为 FV,按银行贷款利率 12%、年限 4 年计算现值 PV。

计算公式如下:

$$PV = FV \times (1+r)^{-n} = 90\,000 \times (1+12\%)^{-4} = 57\,197 \text{ 元}$$

即如果向银行贷款的话,可以贷到 57 197 元,比向公司贷款能贷到更多,所以向银行贷款合算。

(1)查表

这次要查的表是复利现值系数表。查期数为 4 年、贴现率为 12% 对应的复利现值系数,查到的结果为 0.636。然后用 90 000 元乘以 0.636 可得到现值 PV = 57 240 元。

(2)卡西欧财务计算器

点击复利计算模式按钮 CMPD ,将 n 设置为 4,I% 设置为 12,PV 保持设置为 0,PMT 仍不变保持为 0,FV 设置为 -90 000,P/Y、C/Y 默认为 1。然后将光标往回移动到 PV = 0 这一行,点击第二行右边蓝色解答键 SOLVE ,就可以求出 PV = 57 196.627 06。

解答界面如下：

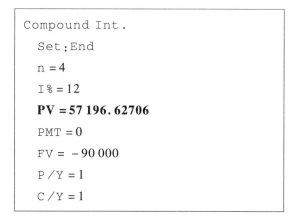

（3）EXCEL财务计算器

打开EXCEL程序，点开PV函数后，输入Rate = 0.12，NPER = 4，FV = -90 000，即可求出PV = 57 196.62706，见图2-34。

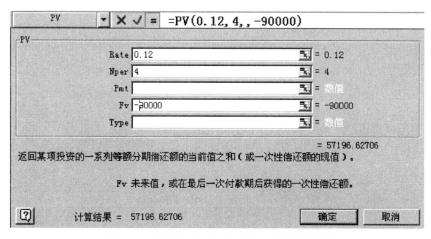

图2-34　EXCEL财务函数贷款PV求解实例

理财决策维度二：终值法

如果从公司贷款5万元，4年后要还款9万元。如果从银行贷款5万元，4年后需要还多少呢？

$$FV = PV \times (1+r)^n = 50\,000 \times (1+12\%)^4 = 78\,676 \text{ 元}$$

从这个结果来看，向银行贷款比向公司贷款更合算，因为未来还的钱要少。

（1）查表

这次要查的表是复利终值系数表。查期数为4年、贴现率为12%对应的复利终值系数,查到的结果为 1.574。然后用 50 000 元乘以 1.574 得到现值 FV = 78 700 元。

(2) 卡西欧财务计算器

点击复利计算模式按钮 CMPD,将 n 设置为 4,I% 设置为 12,PV 设置为 50 000,PMT 仍不变保持为 0,P/Y、C/Y 默认为 1。然后将光标往回移动到 FV = 0 这一行,点击第二行右边蓝色解答键 SOLVE,就可以求出 FV = −78 675.968。

解答界面如下:

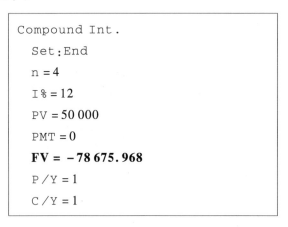

(3) EXCEL 财务计算器

打开 EXCEL 程序,点开 FV 函数后,输入 Rate = 0.12,NPER = 4,PV = 50 000,即可求出 FV = −78 675.968,见图 2-35。

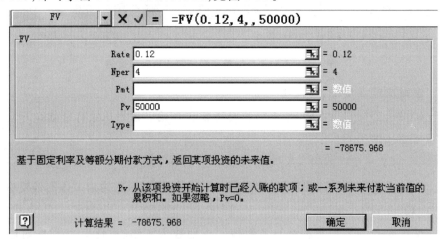

图 2-35　EXCEL 财务函数贷款 FV 求解实例

理财决策维度三：投资收益率法

在投资中比较的是投资收益率，收益率越高越好。但在贷款中，贷款利率越低越好。

向银行贷款的利率是 12%。那么，向公司贷款 5 万元还款 9 万元的利率是多少？

贷款利率的计算可通过公式：

$$FV = PV \times (1 + r)^n$$
$$90\,000 = 50\,000 \times (1 + r)^4$$
$$1.8 = (1 + r)^4$$

求解出 $r = 15.83\%$。

由于向公司贷款利率约为 15.83%，而银行的贷款利率为 12%，所以向银行贷款划算。

（1）查表

这次要查的表是复利终值系数表。查期数为 4 年、复利终值系数对应 1.8 的贴现率为 16%。

（2）卡西欧财务计算器

点击复利计算模式按钮 CMPD，将 n 设置为 4，I% 设置为 0，PV 设置为 50 000，PMT 仍不变保持为 0，FV 设置为 -90 000，P/Y、C/Y 默认为 1。然后将光标往回移动到 I% =0 这一行，点击第二行右边蓝色解答键 SOLVE，就可以求出 I% = 15.8292185。

解答界面如下：

```
Compound Int.
 Set:End
 n = 4
 I% = 15.8292185
 PV = 5 0000
 PMT = 0
 FV = -90 000
 P/Y = 1
 C/Y = 1
```

(3) EXCEL 财务计算器

打开 EXCEL 程序,点开 Rate 函数后,输入 NPER = 4,PV = 50000,FV = -90000,即可求出 Rate = 0.158292185,见图 2-36。

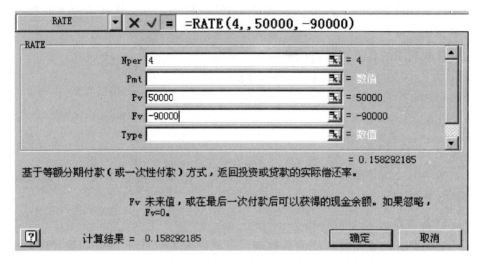

图 2-36　EXCEL 财务函数贷款利率 Rate 求解实例

理财决策维度四:年限法

对于贷款来说,还款的时间越长越好。

在上面的贷款例子中,向公司贷款 5 万元还 9 万元的时间是 4 年,如果向银行贷款 5 万元还款时间是多少年呢?

用公式表达是:

$$FV = PV \times (1 + r)^n$$

$$90\,000 = 50\,000 \times (1 + 12\%)^n$$

求解出 $n = 5.19$ 年。

由于向银行贷款还款时间为 5.19 年,比向公司贷款还款时间 4 年要长,所以选择向银行贷款。

(1) 查表

这次要查的表是复利终值系数表。查贴现率 12%、复利终值系数对应 1.8 的期数接近 5 年。

(2) 卡西欧财务计算器

点击复利计算模式按钮 CMPD ,将 n 设置为 0,I% 设置为 12,PV 设置为 50000,PMT 仍不变保持为 0,FV 设置为 -90000,P/Y、C/Y 默认为 1。然后将光标往回移动到 n = 0 这一行,点击第二行右边蓝色解答键 $\boxed{\text{SOLVE}}$,就可以求出 n = 5.186565637。

解答界面如下:

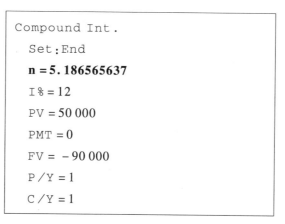

(3) EXCEL 财务计算器

打开 EXCEL 程序,点开 NPER 函数后,输入 Rate = 0.12,PV = 50 000,FV = -90 000,即可求出 NPER = 5.186565637,见图 2-37。

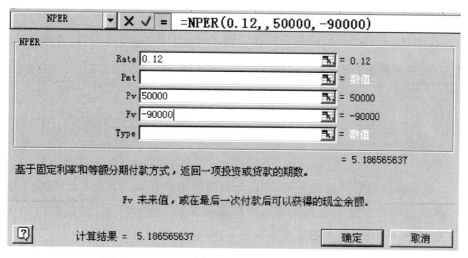

图 2-37　EXCEL 财务函数贷款年限 NPER 求解实例

理财决策维度五:NPV 法

对于贷款,现金流的方向与投资是完全相反的,但决策依据是一样的,即 NPV > 0,就采纳;否则,就拒绝。

对于上述例子,现金流入是当前贷款所得的现金 5 万元,而未来 4 年后的

还款是现金流出 9 万元。所以向公司贷款这个项目的 NPV 是:

$$NPV = \underset{\text{现金流入的现值}}{50\,000} - \underset{\text{现金流出的现值}}{\frac{90\,000}{(1+12\%)^4}} = 50\,000 - 57\,197 = -7\,197 \text{ 元}$$

由于向公司贷款这个项目的 NPV < 0,所以这个项目不值得做,即不向公司贷款。

(1) 卡西欧财务计算器

点击 $\boxed{\text{CASH}}$ 键,进入现金流模式,出现以下界面:

```
Cash Flow
I% = 0
Csh = D.Editor x
NPV:Solve
IRR:Solve
PBP:Solve
NFV:Solve
```

首先,输入 I% = 12,再将光标移动到 Csh = D. Editor x 这一行,点击 $\boxed{\text{EXE}}$ 键,出现如下界面:

	X	
1		
2		
3		

根据向公司贷款的现金流,可以分别将初期的贷款现金流入 50 000 元输入,然后在第 5 个数字输入区输入还款现金流出 -90 000 元(这里要特别注意,对应于 -90 000 元的数字输入区是 5,而不是 4)。界面如下:

	X	
1	-5 000	
2	0	
3	0	
4	0	
5	-90 000	

输入完毕后,点击 ESC 键退出这个界面,返回初始界面。

```
Cash Flow
I% = 10
Csh = D.Editor x
NPV:Solve
IRR:Solve
PBP:Solve
NFV:Solve
```

将光标移动到 NPV:Solve 这一行,点击 SOLVE 键,可求得 NPV = -7 196.627056。

(2) EXCEL 财务函数计算

用 EXCEL 财务函数功能中的 NPV 函数也可以计算出项目的 NPV。需要注意的是,EXCEL 财务函数对现金流的输入要求与卡西欧计算器不同。

打开 EXCEL 程序,在财务函数中找到 NPV 函数,点击"确定"后打开 NPV 函数,以银行贷款利率 12% 作为贴现率,并根据贷款现金流的分布,在 NPV 函数中分别输入 Rate = 0.12,并按图 2-38 输入现金流。

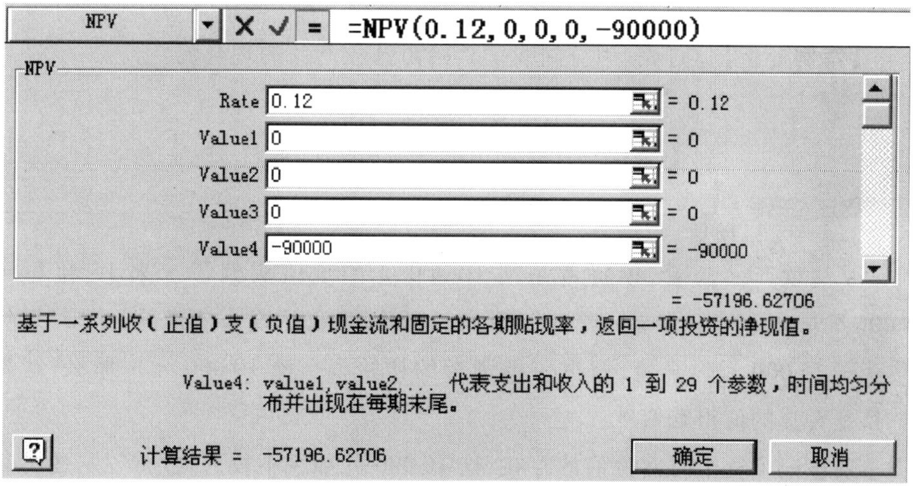

图 2-38 EXCEL 财务函数中的 NPV 函数贷款求解界面

从图 2-38 可以看到,EXCEL 财务函数 NPV 中的现金流的第一个值输入的是第一期的现金流,而不是初期的现金流。这一点与卡西欧财务计算器有明显的差异。

用 EXCEL 计算出贷款还款现金流的 NPV 后,再加回初期的现金流入 50 000 元,就可得到向公司贷款的 NPV = -7 196.62706。

四、小结

以上从五个维度分析了投资决策和贷款决策,需要注意的是计算出 FV、PV、n、r 之后,要学会如何根据这些数值判断投资哪个金融产品或向谁贷款。NPV 的判断法则很明确,根据与零的比较即可做出判断,但需要注意的是现金流的正负符号。一旦正负符号弄错,判断的结果就是相反的。所以,在做任何理财决策的时候,最初的步骤都是通过画一条时间线来表明现金流的方向。然后,在此基础上进行分析。

现实中的大多数理财决策都建立在对金融产品的分析上。分析一款金融产品最常用的判断方法是比较其投资收益和投资成本。但大多数人都没有考虑货币的时间价值,即机会成本,因而做出的决策有可能出错。以下举例说明。

【案例 2-16】 一个保险公司的代理人向你介绍了一款属于普通年金的产品。你现在 65 岁。他告诉你,如果你现在支付 1 万元,他们将会在你的余生中每年给你 1 000 元。银行利率为 8%。假设你活到 80 岁,购买年金是否划算?

【案例分析】 首先,用时间线工具画出这款产品的现金流。

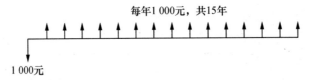

从这款产品来看,投资者是用 10 000 元的现值买到了未来 15 年每年 1 000 元的现金流。如果不考虑货币的时间价值,仅从现金流来看,未来 15 年共获得 15 000 元现金流,超过了投资者的初始现金流 10 000 元。那么,这款产品是否真的值得购买呢?

别忘记了货币时间价值的存在,这 10 000 元如果不投入这个产品,还可以存在银行,所以还要考虑机会成本。

如何进行这个判断?

通常购买一款金融产品与购买一般的商品有类似之处,就是比较价值和价格是否相符。金融产品的价格就是投资者现在要付出的现值,而金融产品的价值就是买到的未来现金流贴现后的现值。

上述年金产品投资者花的价格是 10 000 元,买到的是未来 15 年每年 1 000 元的现金流。这未来 15 年每年 1 000 元的现金流的现值是:

$$PV_{年金} = PMT \times \frac{1-(1+i)^{-n}}{i}$$

$$= 1\,000 \times 普通年金现值系数$$

$$= 1\,000 \times 8.559$$

$$= 8\,559 \text{ 元}$$

从这款产品来看,投资者花的价格是 10 000 元,但买到的产品价值只有 8 559 元,所以投资者应选择不买。

(1) 查表

查阅普通年金现值系数表,查找贴现率为 8%、期限为 15 年的普通年金现值系数是 8.559。用年金额 10 000 元乘以 8.559,得到普通年金现值 8 559 元。

(2) 卡西欧计算器

点击复利计算模式 $\boxed{\text{CMPD}}$,依次输入 n = 15, I% = 8, PMT = 1 000,然后将光标移动到 PV 这一行,点击 $\boxed{\text{SOLVE}}$ 键,可求得 PV = -8 559.478688。

```
Compound Int.
 Set:End
 n = 15
 I% = 8
 PV = -8 559.478688
 PMT = 1 000
 FV = 0
 P/Y = 1
 C/Y = 1
```

(3) EXCEL 财务函数

打开 EXCEL 程序,找到财务函数中的 PV 函数,点开后分别输入 Rate = 0.08, NPER = 15, PMT = 1 000,即可求得 PV = -8 559.478688,见图 2-39。

要注意的是,上述情况是假设投资者活到 80 岁。如果投资者能活更长时间,那么就能领取到更长时间的年金,这个时候上述产品就会出现值得购买的情况。接着可以计算一下,投资者活多长时间,上述产品才是划算的?

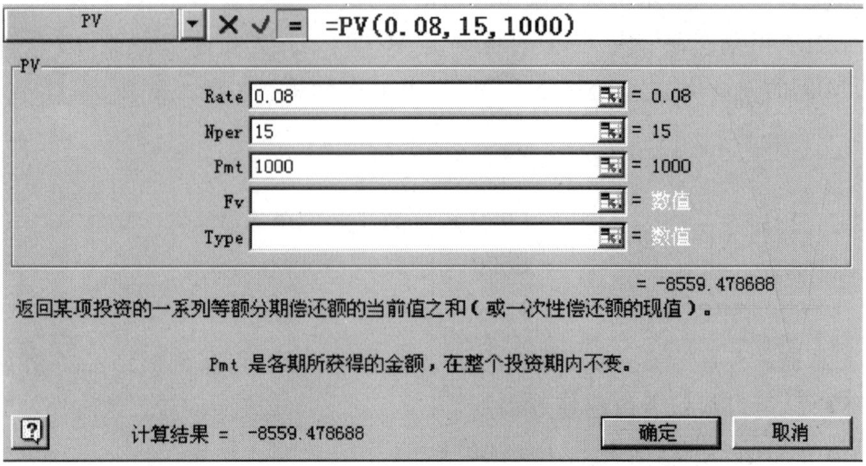

图 2-39　EXCEL 财务函数普通年金产品现值求解实例

这个问题实际上是已知年金金额 PMT、年金现值 PV 以及机会成本 8% 的情况下求年份 n 的问题。

（1）查表

$$PV = PMT \times 普通年金现值系数$$

$$普通年金现值系数 = \frac{PV}{PMT} = \frac{10\,000}{1\,000} = 10$$

查普通年金现值系数表，对应于贴现率为 8%、普通年金现值系数为 10 的期数约为 20 年。

（2）卡西欧计算器

点击复利计算模式 CMPD，依次输入 I% = 8，PV = -10 000，PMT = 1 000，然后将光标移动到 n 这一行，点击 SOLVE 键，可求得 n = 20.91237188。

```
Compound Int.
  Set:End
  n = 20.91237188
  I% = 8
  PV = -10 000
  PMT = 1 000
  FV = 0
  P/Y = 1
  C/Y = 1
```

（3）EXCEL 财务函数

打开 EXCEL 程序，找到财务函数中的 PV 函数，点开后分别输入 Rate = 0.08，PMT = 1 000，PV = -10 000，即可求得 NPER = 20.91237188，见图 2-40。

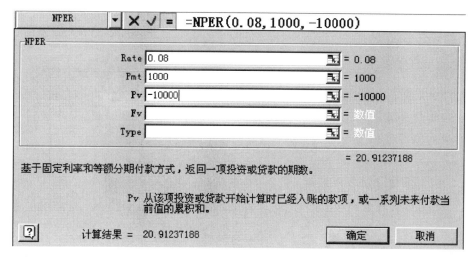

图 2-40　EXCEL 财务函数普通年金产品年限求解实例

即如果投资者能活到 86 岁（65 岁 + 20.9 年），那么这款产品是合算的。

第七节　房贷计算

通过支付首付款并利用公积金贷款或商业贷款的方式就可以购买心中理想的房子。买房时除了要筹备首付款，还需要知道自己贷款后每月要支付的还款额是多少。只有这样，才能做到心里有数。买房时应该考虑到未来房贷的偿还能力，因为一旦偿还不了银行贷款，银行将有权收回你的房子。在这种情况下，你在财务上将损失惨重、在生活上将陷入困境。学会计算房贷有助于你更好地规划自住房购买和房产投资。房产规划将在第五章详细介绍，本节只讲解最基本的房贷计算方法。

一、等额还款法

等额还款法中的"等额"是指每期还的本息总额是相等的，因此也称为等额本息还款法。等额还款法中将全部本金和利息等额均摊到每期偿还，因此每期还款额的计算与年金的计算方法相同。

【案例 2-17】　小张准备买房，房价 60 万元，首付款 3 成，贷款 7 成，贷款

20年,贷款利率为6%,请问按每月等额还款法,小张每月月底需要还款多少?

【案例分析】 可以画一个时间线,从时间线来看,小张在最初贷款了42万元,然后本息等额均摊到每月还款。这是个已知PV、Rate、n,求PMT的问题。

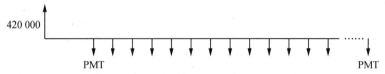

每月等额还本付息额的计算公式为:

$$PMT = PV \times \frac{r \times (1+r)^n}{(1+r)^n - 1}$$

(1)卡西欧财务计算器

点击复利计算模式 CMPD ,依次输入 $n = 20 \times 12$,I% = 6,PV = 420 000,然后将光标移动到PMT这一行,点击 SOLVE 键,可求得PMT = -3 009.010446。

```
Compound Int.
  Set:End
  n = 240
  I% = 6
  PV = 420 000
  PMT = -3 009.010446
  FV = 0
  P/Y = 12
  C/Y = 12
```

(2)EXCEL财务函数

打开EXCEL程序,找到财务函数中的PMT函数,点开后分别输入 Rate = 0.06/12,NPER = 12 * 20,PV = 420 000,即可求得PMT = -3 009.010446,见图2-41。

从结果可以看出,小张需要每月还贷3 009元。

【案例2-18】 小张在了解到每月需还3 009元后,他还想知道每个月的还款中有多少是偿还的本金?有多少是利息?他在贷款后实际承受的现金利息一共是多少?

【案例分析】 要计算小张每月还款额3 009元中本金和利息的金额,可

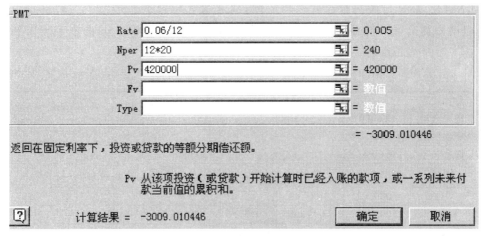

图 2-41 EXCEL 财务函数等额还款下每月还款额计算

以按以下思路进行:

第一步,计算小张第一个月还款额 3 009 元中的利息是多少。

小张贷了 420 000 元,贷款年利率是 6%,即月利率是 0.5%(=6%/12),第一个月小张需要支付的利息为:

$$420\,000 \times 0.05\% = 2\,100 \text{ 元}$$

第二步,计算第一个月还款额中的本金是多少。

用第一个月的还款额 3 009 元减去第一个月的利息额 2 100 元,即得到第一个月还款额中本金是 909.01 元。

第三步,计算第二个月还款额中的利息是多少。

由于第一个月已经还掉了 909.01 元的本金,因此,第二个月的利息只按剩余本金来计算。

$$(420\,000 - 909.01) \times 0.05\% = 2\,095.45 \text{ 元}$$

第四步,计算第二个月还款额中的本金是多少。

仍然可以用第二个月的还款额 3 009 元减去第二个月的利息额 2 095.45 元,即得到第二个月还款额中的本金是 913.56 元。

以此类推,先计算每个月的利息,可以用下面这个公式计算:

每期利息 =(贷款总额 - 累计已还本金)× 期间利率

然后计算每个月的本金偿还额,可以用下面这个公式计算:

每期本金偿还额 = 每月还款额 - 每期利息

笔者根据上面的计算方法,开发了一个自动计算每月偿还本金和利息的

EXCEL 工具,只需要输入贷款总金额、贷款期数和贷款利率三个参数就可以自动测算出每月偿还本金和利息的金额。有兴趣的读者可以在招宝理财网(www.zhaobaolicai.com)在线下载。

表 2-4 等额还款法每月本金和利息计算工具

参数设置						
贷款金额	420 000					
贷款年限	20					
贷款利率	6.00%					
期数	每月还款	利息	本金	累计还本	累计还息	贷款余额
1	3 009.01	2 100.00	909.01	909.01	2 100.00	419 090.99
2	3 009.01	2 095.45	913.56	1 822.57	4 195.45	418 177.43
3	3 009.01	2 090.89	918.12	2 740.69	6 286.34	417 259.31
4	3 009.01	2 086.30	9 22.71	3 663.40	8 372.64	416 336.60
5	3 009.01	2 081.68	927.33	4 590.73	10 454.32	415 409.27
6	3 009.01	2 077.05	931.96	5 522.69	12 531.37	414 477.31
7	3 009.01	2 072.39	936.62	6 459.32	14 603.75	413 540.68
8	3 009.01	2 067.70	941.31	7 400.63	16 671.46	412 599.37
9	3 009.01	2 063.00	946.01	8 346.64	18 734.45	411 653.36
10	3 009.01	2 058.27	950.74	9 297.38	20 792.72	410 702.62
11	3 009.01	2 053.51	955.50	10 252.88	22 846.23	409 747.12
12	3 009.01	2 048.74	960.27	11 213.16	24 894.97	408 786.84
⋮	⋮	⋮	⋮	⋮	⋮	⋮
231	3 009.01	146.39	2 862.62	393 583.70	301 497.71	26 416.30
232	3 009.01	132.08	2 876.93	396 460.63	301 629.79	23 539.37
233	3 009.01	117.70	2 891.31	399 351.95	301 747.49	20 648.05
234	3 009.01	103.24	2 905.77	402 257.72	301 850.73	17 742.28
235	3 009.01	88.71	2 920.30	405 178.02	301 939.44	14 821.98
236	3 009.01	74.11	2 934.90	408 112.92	302 013.55	11 887.08
237	3 009.01	59.44	2 949.58	411 062.49	302 072.98	8 937.51
238	3 009.01	44.69	2 964.32	414 026.82	302 117.67	5 973.18
239	3 009.01	29.87	2 979.14	417 005.96	302 147.54	2 994.04
240	3 009.01	14.97	2 994.04	420 000.00	302 162.51	(0.00)
还款合计	722 162.51	302 162.51	420 000.00			

资料来源:招宝理财网(www.zhaobaolicai.com)。

从结果来看,小张每月还款额中利息逐渐减少,而本金逐渐增多。第一个月中 3 009.01 元中有 2 100 元是利息,而本金才还了 909.01 元;最后一个月中利息只有 14.97 元,而本金达到 2 994.04 元。小张一共还了利息 302 162.51 元,加上本金 420 000 元,一共要偿还现金 722 162.51 元。

除用 EXCEL 工具计算外,也可以使用卡西欧财务计算器来计算。以下介绍如何通过卡西欧财务计算器计算房贷的步骤。

第一步,计算每月的还款金额。

点击复利计算模式 $\boxed{\text{CMPD}}$,依次输入 n = 20 × 12,I% = 6,PV = 420 000,然后将光标移动到 PMT 这一行,点击 $\boxed{\text{SOLVE}}$ 键,可求得 PMT = - 3 009.010446。

```
Compound Int.
 Set:End
 n = 240
 I% = 6
 PV = 420 000
 PMT = - 3 009.010446
 FV = 0
 P/Y = 12
 C/Y = 12
```

第二步,切换到摊销模式 $\boxed{\text{AMRT}}$。可以看到以下界面:

```
Amortization.
 Set:End
 PM1 = 1
 PM2 = 1
 n = 240
 I% = 6
 PV = 420 000
 PMT = - 3 009.010446
 FV = 0
 P/Y = 12
 C/Y = 12
 BAL:Solve
 INT:Solve
 PRN:Solve
 ΣINT:Solve
 ΣPRN:Solve
```

其中，Amortization 是"摊销"的意思，即现在进入了摊销模式的计算。摊销模式与复利计算模式中的参数有很多是相同的，比如期数 n、利率 I%、现值 PV、年金 PMT、终值 FV、每年付款次数 P/Y、每年计息次数 C/Y。

与复利模式不同的是，在摊销模式中多了几个参数。这几个参数的含义分别列示如下：

PM1，代表需要计算利息和本金的还款期数，比如需要计算第 1 个月中还贷总额中的本金和利息，就在 PM1 中输入 1；需要计算第 5 个月中还贷总额中的本金和利息，就在 PM1 中输入 5，以此类推。

PM2，代表需要计算一段时期已还利息和已还本金的还款期结点。PM1 中的还款时点和 PM2 中的还款时点之间的时间段代表了要计算本金和利息的一段期间。比如，如果需要计算第 1 年中已还了多少本金和利息，就可以将 PM1 设置为 1，PM2 设置为 12，这样设置后就可以计算出第 1 个月到第 12 个月已还的本金和利息。如果需要计算第 4 年这一年时间内还了多少本金和利息，则将 PM1 设置为 37，PM2 设置为 48。

BAL，代表还款一段时期后剩余的尚未偿还的本金。即表 2-4 中的剩余本金。

INT，代表某一期的还款额中所还的利息金额。即表 2-4 中的利息。

PRN，代表某一期的还款额中所还的本金金额。即表 2-4 中的本金。

ΣINT:Solve，代表某一段时期累计已偿还的利息。即表 2-4 中的累计利息。

ΣPRN:Solve，代表某一段时期累计已偿还的本金。即表 2-4 中的累计本金。

为了计算小张第 1 个月还款额中有多少是本金、有多少是利息，可以这样输入：

```
Amortization.
 Set:End
 PM1 = 1
 PM2 = 1
 n = 240
 I% = 6
 PV = 420 000
```

```
PMT = -3 009.010446
FV = 0
P/Y = 12
C/Y = 12
BAL:Solve
INT:Solve
PRN:Solve
ΣINT:Solve
ΣPRN:Solve
```

然后将光标移动到 INT:Solve 这一行,点击 SOLVE 键即可计算出第 1 个月的还款额中有 2 100 元是利息。

将光标移动到 PRN:Solve 这一行,点击 SOLVE 键即可计算出第 1 个月的还款额中有 909.01 元是利息。

如果要计算小张还款 3 年后已经还了多少本金和利息,还剩余多少本金要还,则可以这样计算:

设置 PM1 = 1,PM2 = 36,将光标移动到 ΣINT:Solve 这一行,点击 SOLVE 键即可计算出 3 年内小张一共还了 72 567.45 元利息;

将光标移动到 ΣPRN:Solve 这一行,点击 SOLVE 键即可计算出 3 年内小张一共还了 35 756.93 元本金;

将光标移动到 BAL:Solve 这一行,点击 SOLVE 键即可计算出还款 3 年后小张还有 384 243.07 元本金要还。

如果要计算小张 20 年一共要还多少利息,则可以将 PM1 设置为 1,PM2 设置为 240,将光标移动到 ΣINT:Solve 这一行,点击 SOLVE 键即可计算出 20 年内小张一共要还 302 162.51 元利息。

二、等本还款法

等本还款法是指每期还的本金相等,而利息逐渐递减的一种还款方式。由于每期计算利息的本金都比上一期少,而每期还的本金都相同,所以这种方法在银行也称为"递减还款法"。

从图 2-42 来看,每期的总还款额都是在递减的。

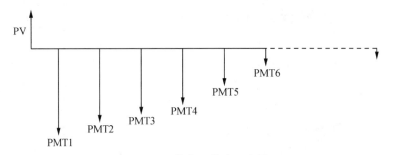

图 2-42 等本还款法示意图

等本还款法下,每期的本金按如下公式计算:

$$PRN = PV \div n$$

其中,PRN 代表每期本金,PV 代表贷款金额,n 代表还款期数。

等本还款法下,每期利息的计算按如下公式进行:

$$INT = BAL \times i\%$$

其中,BAL 代表尚未偿还的本金,$i\%$ 代表单期的利率。

等本还款法下,每期的还款总金额计算公式如下:

$$PMT = PRN + INT$$

【案例 2-19】 樊小姐刚买了一套房,房价 100 万元,首付 30 万元,贷款 70 万元。樊小姐采用了 20 年按月等本还款的方式,贷款利率为 6.5%,请帮她计算一下每月需要还多少钱?每月的还款额中有多少是本金?有多少是利息?

【案例分析】 在等本还款方式下,每月的本金偿还额为:

$$PRN = PV \div n = 700\,000 \div 240 = 2\,916.67 \text{ 元}$$

第一个月的利息偿还额为:

$$INT = BAL \times i\% = 700\,000 \times (6.5\%/12) = 3\,791.67 \text{ 元}$$

第一月的总还款额为:

$$PMT = PRN + INT = 2\,916.67 + 3\,791.67 = 6\,708.34 \text{ 元}$$

第二个月的本金偿还额与第一个月一样。

第二个月的利息偿还额为:

$$INT = BAL \times i\% = (700\,000 - 2\,916.67) \times (6.5\%/12) = 3\,775.87 \text{ 元}$$

第二个月的总还款额为:

$$PMT = PRN + INT = 2\,916.67 + 3\,775.87 = 6\,692.54 \text{ 元}$$

……

将每月的还款本金、还款利息、总还款额列出来,如表2-5所示。

表2-5 樊小姐在等本还款法下20年期贷款70万元每月还款额列表

参数设置				
贷款金额	700 000			
还款年限	20			
贷款利率	6.5%			
还款月份	每月偿还本金	每月贷款余额	每月偿还利息	每月总还款额
1	2 916.67	697 083.33	3 791.67	6 708.34
2	2 916.67	694 166.67	3 775.87	6 692.54
3	2 916.67	691 250.00	3 760.07	6 676.74
4	2 916.67	688 333.33	3 744.27	6 660.94
5	2 916.67	685 416.67	3 728.47	6 645.14
6	2 916.67	682 500.00	3 712.67	6 629.34
7	2 916.67	679 583.33	3 696.88	6 613.54
8	2 916.67	676 666.67	3 681.08	6 597.74
9	2 916.67	673 750.00	3 665.28	6 581.94
10	2 916.67	670 833.33	3 649.48	6 566.15
11	2 916.67	667 916.67	3 633.68	6 550.35
12	2 916.67	665 000.00	3 617.88	6 534.55
⋮	⋮	⋮	⋮	⋮
231	2 916.67	26 250.00	157.99	3 074.65
232	2 916.67	23 333.33	142.19	3 058.85
233	2 916.67	20 416.67	126.39	3 043.06
234	2 916.67	17 500.00	110.59	3 027.26
235	2 916.67	14 583.33	94.79	3 011.46
236	2 916.67	11 666.67	78.99	2 995.66
237	2 916.67	8 750.00	63.19	2 979.86
238	2 916.67	5 833.33	47.40	2 964.06
239	2 916.67	2 916.67	31.60	2 948.26
240	2 916.67	0.00	15.80	2 932.47
合计	700 000.00		456 895.83	1 156 895.83

三、等额还款法与等本还款法的比较

等额还款法的特点是每期还的金额都一样,但是每期还的金额中利息占比在下降,而每期还的金额中本金占比在提高。

等本还款法的特点是每期还的总金额在下降,每期还的金额中利息金额也在下降,而每期还的金额中本金的金额是一样的。

究竟两种还款法下哪种还款法更能节省利息呢？

【案例 2-20】 假设樊小姐没有采用等本还款法而是采用等额还款法来还上述 70 万元的房屋贷款，试计算在等额还款法下偿还的利息总额是多少？相比等本还款法，其偿还的利息是高还是低呢？

【案例分析】 采用等额还款法来偿还 70 万元的房贷，则樊小姐每月需要偿还的金额为 5 219.01 元，如表 2-6 所示。

表 2-6　樊小姐在等额还款法下 20 年期贷款 70 万元每月还款额列表

参数设置						
贷款金额	700 000					
还款年限	20					
贷款利率	6.5%					
期数	每月还款	利息	本金	累计本金	累计利息	剩余本金
1	5 219.01	3 791.67	1 427.35	1 427.35	3 791.67	698 572.65
2	5 219.01	3 783.94	1 435.08	2 862.42	7 575.60	697 137.58
3	5 219.01	3 776.16	1 442.85	4 305.27	7 560.10	695 694.73
4	5 219.01	3 768.35	1 450.67	5 755.94	7 544.51	694 244.06
5	5 219.01	3 760.49	1 458.52	7 214.46	7 528.84	692 785.54
6	5 219.01	3 752.59	1 466.42	8 680.88	7 513.08	691 319.12
7	5 219.01	3 744.65	1 474.37	10 155.25	7 497.23	689 844.75
8	5 219.01	3 736.66	1 482.35	11 637.60	7 481.30	688 362.40
9	5 219.01	3 728.63	1 490.38	13 127.99	7 465.29	686 872.01
10	5 219.01	3 720.56	1 498.46	14 626.44	7 449.19	685 373.56
11	5 219.01	3 712.44	1 506.57	16 133.01	7 433.00	683 866.99
12	5 219.01	3 704.28	1 514.73	17 647.75	7 416.72	682 352.25
⋮	⋮	⋮	⋮	⋮	⋮	⋮
231	5 219.01	274.45	4 944.56	654 276.17	575.55	45 723.83
232	5 219.01	247.67	4 971.34	659 247.51	522.12	40 752.49
233	5 219.01	220.74	4 998.27	664 245.78	468.41	35 754.22
234	5 219.01	193.67	5 025.34	669 271.12	414.41	30 728.88
235	5 219.01	166.45	5 052.56	674 323.68	360.12	25 676.32
236	5 219.01	139.08	5 079.93	679 403.61	305.53	20 596.39
237	5 219.01	111.56	5 107.45	684 511.06	250.64	15 488.94
238	5 219.01	83.90	5 135.11	689 646.18	195.46	10 353.82
239	5 219.01	56.08	5 162.93	694 809.11	139.98	5 190.89
240	5 219.01	28.12	5 190.89	700 000.00	84.20	(0.00)
合计	1 252 562.87	552 562.87	700 000.00			

从表 2-5 和表 2-6 的最后一行可以看出，樊小姐如果采用等本还款法，需

要支付的利息总额为456 895.83元;而采用等额还款法,需要支付的利息总额为552 562.87元,比等本还款法下的利息多出了95 667.04元。

等本还款法下的利息总额计算可以用如下公式:

$$\sum \text{INT} = PV \times \frac{i\%}{12} \times \frac{(n+1)}{2}$$

在上例中,将70万元贷款金额,按6.5%的年贷款利率计算240期的利息总额为:

$$\sum \text{INT} = PV \times \frac{i\%}{12} \times \frac{(n+1)}{2}$$

$$= 700\,000 \times \frac{6.5\%}{12} \times \frac{240+1}{2}$$

$$= 456\,895.83 \text{元}$$

需要注意的是,上述利息是用绝对金额来计算的。如果考虑到货币的时间价值,等本还款法不一定比等额还款法更划算。

比如,在投资收益率是8%的情况下,用于还款的资金就不能进行投资了,这样按此投资收益率作为贴现率,对每个月的还款金额进行贴现,计算所有还款金额的现值之和,会发现等本还款法的还款总现值比等额还款法的还款总现值还要高。

等本还款法下计算还款现值如下:

$$PV = \frac{6\,708.33}{(1+8\%/12)^1} + \frac{6\,692.53}{(1+8\%/12)^2} + \cdots + \frac{2\,932.47}{(1+8\%/12)^{240}} = 634\,131 \text{元}$$

等额还款法下计算还款现值如下:

$$PV = \frac{5\,219.01}{(1+8\%/12)^1} + \frac{5\,219.01}{(1+8\%/12)^2} + \cdots + \frac{5\,219.01}{(1+8\%/12)^{240}} = 623\,955 \text{元}$$

当投资收益率为5%的情况下,计算等本还款法的还款现值如下:

$$PV = \frac{6\,708.33}{(1+5\%/12)^1} + \frac{6\,692.53}{(1+5\%/12)^2} + \cdots + \frac{2\,932.47}{(1+5\%/12)^{240}} = 777\,415 \text{元}$$

当投资收益率为5%的情况下,计算等额还款法的还款现值如下:

$$PV = \frac{5\,219.01}{(1+5\%/12)^1} + \frac{5\,219.01}{(1+5\%/12)^2} + \cdots + \frac{5\,219.01}{(1+5\%/12)^{240}} = 790\,812 \text{元}$$

由上可见,当贷款者的投资收益率(即机会成本)超过贷款利率时,此时采用等额还款法更好;而当贷款者的投资收益率(即机会成本)低于贷款利率时,此时采用等本还款法更好;当贷款者的投资收益率与贷款利率相同时,两种方法都一样。

四、加息减息对房贷的影响

(一) 是否要提前还款

当利率提升的时候,许多人想到了提前还款。决定是否提前还款的一个重要因素并非利率的绝对数值,而是贷款利率与投资收益率之间的比较。当投资收益率超过贷款利率时,从理财的角度来看,是没有必要提前还款的;反之,则应提前还款。如果投资者有闲置资金,但不知道如何进行投资获得比银行贷款利率更高的收益,这时应用闲置资金提前还款。

【案例 2-21】 孙小姐 2009 年上半年用商业贷款购买了一套 100 平方米的房子,贷款 60 万元,当时的贷款利率是 5.94%。由于有房贷的 7 折优惠,孙小姐实际享受的贷款利率是 4.15%。2010 年 10 月 20 日,国家为了防范通货膨胀,开始加息,经过 3 次加息,贷款利率从 5.94% 提升到 6.6%,7 折计算的利率为 4.6%。孙小姐见利率提升,咨询理财师是否需要提前还款?孙小姐告诉理财师,她目前定投的基金金额有 20 万元,可以偿还部分贷款,减轻还贷压力。她的家庭月收入 15 000 元,月生活支出 5 000 元左右,月还贷 3 000 元左右,每月定投基金 2 000 元。

【案例分析】 理财师首先分析了孙小姐的资产负债情况。孙小姐的家庭月结余为:

$$15\,000 - 5\,000 = 10\,000 \text{ 元}$$

贷款占月结余的比重为 $3\,000/10\,000 = 30\%$,低于 50% 的风险水平,说明孙小姐家庭的财务风险较低。

理财师帮助孙小姐计算了一下基金定投的收益率,发现孙小姐定投的基金年均收益率超过 8%。由于孙小姐投资的收益率目前远远超过了银行贷款利率,并且孙小姐家庭的财务风险不高,所以理财师建议孙小姐暂时不需要提前还款。

孙小姐的另外一位同事林小姐带着同样的问题来咨询理财师,但林小姐从来没有做过任何投资,其存款全部以活期存款的形式放在银行。其他情况则与孙小姐近似。理财师对林小姐给出了不同的建议:方案一是将银行活期存款用来提前偿还贷款;方案二是不提前偿还贷款,将银行活期存款投资到一些比银行贷款利率高的金融产品上。

(二)利息变化对房贷的影响

如果考虑提前还款,往往需要重新计算一下利息变化前后还贷金额的变化,以计算贷款者的还款压力变化程度。

【案例 2-22】 钱小姐花了 100 万元买房,按揭 30 年,首付 30%,贷款年利率为 5.94%,按月计息,采用等额本息按月月末还款法。3 年后,利率提高了 7.38%,如果按揭期限不变,利率改变后每月月末还款金额是多少?

【案例分析】 第一步,求解按 5.94% 贷款利率计算的月还款额。

(1)卡西欧财务计算器

点击复利计算模式 CMPD ,依次输入 Set = End, n = 360, I% = 5.94, PV = −700 000, P/Y = 12, C/Y = 12,然后将光标移动到 PMT 这一行,点击 SOLVE 键,可求得 PMT = 4 169.889256。

```
Compound Int.
 Set:End
 n = 360
 I% = 5.94
 PV = −700 000
 PMT = 4 169.889256
 FV = 0
 P/Y = 12
 C/Y = 12
```

(2)EXCEL 财务函数

打开 EXCEL 程序,找到财务函数中的 PMT 函数,点开后分别输入 Rate = 0.0594/12,NPER = 12 * 30,PV = −700 000,即可求得 PMT = 4 169.889256,见图 2-43。

第二步,求解还款 3 年后还需要偿还的本金额。

(1)卡西欧财务计算器

点击摊销计算模式 AMRT ,依次输入 PM1 = 1,PM2 = 36,然后将光标移动到 BAL:Solve 这一行,点击 SOLVE 键,可求得 BAL = −672 297.271。

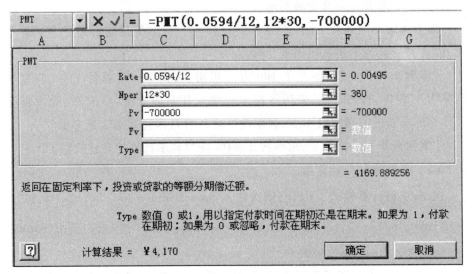

图 2-43 EXCEL 财务函数 PMT 求解

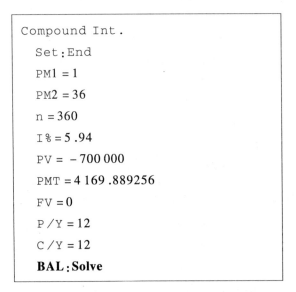

(2) EXCEL 财务函数

运用之前所述的等额还款下的本金和利息计算工具计算出还款 36 个月后的剩余本金为 672 297.271 元。

表 2-7　70 万元贷款、还款期 30 年、利率 5.94% 的贷款本金和利息计算

期数	每月还款	利息	本金	累计本金	累计利息	剩余本金
1	4 169.89	3 465.00	704.89	704.89	3 465.00	699 295.11
2	4 169.89	3 461.51	708.38	1 413.27	6 926.51	698 586.73
3	4 169.89	3 458.00	711.88	2 125.15	6 919.52	697 874.85
4	4 169.89	3 454.48	715.41	2 840.56	6 912.48	697 159.44
5	4 169.89	3 450.94	718.95	3 559.51	6 905.42	696 440.49
6	4 169.89	3 447.38	722.51	4 282.02	6 898.32	695 717.98
7	4 169.89	3 443.80	726.09	5 008.11	6 891.18	694 991.89
8	4 169.89	3 440.21	729.68	5 737.78	6 884.01	694 262.22
9	4 169.89	3 436.60	733.29	6 471.08	6 876.81	693 528.92
10	4 169.89	3 432.97	736.92	7 208.00	6 869.57	692 792.00
11	4 169.89	3 429.32	740.57	7 948.57	6 862.29	692 051.43
12	4 169.89	3 425.65	744.23	8 692.80	6 854.98	691 307.20
13	4 169.89	3 421.97	747.92	9 440.72	6 847.63	690 559.28
14	4 169.89	3 418.27	751.62	10 192.34	6 840.24	689 807.66
15	4 169.89	3 414.55	755.34	10 947.68	6 832.82	689 052.32
16	4 169.89	3 410.81	759.08	11 706.76	6 825.36	688 293.24
17	4 169.89	3 407.05	762.84	12 469.60	6 817.86	687 530.40
18	4 169.89	3 403.28	766.61	13 236.21	6 810.33	686 763.79
19	4 169.89	3 399.48	770.41	14 006.62	6 802.76	685 993.38
20	4 169.89	3 395.67	774.22	14 780.84	6 795.15	685 219.16
21	4 169.89	3 391.83	778.05	15 558.90	6 787.50	684 441.10
22	4 169.89	3 387.98	781.91	16 340.80	6 779.82	683 659.20
23	4 169.89	3 384.11	785.78	17 126.58	6 772.10	682 873.42
24	4 169.89	3 380.22	789.67	17 916.25	6 764.34	682 083.75
25	4 169.89	3 376.31	793.57	18 709.82	6 756.54	681 290.18
26	4 169.89	3 372.39	797.50	19 507.32	6 748.70	680 492.68
27	4 169.89	3 368.44	801.45	20 308.77	6 740.83	679 691.23
28	4 169.89	3 364.47	805.42	21 114.19	6 732.91	678 885.81
29	4 169.89	3 360.48	809.40	21 923.60	6 724.96	678 076.40
30	4 169.89	3 356.48	813.41	22 737.01	6 716.96	677 262.99
31	4 169.89	3 352.45	817.44	23 554.44	6 708.93	676 445.56
32	4 169.89	3 348.41	821.48	24 375.93	6 700.86	675 624.07
33	4 169.89	3 344.34	825.55	25 201.48	6 692.74	674 798.52
34	4 169.89	3 340.25	829.64	26 031.12	6 684.59	673 968.88
35	4 169.89	3 336.15	833.74	26 864.86	6 676.40	673 135.14
36	4 169.89	3 332.02	837.87	27 702.73	6 668.16	672 297.27
⋮	⋮	⋮	⋮	⋮	⋮	⋮

第三步,求解加息后的还款额。

(1) 卡西欧财务计算器

点击复利计算模式 CMPD ,依次输入 Set = End, n = 360 - 36, I% = 7.38, PV = -672 297.27, P/Y = 12, C/Y = 12,然后将光标移动到 PMT 这一行,点击 SOLVE 键,可求得 PMT = 4 791.966196。

```
Compound Int.
  Set:End
  n = 360 - 36
  I% = 7.38
  PV = -672 297.27
  PMT = 4 791.966196
  FV = 0
  P/Y = 12
  C/Y = 12
```

(2) EXCEL 财务函数

打开 EXCEL 程序,找到财务函数中的 PMT 函数,点开后分别输入 Rate = 0.0738/12, NPER = 360 - 36, PV = -672 297.27,即可求得 PMT = 4 791.966196。

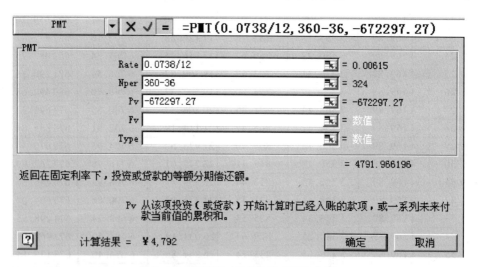

图 2-44 EXCEL 财务函数 PMT 求解

综上所述,在利率从 5.94% 增加到 7.38% 时,还款 3 年后贷款的每月还款额将从 4 169.89 元增加到 4 791.97 元。

第八节 通货膨胀

自从 2007 年的一句口号"跑不过刘翔,一定要跑过 CPI"流行起来后,CPI 成为大家所熟悉的一个英文缩写词汇。CPI,是 Consumer Price Index 的缩写,中文名叫消费者物价指数,反映与居民生活有关的商品及劳务价格统计出来的物价变动指标。一般用 CPI 来衡量一个国家通货膨胀的水平。超过 3%,国家一般会通过宏观经济政策对 CPI 进行干预,比如采用紧缩的货币政策或财政政策。

当通货膨胀率过高的时候,这意味着个人的实际财富在缩水。比如通货膨胀率是 3%,利率是 2.25%,那么每存 100 元到银行,收取的利息是 2.25 元(不考虑利息税),但通货膨胀是 3%,意味着拿到的 2.25 元利息被通货膨胀侵蚀掉了,财富存在银行不但没有增值还在减值。银行利率低于通货膨胀率的情况也被称为"负利率"时代。

如果将银行公布的利率看做名义利率,将考虑通货膨胀的财富增值率看做实际利率,那么实际利率和名义利率之间的精确换算关系式是:

$$实际利率 = \frac{名义利率 - 通货膨胀率}{1 + 通货膨胀率}$$

要理解名义利率和实际利率之间的换算关系,可看一个现实生活中的例子。

【案例 2-23】 按照当前的物价水平,鸡蛋 1 元/个,100 元可以买 100 个鸡蛋。王妈妈心想,如果把钱存在银行,一年后有利息,这样就可以买更多的鸡蛋。于是王妈妈向银行存了 100 元,银行利率是 2.5%,一年后王妈妈将钱取出来。如果一年后物价上涨,按 3% 的通货膨胀率计算,一个鸡蛋的价格上涨到了 1.03 元/个,这时候王妈妈可以买多少个鸡蛋?

【案例分析】 王妈妈一年后从银行可以取得的金额是:

$$FV = PV \times (1 + r)^n = 100 \times (1 + 2.5\%)^1 = 102.5 \text{ 元}$$

用这笔钱可以买到的鸡蛋是 $N = 102.5/1.03 = 99.51$ 个。

这意味着一年前 100 元可以买到 100 个鸡蛋,而一年后存在银行的钱拿出来却连 100 个鸡蛋都买不到了,财富缩水了。

这里的实际利率就是实际购买力 = (99.51 - 100)/100 = -0.49%。

如果根据实际利率的公式进行计算，也可以得到实际利率是 -0.485%。

$$实际利率 = \frac{名义利率 - 通货膨胀率}{1 + 通货膨胀率} = \frac{2.5\% - 3\%}{1 + 3\%} = -0.485\%$$

由于有通货膨胀的存在，在理财中就不得不考虑通货膨胀的影响。通货膨胀不仅会侵蚀存在银行的钱，还会侵蚀每一个项目的投资收益率。如果一个项目的投资收益率是8%，而通货膨胀率也是8%，那么这个项目最终的实际收益率为0。

下面以一个子女教育储蓄的例子来说明如何将通货膨胀的影响考虑到理财规划中。

【案例2-24】 假定你的女儿今年10岁，你打算开立一个教育储蓄账户为她上大学做准备。现在大学每年的学费和生活费为15 000元，并将以每年5%的速度增加。如果你将8 000元存入银行，年利率为8%，那么8年之后你是否有足够的存款用来支付你女儿大学第一年的学费？

【案例分析】 如果不考虑通货膨胀，存在银行的8 000元在8年之后取出来可得到金额是：

$$FV_{存款} = PV \times (1 + r)^n = 8\,000 \times (1 + 8\%)^8 = 14\,807 \text{ 元}$$

在不考虑通货膨胀的情况下，这14 807元基本上可以支付得起15 000元的学费。

但现实情况是有通货膨胀，且通货膨胀率是5%，在这种情况下，8年后的学费不再是15 000元，而是：

$$FV_{学费} = 15\,000 \times (1 + 5\%)^8 = 22\,162 \text{ 元}$$

在这种情况下，原来存在银行的8 000元取出后仍然只有14 807元，但学费已经涨到了22 162元，存款不够支付学费。

既然存款不够支付学费，意味着8 000元存少了，那么，还要存多少钱？

计算方法有两种：

一种是按考虑通货膨胀后的学费终值来计算需要存入多少钱才能达到22 162元的终值。

$$PV = \frac{FV}{(1 + r_{名义})^n} = \frac{22\,162}{(1 + 8\%)^8} = 11\,973 \text{ 元}$$

另一种是按考虑通货膨胀后的实际利率来计算财富的增值，使得能支付起15 000元的学费。

$$\text{实际利率 } r_{\text{实际}} = \frac{r_{\text{名义}} - r_{\text{通胀}}}{1 + r_{\text{通胀}}} = \frac{8\% - 5\%}{1 + 5\%} = 2.857\%$$

$$PV = \frac{FV}{(1 + r_{\text{实际}})^n} = \frac{15\,000}{(1 + 2.857\%)^8} = 11\,973 \text{ 元}$$

即存入 11 973 元才能满足未来支付的学费,也就是说还要多存入 3 973 元。

复习题

一、名词解释

货币的时间价值　机会成本　复利　等额本息还款法

二、选择题(不定项选择)

1. 对于计息次数增加引起的有效年利率的变化,下列说法正确的有(　　)。

   A. 有效年利率在递增

   B. 有效年利率递增的速度在降低

   C. 有效年利率不会无限递增,有上限存在

   D. 折现率会降低

2. 在下列各项中,无法计算出确切结果的是(　　)。

   A. 普通年金终值　　　　　　　　B. 预付年金终值

   C. 后付年金终值　　　　　　　　D. 永续年金终值

3. 下列各项中属于年金形式的有(　　)。

   A. 零存整取储蓄存款的整取额　　B. 定期定额支付的养老金

   C. 年资本回收额　　　　　　　　D. 偿债基金

4. 下列各项中正确的有(　　)。

   A. 等本还款法也称"递减还款法"

   B. 名义利率 = $\dfrac{\text{实际利率} - \text{通货膨胀率}}{1 + \text{通货膨胀率}}$

   C. 复利计算时,随着收益率的提高,本金增值的速度减慢

   D. "72 法则"和"115 法则"是用于计算复利终值获取年份的

5. 关于普通年金和预付年金的关系,下列表达式错误的有(　　)。

   A. 普通年金现值系数 × (1 - 折现率) = 预付年金现值系数

   B. 普通年金终值系数 × (1 + 折现率) = 预付年金终值系数

C. 预付年金现值系数 = (n-1)年的普通年金现值系数 +1

D. 预付年金现值系数 = (n+1)年的普通年金现值系数 -1

6. 选择等额还款法和等本还款法的依据是(　　)。

A. 当贷款者的投资收益率超过贷款利率时,采用等额还款法更好

B. 投资收益率低于贷款利率时,等本还款法更好

C. 贷款利率低于投资收益率时,等本还款法更好

D. 投资收益率与贷款利率相同时,两种方法一样

三、计算题

1. 1 000 元存 5 年,年利率为 5%,单利终值、复利终值各是多少? 单利和复利各是多少?

2. 你获得一笔年利率 12%,按月计复利的贷款。这笔贷款的实际年利率是多少?

3. 在年利率为 6% 的情况下,4 年后得到 100 元的现值是多少?

4. 在年利率为 10% 的情况下,要实现现值翻 12 倍需要多长时间?

5. 若想在 3 年后得到 10 000 元,年利率为 8%,那么现在应该投资多少钱?

6. 假如现在投资 100 元,希望 10 年后得到 500 元,那么年回报率是多少?

7. 某块地价现在为 10 000 元,你认为这块地 5 年后将升值到 20 000 元。假设现在的银行年利率为 8%,问是否应该投资这块地?

8. 李先生计划在 5 年后购买一辆私家车 120 000 元,现存入银行 100 000 元,银行存款利率 5%,复利计息。问 5 年后李先生是否有足够的存款购买该车?

9. 张小姐准备 4 年后对别墅环境进行装修改造,需要资金 200 000 元。当银行存款利率为 4% 时,张小姐现在应存入银行的资金为多少?

10. 假定你每年年末存入银行 2 000 元,共存 20 年,年利率为 5%,在第 20 年年末你可获得多少资金?

11. 假定在上题中,你是每年年初存入银行 2 000 元,其他条件不变,在第 20 年年末你可获得多少资金?

12. 某人准备存入银行一笔钱,以便在以后的 10 年中每年年末得到 3 000 元。设银行存款利率为 4%,计算该人目前应存入多少钱?

13. 陈先生计划购买一处房屋,该房屋如果一次性付款,需在购买时付款

800 000 元;若从购买时分 3 年付款,则每年需付 300 000 元。在银行利率 8% 的情况下,哪种付款方式对陈先生更有利?

14. 某人于年初向银行借款 200 000 元,计划年末开始还款,每年还款一次,分 3 年偿还,银行借款利率 6%。计算每年的还款额为多少?

15. 如果一只股票每年的股利为 1.5 元,投资者要求的报酬率为 12%。问该股的价值应为多少?

16. 分析下列现金流量:

年末现金流量	1	2	3	4	5
A	1 000	2 000	2 000	3 000	3 000
B	4 000	3 000	3 000	3 000	3 000
C	2 000	1 000	4 000	3 000	2 000
D	1 000	1 000	5 000	5 000	4 000

要求:

(1) 计算各现金流量在第 5 年年末的终值,年利率为 5%。

(2) 计算各现金流量在贴现率为 8% 时的现值。

17. 张先生想在 10 年内存够一笔 200 000 元的购房款。他现在有 30 000 元的存款,假如存款年利率为 4.85%,按月计息,那么他在每个季度的季末需要存多少钱才能达到目标?

18. 王小姐花了 700 000 元买房,按揭 25 年,首期付 30%,贷款年利率为 6.84%,按月计息,采用等额本息按月月末还款法。3 年后,利率提高了 1.03%,如果按揭期限不变,利率改变后每月月末付款金额是多少? 如果每期还款额不变,按揭期限是多少个月?

19. 李女士看中了一处房屋,价值 1 000 000 元。她付清了首期 300 000 元,余下 700 000 元计划向银行申请按揭贷款。她打听到某银行房贷以 5 年为限,利率分为两档:贷款期在 5 年及 5 年以下,年利率为 7.65%;贷款期在 5 年以上,年利率为 7.83%。假设每月月底还款,每月计算一次复利。请问基于以上假设,申请 5 年期贷款、15 年期贷款和 20 年期贷款,月还款额分别是多少?

20. 周先生花 650 000 元买了一处房屋,他申请了首期付 30% 的 15 年按揭,贷款年利率为 5%,每月计息,每月初供款。供款 5 年后,从第 6 年开始,利率增加了 0.5%。假如他选择付款金额不变,而延长按揭期限,那么自他申请按揭起总共要支付多少个月?

第三章 Chapter 3

理财中的宏观经济分析

 案例导读

2009年年初,如果大家还记得当时的情形,就能回忆起刚经历过一年金融危机后大多数人对未来房价的走势是持悲观态度,认为房价还会继续下跌。可是,在2009年春节过后,房价一改前期下跌趋势,仅半年时间就涨回金融危机前的价位。这不仅让期盼房价进一步下跌再购买的刚性需求者后悔莫及,也让在此期间出售了手中投资性房产的投机者扼腕痛惜。市场就是这样,总是与大多数人的预期相悖,从而只让少数精明的投资者获利。

除了房市之外,另一个在飙升的是股市。如果读者有关心过股市,就知道2009年上半年股指几乎翻了一倍。即使不投资房产,还可投资股市,那个时候的指数是1 800多点,半年时间已经涨到3 400多点。这是一个悲观的时期,却是一个财富翻倍的时期。

究竟是什么因素导致了2009年上半年房价的飙升?如果2009年年初让你在股票和房产这两类资产之间进行配置,你选择房产还是选择股票?

第一节　理财为什么要懂得宏观经济？

在回答上述两个问题之前，先看一则新闻：

"2008年12月22日晚，央行宣布降息27个基点，同时下调存款准备金率。这已是年内第5次降息。至此，我国一年期存款基准利率已下调至2.25%，一年期贷款基准利率累计下调216个基点至5.31%。多数购房者使用的5年期以上的贷款利率也从年初的7.83%降到了现在的5.94%，下降了189个基点。"

看到这则新闻后，你想到了什么？

还记得机会成本吗？如果你还记得，那么你现在已经知道把钱从银行拿出来投资的机会成本是2.25%。这个机会成本高吗？也就是说，只要你做的投资的收益率能超过2.25%，那么你就应该把钱从银行取出来去投资高收益的项目（当然还要考虑风险）。

也许你看到2.25%这个数字后没有任何感觉，仅仅觉得这是个数字而已。的确，单纯的数字没有意义。数字只有在比较中才有意义。表3-1列出了历年的存款利率和贷款利率。

在此之前的10月份，中国人民银行还公布，自10月27日起，将商业性个人住房贷款利率的下限扩大为贷款基准利率的0.7倍；最低首付比例调整为20%。按12月份的贷款利率来计算，5年期以上的贷款打7折后的利率只有4.15%。从表3-1中的数据对比，可以知道4.15%的利率是近20年来最低的贷款利率。这意味着，从2008年12月起，向银行借钱的成本达到史上最低。

不论从存款利率还是贷款利率来看，从银行拿钱出来投资的机会是历史上最好的了。虽然不知道未来是否还会进一步降低，但这个时机无疑已经是一个不错的投资时机。但仍存在的问题是：钱从银行拿出来后该投资到哪里？如果仅考虑房市和股市的话，究竟是投资房产还是投资股票？

从流动性来看，投资股票的流动性高于投资房产，股票随时可以变现，而房产要找到买家才能变现。从风险性来看，投资股票的风险高于投资房产，股票一天的涨跌幅可达到10%。从换手率来看，投资股票的换手率高于投资房产。究竟投资股票好还是投资房产好呢？做出这个决策的关键因素到底是什么？

表 3-1A 贷款利率表

单位：年利率%

调整时间	六个月以内（含六个月）	六个月至一年（含一年）	一至三年（含三年）	三至五年（含五年）	五年以上
1991.04.21	8.10	8.64	9.00	9.54	9.72
1993.05.15	8.82	9.36	10.80	12.06	12.24
1993.07.11	9.00	10.98	12.24	13.86	14.04
1995.01.01	9.00	10.98	12.96	14.58	14.76
1995.07.01	10.08	12.06	13.50	15.12	15.30
1996.05.01	9.72	10.98	13.14	14.94	15.12
1996.08.23	9.18	10.08	10.98	11.70	12.42
1997.10.23	7.65	8.64	9.36	9.90	10.53
1998.03.25	7.02	7.92	9.00	9.72	10.35
1998.07.01	6.57	6.93	7.11	7.65	8.01
1998.12.07	6.12	6.39	6.66	7.20	7.56
1999.06.10	5.58	5.85	5.94	6.03	6.21
2002.02.21	5.04	5.31	5.49	5.58	5.76
2004.10.29	5.22	5.58	5.76	5.85	6.12
2006.04.28	5.40	5.85	6.03	6.12	6.39
2006.08.19	5.58	6.12	6.30	6.48	6.84
2007.03.18	5.67	6.39	6.57	6.75	7.11
2007.05.19	5.85	6.57	6.75	6.93	7.20
2007.07.21	6.03	6.84	7.02	7.20	7.38
2007.08.22	6.21	7.02	7.20	7.38	7.56
2007.09.15	6.48	7.29	7.47	7.65	7.83
2007.12.21	6.57	7.47	7.56	7.74	7.83
2008.09.16	6.21	7.20	7.29	7.56	7.74
2008.10.09	6.12	6.93	7.02	7.29	7.47
2008.10.30	6.03	6.66	6.75	7.02	7.20
2008.11.27	5.04	5.58	5.67	5.94	6.12
2008.12.23	4.86	5.31	5.40	5.76	5.94
2010.10.20	5.10	5.56	5.60	5.96	6.14
2010.12.26	5.35	5.81	5.85	6.22	6.40
2011.02.09	5.60	6.06	6.10	6.45	6.60
2011.04.06	5.85	6.31	6.40	6.65	6.80
2011.07.07	6.10	6.56	6.65	6.90	7.05

资料来源：中国人民银行网站。

表 3-1B 存款利率表

单位：年利率%

调整时间	活期存款	定期存款					
		三个月	半年	一年	二年	三年	五年
1990.04.15	2.88	6.30	7.74	10.08	10.98	11.88	13.68
1990.08.21	2.16	4.32	6.48	8.64	9.36	10.08	11.52
1991.04.21	1.80	3.24	5.40	7.56	7.92	8.28	9.00
1993.05.15	2.16	4.86	7.20	9.18	9.90	10.80	12.06
1993.07.11	3.15	6.66	9.00	10.98	11.70	12.24	13.86
1996.05.01	2.97	4.86	7.20	9.18	9.90	10.80	12.06
1996.08.23	1.98	3.33	5.40	7.47	7.92	8.28	9.00
1997.10.23	1.71	2.88	4.14	5.67	5.94	6.21	6.66
1998.03.25	1.71	2.88	4.14	5.22	5.58	6.21	6.66
1998.07.01	1.44	2.79	3.96	4.77	4.86	4.95	5.22
1998.12.07	1.44	2.79	3.33	3.78	3.96	4.14	4.50
1999.06.10	0.99	1.98	2.16	2.25	2.43	2.70	2.88
2002.02.21	0.72	1.71	1.89	1.98	2.25	2.52	2.79
2004.10.29	0.72	1.71	2.07	2.25	2.70	3.24	3.60
2006.08.19	0.72	1.8	2.25	2.52	3.06	3.69	4.14
2007.03.18	0.72	1.98	2.43	2.79	3.33	3.96	4.41
2007.05.19	0.72	2.07	2.61	3.06	3.69	4.41	4.95
2007.07.21	0.81	2.34	2.88	3.33	3.96	4.68	5.22
2007.08.22	0.81	2.61	3.15	3.60	4.23	4.95	5.49
2007.09.15	0.81	2.88	3.42	3.87	4.50	5.22	5.76
2007.12.21	0.72	3.33	3.78	4.14	4.68	5.40	5.85
2008.10.09	0.72	3.15	3.51	3.87	4.41	5.13	5.58
2008.10.30	0.72	2.88	3.24	3.60	4.14	4.77	5.13
2008.11.27	0.36	1.98	2.25	2.52	3.06	3.60	3.87
2008.12.23	0.36	1.71	1.98	2.25	2.79	3.33	3.60
2010.10.20	0.36	1.91	2.20	2.50	3.25	3.85	4.20
2010.12.26	0.36	2.25	2.50	2.75	3.55	4.15	4.55
2011.02.09	0.40	2.60	2.80	3.00	3.90	4.50	5.00
2011.04.06	0.50	2.85	3.05	3.25	4.15	4.75	5.25
2011.07.07	0.50	3.10	3.30	3.50	4.40	5.00	5.50

资料来源：中国人民银行网站。

有的人说投资股票的收益比投资房产高,所以投资股票好。且不说投资股票时经常换手导致实际收益低的情况,这里先将股票和房产的投资收益做一个粗略对比。

以笔者2009年的实践为蓝本来计算房产的收益。2009年春节前,笔者看中了一套房子,90多平方米,总价约80万元。首付2成,即支付16万元,向银行申请了60万元贷款,支付了其他费用约4万元。至2009年7月,房产经纪公司打电话问100万元是否愿意出售。如果此时以100万元将房产售出,则获利20万元。初始投资已然翻倍,收益率100%。

假设没有购买该房产,将20万元全部投入股市并持有至2009年年中,按股指从年初1 820.81点上升到7月的3 412.06计算,收益率也近乎翻倍。

从以上的粗略计算来看,投资房产和投资股票的收益率是基本一致的。也就是说,在这里,收益率并不是决定投资房产还是投资股票最关键的因素。

房产和股票都属于资产,这两种资产价格的上涨幅度分别是:

房产:(100万元 − 80万元)/80万元 = 25%

股票:(40万元 − 20万元)/20万元 = 100%

虽然房产的升值幅度只有25%,但投资房产获得的收益率却和股票一样达到100%。这中间的关键点就在于投资房产可以利用杠杆,只需要支付首付款2成,就能从银行贷款8成,利用银行的资金购买价值更高的资产。而该项资产只要收益率提高25%,最终取得的投资回报可高达100%。

利用银行贷款构造杠杆是有成本的,而这个成本就是银行的贷款利率。当银行的贷款利率下降后,意味着构造杠杆的成本最低;而当首付比率降低时意味着杠杆效应增大。2008年的贷款利率下调至最低,以及首付比率降到2成,都给投资者利用杠杆提供了很好的机会。只要抓住了这样的机会,财富翻倍的梦想在一年内就能实现。

大多数人每日殚精竭虑地捕捉着各种能暴富的小道信息,却对这样的大趋势视而不见。其原因是大多数人不懂得分析宏观经济,不懂得国家政策才是财富的指挥棒。政策往哪里倾斜,哪里就会聚集资本;政策希望宏观经济发生什么变化,哪里就会有财富分配。2008年年底的政策鼓励大家从银行里拿钱出来投资或买房,顺应政策的投资者就能致富,而没有看懂政策和宏观经济的人则仍一无所获。笔者大胆地预言,每10年会有一次短期财富翻倍的机会,精明的投资者看过本章后不应再错失下一个机会。

第二节　宏观经济目标

作为一个国家或地区的政府,其制定任何经济政策都是围绕相应的目标而设定的。从宏观经济来看,政府经济政策的目标有以下四个:经济增长、充分就业、物价稳定、国际收支平衡。

一个国家的政府想要得到人民的拥护、保持政局的稳定,首先需要做的就是保持经济增长。只有经济增长,人民的生活才会过得更好,也才不会产生推翻政府的念头。

如果大家都能安居乐业,都有工作可做,就不会有那么多无业游民。无业游民由于无事可做,所以经常无事生非,使得社会不稳定因素增加。因此,充分就业也是政府经济政策的一个目标。

虽然大家的收入都在提高,经济也在增长,但是如果物价不稳定,人民也不会感觉到生活质量在提高。收入的增长被物价的上涨削弱了,这使得物价稳定也成为政府经济政策的一个目标。

以上三个目标要处理的都是国内的关系,最后一个目标则是国家与国家之间的关系处理。当A国的产品非常好卖,B国的人民踊跃购买时,这种一方供给、一方需求的交易本来是非常好的,但却容易给B国的人民带来问题。如果B国的人民没有产品卖给A国,使得B国的财富不断流向A国,直到有一天B国的人民再也没有钱买A国的产品了。这种情况最终可能导致B国向A国开战用武力掠夺财富。中国近代史上的鸦片战争便是由这种贸易不平衡所导致的。在无法向中国输出产品换回黄金白银从而继续购买瓷器、纺织品等满足英国人的需求后,英国发动了鸦片战争,向中国输出鸦片来换取黄金白银。在国际贸易背后需要支付的是大量的真金白银,国际贸易一收一支就形成了国际收支。国际收支的平衡就意味着国际贸易的平衡。如果国际收支一旦不平衡,就意味着某个国家的财富正在流向另外一个国家。长期持续下去,将会导致两个国家的政府关系紧张甚至冲突。除了影响到财富外流,国际收支不平衡还会影响到一方人民的就业。中国的纺织品大量出口到美国,从而经常遭受美国的贸易制裁,其中一个原因就是美国纺织业工人大量失业,他们派出代表要求美国政府对中国的纺织品出口进行制裁。可见,要保持对外的政局稳定,国际收支平衡是不可缺少的目标。

这里要注意的是,盈利并非政府的目标。政府的终极目标是保持政局稳定,上述四个宏观经济目标都是围绕这一目标而设置的。

一、经济增长

（一）经济增长的衡量指标

一个国家的经济增长通常用国内生产总值（GDP）或国民生产总值（GNP）来衡量。

GDP（Gross Domestic Product），中文名称为"国内生产总值"，是指在一定时期内一个国家或地区的经济中所生产出的全部最终产品和劳务的价值。这里要注意的是，只有最终产品和劳务才计入国内生产总值，中间产品是不计入国内生产总值的。所谓最终产品，是指已经到达生产的最后阶段，不能再作为原料或半成品投入其他产品和劳务的生产过程中去的可供人们直接消费或者使用的物品和服务，比如罐装饮料、汽车等。中间产品是指为了再加工或者转卖用于供别种产品生产使用的物品和劳务，如原材料、燃料等。

GDP常被公认为衡量国家经济状况的最佳指标。当GDP持续增长时，意味着该国的经济发展状况良好；当GDP下降时，意味着该国的经济发展受到制约。各国都会根据自己国家的实际情况设定相应的GDP增长速度作为本国的经济增长目标。2008年遭遇金融危机后，中国的GDP迅速回落，于是中国政府将经济增长目标设置为"保八"，即将GDP增长率保持在8%。

从图3-1来看，2007年我国GDP增长率达到最高，为13%；2008年遭遇金融危机后增长率下降幅度很明显，为9%。

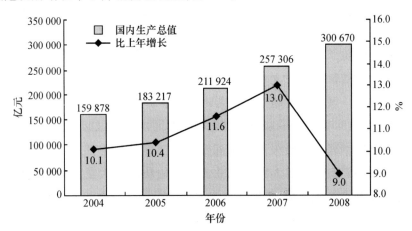

图3-1 2004—2008年我国GDP增长率
资料来源：国家统计局，中华人民共和国2008年国民经济和社会发展统计公报。

除了 GDP 这个指标外,GNP 也可以用来衡量一国的经济增长水平。GNP (Gross National Product),中文名称为"国民生产总值",是指一个国家或地区的国民在一定时期内生产的全部最终产品和劳务价值的总和。比较 GDP 和 GNP 的定义可以发现,GDP 是指一个国家或地区范围内的最终产品和劳务价值的总和,计算范围是以地理区域为标准的;而 GNP 是指一个国家或地区国民生产的最终产品和劳务价值的总和,计算范围是以产品或劳务的提供者的国籍为标准的。按照上述不同标准,美国人在中国范围内生产的最终产品或提供的劳务价值将被计入中国的 GDP,而不会计入中国的 GNP;同理,中国人在美国范围内生产的最终产品或提供的劳务将被计入中国的 GNP,而不会计入中国的 GDP。

不论是 GDP 还是 GNP,都可以作为衡量经济增长的指标。经济增长之所以作为一国政府的宏观经济目标之一,是因为只有尽可能地维持经济增长,才能使得一个国家或地区内的人民生活水平不断得到提高;生活水平提高了,人民才会安居乐业,政府的政局也才能保持稳定。试想一下,如果一个国家或地区的人民生活水平不能提高,这些人民还会愿意支持当时的政府吗?以前的农民起义大多数情况下都是因为民不聊生而导致的。当然,在国家或地区经济增长的同时,不一定能保证人民生活水平的提高,这又涉及贫富差距的问题。这也是为什么我们党在十六届四中全会上要提出"构建社会主义和谐社会"的概念,其目标是在保持经济增长的同时降低贫富差距,提高人民的整体生活水平,而不是提高少数人的生活水平。

(二)国内生产总值的构成

一国政府如何实现经济增长的目标?在宏观经济中,有三驾拉动经济增长的马车。这三驾马车分别是:投资、消费、进出口净额。用公式表示为:

$$GDP = I + C + X$$

其中,I 为投资(包含政府投资和私人投资)、C 为消费、X 为净出口额。

在国民经济核算中,经常用投资率和消费率来反映投资与消费的比例关系。

投资率,又称资本形成率,通常指一定时期内资本形成总额占国内生产总值使用额的比重,一般按现行价格计算。用公式表示为:

$$投资率 = (资本形成总额/GDP) \times 100\%$$

消费率,又称最终消费率,通常指一定时期内最终消费额占国内生产总值使用额的比重,一般按现行价格计算。用公式表示为:

$$消费率 = (最终消费/GDP) \times 100\%$$

表3-2列出了1978—2005年世界主要国家和地区的投资率和消费率。从表中可以看到,美国的投资率处于16.5%—22.0%之间,平均为18.8%;英国的投资率处于16.8%—20.3%之间,平均为17.6%;日本的投资率处于23.2%—32.6%之间,平均为27.4%;韩国的投资率处于30.0%—37.7%之间,平均为32.7%;亚洲的投资率处于26.1%—30.7%之间,平均为27.8%。从数据来看,亚洲的投资率整体偏高,接近30%,而英美国家的投资率相对较低,接近20%。

表3-2 1978—2005年世界主要国家和地区的投资率和消费率

单位:%

		1978年	1980年	1985年	1990年	1995年	2000年	2005年	1978—2005年
美国	投资率	22.0	20.3	20.3	17.7	18.1	20.5	16.5	18.8
	消费率	79.1	80.2	82.5	83.7	83.1	83.4	89.2	83.9
英国	投资率	20.3	17.6	18.4	20.2	17.0	17.5	16.8	17.6
	消费率	79.1	80.4	80.8	82.4	83.5	84.5	87.1	84.1
德国	投资率	23.4	25.4	21.4	23.5	22.2	21.8	17.2	21.1
	消费率	80.9	82.0	81.6	77.0	77.3	77.9	77.8	78.5
日本	投资率	30.9	32.3	28.3	32.6	28.0	25.2	23.2	27.4
	消费率	67.3	68.6	68.3	66.4	70.6	73.3	75.4	71.0
韩国	投资率	33.1	31.8	30.0	37.5	37.7	31.0	30.1	32.7
	消费率	69.7	75.0	67.8	62.7	63.5	66.1	66.7	62.5
巴西	投资率	23.0	25.0	19.2	22.9	22.3	21.5	20.6	21.1
	消费率	78.4	83.3	75.6	75.3	79.5	80.0	75.6	78.4
印度	投资率	22.3	20.9	24.2	25.2	26.5	22.6	23.5	23.3
	消费率	87.3	88.2	84.8	79.0	74.8	77.4	75.7	78.7
印度尼西亚	投资率	20.5	20.9	28.0	30.7	31.9	22.2	22.2	26.4
	消费率	78.4	70.8	70.2	67.7	69.4	68.2	73.7	70.9
埃及	投资率	40.6	39.5	29.4	28.3	16.6	17.7	18.6	22.6
	消费率	76.1	75.2	78.9	80.1	87.3	87.9	90.9	84.1
亚洲	投资率	29.0	28.8	27.2	30.7	29.5	26.1	26.5	27.8
	消费率	70.0	69.1	71.9	68.7	69.8	71.2	69.7	70.3
世界	投资率	24.2	24.0	21.7	23.5	22.6	22.3	21.0	22.1
	消费率	75.6	76.1	77.7	76.8	77.0	77.6	78.8	77.6

资料来源:联合国统计署数据库。

从消费率水平来看,美国的消费率处于79.1%—89.2%之间,平均为83.9%;英国的消费率处于79.1%—87.1%之间,平均为84.1%;日本的消费率处于66.4%—75.4%之间,平均为71.0%;韩国的消费率处于62.7%—75.0%之间,平均为65.2%;亚洲的消费率处于68.7%—71.9%之间,平均为70.3%。从数据来看,亚洲的消费率整体偏低,接近70%,而英美国家的消费率相对较高,超过80%。

投资率和消费率的水平显示出英美国家与亚洲国家经济增长驱动力的差异。在英美国家,经济增长中消费所起的拉动作用较强,而亚洲国家更侧重于投资拉动。

图3-2列出了中国1978—2006年的经济增长率、投资率和消费率变动。从经济增长率的走势来看,1993年以后中国经济增长的波动率减少了。与经济增长率走势相当吻合的是投资率的走势,而消费率走势与经济增长率的走势并不吻合,有时还是相悖而行的。这说明中国的经济增长率更多依靠的是投资拉动而非消费拉动。

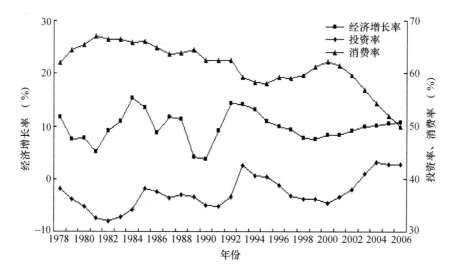

图3-2 1978—2006年中国经济增长率、投资率和消费率变动

资料来源:郑学工,《改革开放以来我国三大需求走势分析》,国家统计局核算司,2007年7月2日。

图3-3列出了1990—2010年美国的GDP增长率。从图中可以看出,美国自2004年以来经济增长速度持续下降,在遭遇金融危机后,经济更是出现负增长。

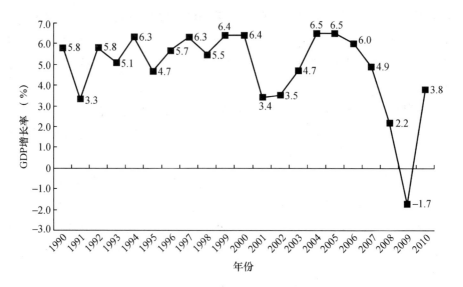

图 3-3　1990—2010 年美国的 GDP 增长率

数据来源：笔者根据美国经济分析局数据手工整理，http://www.bea.gov/national/xls/gdpchg.xls。

二、充分就业

宏观经济中第二个目标是充分就业（Full Employment）。充分就业是英国著名经济学家凯恩斯在其1936年出版的《就业、利息和货币通论》一书中提出的。凯恩斯认为在某一工资水平之下，所有愿意接受工作的人，如果都能获得就业机会，这时候就达到了充分就业。充分就业与所有人就业或者完全就业是不同的，在充分就业下仍然存在一定的失业，比如有些人自愿失业。

失业可分成自愿失业和非自愿失业。自愿失业是指自愿放弃工作机会而不愿意寻找工作所造成的失业。非自愿失业是指工人愿意接受现行工资水平与工作条件，但仍找不到工作而形成的失业。在充分就业的情况下，存在自愿失业，但不存在非自愿失业，即只要劳动者愿意接受现行工资和工作条件，就能找到工作。

一个国家或地区的稳定在一定程度上也依赖于低的失业率。这里的失业率通常是非自愿失业率。

$$失业率 = 失业人数 / (失业人数 + 就业人数)$$

当一个国家或地区的失业率太高时，同样会威胁到政局的稳定。失业率也可以作为经济指标反映一个国家或地区的经济发展状况。一般情况下，失业率下降,反映一个国家或地区的整体经济正在健康发展;相反,如果失业率上升,则反映了一个国家或地区的经济发展开始放缓或出现衰退。在2008年美国遭遇金融危机后,失业率急剧上升,从5%上升到10%,反映了美国的经济发展严重衰退,见表3-3和图3-4。美国经济能否复苏则需要看其失业率能否回落到7%左右的水平。

表3-3 2000—2010年美国失业率数据

年\月	1	2	3	4	5	6	7	8	9	10	11	12
2000	4.0	4.1	4.0	3.8	4.0	4.0	4.0	4.1	3.9	3.9	3.9	3.9
2001	4.2	4.2	4.3	4.4	4.3	4.5	4.6	4.9	5.0	5.3	5.5	5.7
2002	5.7	5.7	5.7	5.9	5.8	5.8	5.8	5.7	5.7	5.7	5.9	6.0
2003	5.8	5.9	5.9	6.0	6.1	6.3	6.2	6.1	6.1	6.0	5.8	5.7
2004	5.7	5.6	5.8	5.6	5.6	5.6	5.5	5.4	5.4	5.5	5.4	5.4
2005	5.3	5.4	5.2	5.2	5.1	5.0	5.0	4.9	5.0	5.0	5.0	4.9
2006	4.7	4.8	4.7	4.7	4.6	4.6	4.7	4.7	4.5	4.4	4.5	4.4
2007	4.6	4.5	4.4	4.5	4.4	4.6	4.6	4.6	4.7	4.7	4.7	5.0
2008	5.0	4.8	5.1	5.0	5.4	5.5	5.8	6.1	6.2	6.6	6.9	7.4
2009	7.7	8.2	8.6	8.9	9.4	9.5	9.4	9.7	9.8	10.1	10.0	10.0
2010	9.7	9.7	9.7	9.9	9.7	9.5	9.5	9.6	9.6	9.7	9.8	9.4

资料来源:美国劳工统计局(http://www.bls.gov)。

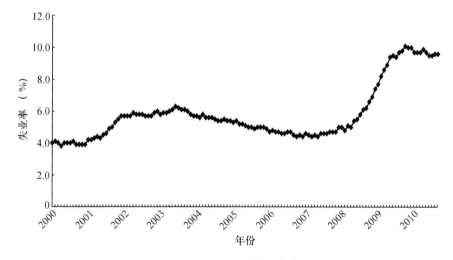

图3-4 2000—2010年美国失业率走势图
资料来源:根据美国劳工统计局数据整理。

在失业率数据升高的情况下,凯恩斯认为可以通过以下方式来降低失业率:

（1）刺激私人投资，为扩大个人消费创造条件；

（2）促进国家投资，通过公共工程、救济金、教育费用、军事费用等公共投资，抵补私人投资的不足；

（3）政府通过实行累进税来提高社会消费倾向。

【案例 3-1】 美国总统奥巴马在其就职演讲中曾表示，在 2009 年 1 月 20 日就任总统后，将签署一项重大经济刺激计划。这项计划将创造 300 万个就业职位，可能斥资 7 750 亿美元或者更多。刺激计划包括大规模投资基础设施建设、给中等收入者减税 500 至 1 000 美元、给银根吃紧的各州政府提供 2 000 亿美元用于医疗保险系统及其他公共开支等。

【案例解读】 从上述政策可以看出，在遭遇金融危机后，面对危机造成的失业率上升，2009 年美国的应对策略包括大规模的政府投资和减税两项措施。这些应对策略与凯恩斯的思想基本一致。

三、物价稳定

物价稳定也是一个国家或地区政府的宏观经济政策目标之一。如果一个国家或地区的经济持续增长，但物价也在不断增长，有时物价增长幅度甚至超出了经济增长幅度，在这种情况下，人民生活水平并不会有所提高，反而会下降。所以，在保持经济增长的同时，还要保持物价稳定才能使人民的生活水平获得实质性的改善。

衡量物价稳定的指标是消费者物价指数（Consumer Price Index，CPI）。

CPI 的计算公式如下：

$$CPI = \frac{一组固定商品按当期价格计算的价值}{一组固定商品按基期价格计算的价值} \times 100\%$$

CPI 的增幅通常作为观察通货膨胀水平的重要指标，反映统计出来的与居民生活有关的商品及劳务价格的变动情况。

【案例 3-2】 某国人民在 2000 年购买一组商品需要花费 1 000 元，购买同样的一组商品在 2009 年需要花费 1 500 元，在 2010 年需要花费 1 600 元。假设以 2000 年的价格水平为基期指数 100，请计算该国的 CPI 和 2010 年相对 2009 年的通货膨胀率。

【案例分析】 $CPI_{2009} = 1\,500/1\,000 \times 100 = 150$

$CPI_{2010} = 1\,600/100 \times 100 = 160$

通货膨胀率 $= (160 - 150)/150 = 6.7\%$

通常认为,当 CPI 增幅超过 3% 时,就存在通货膨胀(Inflation);当 CPI 增幅超过 5% 时,则存在严重的通货膨胀(Serious Inflation)。

美国劳工统计局按季度会准时公布 CPI 的数据,一般在财经媒体上经常引用的数据是美国所有城市地区全部消费品的城市平均消费者物价指数(The Consumer Price Index for all Urban consumer for the U.S. city average for all items,缩写为 CPI_U)。CPI_U 的基期是 1982—1984 年,基期指数设置为 100。在公布 CPI_U 的同时,还会看到扣除食品和能源价格上涨因素影响(All Items Less Food and Energy)后的 CPI 上涨率。美国在 1974—1975 年受到第一次石油危机的影响使通货膨胀率出现了较大幅度的提升,而当时的通货膨胀主要是受食品价格和能源价格上涨的影响。1975 年,美国经济学家戈登(Robert J. Gordon)提出应剔除食品和能源价格之后再计算 CPI。于是,美国劳工统计局从 1978 年起也一并公布剔除食品和能源价格之后的 CPI 上涨率。图 3-5 是美国近十年来的 CPI_U 增长幅度。

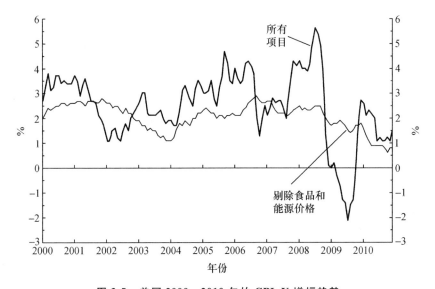

图 3-5　美国 2000—2010 年的 CPI_U 增幅趋势
数据来源:美国劳工统计局(http://www.bls.gov/cpi/cpid1012.pdf)。

从图 3-5 中可以看到,扣除食品和能源价格后的 CPI 的增速基本维持在 2.5% 以下,但遭遇经济危机后有通缩的趋势。

表 3-4 列示的是美国 1970—2010 年的 CPI_U。

表 3-4　美国 1970—2010 年的 CPI_U

Year	Jan.	Feb.	Mar.	Apr.	May	June	July	Aug.	Sep.	Oct.	Nov.	Dec.
1970	37.8	38.0	38.2	38.5	38.6	38.8	39.0	39.0	39.2	39.4	39.6	39.8
1971	39.8	39.9	40.0	40.1	40.3	40.6	40.7	40.8	40.8	40.9	40.9	41.1
1972	41.1	41.3	41.4	41.5	41.6	41.7	41.9	42.0	42.1	42.3	42.4	42.5
1973	42.6	42.9	43.3	43.6	43.9	44.2	44.3	45.1	45.2	45.6	45.9	46.2
1974	46.6	47.2	47.8	48.0	48.6	49.0	49.4	50.0	50.6	51.1	51.5	51.9
1975	52.1	52.5	52.7	52.9	53.2	53.6	54.2	54.3	54.6	54.9	55.3	55.5
1976	55.6	55.8	55.9	56.1	56.5	56.8	57.1	57.4	57.6	57.9	58.0	58.2
1977	58.5	59.1	59.5	60.0	60.3	60.7	61.0	61.2	61.4	61.6	61.9	62.1
1978	86.5	62.9	63.4	63.9	84.5	85.2	65.7	66.0	66.5	67.1	67.4	67.7
1979	68.3	69.1	9.8	70.6	71.5	72.3	73.1	73.8	74.6	75.2	75.9	76.7
1980	77.8	78.9	80.1	81.0	81.8	82.7	82.7	83.3	84.0	84.8	85.5	86.3
1981	87.0	87.9	88.5	89.1	89.8	90.6	91.6	92.3	93.2	93.4	93.7	94.0
1982	94.3	94.6	94.5	94.9	95.8	97.0	97.5	97.7	97.9	98.2	98.0	97.6
1983	97.8	97.9	97.9	98.6	99.2	99.5	99.9	100.2	100.7	101.0	101.2	101.3
1984	101.9	102.4	102.6	103.1	103.4	103.7	104.1	104.5	105.0	105.3	105.3	105.3
1985	105.5	106.0	106.4	106.9	107.3	107.6	107.3	108.0	108.3	108.7	109.0	109.3
1986	109.6	109.3	108.8	108.6	108.9	109.5	109.5	109.7	110.2	110.3	110.4	110.5
1987	111.2	111.6	112.1	112.7	113.1	113.5	113.8	114.4	115.0	115.3	115.4	115.4
1988	115.7	116.0	116.5	117.1	117.5	118.0	118.5	119.0	119.8	120.2	120.3	120.5
1989	121.1	121.6	122.3	123.1	123.3	124.1	124.4	124.6	125.0	125.6	125.9	126.1
1990	127.4	128.0	128.7	128.9	129.2	129.9	130.4	131.6	132.7	133.5	133.8	133.8
1991	134.6	134.8	135.0	135.2	135.6	136.0	136.2	136.6	137.2	137.4	137.8	137.9
1992	138.1	138.6	139.3	139.5	139.7	140.2	140.5	140.9	141.3	141.8	142.0	141.9
1993	142.6	143.1	143.6	144.0	144.2	144.4	144.4	144.8	145.1	145.7	145.8	145.8
1994	146.2	146.7	147.2	147.4	147.5	148.0	148.4	149.0	149.4	149.5	149.7	149.7
1995	150.3	150.9	151.4	151.9	152.2	152.5	152.5	152.9	153.2	153.7	153.6	153.5
1996	154.4	154.9	155.7	156.3	156.6	156.7	157.0	157.3	157.8	158.3	158.6	158.6
1997	159.1	159.6	160.0	160.2	160.1	160.3	160.5	160.8	161.2	161.6	161.5	161.3
1998	161.6	161.9	162.2	162.5	162.8	163.0	163.2	163.4	163.6	164.0	164.0	163.9
1999	164.3	164.5	165.0	166.2	166.2	166.2	166.7	167.1	167.9	168.2	168.3	168.3
2000	168.8	169.8	171.2	171.3	171.5	172.4	172.8	172.8	173.7	174.0	174.1	174.0
2001	175.1	175.8	176.2	176.9	177.7	178.0	177.5	177.5	178.3	177.7	177.4	176.7
2002	177.1	177.8	178.8	179.8	179.8	179.9	180.1	180.7	181.0	181.3	181.3	180.9
2003	181.7	183.1	184.2	183.8	183.5	183.7	183.9	184.6	185.2	185.0	184.5	184.3
2004	185.2	186.2	187.4	188.0	189.1	189.7	189.4	189.5	189.9	190.9	191.0	190.3
2005	190.7	191.8	193.3	194.6	194.4	194.5	195.4	196.4	198.8	199.2	197.6	196.8
2006	198.3	198.7	199.8	201.5	202.5	202.9	203.5	203.9	202.9	201.8	201.5	201.8
2007	202.416	203.499	205.352	206.686	207.949	208.352	208.299	207.917	208.490	208.936	210.177	210.036
2008	211.080	211.693	213.528	214.823	216.632	218.815	219.964	219.086	218.783	216.573	212.425	210.228
2009	211.143	212.193	212.709	213.240	213.856	215.693	215.351	215.834	215.969	216.177	216.330	215.949
2010	216.687	216.741	217.631	218.009	218.178	217.965	218.011	218.312	218.439	218.711	218.803	219.179

资料来源：美国劳工统计局（http://www.bls.gov/cpi/cpid1012.pdf）。

注：上述数据是以 1982—1984 年为基期，指数为 100。

1958年,菲利普斯撰写了一篇《1861—1957年英国失业和货币工资变动率之间的关系》的论文,他根据英国1861—1957年间失业率和货币工资变动率的统计数据,提出失业率和通货膨胀率存在反向变动关系。如果以货币工资变动率表示通货膨胀率,那么失业率较低时,通货膨胀率较高;反之,当失业率较高时,通货膨胀率较低,甚至是负数。1960年萨缪尔森和索洛对美国1900—1960年的数据进行研究后也发现了这种反向变动关系。这种反向变动关系形成的曲线就是著名的菲利普斯曲线(见图3-6)。从2008年的金融危机来看,美国的通货膨胀率与失业率也符合菲利普斯曲线的规律。

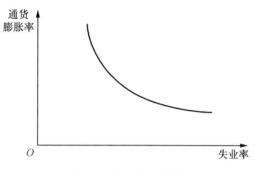

图3-6 菲利普斯曲线

菲利普斯曲线的政策含义是:当经济进入衰退期时,采用扩张性的宏观经济政策将提高通货膨胀率,从而用较高的通货膨胀率来换取较低的失业率;反之,当经济进入繁荣期时,也可以适当采用紧缩性的宏观经济政策,在提高失业率的同时换取较低的通货膨胀率。

四、国际收支平衡

国际收支指的是一国在一定时期内全部对外往来的货币记录。当一国与另一国有经济贸易往来时,就会产生国际收支。当一国国际收入等于国际支出时,称为国际收支平衡。

假设贸易往来中都需要用B国货币进行交易,那么A国将商品卖给B国,A国收到B国的货币,就形成了外汇;当A国需要购买B国产品时,又将B国的货币支付出去。如果A国在一定时期内收到的B国货币和支付给B国的货币金额相同,则可以形成国际收支平衡,A国最后的外汇储备是零。当A国出口到B国的产品金额超过了从B国进口的产品金额时,就形成了贸易顺差,A国就会有多余的外汇储备;反之,当A国出口到B国的产品金额少于从

B国进口的产品金额时,就会出现贸易逆差,A国的外汇储备就会不足。贸易不平衡是导致国际收支不平衡的一个重要因素。所以,政府将国际收支平衡作为宏观经济政策目标,实质上是希望能保持国际贸易平衡。

当国家贸易不平衡时,会引发一国与另一国经济发展状况的不平衡,从而也会影响到前述三个目标。A国的产品大量出口到B国,会导致A国的经济繁荣、就业增加;但同时也可能导致B国生产同类产品的厂商倒闭、失业增加,从而引发B国政府的不满。于是,两个国家开始进行贸易制裁、设置关税壁垒等。

当A国货币和B国货币都可以在国际贸易中当作支付手段并可以自由兑换时,A国货币和B国货币之间会有一个兑换的比例,这个比例就是汇率。汇率的计算基础通常是以一个国家的经济实力作为参考,当一个国家的经济实力较强,则该国货币的币值较高,1单位的该国货币可以兑换到超过1单位的其他国家货币,比如1美元兑6.2975元人民币、1美元兑82.8600日元(2012年3月30日)。当确定了计算基础之后,汇率的变动也可以在一定程度上反映一国经济实力的变化。本国货币的币值上升,反映该国经济发展状况较好、实力增强;本国货币的币值下降,则反映该国经济发展状况变差、实力下降。

当一个国家或地区的对外贸易不平衡时,汇率的变动能在一定程度上调控这种不平衡。比如A国将更多的产品卖到B国后,B国由于出口乏力,其内部经济增长也受到影响,于是B国的货币开始贬值。假设贬值前1单位A国货币可以兑换5单位B国货币,贬值后1单位A国货币可以兑换到10单位B国货币,那么贬值后A国人民将会感觉到B国的产品比之前便宜一半,因为A国人民现在用同样的1单位A国货币可以换到10单位B国货币,从而可以用1单位A国货币购买到2个以前需要5单位B国货币的产品。在这种情况下,B国的出口会增加,从而改善贸易不平衡的状况。因此,一国的货币贬值可以促进该国的出口,同时也会抑制该国的进口。不过,货币贬值要能起到这种调节作用,需要双方国家在贸易上有互补优势,即A国的产品是B国需要的,B国的产品又是A国需要的。如果B国的产品是A国不需要的,那么即使B国的货币贬值,也无法促进出口的提升。

除了进出口贸易以外,资本的流入流出也会影响到国际收支的平衡。当一个国家资本回报率较高,在没有外汇管制的情况下会促使国外的资金流入,从而造成在该国的投资增加、经济繁荣,并进一步推动该国货币币值的上升,但同时也会推动该国的物价上涨,并可能造成严重的通货膨胀和资产价格泡沫。资产价格泡沫膨胀到一定程度会使得未来预期资本回报率下降,从而资本又反转流向国外,造成泡沫破灭。泡沫破灭给一国经济造成的打击难以在短期内恢复。资本流入对一国货币的影响至少是双重的,一方面会促进该国经济繁荣,提升该国货币在国际市场上的地位,相对其他国家的货币升值;另一方面又会促使该国物价上升,其本质是对内贬值。对外升值不利于进口,对内贬值不利于提高国内人民生活水平。所以,这种资本流入流出导致的国际收支不平衡对一国经济也是不利的。

【案例 3-3】 20 世纪 80 年代初期,美国财政赤字剧增,对外贸易逆差大幅增长。美国希望通过美元贬值来增加产品的出口竞争力,以改善美国国际收支不平衡状况。1985 年 9 月 22 日,美国、日本、联邦德国、法国以及英国的财政部长和中央银行行长(简称 G5)在纽约广场饭店举行会议,达成五国政府联合干预外汇市场,诱导美元对主要货币的汇率有秩序地贬值,以解决美国巨额贸易赤字问题的协议。因协议在广场饭店签署,故该协议又被称为《广场协议》。1985 年《广场协议》签订后的 10 年间,日元币值平均每年上升 5% 以上,无异于给国际资本投资日本的股市和房市上了一个稳赚不赔的保险。《广场协议》签订后近 5 年时间里,日本的股价每年以 30%、地价每年以 15% 的幅度增长,而同期日本名义 GDP 的年增幅只有 5% 左右。泡沫经济离实体经济越来越远,虽然当时日本人均 GNP 超过美国,但国内高昂的房价使得拥有自己的住房变成普通日本国民遥不可及的事情。1989 年,日本政府开始施行紧缩的货币政策,虽然戳破了泡沫经济,但股价和地价短期内下跌 50% 左右,银行形成大量坏账,日本经济从此进入十几年的衰退期。①

第三节 宏观经济政策

为了实现上述宏观经济目标,政府需要制定相应的经济政策进行调控:当经济增长下降时,政府需要通过宽松的货币政策和财政政策来推动经济的发展;当经济增长过热时,政府又需要出台紧缩的货币政策或财政政策来抑制泡沫的产生。同样,当其他三个目标偏离正常运行轨道时,政府会制定相应的宏观经济政策来矫正这种偏离。

---

① 资料来源:百度百科(http://baike.baidu.com/view/67984.htm)。

政府针对宏观经济的调控政策主要有财政政策和货币政策两种。有些国家还可动用汇率政策。其中,财政政策通常是由一个国家或地区的财政部门做出的,而货币政策通常是由一个国家或地区的中央银行做出的。中国的财政政策是由中华人民共和国财政部做出的,而中国的货币政策是由中国人民银行做出的。

一、财政政策

财政政策(Fiscal Policy)是指一个国家或地区根据一定时期政治、经济、社会发展的任务而规定的财政工作的指导原则,通过财政支出与税收政策来调节社会总需求。

当社会总需求不足时,政府可以增加政府支出来刺激总需求,从而提升国内生产总值,使经济得以发展;反之,政府可以通过缩减政府支出来抑制总需求,从而减少国内生产总值,使经济过热的状态得到降温。

除政府支出外,税收政策也是一种财政政策。当社会总需求过旺时,通过增加政府税收,可以抑制总需求;当社会总需求不足时,则可以通过减少税收刺激总需求,增加国内生产总值。

根据调节国民经济总量和结构中的不同功能来划分,财政政策可以分为积极的财政政策、稳健的财政政策和中性财政政策。积极的财政政策(又称扩张性财政政策)是指增加和刺激社会总需求的财政政策,包括增加国债、增加政府支出、以财政赤字来刺激经济、减少税收等。稳健的财政政策(又称紧缩性财政政策)是指减少和抑制社会总需求的财政政策,包括停发国债、增加税收等。中性财政政策是指对社会总需求的影响保持中性的财政政策,比如提高某类支出而降低另一项支出,只改变了社会需求结构而没有改变社会需求总量。

二、货币政策

货币政策(Monetary Policy)是指一国政府或中央银行为达到或维持特定的经济目标而采取的影响经济活动的措施。这些措施包括控制货币供给、调控利率、调控存款准备金率、公开市场操作等。

根据货币政策对经济运行的影响,可以将货币政策划分为紧缩性货币政策和扩张性货币政策。当经济过热时,采用紧缩性货币政策可以减少货币供应量,从而达到紧缩经济的作用;当经济萧条时,采用扩张性货币政策可以增加货币供应量,从而达到扩张经济的作用。

货币政策工具是指中央银行为调控货币政策中介目标而采取的政策手段。中央银行的货币政策工具可以划分为一般性的工具、选择性的工具、补充性的工具。一般性的货币政策工具是通过间接调控货币供应量而实现的,包括法定存款准备金率政策、再贴现政策和公开市场业务。选择性的货币政策工具是有选择地对某类信用进行调控,包括消费者信用控制、证券市场信用控制、优惠利率、预缴进口保证金等。补充性的货币政策工具则是直接对货币供应量进行调控,包括贷款规模控制、特种存款、对金融企业窗口指导等。

(一)一般性的货币政策工具

1. 法定存款准备金率政策(Cash Reserve Ratio Policy)

一家银行要向外发放贷款,需要先有存款才能放贷出去。但并非存在银行的钱都可以拿去放贷。如果一家银行将所有钱都贷出去了,遇到储户来取钱的时候就会面临危机。因此,法律规定发放贷款的银行需要提取一定的准备金后用剩余的钱才能发放贷款,这种准备金存放在中央银行,就是法定存款准备金。法定存款准备金率就是指存款货币银行按法律规定存放在中央银行的存款与其吸收的总存款的比率。这个比率越高,意味着银行放贷能力越低。比如法定存款准备金率为15%时,意味着银行只能用存款中85%的资金来放贷;当这个比率提高到20%时,则意味着银行只能用存款中80%的资金来放贷了。

若中央银行采取紧缩政策,提高法定存款准备金率,则限制了存款货币银行发放贷款的能力,流通在外的货币或信贷量将减少,从而抑制了一些投资或投机行为,起到紧缩经济的效果。反之,若中央银行采用扩张政策,降低法定存款准备金率,则提高了存款货币银行发放贷款的能力,流通在外的货币或信贷量将增加,从而推动了一些投资或投机行为,起到扩张经济的效果。

除法定存款准备金外,一些银行还会在中央银行保留高于法定存款准备金率的准备金,这部分准备金称为超额存款准备金。当中央银行提高法定准备金率的时候,这些银行可以动用其超额存款准备金抵消上述货币政策带来的影响。另外,由于法定存款准备金率要通过对存款货币银行的放贷能力进行限制才能逐步传导到实体经济中,所以对实体经济并不能起到立竿见影的效果,对实体经济作用的时滞比较长。但法定存款准备金率的提高向民众发出了中央银行采用紧缩货币政策的信号,这种政策信号使投资者对未来的预期发生了变化,从而会对股票市场和房地产市场产生不利的影响。

2. 再贴现政策（Rediscount Rate Policy）

贸易中的买方可以通过商业票据向卖方进行短期融资，比如汇票等。汇票（Bill of Exchange/Postal Order/Draft）是由出票人（通常是卖方）签发的，要求付款人（买方）在见票时或在一定期限内，向收款人或持票人无条件支付一定款项的票据。这种票据基于买卖双方的信用，是卖方提供给买方的信用工具。为了保证这种票据能得到偿还，卖方通常会要求买方找一家银行进行承兑。如果银行在汇票上盖了承兑章，这种汇票就叫做银行承兑汇票。银行承兑汇票的持票人如果希望将汇票提前兑换成现金，就可以在汇票到期日前贴付一定利息将票据权利转让给银行，这种行为称为"贴现"，是银行向持票人融通资金的一种方式。当存款货币银行面临现金不足时，可以再将持有的客户贴现的商业票据向中央银行请求贴现，以取得中央银行的信用支持，这种行为称为"再贴现"。中央银行在对商业银行进行再贴现时要收取一定的再贴现率。

当中央银行提高再贴现率时，意味着商业银行再贴现的成本上升，会抑制商业银行的再贴现行为，从而向外放出的货币供应量也随之减少；反之，当中央银行降低再贴现率时，意味着鼓励商业银行的再贴现行为，从而向实体经济注入更多的货币。由于商业银行除了通过再贴现进行融资外，还可以通过出售证券、发行存单等方式融资。所以，中央银行要想通过提高或降低再贴现率取得预期效果，还要取决于商业银行是否会采用再贴现的方式来融资。

3. 公开市场业务政策（Open Market Operation Policy）

当一国或地区经济衰退时，中央银行可以通过在公开市场上买入证券等业务向经济体中注入货币，推动投资和消费的增加，从而刺激经济；当一国或地区经济过热时，中央银行又可以通过在公开市场上出售证券来收回货币。这种调控称为公开市场业务。

与法定存款准备金率政策相比较，公开市场业务是比较灵活的金融调控工具。其灵活性体现在：一是中央银行运用公开市场业务能够直接影响货币供应量，而法定存款准备金率政策只能间接影响货币供应量；二是中央银行能够随时根据金融市场的变化，利用公开市场业务进行经常性、连续性操作，而法定存款准备金率政策不可能经常调整；三是中央银行通过公开市场业务掌握着主动权，而法定存款准备金率政策还要受到商业银行的一些制约；四是中央银行公开市场业务的规模和方向性可以灵活安排，能对货币供应量进行微调，而法定存款准备金率政策还需要通过一些传导才能影响实体经济，无法进行微调。但是公开市场业务工具要发挥作用，需要中央银行买卖的证券具有较大规模,才能影响整个国家的经济,这也依赖于一国证券市场的发展。

法定存款准备金率政策、再贴现率政策、公开市场业务政策是传统的三大货币政策工具。而利率工具有时列入再贴现政策,有时单独列出来作为货币政策的一种。

(二) 选择性的货币政策工具

除一般性的货币政策工具外,还有选择性的货币政策工具。消费者信用控制和证券市场信用控制是常见的两类选择性货币政策工具。消费信用控制是指中央银行对不动产以外的各种耐用消费品的销售信用融资予以控制,比如规定分期付款购买耐用消费品的首付最低金额、还款最长期限、使用的耐用消费品种类等。证券市场信用控制是中央银行为限制过度投机对有关证券交易的各种贷款进行限制,比如规定一定比例的证券保证金,并随时根据证券市场状况进行调整等。

(三) 补充性的货币政策工具

补充性的货币政策工具,主要包括直接信用控制和间接信用指导两种。

直接信用控制是指中央银行以行政命令或其他方式,直接对金融机构尤其是商业银行的信用活动从质和量两个方面进行控制,包括利率最高限、信用配额、流动比率和直接干预等。其中,最常使用的直接信用控制工具是规定存贷款最高和最低利率限制,如美国1980年以前设置的Q条例即是直接信用控制工具。1929年之后进入经济大萧条的美国对金融市场也开始实施严格的管制。美国联邦储备委员会颁布了一系列金融管理条例,并且按照字母顺序为这一系列条例进行排序,其中第Q条的内容是:银行对于活期存款不得公开支付利息,并对储蓄存款和定期存款的利率设定最高限度,即禁止联邦储备委员会的会员银行对它所吸收的活期存款(30天以下)支付利息,并对上述银行所吸收的储蓄存款和定期存款规定了2.5%的利率上限,这一上限一直维持至1957年。从1957年开始美国联邦储备委员会频繁地对这个上限进行调整,使其成为直接信用控制工具。此后,Q条例成为对存款利率进行管制的代名词。

间接信用指导是指中央银行通过道义劝告、窗口指导等办法间接影响商业银行的信用创造。道义劝告是指中央银行利用其声望和地位,对商业银行及其他金融机构经常发出通告或指示,或与各金融机构负责人面谈,劝告其遵守政府政策并自动采取贯彻政策的相应措施。窗口指导是指中央银行根据产业行情、物价趋势和金融市场动向等经济运行中出现的新情况和新问题,对商业银行提出信贷的增减建议。若商业银行不接受,中央银行将采取必要的措施,如可以减少其贷款的额度,甚至采取停止提供信用等制裁措施。窗口指导虽然没有法律约束力,但影响力往往比较大。间接信用指导是以中央银行在一国金融体系中具有较高的地位为支撑的。如果一个国家的中央银行控制力不强,则这种货币政策工具的作用将受到限制。

三、汇率政策

汇率政策是指一个国家或地区政府运用金融法令、政策或措施,将本国货币与外国货币的兑换比例确定或控制在适度的水平,以达到一定的调控宏观经济目的而采取的政策手段。

(一) 汇率政策的作用

汇率政策的目标是调控宏观经济,主要体现在以下三个方面:

第一,保持出口竞争力,实现经济增长的目标。当一个国家或地区依靠国内或地区内的投资和消费无力拉动经济内部增长时,可以将本国或本地区的产品或劳务输出到其他国家或地区从而获得外部的增长。为了让本国的产品在其他国家更具有竞争力,通过降低本国货币和外国货币的兑换比例可以使本国货币贬值,从而促进本国产品的出口,带动经济增长。比如,当汇率是1美元兑换6元人民币时,如果一个杯子的国内价格是6元,则拿5美元可以买到5个杯子;为了促进出口,可以使本国货币贬值,比如1美元可以兑换8元人民币,在杯子的国内价格仍然是6元的情况下,买5个杯子就只需要3.75美元了。这样,国外的需求将更旺盛,从而促使国外的买入量上升,我国的出口量上升,国家经济获得增长。

第二,调节进出口,保持国际收支平衡。当一个国家或地区对另一个国家或地区的出口量总是大于进口量时,就会造成双方贸易上的不平衡,进而造成国际收支的不平衡。长期的国际收支不平衡将会造成双方的贸易摩擦,如果处理得不好,有可能导致以战争的方式来解决。因此,通过调节汇率来保持国际收支平衡是十分必要的。当一国的出口量大于另一国的进口量时,可通过提高本国货币和外国货币的兑换比例使货币升值来抑制出口、促进进口,从而保持国际收支平衡。

第三,稳定物价。汇率本身就反映了一个国家或地区的货币与另一个国家或地区货币的兑换价值。而这种兑换价值背后的支撑是两个国家经济实力的对比。当一国经济实力较强时,该国货币的币值较高,1单位货币就可能兑换成多个单位的其他货币,比如1美元兑换6元人民币。如果一国的经济实力逐步增强,该国币值也会逐步上升,比如2005年12月30日1美元能够兑换8.07021元人民币,而至2012年3月30日1美元可兑换6.2975元人民币。这与中国的经济实力逐步增强,而美国的经济实力逐步减弱有关。由于汇率反映了两国经济实力的对比,因此,当预期一国货币未来将走向升值通道时,也意味着预期该国经济实力将增强。在这种情况下,国际资本将通过各种渠道进入未来预期货币会升值的国家,一方面可获得货币升值的收益,另一方面也可获得该国经济增长带来的收益。如果国际资本的进入是无限制的,这些国际资本将会在预期货币会升值的国家进行大量投资、购买相关资产,从而使得该国的资产价格膨胀,造成该国的物价上涨,促使该国的通货膨胀率上升。为了避免国际资本的流入对本国经济造成不利的冲击,一个国家或地区政府有必要通过一定的汇率政策来限制这种流入,以控制资本流入带来的通货膨胀,从而使得该国经济得到稳定发展。

由于汇率影响的层面颇多,涉及国家经济增长、物价稳定、国际收支平衡等,因此汇率对宏观经济有着相当大的影响。由于汇率的波动反映了一个国家经济实力的变化,以及该国产品的国际竞争力,并会导致国内的物价波动,因此汇率政策对一个国家宏观经济的影响也是深远的。

(二)汇率政策工具

制定汇率政策时所用的工具是汇率政策工具,主要包括汇率制度的选择、汇率水平的确定以及汇率水平的变动和调整。其中,最根本的政策是汇率制度的选择。

汇率制度是指一国政府对本国货币汇率水平的确定、汇率的变动方式等问题所作的一系列安排和规定。一般将汇率制度区分为固定汇率制度和浮动汇率制度两大类。

1. 汇率制

固定汇率制度指一国货币与其他货币保持固定汇率的制度。这种制度起源于金本位制度和布雷顿森林体系。

金本位制度是以黄金为本位币的货币制度。在金本位制度下,每单位的货币价值等同于若干重量的黄金(即货币含金量),即一个国家或地区的货币值多少钱以该国货币对应的货币含金量表示。

金本位制又可分为金币本位制、金块本位制和金汇兑本位制。金币本位制是以一定量的黄金为货币单位铸造金币,作为本位币;金块本位制和金汇兑本位制下,虽然都规定以黄金为本位货币,但只规定货币单位的含金量,而不铸造金币,实行银行券流通。金块本位制和金汇兑本位制的区别在于:在金块本位制下,银行券可按规定的含金量在国内兑换金块,但有数额和用途等方面的限制,即达到一定金额才能兑换成金块(如英国政府于1925年规定在1700英镑以上方可兑换,法国政府于1928年规定在215 000法郎以上方可兑换),黄金集中存储于本国政府;在金汇兑本位制下,银行券在国内不兑换金块,只规定其与实行金本位制国家货币的兑换比率,先兑换外汇,再以外汇兑换黄金。

从三种金本位制可以看出,金币本位制是最可靠的,因为每发行一单位货币,都有相应的含金量做保证,这些货币都可以兑换成等值的黄金。物品的价格实际上有统一的定价标准,即黄金。在这种情况下,各国的物品定价能达到相对稳定的状态。而在金块本位制和金汇兑本位制下,由于银行券并不能自由兑换成黄金,所以银行券的价值大打折扣,这种银行券要发行,其背后是依靠一个国家的权力,而非市场。当一个国家的黄金储备不足时,银行券的价值就会受到质疑,从而造成货币贬值、物价上涨。这种制度的稳定性将受到冲击。

金币本位制与黄金有密切的关系,因而流通在外的货币受到黄金储备的制约。在战争时期,这不利于迅速筹集庞大的军费开支。1914年,第一次世界大战爆发,各国为筹集军费不再发行以黄金作为最后保障的货币,而纷纷发行不兑现的纸币,并禁止黄金自由输出。这导致以金币为本位的货币制度破灭。

一战结束后,各国尝试恢复金币本位制,但由于一战中发行的不兑现的纸币已经动摇了金币本位制的根基,因而大多数国家都只能实行金块本位制和金汇兑本位制。但当时美国实行的仍然是金币本位制。这在一定程度上奠定了美国在后来的世界货币体系中的地位。

金块本位制和金汇兑本位制由于不是以黄金作为基础发行的,而是靠国家信用发行的,因此,当一个国家的经济受到冲击时,其该国货币的价值也将受到冲击。于是,在1929—1933年的世界性经济大危机的冲击下,各国不得不放弃金块本位制和金汇兑本位制,实行完全不兑换的信用货币制度。

第二次世界大战后,美国登上了资本主义世界盟主的宝座,由于美国拥有巨大的国际黄金储备,美元的国际地位得到空前的提高。1944年7月,为商讨战后的世界贸易格局,44个国家或政府的代表聚集在美国新罕布什尔州的布雷顿森林召开会议。1945年12月27日,参加布雷顿森林会议的44个国家中的22个国家的代表签订了《布雷顿森林协定》,正式成立国际货币基金组织和世界银行,作为联合国的常设专门机构。作为这两个机构的创始国之一的中国,由于众所周知的原因直到1980年才先后恢复了在国际货币基金组织和世界银行的合法席位。

在布雷顿森林会议上,美国的经济实力得到一些国家的肯定,认为可以以美元为中心重新建立金汇兑本位制,即其他国家政府以美元作为主要储备资产,美国国内不再流动金币,但允许其他国家政府以美元向美国兑换黄金。这就形成了以黄金为基础、以美元作为最主要的国际储备货币的布雷顿森林体系。国际货币基金组织负责监督国际汇率、提供国际信贷、协调国际货币关系,以维持这一体系能正常运转。按照《布雷顿森林协定》,凡属于国际货币基金组织的会员国必须确认美国政府35美元折合1盎司黄金的官价,而美国政府则承担当各国政府用美元向美国兑换黄金的义务。当国际炒家炒作黄金官价时,各国政府要协同美国政府进行干预。

这次建立的以美元为中心的国际货币体系,实际上确立了一个国家货币币值与该国经济实力之间的联系。但这同样依赖于处于中心地位的国家的经济实力是否能够持续强劲。以美元为主要储备资产,其经济基础是美国能够保持持续的贸易逆差,即对美国来说出口小于进口,这样才能使美元能更广泛地流通到美国境外,使其他国家有美元供应以用于国际贸易收支。但在出口小于进口的情况下,美国只能靠内部的增长来保持经济持续增长。如果美国内部的投资和消费不足以维持经济持续增长的需求,美元就会遭遇信任危机。从20世纪50年代后期起,美国的内部增长无法带动经济持续增长,其经济竞争力下降,各国开始抛售美元兑换黄金,造成"美元危机"。为了阻止黄金外流,1971年8月美国政府不得不宣布停止美元兑换黄金,以美元为中心的金汇兑本位制崩溃了。1973年2月美元进一步贬值,世界各主要货币由于受投机商冲击被迫实行浮动汇率制。这标志着以固定汇率制为基础的布雷顿森林体系彻底崩溃。

2. 浮动汇率制

浮动汇率制(Floating Exchange Rates)是指一国货币的汇率并非人为固定,而是由市场的供求关系决定的制度。在浮动汇率制下,各国政府和中央银行原则上不限制汇率的涨跌,任由该国货币的汇率跟随市场变化自由涨落,当受到外部冲击时也不承担义务来维持汇率的稳定。

20世纪70年代后期美元贬值导致以固定汇率制为基础的布雷顿森林体系崩溃后,各国开始实行浮动汇率制。各国采用的浮动汇率制又不尽相同。

有的国家采用的是自由浮动汇率制(又称"清洁浮动汇率制"),这种制度下汇率完全不受国家干预;有的国家采用的是管理浮动汇率制(又称"肮脏浮动汇率制"),这种制度下国家在一定程度上还是会对汇率进行相应的干预。从全球目前状况来看,几乎都使用的是管理浮动汇率制。而管理浮动汇率制又可以分成单独浮动、联合浮动、钉住浮动。

单独浮动(Single Float)是指一国货币不与其他任何货币保持固定兑换比率,其汇率根据市场外汇供求关系来决定。目前,包括美国、英国、德国、法国、日本等在内的三十多个国家实行的都是单独浮动。

联合浮动(Joint Float)是指国家与国家之间形成的联盟或集团对集团内部成员国货币实行固定汇率,对集团外部国家的货币则实行联合浮动的汇率制度。1973年3月11日,欧洲经济共同体中的9个国家比利时、丹麦、法国、联邦德国、荷兰、卢森堡、英国、爱尔兰和意大利率先建立联合浮动集团。1999年1月1日起,欧元逐渐取代各国货币后,这种联合浮动制已不存在。

钉住浮动(Pegged Float)是指一国货币与另一国货币保持固定兑换比率,随另一国货币的浮动而浮动。之所以要采用这种钉住浮动制,主要是一些物价不稳定的国家希望通过钉住一种稳定的货币来抑制本国的通货膨胀,提高货币信用。但这种方式也会使本国的经济发展与被钉住国的经济状况密切相关,当被钉住国的经济遭遇危机时,本国也会蒙受损失。

为了避免钉住单一货币受被钉住国经济状况的制约,钉住浮动制还可采用钉住一揽子货币的做法。一揽子货币(Basket of Currencies)是指将一系列外国货币做一个组合,然后将本国货币钉住这个组合。组合中某一外币所占的比重通常以该外币在本国国际贸易中的重要性为基准。例如,某国的进出口中有30%以美元计价,美元在该国的一揽子货币中所占的权重可能就是30%。

1994年1月1日,我国开始实行以市场供求为基础的、单一的、有管理的浮动汇率制。当时钉住的是单一货币——美元。2003年,国际社会强烈呼吁人民币升值。自2005年7月21日起,中国人民银行宣布人民币从原本紧钉美元的汇率制度,改为参考一揽子货币进行调节、有管理的浮动汇率制度。这里要注意的是,中国的浮动汇率制度是参考一揽子货币,而非严格地钉住一揽子货币。参考一揽子货币和钉住一揽子货币的最大区别,就在于参考一揽子货币只是"参考",并不严格"钉住",因而政府保留了对调节汇率的主动权和控制力,即政府还可以对汇率进行干预;而钉住一揽子货币,则用一个明确的规则代替央行对汇率的任意干预,一旦钉住一揽子货币,央行就不能随意调节汇率。如果是在严格钉住一揽子货币的汇率制度下,货币的汇率变动完全根据篮子中各货币的汇率变动而被动地变动。而在参考一揽子货币的汇率制度下,除每天以上一个交易日收盘价为中心进行±3‰之内的日常波动外,央行可以调节浮动的方式有两个:一是参考货币篮子调整中间价;二是在必要时扩大汇率浮动区间。

在布雷顿森林体系中以美元为基础的固定汇率制崩溃后,国际货币基金组织为了找到一种能替代美元的储备货币,创设了特别提款权(Special Drawing Right,SDR,亦称纸黄金)。它是国际货币基金组织分配给会员国的一种使用资金的权利,只有会员国才能享有。会员国在发生国际收支逆差时,可用特别提款权向基金组织指定的其他会员国换取外汇来偿付国际收支逆差;也可用特别提款权偿还基金组织的贷款;还可与黄金、自由兑换货币一样用特别提款权充当国际储备。不过,这种特别提款权只是一种记账单位,不是真正的货币,所以在使用时必须先将特别提款权换成指定的其他会员国的货币,才能用于贸易或非贸易的支付。因为这种提款权不同于国际货币基金组织原有的普通提款权,所以称为特别提款权。特别提款权的价值采用一揽子货币来计算,其中货币篮子每五年复审一次,以确保篮子中的货币是国际交易中所使用的那些具有代表性的货币。篮子中各货币所占的权重反映了其在国际贸易和金融体系中的重要程度。每种货币在特别提款权货币篮子中所占的比重依据会员国(或货币联盟)的商品和劳务出口额和各个会员国的货币被国际货币基金组织其他会员国所持有储备资产的数量来确定。目前,国际货币基金组织确定四种货币(美元、欧元、日元和英镑)符合上述两个标准,并将其作为特别提款权重的篮子货币。特别提款权以伦敦市场午市欧元、日元、英镑对美元的汇率中间价作为计算标准,计算出含有多种货币的特别提款权对美元的比价,就可以得到一个用美元标价的特别提款权价格。表3-5是以2005年12月31日篮子货币数据确定的特别提款权价格。

表3-5 SDR篮子中货币数量的确定(2005年12月31日)

	新权重	折合的美元数	3个月平均汇率	所含该货币数量
美元	0.44	0.632	1USD/USD	0.632
欧元	0.34	0.488364	1.191131USD/EUR	0.41
日元	0.11	0.158	0.008587USD/JPY	18.4
英镑	0.11	0.158	1.749723USD/GBP	0.0903
3个月平均汇率 1SDR = USD1.436364				

资料来源:国际货币基金组织(www.imf.org)。

四、中国宏观经济政策分析

近年来中国的宏观经济政策始终围绕着两个中心在转,一个是经济增长,一个是通货膨胀。目前,中国政府在调控宏观经济过程中有两条红线,一条是GDP增速为8%(这也是2008年遭遇金融危机后中国政府提出的"保八"目标),另一条是CPI为3%。当GDP增速低于8%时,政府将实施一些政策来使得GDP增速维持在8%。当CPI超过3%时,政府将实施一些政策来使得CPI下降,这就是2010年7月CPI同比增长3.3%、8月CPI同比增长3.5%、9月CPI同比增长3.6%后,政府果断提高利率的原因。

从图3-7来看,中国的GDP一直在保持增长,2010年GDP达到39.8万亿元人民币。但GDP增速在2008年金融危机后逐渐放缓。从图3-8来看,2008年的金融危机对GDP造成很大的影响,GDP指数呈现明显下跌趋势。GDP指数在2007年2—3季度达到最高点113.4点,其后迅速下跌到最低点106.1点。在宽松的经济政策刺激下,2010年1季度逐步回升至119.90点。

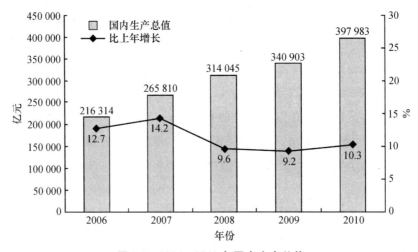

图3-7　2006—2010年国内生产总值

数据来源:中华人民共和国2010年国民经济和社会发展统计公报。

注:由于每年统计数据来源不同及统计方法的改进,此数据与图3-1中的数据存在差异,属于合理情况。

从图3-9来看,CPI在2008年2月达到最高点108.70点,随后受金融危机的影响持续下降至2009年7月的98.2点。随着2009年年初中国经济在宽松政策的刺激下率先复苏,CPI和GDP重新步入上升趋势。

2008年中国的宏观经济政策非常具有代表性,因为从上半年到下半年,

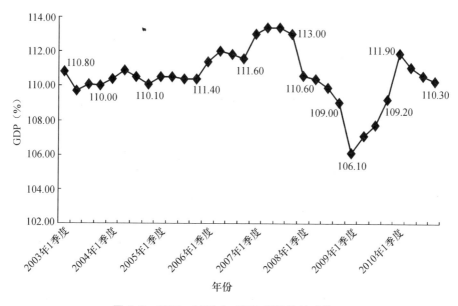

图 3-8　2003—2010 年 GDP 指数的波动情况
数据来源：中华人民共和国国家统计局。

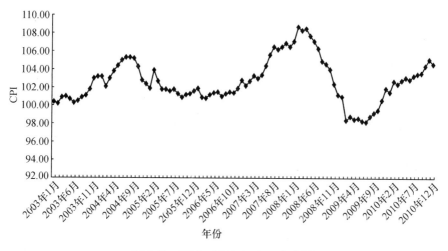

图 3-9　2003—2010 年 CPI 走势图
数据来源：中华人民共和国国家统计局。

宏观经济政策发生了急剧转变。

2008年年初，中国宏观经济政策的基调是"双防"：防止经济增长由偏快转为过热和防止价格由结构性上涨演变为明显通货膨胀。在这样的基调下，政府实施了稳健的财政政策和从紧的货币政策。

到了 2008 年年中,从图 3-8 可以看到,GDP 增速发生较大转向,上半年中国 GDP 同比增长 10.4%,比去年同期回落 1.8 个百分点;居民消费价格水平上涨 7.9%。表明"防过热"已见效,但物价涨幅仍较高。这时候的宏观经济政策基调变成了"一保一控":保增长,控通胀。2008 年 8 月 1 日,国家采用了财政政策中的税收政策,将部分纺织品、服装的出口退税率由 11% 提高到 13%。中国人民银行也开始采用宽松的货币政策。8 月 5 日,中国人民银行同意调增全国商业银行信贷规模;9 月 16 日,中国人民银行又下调了人民币贷款基准利率和中小金融机构人民币存款准备金率。

随着 GDP 指数的进一步下滑,2008 年 10 月政府明确表示"保增长"成为当前宏观调控的首要任务。在这个基调之下,政府相继出台了如下政策:加大强农惠农政策,加强基础设施建设,适当调高纺织品、服装、玩具等劳动密集型商品和高技术含量、高附加值商品的出口退税率,降低住房交易税费,下调个人住房公积金贷款利率和扩大商业性个人住房贷款利率的下限。

由于 2008 年中国经济增长速度发生明显变化,因此政府的宏观经济政策也在当年发生了急剧转变。从图 3-8 和图 3-9 的 GDP 和 CPI 走势就可以看到,中国在该段时期的宏观经济政策是紧盯 GDP 和 CPI 的。

对于宏观经济微小的变化,投资者无须花费较大精力去分析,而对于宏观经济重大的变化,投资者则需要运用宏观经济学中的一些基本理论去判断。投资者如果懂得了宏观经济政策与宏观经济指标之间的关系,就可以预先判断政策的未来走向,从而可以把握经济形势变化中最重要的几个关键点,跟随政策的变动获得财富增值。

复习题

一、名词解释

中间产品　投资率　自愿失业　扩张性财政政策　贴现　特别提款权

二、选择题(不定项选择)

1. 政府宏观经济政策的目标有(　　)。

　　A. 经济增长　　　　　　　　B. 充分就业

　　C. 物价稳定　　　　　　　　D. 国际收支平衡

　　E. 政局稳定

2. 下列选项属于货币政策工具的有(　　)。

A. 增发国债，调整税率　　　　　　B. 调控存款准备金率

C. 预缴进口保证金　　　　　　　　D. 调控存贷款利率

3. 最常使用的直接信用控制工具是(　　)。

A. 存贷款最高和最低利率限制　　　B. 信用配额

C. 流动比率　　　　　　　　　　　D. 直接干预

4. 汇率政策的目标是调控宏观经济，主要体现在(　　)。

A. 保持出口竞争力，实现经济增长

B. 调节进出口，保持国际收支平衡

C. 增加就业

D. 稳定物价

5. 与法定存款准备金率政策相比较，公开市场业务的灵活性体现在(　　)。

A. 央行能运用公开市场业务直接影响货币供应量

B. 央行能够随时根据金融市场的变化，利用公开市场业务进行经常性、连续性操作

C. 央行通过公开市场业务掌握主动权

D. 央行的公开市场业务规模和方向性可以灵活安排，能对货币供应量进行微调

三、判断题

1. 投资股票时经常换手会使实际收益高。(　　)

2. 消费率是指一定时期内所有消费额占国内生产总值使用额的比重。(　　)

3. 充分就业不等于所有人就业或者完全就业。(　　)

4. 货币政策的补充性工具间接对货币供应量进行调控。(　　)

5. 规定一定比例的证券保证金是中央银行为限制过度投机，对有关证券交易的贷款进行限制的货币政策工具之一。(　　)

四、简答题

1. 简述 GDP 和 GNP 的区别。

2. 试描述菲利普斯曲线的由来及其政策含义。

3. 资本的流入流出如何影响一国的经济？

4. 简述法定存款准备金率的作用机制。

5. 为什么金币本位制比金块本位制和金汇兑本位制更可靠？

第四章 家庭财务诊断

 案例导读

小李最近不顺心,看着高涨的房价,后悔两年前没有买房。两年前,房价才 5 000 元/平方米。当时小李并没有买房的想法。没想到两年后房价翻了一倍,达到 10 000 元/平方米。小李这时候想买房也买不起了。后来,小李咨询了理财师,理财师告知小李,房价的涨跌是很难预期的,但在有购房实力时而没有购房,从而错过了购房居住的机会或财富增值的机会,是因为事先没有做好家庭财务的分析。不了解家庭的财务状况,就无法做出正确的决策。

这个案例是大多数人在房价上涨的这几年的切身体验。大多数人都没有意识到自己的家庭已经达到支付房屋首付款的能力,而只要达到这种能力的人越多,对房屋的需求就会越多。意识到了这种需求可以满足的人就会去买房,而没有意识到的人就只能看着房价上涨。小李就属于后者。其实小李已经在两年前具备了支付能力,但却没有事先规划买房,错过了大好时机。

工作压力大、薪酬不高、房价高涨、子女教育花费不菲、退休养老遥不可及，这些问题是压在年轻一代身上的几座大山。这些问题的解决不是一朝一夕的事情，要想未来过上更好的生活，就需要进行良好的长期规划。预则立，不预则废。做过规划之后，一切了然于胸，未来的方向将看得更清楚，工作将变得更加踏实，焦躁的情绪也将得到缓解。

做好家庭财务规划的前提是首先做好家庭财务诊断。家庭财务诊断的目标是帮助家庭成员了解目前所有的财务资源，理顺未来要实现的财务目标，从而能在规划中使财务资源和理财目标更好地匹配起来。

例如，买房是每个家庭都希望实现的目标，但很少有家庭成员能在买房的前几年事先做好规划。大家常常陷入的困境是：在合适的时机拿不出钱买房，于是通过努力工作试图赚钱，但努力几年后却发现工资的增长远远落后于房价的增长。回头一想，如果前几年借钱买了房，房价的上涨可能都抵得上近几年的工资了。

大多数家庭都遇到过这种情况。之所以出现这种情况，其原因之一就是不清楚家庭的财务资源究竟能否支持买房的目标。这里常犯的错误有三个：第一，大多数家庭都希望能一次性支付房屋价款，不希望背负债务；第二，即使愿意向银行贷款，大多数家庭在买房之前都不太清楚未来每月要还多少钱？第三，即使只支付首付款，大多数家庭都不太清楚目前他们能筹备的首付款是多少？

按照我们第二章对资金机会成本的分析，当资金的收益率超过资金机会成本的时候，就可以去借钱来投资。如果房价处于上升趋势，其收益率超过银行贷款利率的时候，借钱买房是一个好的决策。当投资者弄明白了资金成本的概念时，在贷款利率低的时候就愿意贷款买房了。但还要弄清楚一个问题，就是家庭的偿还能力有多少？如果贷款30万元，贷20年，贷款利率是7%，那么每月平均还款需要2 326元。若一个家庭的收入减去开支后只剩下2 000元的结余，这个家庭根本无力偿还这样的贷款。即使还款能力有保证，首付款能筹备到吗？这就需要尽早梳理家庭的财务资源，为买房做好准备。详细的买房规划在第五章第五节将进行讨论，此处不再赘述。

家庭的财务目标多种多样，包含买房、买车、子女教育、养老、旅游、创业等，要使这些目标能更好地达成，就需要用相应的财务资源去满足。或许投资者认为可以一个一个地去实现，即先实现一个目标再实现另一个目标，但从规划的角度来看，在梳理了家庭的财务资源后，以一个综合性的规划来达成这些目标会更有效。

梳理家庭财务资源的方法就是利用家庭资产负债表、收入支出表、现金流量表来诊断目前和未来的财务资源与财务目标之间的匹配程度,从而对家庭财务健康状况有一个清晰的认识。

第一节 家庭资产负债表

家庭资产负债表能帮助家庭成员了解目前家庭现有的财务资源和财务状况。家庭资产负债表一般一个年度可以制定一次,反映的是每年年末家庭拥有的资产和未偿还的债务情况。

家庭资产负债表的编制形式如表4-1所示。

表4-1 家庭资产负债表

家庭资产	金额(元)	占比(%)	家庭负债	金额(元)	占比(%)
现金、活期储蓄			房屋贷款		
定期存款			汽车贷款		
债券			消费贷款		
基金			助学贷款		
股票			信用卡透支		
理财产品			其他债务		
自用房产					
投资房产					
汽车					
黄金及收藏品					
其他资产					
总资产合计			总负债合计		
家庭净资产(总资产−总负债):					

总资产是家庭成员现在拥有所有权的资产,总负债是家庭成员为获得资产所借贷而未偿还的债务。

按资产的表现形式来划分,总资产中又可以划分为金融资产和实物资产。比如,股票、基金、债券、现金、活期储蓄等属于金融资产,而房产、汽车、家具等属于实物资产。金融资产与实物资产在流动性、人为可分性、人为期限性、名义价值的不确定性上有着显著的差异。

流动性是指非现金资产在短期内变为现金且不受损失的属性。一般来说,金融资产的流动性要比实物资产强。

人为可分性指的是资产是否可以人为设定最小的交换单位。金融资产可以人为设置最小的交换单位从而方便交易;而实物资产最小的交换单位是由其物理属性决定的,不可以人为划分。

人为期限性指的是资产是否可以人为设置到期期限。金融资产的到期期限是人为设定的,是交易双方的一个契约;而实物资产的到期期限通常都是由其自然属性决定的。

名义价值的不确定性是指物价变化期间资产的名义价值是否发生变化。金融资产的名义价值在出现通货膨胀时是不变的,但其变现后的实际购买力却是下降的;而实物资产的名义价值会随着通货膨胀的上升而上升,但其实际价值却没发生变化。

金融资产和实物资产的这些差异会影响到资产配置的决策。投资金融资产的优势是流动性强、可分性强、方便交易,但有人为设置的期限,且面临通货膨胀导致实际收益率下降的风险。投资实物资产虽然流动性差、可分性差,但没有人为设置的期限,且面临通货膨胀时其名义价值能在一定程度上跟上通货膨胀上升的速度,有抵御通货膨胀的效果。因此,当通货膨胀预期较严重时,家庭的资产配置中可适当增加实物资产的配置,如房产、黄金、收藏品等。

金融资产按照满足财务目标的期限不同,又可划分为货币资产和投资资产。货币资产通常用于满足家庭短期财务目标的需要;投资资产则通常用于为家庭积累财富,以实现家庭未来长期财务目标。现金、活期存款、定期存款等属于货币资产;股票、债券、基金等属于投资资产。

在资产负债表中,所有的资产金额应按市场价值来计算,而非按原始购买价值来计算。比如 2009 年李四购买了 1 000 股贵州茅台的股票,当时的总市值是 18 万元,2010 年 12 月李四持有的贵州茅台的股票总市值达到 20 万元。这时,资产负债表中的股票一栏应填写股票金额为 20 万元。

家庭的总负债中包括房屋贷款、汽车贷款、消费贷款、助学贷款、信用卡贷款、其他负债。在资产负债表中,所有的贷款不是指的原始贷款金额,而是指的还未偿还的贷款金额。比如张三在 2008 年借了 30 万元房屋贷款,2010 年已经偿还了 5 万元本金,则张三的未偿还贷款金额为 25 万元。资产负债表中的房屋贷款一栏应填写 25 万元。

通过填写上面的资产负债表,可以诊断家庭的财务健康状况。下面以一个家庭的实际情况为例,说明如何诊断家庭的财务健康状况。

【案例4-1】 张先生35岁,张太太32岁,育有一女8岁。两人经过近十年的奋斗,家庭已经步入成长期,职业生涯也进入黄金时期,收入不断提高,并在前两年以旧房换购了一套新房,目前价值为1 100 000元。2010年买入一辆200 000元的新车。张先生目前的银行存款总额为118 700元,其中98 700元是活期存款,20 000元是定期存款。张先生2008年购买了10 000元的国库券,2009年用25 000元投资了一只基金,截至2010年年底该基金的市值达到31 200元。不过,张先生用20 000元投资的股票则亏损剩下17 800元。张先生还在银行购买了10 000元的理财产品。张先生还买了一些黄金,2010年年底价值10 000元。家用电器等家私的价值大约在50 000元左右。在换新房的时候,张先生向银行贷了款,该笔贷款目前还有786 000元的本金未偿还;还向亲戚朋友借了100 000元,目前还有20 000元未还清。刚买的新车也有50 000元贷款尚未偿还。

【案例分析】 将张先生家庭的每一项资产和负债按对应的栏目填入资产负债表中,就可以得到张先生的家庭资产负债表,如表4-2所示。

表4-2 张先生的家庭资产负债表

家庭资产	金额(元)	占比(%)	家庭负债	金额(元)	占比(%)
现金、活期储蓄	98 700	6.38	房屋贷款	786 000	91.82
定期存款	20 000	1.29	汽车贷款	50 000	5.84
债券	10 000	0.65	消费贷款	0	0.00
基金	31 200	2.02	助学贷款	0	0.00
股票	17 800	1.15	信用卡透支	0	0.00
理财产品	10 000	0.65	其他债务	20 000	2.34
自用房产	1 100 000	71.07			
投资房产	0	0.00			
汽车	200 000	0.65			
黄金及收藏品	10 000	12.92			
其他资产	50 000	3.23			
总资产合计	1 547 700	100.00	总负债合计	856 000	100.00
家庭净资产(总资产－总负债):	691 700				

从张先生的家庭资产负债表来看,目前家庭总资产为1 547 700元,总负债为856 000元,总资产扣除总负债后的家庭净资产为691 700元。

在家庭总资产中,金融资产占比为12.14%,实物资产占比为87.86%;其中,金融资产中的货币资产占比为7.67%,投资资产占比为4.47%。

根据家庭资产负债的构成来看,家庭总负债(856 000元)占到家庭总资产

（1 547 700元）的55.31%。总负债/总资产的比例保持在50%以下为安全水平。目前张先生的家庭资产负债率已经超过了50%的安全水平，当家庭遭遇意外情况无法偿还过高的债务时，则很容易导致家庭陷入财务困境。

除资产负债率外，有时候还可以用家庭的净资产占总资产的比例来衡量家庭的财务稳健状况。当家庭的净资产占总资产的比例低于50%时，意味着负债过高。目前张先生家庭的净资产（691 700元）占总资产（1 547 700元）的比例为44.69%，已经低于50%的安全水平。当经济不景气或利率提高时，张先生家庭的还债压力将增大。

通过以上的诊断，可以判断张先生家庭的资产以实物资产为主，但实物资产的资金大多是通过贷款融资获得，因而面临较大的还贷压力。从其资产负债的比例来看，张先生可以通过偿还部分贷款的方式，来降低目前家庭的负债水平。另外，张先生家庭金融资产中货币资产占比过高，投资资产占比相对较低，这使得家庭资产长期投资收益降低。如果张先生无法通过投资获得超过银行贷款利率的收益，不如将货币资产中的活期储蓄、定期存款、股票、债券等用来提前还款，以降低负债比率。如果张先生投资的基金收益率比银行贷款利率高，则可不必用投放在基金上的钱来还款。

假设张先生用定期存款20 000元来还其他负债20 000元，用股票、债券、理财产品以及一部分活期储蓄（活期存款保留20 000元作为应急准备金）来还车贷和房贷，则家庭负债只剩下房屋贷款，金额为719 500元。

重新调整后的资产负债表如表4-3所示。

表4-3 张先生家庭重新调整后的资产负债表

家庭资产	金额（元）	占比（%）	家庭负债	金额（元）	占比（%）
现金、活期储蓄	20 000	1.42	房屋贷款	719 500	100.00
定期存款	0	0.00	汽车贷款	0	0.00
债券	0	0.00	消费贷款	0	0.00
基金	31 200	2.21	助学贷款	0	0.00
股票	0	0.00	信用卡透支	0	0.00
理财产品	0	0.00	其他债务		
自用房产	1 100 000	77.95			
投资房产	0	0.00			
汽车	200 000	14.17			
黄金及收藏品	10 000	0.71			
其他资产	50 000	3.54			
合计：	1 411 200	100.00	合计：	719 500	100.00
家庭净资产：	691 700				

调整后,张先生家庭总资产为 1 411 200 元,总负债为 719 500 元,总资产扣除总负债后的家庭净资产为 691 700 元。家庭总负债占家庭总资产的比率下降到 50.98%,但仍然高过 50% 的安全水平。由于下一年度的房屋贷款本金会每月得到清偿,因此预计下一年度张先生的家庭总负债占家庭总资产的比率将回到安全水平。

第二节 家庭收入支出表

家庭的资产负债表反映了家庭在某个时点拥有的各项资产金额和各项负债金额,而家庭的收入支出表则反映了家庭在某个时期内发生的各笔收入总额和各笔支出总额(见表 4-4)。

表 4-4 家庭收入支出表

		月度金额	年度金额	占比
一、家庭收入				
工资和薪金	男方			
	女方			
奖金和佣金	男方			
	女方			
养老金和年金	男方			
	女方			
投资收入				
其他收入				
	小计			
二、家庭支出				
房屋	租金/抵押贷款支付(包括保险和纳税)			
	修理、维护和装饰			
日用	水、电、煤气			
	电话、手机			
	网络			
	有线电视			
食品	一日三餐			
	在外就餐和其他			
交通	非自驾车费用			
	自驾车贷款支付			
	驾驶执照、年审、过路过桥费、车船税			
	汽油及维护费用			

(续表)

		月度金额	年度金额	占比
医疗	健康、大病医疗和残疾保险（从工资中扣减或非雇主提供的）			
	医疗费用			
衣服	衣服、鞋子及附件			
保险	家财险			
	寿险			
	汽车保险			
	养老险			
	健康险			
纳税	个人所得税			
家用品、家具和其他大件消费	购买和维护			
个人护理支出	化妆品、头发护理、美容、健身			
休闲和娱乐	度假、娱乐和休闲			
其他项目	无法列入上面栏目的支出			
小计				
三、盈余				

参考资料：李善民、毛丹平，《个人理财规划：理论与实践》，中国财政经济出版社，2004年。

从表4-4中可以看到，统计家庭的支出比统计家庭的收入要复杂得多。收入来源涉及的方面并不多，但支出方面则涉及衣、食、住、行等生活的方方面面。

收入包含家庭中男方和女方的共同收入。需要注意的是，在统计"工资和薪金"、"奖金和佣金"、"养老金和年金"这三个栏目的时候，要将男方和女方分开来计算。这样，可以了解到家庭中谁是经济支柱，从而为未来的保险规划提供基础。如果一个家庭中，有一方没有工作，则这一方的收入都以零来计算，也要填入表格中。如果是单身，对方的栏目则不需要填写任何数字。对于未退休的人员只填写"工资和薪金"和"奖金和佣金"这两栏，对于已退休的人员只填写"养老金和年金"这一栏。

在填写收入的金额时，表格中分成了月度金额和年度金额。当收入是以月为单位计算时，就填入月度金额中；当收入是以年为单位计算时，就填入年度金额中。比如，每月发的工资就填写月度金额，乘以12后就可以得到年度金额（有的地方发13或14个月工资，则乘以相应的计算工资的月份数）。如果公司在年底一次性发放了较高金额的年终奖，则将这笔奖金计入年度金额中，而将这个金额除以12就可以得到月度金额。

对于退休人员,由于没有工资收入和奖金收入等,则填写养老金和年金。这部分金额是退休人员的收入来源。对于自雇者,可以将每月获得的收入填入工资和薪金收入中。

除了工资、薪金、奖金、佣金、养老金、年金等依靠工作获得的收入以外,一个会理财的家庭还应培养家庭的另一块收入——理财收入。畅销书《穷爸爸和富爸爸》的作者罗伯特·T.清崎开发了一款理财教学游戏——《现金流游戏》。游戏中设置了一个实现财务自由的量化标准:当你的理财收入超过每月支出时,你就实现了财务自由。当达到这个标准时,由于你不再需要依靠工资收入来支付每月支出,在财务上你就获得了真正的自由。从这里可以看出,一个家庭的收入可以分成两个部分:工作收入和理财收入。工作收入包括上述所有的依靠工作取得的收入,如工资、薪金、奖金等。理财收入则不是从工作中取得的收入,而是从投资中取得的资本收入。要注意的是,这里的理财收入指的是资本收入而不是资本利得。资本收入是指投资的资产所带来的利息收入、股息收入、分红收入、房产租金收入等。资本利得是指低买高卖所获得的差价,比如以10元买入万科A股,18元卖出,从中获得的8元差价是资本利得,而不是资本收入。很多人将炒房、炒股所赚取的资本利得错误地当作理财收入,以为在市场好的情况下赚取的资本利得超过工资收入便可以不再工作,于是错误地选择辞职专业炒股,但却在市场不好的情况下遭遇家庭财务危机,而后又不得不重新找工作来养家糊口。一个家庭要想尽早实现财务自由,一定要尽早开始理财,多投资可以获得资本收入的资产,而非靠资本利得来攫取短期财富。

能产生资本收入的资产也称为生息资产。那么,哪些资产可以作为未来获得理财收入的生息资产呢? 债券、股票、基金、投资性房产等能够带来长期稳定的资本收入的资产都可以作为生息资产。当一个家庭每月获得的理财收入超过了这个家庭每月的支出时,这个家庭就不用再为失去工作而担心了,真正的财务自由才能得以实现。

这个财务自由的标准清晰而容易让人理解。但更有价值的是,这个标准能帮助不富裕的家庭识别未来生活努力的方向并建立信心。

【案例 4-2】 A 家庭和 B 家庭目前的家庭资产和负债都一样,没有生息资产。不同的是 A 家庭的家庭成员从事白领工作,收入较高,月入 20 000 元,但生活支出也较高,每月约需 15 000 元;B 家庭成员从事蓝领工作,收入较低,月入 6 000 元,但生活支出也较低,每月约需 4 000 元。假设投资年收益率为 12%,这两个家庭谁更容易实现财务自由呢?

【案例分析】 A家庭月收入20 000元,月支出15 000元,月盈余5 000元。将每月盈余全部拿来做投资,假设年收益为12%,可以计算出月收益为12%/12＝1%,每月投入5 000元能产生的资本收入为50元。为实现财务自由,A家庭的资本收入应超过月支出15 000元,因此,其投资累计应达到的金额应为15 000/1%＝1 500 000元。按每月投入5 000元来计算,需要300个月能实现财务自由。

B家庭月收入6 000元,月支出4 000元,月盈余2 000元。将每月盈余全部拿来做投资,同样按月收益1%计算,每月投入2 000元能产生的资本收入为20元。为实现财务自由,B家庭的资本收入应超过月支出4 000元,因此,其投资累计应达到的金额应为4 000/1%＝400 000元。按每月投入2 000元来计算,需要200个月能实现财务自由。

由上可见,B家庭更容易实现财务自由。

从案例4-2中可以看到,家庭收入较低并不是决定能否实现财务自由的关键因素,收入较低的家庭反而由于月支出较少而更容易率先实现财务自由。收入较高的家庭如果不懂得如何投资理财获得更高的资本收入,其实现财务自由的难度反而更大。这种情况也是当前很多中产家庭面临的困境,即虽然收入很高,但由于房贷、私家车等支出占比高,使得中产家庭走向财务自由的路仍很漫长。"房奴"、"车奴"、"孩奴"等词正反映了这种现状,三座大山引起了社会各阶层的焦虑,也带走了大多数家庭的幸福感。不过,通过后文的理财规划,这些焦虑是可以通过规划而缓解的,焦虑是因为看不到解决问题的办法。当有了解决问题的思路和努力的方向后,焦虑就可以化解。

下面以李先生家庭的情况为例对收入支出进行诊断分析。

【案例4-3】 李先生是一家电子公司的工程师,每月可获得薪金收入8 200元,年底公司发奖金20 000元;李太太在一家集团公司做财务经理,每月可获得薪金收入5 300元,年底有年终奖8 000元。李先生和李太太除了自住房外,还投资了一套房子。目前该房出租给他人,可每月获得2 000元的租金。自住房没有贷款,但这套投资性房产每月需还贷1 500元。为打理自住房和投资性房产,每年约需要花费2 000元。在自住房中生活每月需要的水、电、煤气费用约400元,电话和手机费用约200元,网络费200元,有线电视费26.5元。李先生和李太太平时在家做饭或买外卖一个月需花费2 000元,请朋友吃饭和应酬每个月需1 000元。上班以及平时外出的交通费每月平均300元左右。每月从工资中扣缴的保险费用两人合计1 600元,去医院看门诊等小病的费用一年约2 000元。

由于是做财务出身,李太太做事有计划性,因此每年都计划好拿出 2 000 元添置衣物。李太太为两人各购买了 100 000 元保额的保险,保费每年共交 5 000 元,两人合计缴纳的个人所得税约 1 700 元左右。每年李先生会花 2 000 元添置一些家具,李太太还办理了年缴纳 2 000 元的美容健身卡。两人每年还计划花 8 000 元去旅游度假。

【案例分析】 我们可以将李先生家庭的收入和支出情况列入家庭收入支出表,如表 4-5 所示。

表 4-5 李先生家庭收入支出表一

		月度金额(元)	年度金额(元)	占比(%)
一、家庭收入				
工资和薪金	李先生	8 200.0	98 400.0	46.0
	李太太	5 300.0	63 600.0	29.7
奖金和佣金	李先生	1 666.7	20 000.0	9.3
	李太太	666.7	8 000.0	3.7
养老金和年金	李先生			
	李太太			
投资收入		2 000.0	24 000.0	11.2
其他收入		0.0	0.0	0.0
	小计	17 833.3	214 000.0	100.0
二、家庭支出				
房屋	租金/抵押贷款支付(包括保险和纳税)	1 500.0	18 000.0	14.2
	修理、维护和装饰	166.7	2 000.0	1.6
日用	水、电、煤气	400.0	4 800.0	3.8
	电话、手机	200.0	2 400.0	1.9
	网络	200.0	2 400.0	1.9
	有线电视	26.5	318.0	0.3
食品	一日三餐	2 000.0	24 000.0	18.9
	在外就餐和其他	1 000.0	12 000.0	9.5
交通	非自驾车费用	300.0	3 600.0	2.8
	自驾车贷款支付			
	驾驶执照、年审、过路过桥费、车船税			
	汽油及维护费用			
医疗	健康、大病医疗和残疾保险(从工资中扣减或非雇主提供的)	1 600.0	19 200.0	15.2
	医疗费用	166.7	2 000.0	1.6

(续表)

		月度金额（元）	年度金额（元）	占比（%）
衣服	衣服、鞋子及附件	166.7	2 000.0	1.6
保险	家财险			
	寿险	416.7	5 000.0	3.9
	汽车保险			
	养老险			
	健康险			
纳税	个人所得税	1 417.0	17 000.0	13.4
家用品、家具和其他大件消费	购买和维护	166.7	2 000.0	1.6
个人护理支出	化妆品、头发护理、美容、健身	166.7	2 000.0	1.6
休闲和娱乐	度假、娱乐和休闲	666.7	8 000.0	6.3
其他项目	无法列入上面栏目的支出			
小计		10 560.4	126 718.0	100.0
三、盈余		7 272.9	87 282.0	40.8

从表4-5中可以看出,李先生家庭目前的月平均收入为17 833.3元。其中工资薪金收入中,李先生月工资薪金收入8 200元,占61.54%;李太太月工资薪金收入5 300元,占38.46%。在李先生家庭收入构成中,李先生的收入较高,属于家庭的主要经济支柱;李太太收入较低,属于次经济支柱。因此,在做保险配置时,应注意首先为作为家庭主要经济支柱的李先生购买,以李太太作为受益人;其次为作为次经济支柱的李太太购买,以李先生作为受益人。

从家庭收入构成来看,工资收入占到总收入的88.8%,显示家庭的收入来源较多依靠工作收入。这会使家庭在面临失业风险的同时也可能陷入财务困境。所幸的是,李先生和李太太具有良好的理财意识,已经开始进行投资,所产生的租金收入占总收入的11.2%,一定程度上缓解了这种压力。建议李先生和李太太还可尝试通过其他途径获得理财收入,以早日实现财务自由。

目前家庭的月总支出为10 560.4元。其中,日常生活支出5 626.7元,占53.3%;贷款月供支出1 500元,占14.2%;寿险支出416.7元,占3.9%;其他支出3 017元,占28.6%。从李先生家庭的月支出构成来看,贷款月供支出占月盈余的20.6%,低于50%的临界水平,在安全的范围之内。未来即使进入加息通道,利率上升,月供水平提高,仍留有余地。李先生的房贷支出比租金收入少,因此该项投资每月可给李先生带来500元的正现金流。李先生和李太太的寿险支出5 000元在家庭年收入214 000元中占2.34%,寿险支出相对较少。根据寿险的双十原则，李先生和李太太的寿险额度应为家庭年收入的5—10倍，即1 070 000—2 140 000元，相应的保费支出以年收入的10%左右为宜，即107 000—214 000元。

目前家庭年度结余资金87 282元，占家庭年总收入的40.8%（这一比例称为储蓄比例），反映了李先生家庭控制开支的能力较强。对于这些结余资金，李先生可通过合理的投资规划来实现未来家庭各项财务目标的资金积累。

除了将支出按表4-5所示的各项用途划分外，还可以将支出进一步划分为基本生活支出和额外生活支出，如表4-6所示。基本生活支出包括修理、维护和装饰房屋的费用，水、电、煤气费用，一日三餐费用，非自驾车交通费用，健康、大病医疗和残疾保险支出（从工资中扣减或非雇主提供的），医疗费用，个人所得税等。这些支出是不可避免的、不能任意减少的，可以看做刚性支出。额外生活支出则包括租金/抵押贷款支付（包括保险和纳税），寿险保费，电话、手机、网络等通信费用，有线电视费，在外就餐和其他费用，服装费用，购买和维护家具的费用，化妆品、头发护理、美容、健身费用，度假、娱乐和休闲费用，自驾车贷款还款费用，驾驶执照、年审、过路过桥费、车船税，汽油及维护费用，家财险、汽车保险、养老险、健康险等费用以及其他费用。额外生活支出是可支出可不支出的费用，这部分费用可以通过支出预算来控制，从而在家庭支出管理中是值得重点关注的一块。特别是当某项额外支出突然增加时，需要通过调节未来一个月或几个月的额外生活支出以使得年度收入支出达到一个比较好的平衡，保持一个比较稳定的储蓄比率。

表4-6 李先生家庭收入支出表二

		月度金额（元）	年度金额（元）	占比（%）
一、家庭收入				
工资和薪金	李先生	8 200.0	98 400.0	46.0
	李太太	5 300.0	63 600.0	29.7
奖金和佣金	李先生	1 666.7	20 000.0	9.3
	李太太	666.7	8 000.0	3.7
养老金和年金	李先生			
	李太太			
投资收入		2 000.0	24 000.0	11.2
其他收入		0.0	0.0	0.0
小计		17 833.3	214 000.0	100.0

(续表)

		月度金额（元）	年度金额（元）	占比（%）
二、家庭支出				
基本生活支出	修理、维护和装饰房屋	166.7	2 000.0	1.6
	水、电、煤气	400.0	4 800.0	3.8
	一日三餐	2 000.0	24 000.0	18.9
	非自驾车费用	300.0	3 600.0	2.8
	健康、大病医疗和残疾保险（从工资中扣减或非雇主提供的）	1 600.0	19 200.0	15.2
	医疗费用	166.7	2 000.0	1.6
	个人所得税	1 417.0	17 000.0	13.4
	基本生活支出小计	6 050.4	72 600.0	57.3
额外生活支出	租金/抵押贷款支付（包括保险和纳税）	1 500.0	18 000.0	14.2
	寿险	416.7	5 000.0	3.9
	电话、手机	200.0	2 400.0	1.9
	网络	200.0	2 400.0	1.9
	有线电视	26.5	318.0	0.3
	在外就餐和其他	1 000.0	12 000.0	9.5
	衣服、鞋子及附件	166.7	2 000.0	1.6
	购买和维护家具	166.7	2 000.0	1.6
	化妆品、头发护理、美容、健身	166.7	2 000.0	1.6
	度假、娱乐和休闲	666.7	8 000.0	6.3
	自驾车贷款支付			
	驾驶执照、年审、过路过桥费、车船税			
	汽油及维护费用			
	家财险			
	汽车保险			
	养老险			
	健康险			
	无法列入上面栏目的支出			
	额外生活支出小计	4 510.0	54 118.0	42.7
小计		10 560.4	126 718.0	100.0
三、盈余		7 272.9	87 282.0	40.8

从表 4-6 可以看出，李先生家庭中的每月基本生活支出为 6 050.4 元，占总月度支出的比重为 57.3%；每月额外生活支出为 4 510 元，占总月度支出的比重

为42.7%。需要注意的是,某些额外生活支出在一些家庭被视为基本生活支出,比如网络费用对于SOHO一族(自由职业者,通常在家工作)通常都是需要的,服装费用对于职业女性都是需要的。在划分基本生活支出和额外生活支出时可根据不同家庭情况而进行个性化调整,以便更好地满足自己的生活目标。但对于一些可控制的支出,将其列入额外生活支出更有利于弄清楚支出管理中需要调控的支出项目。

从表4-6额外生活支出各项比例来看,最高的是抵押贷款项,每月需还贷1 500元,占14.2%。但由于该项支出能够带来2 000元的现金收入,因此这笔支出是一笔好的投资,不仅不需要进行控制,还需要拓展更多的此类项目。

占第二位的是在外就餐的费用,每月需支出1 000元,占9.5%。由于李先生和李太太的职业都属于内勤工作,并不需要太多应酬,因此建议李先生找到产生此项费用支出的原因,并设法降低此项支出,从而提高月度盈余。

占第三位的是度假、娱乐、休闲费用,每年计划花费8 000元旅游,占6.3%。如果李先生有其他财务目标要达成而缺乏财务资源,则可以通过减少此项计划开支而作为财务资源用来满足其他目标。

占第四位的是寿险支出,占3.9%。与前文分析相同,这部分寿险支出相对李先生的家庭年收入来说偏少,不应缩减反而应增加。

其他的一些费用由于占比不高,如果每月的波动幅度不大,则可不用特别加以管理。

我们还可以对李先生家庭的收入支出根据月度和年度的划分重新编制家庭收入支出表,如表4-7所示。

表4-7 李先生家庭收入支出表三

		月度金额(元)	年度金额(元)	占比(%)
一、家庭收入				
工资和薪金	李先生	8 200.0	98 400.0	46.0
	李太太	5 300.0	63 600.0	29.7
奖金和佣金	李先生		20 000.0	9.3
	李太太		8 000.0	3.7
养老金和年金	李先生			
	李太太			
投资收入		2 000.0	24 000.0	11.2
其他收入		0.0	0.0	0.0
小计		15 500.0	214 000.0	100.0

(续表)

		月度金额（元）	年度金额（元）	占比（%）
二、家庭支出				
基本生活支出	修理、维护和装饰房屋	166.7	2 000.0	1.6
	水、电、煤气	400.0	4 800.0	3.8
	一日三餐	2 000.0	24 000.0	18.9
	非自驾车费用	300.0	3 600.0	2.8
	健康、大病医疗和残疾保险（从工资中扣减或非雇主提供的）	1 600.0	19 200.0	15.2
	医疗费用		2 000.0	1.6
	个人所得税	1 417.0	17 000.0	13.4
	小计	5 883.7	72 600.0	57.3
额外生活支出	租金/抵押贷款支付（包括保险和纳税）	1 500.0	18 000.0	14.2
	寿险		5 000.0	3.9
	电话、手机	200.0	2 400.0	1.9
	网络	200.0	2 400.0	1.9
	有线电视	26.5	318.0	0.3
	在外就餐和其他	1 000.0	12 000.0	9.5
	衣服、鞋子及附件		2 000.0	1.6
	购买和维护家具		2 000.0	1.6
	化妆品、头发护理、美容、健身		2 000.0	1.6
	度假、娱乐和休闲		8 000.0	6.3
	自驾车贷款支付			
	驾驶执照、年审、过路过桥费、车船税			
	汽油及维护费用			
	家财险			
	汽车保险			
	养老险			
	健康险			
	无法列入上面栏目的支出			
	小计	2 926.5	54 118.0	42.7
小计		8 810.2	126 718.0	100.0
三、盈余		6 689.8	87 282.0	40.8

表4-7只列出了每月会发生的实际收入和支出以及年度发生的收入和支出。如果是年底的奖金，则计入年度收入而不计入月均收入。这样，每月实际发生的收入和支出就更加清晰。从表4-7可以看出，李先生每月实际可拿到的收入为15 500元，每月实际发生的支出为8 810.2元，每月实际盈余现金为6 689.8元。这个盈余是李先生每月可实际拿来支配的资金。年终奖等收入只

第四章　家庭财务诊断

有到年底才成为实际可支配的资金。李先生家庭一年结束后可实际支配的资金为 87 282 元。

第三节 家庭现金流量表

现金流量表与收入支出表一样都属于流量表,即反映的是一段时期内资金的流量。不同的是,家庭现金流量表主要用来反映当期和未来的现金流入和流出,而收入支出表包含非现金的部分。如果收入支出都是用现金来结算,那么收入支出表与现金流量表没有差异。但有些收入或支出不是以现金的方式结算的,比如通常所说的月收入是按税前来计算的,而扣除个人所得税后拿到的收入才是现金流入。税前收入可以计入收入支出表,税后收入则应计入现金流量表。

在家庭理财规划中,家庭现金流量表的一个更重要的功能在于对未来现金流的预测。根据客户的理财目标,理财师通过预测未来的现金流能够了解到客户的现金缺口在哪里,从而提前采用相应的理财方案来应对资金缺口,保障理财目标的实现。

在理财规划过程中,通常先根据家庭的目前状况编制一个现金流量表,然后将理财目标所需的现金支出加到相应年份,诊断哪些年份可能会遇到财务瓶颈。根据诊断,理财师再给出相应的建议。

现金流量表可以参照表 4-8 进行编制和调整。

表 4-8 家庭现金流量表

项目	年数 年份	0 2011	1 2012	2 2013	3 2014	4 2015	5 2016
X 先生	—						
X 太太	—						
子女姓名	—						
	增长率						
现金流入项							
一方收入							
配偶收入							
社会保险							
临时收入							
现金流入合计							
现金流出项							
基本生活费							
买房支出							

(续表)

项目	年数	0	1	2	3	4	5
	年份	2011	2012	2013	2014	2015	2016
房租或贷款还款额							
教育费							
临时性支出							
其他支出							
保险费							
现金流出合计							
现金净流量							
现金余额累计							

注：本表不限于5年，可以扩展至未来几十年，包含退休及退休以后的生活。

【案例4-4】 王先生，28岁，月收入8 000元，扣除所得税和其他费用后每月能拿到6 000元现金收入。王太太，23岁，月收入5 000元，扣除所得税和其他费用后每月能拿到3 500元现金收入。王先生和王太太有一个1岁的儿子。目前王先生家庭每个月的生活支出3 500元，房租2 000元，保险费每年缴纳10 000元，交20年。王先生目前的银行存款有150 000元，希望能在30岁那年买一套属于自己的房子，房价约1 000 000元，采用首付3成、贷款7成的方式购买。另外，王先生还希望能为女儿在18岁时准备600 000元的留学教育资金。假设王先生和王太太的收入每年可以增加3%，年通货膨胀率3%，房租每年上涨10%，贷款利率7%，退休时两人通过社会保险可拿到的养老金共为每月6 000元，政府将按通货膨胀率调整每年的养老金。请列出王先生家庭的现金流量表并加以诊断。

【案例分析】 参考表4-8，分别根据如下步骤将下列项目列入表4-9中。

（1）将客户姓名和年龄信息列入，并将年数和年份填入表格，孩子的年龄填写到18岁即可，父母的年龄可填写至85岁。

（2）将第1年所有项目的数据填入表格，包括现金流入项目、现金流出项目、增长率。

（3）按增长率计算出第2年开始的所有现金收入项目数据。需要注意的是，男方收入填写至60岁退休时，女方收入填写至55岁退休时。退休后的收入来自社会保险提供的养老金。当购房贷款时，贷款获得的现金属于现金流入项。

（4）按增长率计算出第2年开始的所有现金支出项目数据。基本生活支出按通货膨胀率设置增长率。房屋总价1 000 000元都作为买房支出。需要注意的是，房租或房贷还款额是列入同一个栏目。在贷款买房前是填写房租金额,在贷款买房后则填写房贷还款支出。王先生贷款 700 000 元,按 7% 贷款利率计算,贷款 30 年每月需要还 4 657 元,一年还款额为 55 884 元。保险费支出只填写 20 年。孩子的教育金支出可填写在孩子 19 岁那一年。

（5）根据现金流入和现金流出的金额,计算每年的现金净流量。

（6）将王先生家庭的存款以及第 1 年的现金净流量作为第 1 年的现金余额计入现金余额累计一行,并将以后各年的现金余额累计计算出来。

（7）根据现金余额累计可绘制成图 4-1。

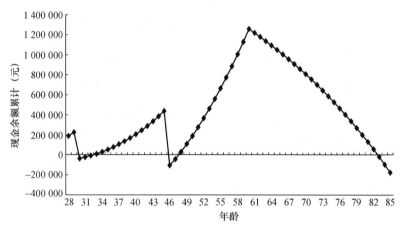

图 4-1　王先生家庭现金余额累计

从图 4-1 可以看到,王先生的生命周期中有三个阶段可能出现现金余额为负的情况:第一个阶段出现在王先生 30—32 岁之间,这个时期由于买房需要大笔现金支出,因此现金流紧张;第二个阶段出现在王先生 46—47 岁之间,这个时期由于王先生的孩子出国需要大笔现金,现金余额累计也为负;第三个阶段出现在 83—85 岁之间,由于养老费用不足,导致最后 3 年现金余额累计为负。

现金余额累计为负意味着在这三段时期内,王先生家庭必须借钱来维持家庭生活水平。如果借不到钱,王先生家庭将陷入财务困境。

查找表 4-9 可知,第一个阶段的现金余额缺口最高为 36 895.2 元,这个额度范围内的资金应该不难筹集。第二个阶段的现金余额缺口最高为 105 169.5 元,这个额度范围内的资金筹集难度相对增大。第三个阶段的现金余额缺口最高为 176 780.4 元,这个额度范围内的资金筹集难度非常大。这意味着王先生可能陷入"老无所养"的困境。

表 4-9 王先生家庭现金流量表

单位:元

项目	增长率	年数 0	1	2	3	4	5	6	7	8	9	10
		年份 2011	2012	2013	2014	2015	2016	2017	2018	2019	2020	2021
王先生	—	28	29	30	31	32	33	34	35	36	37	38
王太太	—	23	24	25	26	27	28	29	30	31	32	33
王小明	—	1	2	3	4	5	6	7	8	9	10	11
现金流入项												
一方收入	3%	72 000	74 160	76 384.8	78 676.344	81 036.634	83 467.733	85 971.765	88 550.918	91 207.446	93 943.669	96 761.979
配偶收入	3%	42 000	43 260	44 557.8	45 894.534	47 271.37	48 689.511	50 150.196	51 654.702	53 204.343	54 800.474	56 444.488
社会保险	3%											
临时收入				700 000								
现金流入合计		114 000	117 420	820 942.6	124 570.88	128 308	132 157.24	136 121.96	140 205.62	144 411.79	148 744.14	153 206.47
现金流出项				1 000 000								
基本生活费	3%	42 000	43 260	44 557.8	45 894.534	47 271.37	48 689.511	50 150.196	51 654.702	53 204.343	54 800.474	56 444.488
买房支出		24 000	26 400	29 040	55 884	55 884	55 884	55 884	55 884	55 884	55 884	55 884
房租或贷款还款额	10%											
教育费												
临时性支出												
其他支出												
保险费		10 000	10 000	10 000	10 000	10 000	10 000	10 000	10 000	10 000	10 000	10 000
现金流出合计		76 000	79 660	1 083 597.8	111 778.53	113 155.37	114 573.51	116 034.2	117 538.7	119 088.34	120 684.47	122 328.49
现金净流量		38 000	37 760	−262 655.2	12 792.344	15 152.634	17 583.733	20 087.765	22 666.918	25 323.446	28 059.669	30 877.979
现金余额累计		188 000	225 760	−36 895.2	−24 102.86	−8 950.222	8 633.5117	28 721.277	51 388.195	76 711.641	104 771.31	135 649.29

（续表）

项目	增长率	年数	11	12	13	14	15	16	17	18	19	20
		年份	2022	2023	2024	2025	2026	2027	2028	2029	2030	2031
王先生	—		39	40	41	42	43	44	45	46	47	48
王太太	—		34	35	36	37	38	39	40	41	42	43
王小明	—		12	13	14	15	16	17	18			
现金流入项												
一方收入	3%		99 664.839	102 654.78	105 734.43	108 906.46	112 173.65	115 538.86	119 005.03	122 575.18	126 252.44	130 040.01
配偶收入	3%		58 137.823	59 881.957	61 678.416	63 528.768	65 434.631	67 397.67	69 419.601	71 502.189	73 647.254	75 856.672
社会保险	3%											
临时收入												
现金流入合计			157 802.66	162 536.74	167 412.84	172 435.23	177 608.29	182 936.53	188 424.63	194 077.37	199 899.69	205 896.68
现金流出项												
基本生活费	3%		58 137.823	59 881.957	61 678.416	63 528.768	65 434.631	67 397.67	69 419.601	71 502.189	73 647.254	75 856.672
买房支出												
房租或贷款还款额			55 884	55 884	55 884	55 884	55 884	55 884	55 884	55 884	55 884	55 884
教育费	10%		10 000	10 000	10 000	10 000	10 000	10 000	10 000	600 000		
临时性支出												
其他支出											10 000	
保险费												
现金流出合计			124 021.82	125 765.96	127 562.42	129 412.77	131 318.63	133 281.67	135 303.6	737 386.19	139 531.25	131 740.67
现金流净流量			33 780.839	36 770.784	39 850.427	43 022.46	46 289.654	49 654.864	53 121.03	−543 308.8	60 368.436	74 156.009
现金余额累计			169 430.13	206 200.91	246 051.34	289 073.8	335 363.45	385 018.32	438 139.35	−105 169.5	−44 801.04	29 354.972

(续表)

项目	年数	增长率	21	22	23	24	25	26	27	28	29	30
	年份		2032	2033	2034	2035	2036	2037	2038	2039	2040	2041
王先生	—		49	50	51	52	53	54	55	56	57	58
王太太	—		44	45	46	47	48	49	50	51	52	53
王小明	—											
现金流入项												
一方收入	3%		133 941.21	137 959.45	142 098.23	146 361.18	150 752.01	155 274.57	159 932.81	164 730.79	169 672.72	174 762.9
配偶收入	3%		78 132.372	80 476.343	82 890.633	85 377.352	87 938.673	90 576.833	93 294.138	96 092.962	98 975.751	101 945.02
社会保险	3%											
临时收入												
现金流入合计			212 073.58	218 435.79	224 988.86	231 738.53	238 690.68	245 851.4	253 226.95	260 823.76	268 648.47	276 707.92
现金流出项												
基本生活费	3%		78 132.372	80 476.343	82 890.633	85 377.352	87 938.673	90 576.833	93 294.138	96 092.962	98 975.751	101 945.02
买房支出												
房租或贷款还款额	10%		55 884	55 884	55 884	55 884	55 884	55 884	55 884	55 884	55 884	55 884
教育费												
临时性支出												
其他支出												
保险费												
现金流出合计			134 016.37	136 360.34	138 774.63	141 261.35	143 822.67	146 460.83	149 178.14	151 976.96	154 859.75	157 829.02
现金净流量			78 057.209	82 075.445	86 214.229	90 477.176	94 868.011	99 390.571	104 048.81	108 846.79	113 788.72	118 878.9
现金余额累计			107 412.18	189 487.63	275 701.86	366 179.03	461 047.04	560 437.61	664 486.42	773 333.21	887 121.93	1 006 000.8

（续表）

项目	增长率	31	32	33	34	35	36	37	38	39	40
年数											
年份		2042	2043	2044	2045	2046	2047	2048	2049	2050	2051
王先生	—	59	60	61	62	63	64	65	66	67	68
王太太	—	54	55	56	57	58	59	60	61	62	63
王小明	—										
现金流入项											
一方收入	30%	180 005.78	185 405.96								
配偶收入	3%	105 003.37	108 153.48								
社会保险	3%			72 000	74 160	76 384.8	78 676.344	81 036.634	83 467.733	85 971.765	88 550.918
临时收入											
现金流入合计		285 009.16	293 559.43	72 000	74 160	76 384.8	78 676.344	81 036.634	83 467.733	85 971.765	88 550.918
现金流出项	3%	105 003.37	108 153.48	111 398.08	114 740.02	118 182.22	121 727.69	125 379.52	129 140.91	133 015.13	137 005.59
基本生活费											
买房租或贷款还款额	10%	55 884	55 884								
教育费											
临时性支出											
其他支出											
保险费											
现金流出合计		160 887.37	164 037.48	111 398.08	114 740.02	118 182.22	121 727.69	125 379.52	129 140.91	133 015.13	137 005.59
现金净流量		124 121.78	129 521.96	−39 398.08	−40 580.02	−41 797.42	−43 051.35	−44 342.89	−45 673.17	−47 043.37	−48 454.67
现金余额累计		1 130 122.6	1 259 644.6	1 220 246.5	1 179 666.5	1 137 869	1 094 817.7	1 050 474.8	1 004 801.6	957 758.27	909 303.61

(续表)

项目	年数	41	42	43	44	45	46	47	48	49	50
	年份	2052	2053	2054	2055	2056	2057	2058	2059	2060	2061
王先生	—	69	70	71	72	73	74	75	76	77	78
王太太	—	64	65	66	67	68	69	70	71	72	73
王小明	增长率										
现金流入项	3%										
一方收入	3%										
配偶收入											
社会保险	3%	91 207.446	93 943.669	96 761.979	99 664.839	102 654.78	105 734.43	108 906.46	112 173.65	115 538.86	119 005.03
现金流入合计		91 207.446	93 943.669	96 761.979	99 664.839	102 654.78	105 734.43	108 906.46	112 173.65	115 538.86	119 005.03
现金流出项	3%	141 115.75	145 349.23	149 709.7	154 201	158 827.03	163 591.84	168 499.59	173 554.58	178 761.22	184 124.05
基本生活费											
买房支出	10%										
房租或贷款还款额											
教育费											
临时性支出											
其他支出											
保险费											
现金流出合计		141 115.75	145 349.23	149 709.7	154 201	158 827.03	163 591.84	168 499.59	173 554.58	178 761.22	184 124.05
现金净流量		-49 908.31	-51 405.56	-52 947.73	-54 536.16	-56 172.24	-57 857.41	-59 593.13	-61 380.92	-63 222.35	-65 119.02
现金余额累计		859 395.3	807 989.74	755 042.01	700 505.86	644 333.61	586 476.21	526 883.07	465 502.15	402 279.8	337 160.77

（续表）

项目	年数							
	年份	51	52	53	54	55	56	57
		2062	2063	2064	2065	2066	2067	2068
王先生	—	79	80	81	82	83	84	85
王太太	—	74	75	76	77	78	79	80
	增长率							
现金流入项								
一方收入	3%							
配偶收入	3%							
社会保险	3%	122 575.18	126 252.44	130 040.01	133 941.21	137 959.45	142 098.23	146 361.18
临时收入								
现金流入合计		122 575.18	126 252.44	130 040.01	133 941.21	137 959.45	142 098.23	146 361.18
现金流出项	3%	189 647.77	195 337.21	201 197.32	207 233.24	213 450.24	219 853.75	226 449.36
基本生活费								
买房支出								
房租或贷款还款额	10%							
教育费								
临时性支出								
其他支出								
保险费								
现金流出合计		189 647.77	195 337.21	201 197.32	207 233.24	213 450.24	219 853.75	226 449.36
现金净流量		-67 072.59	-69 084.77	-71 157.31	-73 292.03	-75 490.8	-77 755.52	-80 088.18
现金余额累计		270 088.18	201 003.41	129 846.09	56 554.059	-18 936.74	-96 692.26	-176 780.4

第四节　家庭财务健康诊断

资产负债表、收入支出表、现金流量表是家庭财务健康诊断的三个基础工具。利用这三个基础工具，可以较全面地搜集和整理家庭的财务信息。有了家庭的详细财务信息之后，就可以根据这些信息对家庭财务健康状况进行诊断，并为下一步理财规划做好准备。

在做家庭财务诊断的时候，要注意三个报表所反映出来的信息是密切相关的。资产负债表反映了目前家庭所拥有的财务资源；收入支出表反映了家庭目前每月和每年能结余的财务资源；现金流量表反映了家庭目前和未来的财务资源是否足够达成理财目标。

通过诊断家庭的资产负债表，要获得的关键信息包括：

（1）家庭资产有多少？负债有多少？净资产有多少？

（2）家庭资产中各项资产所占比例有多少？各项负债所占比例有多少？

（3）负债与资产的比例是否处于合理范围内？

（4）各项资产的配置是否合理？

通过诊断家庭的收入支出表，要获得的关键信息包括：

（1）家庭月收入有多少？月支出有多少？年收入有多少？年支出有多少？

（2）家庭月结余有多少？年结余有多少？

（3）家庭成员中谁是主要经济支柱？

（4）月支出中各项支出的比例是多少？月生活支出是多少？月房贷支出是多少？

通过诊断家庭的现金流量表，要获得的关键信息包括：

（1）家庭的理财目标有哪些？这些理财目标各需要花费多少现金？

（2）家庭目前的财务资源有多少？

（3）家庭未来的财务资源有多少？

（4）家庭目前的财务资源和未来的财务资源汇总后能否实现这些理财目标？在哪个阶段会有缺口？

在分析上述关键信息的时候，可以利用两种分析方法：绝对值诊断和相对值诊断。绝对值诊断是指通过分析金额的绝对数值来进行诊断，比如家庭资产总额有多少？负债总额有多少？哪个阶段的现金缺口有多少？相对值诊断是指通过分析两个指标的比例来进行诊断,也称作比例诊断,比如资产中现金占多少比例?房产占多少比例?负债与资产的比例是多少?

比例诊断中常用的比例有:

(1)总负债/总资产。这个比例称为资产负债率,反映家庭的总资产中有多少是通过负债的方式购得的。如果总负债/总资产的比例超过50%,则表明家庭的资产有一半以上是通过负债的形式购得的,这种情况下家庭的财务风险较大,因为一旦偿还不了债务,家庭资产就缩水一半以上。

(2)净资产/总负债。这个比例称为清偿比率,反映了家庭资不抵债的风险。当清偿比率小于1时,意味着净资产不足够偿还总负债。当遭遇经济危机时,家庭极易陷入财务困境,导致个人或家庭破产。

(3)现金结余/年收入。这个比例称为储蓄比率,反映了家庭的储蓄能力。在财富积累的初期,家庭储蓄能力的高低决定了有多少财可以理。储蓄能力也反映了家庭控制开支的能力。通常用税后年收入来计算更能反映家庭控制开支的能力,因为税收是家庭无法控制的。储蓄比率没有一个标准的值,各个家庭可根据自己的实际情况制定一个储蓄比率后,长期坚持按该储蓄比率控制开支。

(4)月税后收入/月债务还款。这个比例称为债务比率,反映了家庭每月的债务稳健程度。如果债务比率等于2,意味着月税后收入中一半要用来还债,另一半要用来支付生活费用。债务比率也没有一个标准的值,因为不同家庭的生活费用不同,所以月税后收入还债后剩余的部分如果足够支付生活费用的话,家庭的还债压力也并不太高。债务比率越高,说明家庭财务稳健程度越好。

(5)月债务还款/月结余。这个比例称为债务压力比率,反映了家庭每月的还债压力。这里的月结余是用月收入减月生活支出来计算。如果月债务还款/月结余超过50%,则意味着月收入扣减月生活支出后的月结余中一半以上要用来还债。在这种情况下,家庭实现其他财务目标的资源受到较大限制。一般情况下,以50%作为债务压力比率的标准值。

案例4-1中张先生家庭的总负债(856 000元)占总资产(1 547 700元)的比例为55.3%,超过了50%;净资产/总负债的比率为80.8%,已经低于1的安全水平。从这两个比例可以看出,当经济不景气或利率提高时,张先生家庭极易陷入财务困境。

案例4-3中李先生家庭的现金结余/年税后收入为44.3%,反映了李先生家庭的储蓄比率较高,对开支的控制能力强。月税后收入/月债务还款的比例为11倍,显示李先生家庭稳健程度较高。月债务还款/月结余的比例为17%,显示李先生债务压力不大。

接下来,通过一个综合案例来看三个报表之间的关系。

【案例 4-5】 陈先生和陈太太正养育一个3岁的儿子。陈先生今年36岁,是某公司销售总监;陈太太今年34岁,在某公司任人事主管。两人都有五险一金。陈太太在朋友的游说下刚买了100 000元的重疾商业险。儿子加入了少儿医疗保险。目前陈先生的月收入20 000元,陈太太的月收入10 000元。陈先生的公司年终奖励税后收入80 000元,陈太太的公司年终奖励税后收入20 000元。经过多年的辛苦打拼,陈先生在某省城已购得两套房产,一套房产自住,一套出租,分别市值1 200 000元和500 000元。出租的房子每月可获得租金2 500元。除房产以外,陈先生还投资了股票和基金,目前股票市值260 000元,基金40 000元。为以车代步,陈先生刚买了一辆轿车,市值200 000元。陈先生另有存款50 000元,银行短期理财产品50 000元。

陈先生家庭每月基本生活费和孩子教育费需花费6 000元。目前出租的房产没有贷款,自住房有贷款,每月需还贷款3 500元,修理维护杂费500元,日常费用1 000元,人情、娱乐、旅游花费2 000元,医疗保健费用1 000元,衣服花费1 000元。保险月支出500元,养车1 000元。个人所得税共缴纳3 930元。

陈先生希望在未来2—3年内再买一套约100平方米的房屋,房价在15 000元/平方米左右。另外,希望能为孩子将来留学准备1 200 000元的教育基金。

【案例分析】 第一步,编制陈先生家庭资产负债表,见表4-10。

表4-10 陈先生家庭资产负债表

家庭资产	金额(元)	占比(%)	家庭负债	金额(元)	占比(%)
现金、活期储蓄	50 000	2.17	房屋贷款	530 000	100.00
定期存款			汽车贷款		
债券			消费贷款		
基金	40 000	1.74	助学贷款		
股票	260 000	11.30	信用卡透支		
理财产品	50 000	2.17	其他债务		
自用房产	1 200 000	52.17			
投资房产	500 000	21.74			
汽车	200 000	8.70			

(续表)

家庭资产	金额(元)	占比(%)	家庭负债	金额(元)	占比(%)
黄金及收藏品					
其他资产					
总资产合计	2 300 000	100.00			
总负债合计				530 000	100.00
家庭净资产(总资产-总负债):	1 770 000				

根据陈先生的家庭资产负债表,可以得出以下诊断结果:

(1) 陈先生的家庭资产目前有 2 300 000 元,负债 530 000 元,净资产 1 770 000 元。

(2) 陈先生的家庭资产中现金和活期储蓄有 50 000 元,占 2.17%;基金有 40 000 元,占 1.74%;股票有 260 000 元,占 11.30%;银行理财产品有 50 000 元,占 2.17%;自用房产有 1 200 000 元,占 52.17%;投资房产有 500 000 元,占 21.74%;汽车有 200 000 元,占 8.7%。从中可以看出,陈先生家庭资产主要以不动产为主。陈先生的家庭负债全部是自住房的贷款 530 000 元。

(3) 陈先生家庭的资产负债率为 23%,处于 50% 以下的安全水平;另外,清偿比率为 3.33,显示陈先生家庭财务很稳健。

(4) 从陈先生家庭的资产配置来看,生息资产占 39.12%(包括现金、活期储蓄、基金、股票、银行理财产品、投资房产),非生息资产占 60.88%(包括自用房产和汽车)。这种结构基本合理。但从生息资产的配置来看,陈先生的家庭现金留存比例偏少,没有配置固定收益证券。

第二步,编制陈先生家庭收入支出表,见表 4-11。

表 4-11 陈先生家庭收入支出表

		月度金额(元)	年度金额(元)	占比(%)
一、家庭收入				
工资和薪金	陈先生	20 000	240 000	48.98
	陈太太	10 000	120 000	24.49
奖金和佣金	陈先生		80 000	16.33
	陈太太		20 000	4.08
养老金和年金	陈先生			
	陈太太			
投资收入		2 500	30 000	6.12

（续表）

		月度金额（元）	年度金额（元）	占比（%）
其他收入				
小计		32 500	490 000	100.00
房屋	租金/抵押贷款支付（包括保险和纳税）	3 500	42 000	17.13
	修理、维护和装饰	500	6 000	2.45
日用	水、电、煤气、电话、网络、电视等	1 000	12 000	4.89
食品	一日三餐	6 000	72 000	29.37
交通	汽油及维护费用	1 000	12 000	4.89
医疗	医疗费用	1 000	12 000	4.89
衣服	衣服、鞋子及附件	1 000	12 000	4.89
保险	家财险			
	寿险			
	汽车保险	500	6 000	2.45
	养老险			
	健康险			
纳税	个人所得税	3 930	47 160	19.24
休闲和娱乐	度假、娱乐和休闲	2 000	24 000	9.79
小计		17 430	245 160	100.00
三、盈余		15 070	244 840	49.97

根据陈先生家庭的收入支出表，可获得以下诊断结果：

（1）陈先生家庭月收入32 500元，月支出17 430元；年收入490 000元，年支出244 840万元。

（2）陈先生家庭月结余15 070元，年结余244 840元。现金结余/总收入的比例为50%，说明陈先生家庭储蓄比例高，控制开支的能力强。

（3）陈先生家庭成员中陈先生的收入贡献为65.31%，陈太太的收入贡献为28.57%。因此，陈先生是家庭的主要经济支柱。

（4）陈先生家庭月支出中占比最高的是食品费用，每月需花费6 000元，占比29.37%；其次是个人所得税，占比19.24%；排第三位的是房贷还款额，占比17.13%；再依次分别是休闲娱乐费用（9.79%）、日用费用（4.89%）、交通费用（4.89%）、医疗费用（4.89%）、衣服费用（4.89%）、房屋修理维护费用（2.45%）、保险费用（2.45%）。月税后收入/月债务还款的比例为8.16，说明陈先生的家庭财务相当稳健。月债务还款/月结余的比例为23.22%，低于50%的安全水平，显示陈先生家庭偿债压力小。

第三步，编制陈先生家庭现金流量表。

在这里，为简便起见，只编制了陈先生儿子成长到18岁的现金流量表。

表 4-12 陈先生家庭现金流量表

单位：元

项目	年数 增长率	0 2011	1 2012	2 2013	3 2014	4 2015	5 2016	6 2017	7 2018	8 2019	9 2020	10 2021	11 2022	12 2023	13 2024	14 2025	15 2026
陈先生	—	36	37	38	39	40	41	42	43	44	45	46	47	48	49	50	51
陈太太	—	34	35	36	37	38	39	40	41	42	43	44	45	46	47	48	49
儿子	—	3	4	5	6	7	8	9	10	11	12	13	14	15	16	17	18
现金流入项																	
一方收入	3%	285 620	294 188.6	303 014.3	312 104.7	321 467.8	331 111.9	341 045.2	351 276.6	361 814.5	372 669.3	383 849.4	395 364.9	407 225.8	419 442.6	432 025.9	444 986.7
配偶收入	3%	127 220	131 036.6	134 967.7	139 016.7	143 187.2	147 482.8	151 907.3	156 464.6	161 158.5	165 993.2	170 973	176 102.2	181 385.3	186 826.9	192 431.7	198 204.6
社会保险																	
临时收入		30 000	30 000	780 000	30 000	30 000	30 000	30 000	30 000	30 000	30 000	30 000	30 000	30 000	30 000	30 000	30 000
现金流入合计		442 840	455 225.2	1 217 982	481 121.4	494 655.1	508 594.7	522 952.6	537 741.1	552 973.4	568 662.6	584 822.4	601 467.1	618 611.1	636 269.5	654 457.5	673 191.3
现金流出项																	
基本生活费	3%	96 000	98 880	101 846.4	104 901.8	108 048.8	111 290.3	114 629	118 067.9	121 609.9	125 258.2	129 016	132 886.5	136 873	140 979.2	145 208.6	149 564.9
买房支出				1 500 000													
房租或贷款还款额		42 000	42 000	42 000	65 208	65 208	65 208	65 208	65 208	65 208	65 208	65 208	65 208	65 208	65 208	65 208	65 208
教育费																	1 200 000
临时性支出																	
其他支出	3%	101 160	104 194.8	107 320.6	110 540.3	113 856.5	117 272.2	120 790.3	124 414	128 146.5	131 990.9	135 950.6	140 029.1	144 230	148 556.9	153 013.6	157 604
保险费		6 000	6 000	6 000	6 000	6 000	6 000	6 000	6 000	6 000	6 000	6 000	6 000	6 000	6 000	6 000	6 000
现金流出合计		245 160	251 074.8	1 757 167	286 649.9	293 113.1	299 770.3	306 627.2	313 689.7	320 964.9	328 456.9	336 174.4	344 123.4	352 310.8	360 743.9	369 430	1 578 377
现金净流量		197 680	204 150.4	−539 185	194 471.6	201 541.9	208 824.4	216 325.4	224 051.4	232 009.2	240 205.7	248 648.1	257 343.8	266 300.3	275 525.5	285 027.5	−905 185
现金余额累计		597 680	801 830.4	262 645.3	457 116.9	658 658.8	867 483.2	1 083 809	1 307 860	1 539 869	1 780 075	2 028 723	2 286 067	2 552 367	2 827 893	3 112 920	2 207 735

根据陈先生家庭的现金流量表,可得到以下诊断结果:

(1)陈先生家庭的理财目标目前有两个:一是3年内买房,房价1 500 000元;二是为儿子18岁时储备1 200 000元留学基金。

(2)陈先生家庭目前的财务资源有现金和活期储蓄50 000元,基金40 000元,股票260 000元,银行理财产品50 000元,合计400 000元。这个从资产负债表中可以看到。在编制现金流量表时,400 000元加入到第一年的现金余额中。

(3)陈先生家庭未来的财务资源包含未来每年的结余,这个从现金流量表中现金净流量可以看到。

(4)从图4-2的现金余额走势图来看,3年内买房以及为儿子18岁时储备1 200 000元留学基金的理财目标实现起来都没有任何问题,不存在现金缺口。

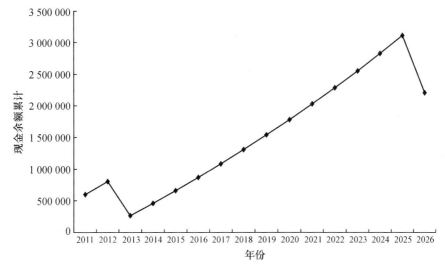

图4-2 陈先生家庭现金余额累计走势

复习题

一、名词解释

流动性 投资资产 资产负债率 债务压力比率

二、判断题

1. 实物资产的名义价值在出现通货膨胀时是不变的。( )

2. 在资产负债表中,资产金额应按市场价值来计算,而非按原始购买价

值来计算。（　　）

3. 当家庭收入超过每月支出时,就实现了财务自由。（　　）

4. 当清偿比率小于1时,意味着净资产不够偿还总负债。（　　）

5. 反映家庭控制开支能力的指标是债务比率。（　　）

三、简答题

1. 请总结资产负债表、收入支出表、现金流量表之间的区别。

2. 根据自己的家庭情况,编制资产负债表、收入支出表、现金流量表,并计算资产负债率、清偿比率、债务比率。

第五章 理财规划的步骤

 案例导读

吴女士家有闲钱 30 万元,一直存在银行。最近听过一堂理财课程后,明白了什么是资金的机会成本。吴女士决定将资金从银行取出来开始投资。可是,吴女士却不知道该投资什么。于是,吴女士找到了理财师秦小姐。

以下是吴女士和秦小姐的对话。

吴女士:"秦小姐,你好,我想进行投资理财,可不知道投资什么,你那里有好的投资产品吗?"

秦小姐:"您好,吴姐,在您进行投资理财前,我需要先了解您的一些情况,可以吗?"

吴女士:"哦,要了解什么情况呢?"

秦小姐:"您能告诉我您的理财目标是什么吗?"

吴女士:"什么理财目标?"

秦小姐:"就是您希望通过投资理财达到什么样的目标,比如是希望未来用这笔钱买房子,还是希望未来用这笔钱养老呢?"

吴女士:"这有什么不同吗?"

秦小姐:"吴姐,这是不同的,因为这两个目标对应的期限不同,所以理财策略也不一样。"

吴女士:"那你能不能告诉我这两种情况下我该怎么办呢?"

秦小姐:"如果您的理财目标是近期买房子,那么您的资金不太适合进行激进的投资,如果亏损了,那么您买房子的目标就难以实现了,这时你需要进行稳健的投资;但如果您的理财目标是养老,由于是长期投资,可在前期进行一些激进的投资或进行长期稳定的基金定投。"

吴女士："原来是这样。但我想实现的目标有很多，比如买房买车、孩子出国留学、未来过更好的生活、每年可以去旅游，这怎么办呢？"

秦小姐："那我帮您做个财务诊断，梳理下您现有的财务资源，再帮您做好最基本的现金规划、长期保障规划、子女教育规划、养老规划，满足基本目标后再看其他的财务资源如何实现您买房、买车和旅游等目标吧。"

相信很多的人都想理财，但却忽略了一个问题，即为什么而理财。从上面这个案例中，我们看到，理财是为目标而进行规划。没有目标，很难确定理财的策略。不同的目标，要用不同的策略。通过规划实现了目标，就是理财的成功。

第一节 现金规划

 案例导读

已到不惑之年的傅先生,最近遇到了让他深感困惑的事情。傅先生从事的是销售工作,月收入8000元。他的太太也在同行业从事销售工作,月收入5000元。结婚时他刚满30岁,而太太28岁。婚后不久两人就生育了一个儿子,目前已经10岁。家庭生活费用每月4000元。傅先生的父亲和母亲与他们一起生活,母亲身体孱弱,经常住院。每月的医疗费用约1000元。两人买了一套房,房价600000元,还有320000元的贷款未偿还,每月需还贷2320元。为了工作方便,两人还买了一辆车,每月养车费用2000元左右。平时的生活花费、房贷还款、养车费用都从王先生的收入中支取,而太太的收入则用来做了基金定投,为子女教育和养老做好准备。原本生活一切都安排得井然有序,傅先生也很满意当前的状态。然而,天有不测风云,2008年金融危机的到来,使很多厂商倒闭,傅先生所在的公司也未能避免。"失业"这个很多人都没做好准备的状态降临到了傅先生的头上。以前的生活费用、房贷还款、养车费用都可以靠傅先生的收入来支撑,但现在这笔收入来源已中断。怎么办?靠太太的收入无法应付每月的生活费用、房贷还款、养车费用和母亲的医疗费用。傅先生想到了以前投资的基金。可是不幸的是,基金在金融危机到来后大幅缩水,如果赎回则面临实际亏损。最后,傅先生决定赎回亏损的基金以应付当前的困境,并努力寻找新的工作。6个月后,傅先生投资的基金几乎用光。所幸的是,他在6个月后找到了一份新的工作。经历过这件事后,傅先生又对理财有了更深的认识:风险无处不在,关键是要做好充分的准备。重新开始工作后,傅先生也找了一位理财师进行了咨询。理财师建议他从活期存款中划拨出3—6个月的应急资金后,再用每月的收入结余进行子女教育和养老的投资,即做好应对所有风险的准备后再规划长期的理财目标。

一、现金规划的内涵

现金规划是为了满足个人或家庭短期需求而进行的管理日常现金、现金等价物和短期融资的活动。现金规划对每个家庭具有重要的意义,因为财务困境的出现都是由于现金不足导致的。比如,本节案例导读中的傅先生正是由于对现金管理不足,使其在失业时出现困境。有些金融资产的作用等同于现金,这类金融资产称为现金等价物,比如活期存款、货币市场基金、七天通知存款等。由于这些工具变现的能力很强,因此在现金规划中经常用到。

货币市场基金(Money Market Fund,MMF)是指投资于货币市场上短期有价证券的一种投资基金。货币市场短期有价证券通常是指一年以内,平均期限120天的短期证券,比如国库券、商业票据、银行定期存单、政府短期债券、企业债券等。

七天通知存款是一种不约定存期、支取时需提前通知银行、约定支取日期和金额方能支取的存款。七天通知存款必须提前七天通知约定银行支取存款。人民币开户金额是5万元人民币起,外币开户金额是6 250美元或等值外币起。除七天通知存款外,还有一天通知存款,即提前一天通知约定银行支取存款。七天通知存款的利率和3个月定期利率比较接近,但取款的灵活性接近活期储蓄,比较适合打理那些使用时间不固定的大额生意资金。

一个家庭如果保留的现金或现金等价物不足,就可能出现财务困境,需要借钱生活或降低生活质量。但一个家庭如果保留的现金或现金等价物过多,由于现金或现金等价物在所有理财产品中收益是最低的,又会影响到这个家庭的理财收益。现金规划就是帮助平衡现金储备与理财收益之间的矛盾,使得家庭在做好足够准备的前提下提高理财收益。

二、现金规划步骤

现金规划是所有理财规划中最简单的一个环节。在这个环节中,理财师需要了解的信息包括家庭的每月必须支出信息和目前资产中拥有多少现金。每月必须支出信息可以从第四章的家庭收入支出表中找到,资产中拥有多少现金可以从第四章的家庭资产负债表中找到。通过对比家庭资产负债表中的现金与每月必须支出信息,就可以判断家庭的现金储备是否足够或是否过多。这里的判断标准是现金储备是否达到月必须支出金额的3—6倍。

之所以以月必须支出金额的3—6倍作为现金储备的标准,主要出于以下考虑:如果家庭每月能保持正常的收入和支出,那么按部就班地生活就能保持家庭财务的稳定。但往往突发事件都是人为难以掌控的,一旦出现突发事件导致正常的收入减少甚至中断,或支出大幅增加时,家庭财务就可能陷入困境。这时,家庭保留应急准备金就能起到关键的作用。比如傅先生的案例中由于没有准备应急准备金,结果导致失业情况下家庭突然陷入困境。

应急准备金主要用于以下突发事件:

1. 因失业而导致的收入中断

2008年的金融危机,使得美国很多历史悠久的大公司也不得不面临裁员的问题。以前在这些公司工作,拿着高收入、令人羡慕的职员可能从没有想象过自己也会失业。但失业仍意外地降临到了他们的头上。由于领着高薪,这些职员平时的生活支出也相当高,甚至住房贷款的还款额也相当高。然而失业的来临,不仅剥夺了其工作的权利,也让其瞬间陷入财务困境。即使生活质量可以降低以缩减开支,但是房贷的还款额则没有办法缩减。如果没有做好事前的应急准备,一旦应付不了房贷的还款额,房子将被银行收回。一般来说,失业后至少要花费3—6个月时间才能找到一份新的工作,因此在3—6个月的时间内能否应付得了每月的支出就要靠事先的现金规划。

2. 因失能而导致的收入中断

除失业以外,还有一种情况也可能导致收入中断,即失能。因意外伤害或者身心疾病导致暂时无法工作,在保险术语上叫做"失能"。当家庭成员遇到意外情况时,往往会影响到整个家庭的其他成员。比如,其他成员也需要暂时放下手中的工作来照顾这个成员。这种情况下,整个家庭的财务风险大大提高。"失能"可以通过向商业保险公司投保来降低风险。但这种"失能险"的头一个月因手续等原因仍需要自己垫付生活费。因此,即便投保了失能险,也需要自己想办法度过应急时期。

3. 因意外伤害或疾病导致的大额费用

在家庭成员遭遇意外伤害或疾病时,不但收入中断,其大额治疗费用也会成为家庭面临的一个主要负担。这种大额费用通过每月的收入可能不足以支付,这时就需要动用应急准备金了。

由于应急准备金是以现金或现金等价物形式来准备的,收益比较低,所以也不适宜准备太多。以月必须支出的3—6倍为标准来准备,即可应付未来3—6月的生活需求。

【案例5-1】 郭先生的家庭每月生活支出为3 000元。由于贷款买了房和车,每月需要还贷4 500元。郭先生的活期存款有20 000元,股票投资100 000元。根据郭先生的家庭财务状况,如何准备其应急准备金?

【案例分析】 由于应急准备金是为了应对未来3—6月家庭遭遇意外情

况下而准备的,因此,计算应急准备金时应将郭先生家庭的每月生活支出与贷款支出汇总起来,以便在遭遇意外情况时有现金能应付这些必须支出。对于有贷款的家庭,建议按上限来准备更加稳妥,即按 6 个月的支出来准备应急资金。按郭先生家庭月生活支出 3 000 元和月贷款还款额 4 500 元计算,郭先生家庭应准备 $(3\,000 + 4\,500) \times 6 = 45\,000$ 元。

从郭先生家庭的资产配置来看,活期存款只有 20 000 元,表明郭先生家庭的应急准备金不足,应将部分股票转为活期存款,以提高应急准备金,应付未来不时之需。

三、现金管理的技巧

现金规划的基础是了解家庭每月的现金支出。但大多数人连自己每月花费了多少钱都不知道。因此,做好现金规划的前提是做好家庭的现金管理。

记账是现金管理的首要环节。并不一定要每天记账,但要学会保留消费凭证,每个月盘点一下该月的支出则是有必要的。如果自己懒得花时间整理家庭账务,还可以请专业的理财公司或理财师帮你整理。

生活中每天都会有各种各样的开支,现代社会为记录这些开支提供了很多方便。比如,去超市购买水果、零食之类的,超市都会提供小票,这些小票就是最好的消费凭证。如果你去餐馆消费,别忘了要发票。任何消费你都可以拿到相应的票据,养成这种习惯后,你只需要每次回家后将票据放到一个固定的盒子里,每月将这些小票拿出来盘点一次就可以知道当月家庭的生活开支了。

另一个记录生活开支的凭据是银行卡的取款记录。由于目前每个人的工资和薪水基本上是发到自己的工资卡中,因此从工资的支取也能大致推算出当月的消费额。银行卡的票据不光记录了你的开支,还记录了你的收入。但是依靠银行的票据记录你的账目信息有不利的地方,就是无法分清楚支出的性质,比如哪笔开支属于食品开支,哪笔开支属于汽油费开支等。

对于一部分没有索要票据的开支,可以在钱包中准备一些小便签纸并随身带一支笔记录,也可以用一些电子设备,比如记录在手机的备忘录里。

当搜集好当月的所有票据以及自己记录的信息后,就可以整理当月的收入和开支了。收入支出的整理方式,即按第四章里的收入支出表将各项收支的金额记录在相应的栏目中,并汇总。

每月做好上月的盘点后,注意与前三个月的情况做一个对比分析,看支出是否有特别大的变化。这一方面可以了解通货膨胀的实际增长情况,另一方面也可以在未来的月份里适当调整支出以平衡每年的开支,保证储蓄率的实现。

【案例 5-2】 郭太太盘点了 6 个月的家庭收入支出情况,发现 4 月份生活开支为 3 200 元,5 月份生活开支为 3 270 元,6 月份生活开支为 5 000 元,7 月份生活开支为 3 500 元,8 月份生活开支为 3 550 元,9 月份生活开支为 3 600 元。而每月的工资收入都没有变化,均为 12 000 元。郭太太仔细比较了每月的开支,发现除 6 月份花了 1 600 元购买了一套家具外,并没有额外的一些支出。究竟是什么导致了支出增加呢?

【案例分析】 郭太太可以列一个家庭收入支出的变化趋势表,如表 5-1 所示。从表中可以看到,在没有额外支出的情况下,物价上涨的速度每月平均为 2% 左右。

表 5-1　郭太太家庭收入支出变化趋势

	4 月	5 月	6 月	7 月	8 月	9 月
收入	12 000	12 000	12 000	12 000	12 000	12 000
支出	3 200	3 270	5 000	3 500	3 550	3 600
支出增长率		2.2%	52.9%	-30.0%	1.4%	1.4%
扣除额外支出后的增长率		2.2%	4.0%	2.9%	1.4%	1.4%

如果郭太太计划把每月支出控制在 3 500 元左右,则因为 6 月份有一笔额外的支出,所以在当年未来的 3 个月内每月需要将支出控制在 3 127 元左右。计算方法如下:

设未来每月需要控制支出金额为 x 元,则:

$$(3\,200 + 3\,270 + 5\,000 + 3\,500 + 3\,550 + 3\,600 + 3x) = 3\,500 \times 9$$

可求出 $x = 3\,127$ 元。

四、现金等价物的比较

(一) 货币的层次划分

1. 国际货币基金组织货币层次的划分

国际货币基金组织(International Monetary Fund, IMF)将货币划分为 M0、M1、M2。

M0 = 流通与银行体系外的现金通货

M1 = M0 + 商业银行活期存款 + 邮政汇划资金 + 国库接受的私人活期

存款

M2 = M1 + 储蓄存款 + 定期存款 + 政府短期债券

2．西方发达国家货币层次的划分

西方发达国家将货币划分为四个层次：M1、M2、M3、M4。

M1 = 流通中现金 + 商业银行的活期存款

M2 = M1 + 商业银行的定期存款和储蓄存款

M3 = M2 + 其他金融机构的定期存款和储蓄存款

M4 = M3 + 其他短期流动资产（如国库券、银行及商业承兑汇票、人寿保险单等）

3．中国货币层次的划分

中国也将货币划分为四个层次，但划分方式与 IMF 和西方国家都有所不同。由于中国的信用制度不完善，大多数的商品靠现金进行交易，因而将流通中的现金单独列为一个层次 M0。然后在此基础上进一步划分出 M1、M2、M3。其中的 M1 称为狭义货币，M2 称为广义货币。

M0 = 流通中现金

M1 = M0 + 企业单位活期存款 + 农村存款 + 机关团体部分存款 + 个人持有信用卡类存款（其中，企业单位活期存款 = 企业存款 − 单位定期存款 − 自筹基建存款）

M2 = M1 + 企业单位定期存款 + 城乡居民储蓄存款 + 外币存款 + 信托类存款 + 证券公司客户保障金

M3 = M2 + 金融债券 + 商业票据 + 大额可转让定期存单

（二）现金等价物的比较

各种活期存款和定期存款由于变现力很强，因此可看做现金等价物。各类存款的特点比较见表 5-2。

表 5-2　银行存款特点比较

现金等价物	特点
活期	1 元起存，2005 年 9 月 1 日起按季结息，每个季度最后一个月的 20 日为结息日。
定活两便	50 元起存，不满 3 个月，按活期计；3—6 月，按 3 个月定期打 6 折计算；半年至一年，按半年存款利率打 6 折计算；1 年以上，按 1 年打 6 折计算。
整存整取	50 元起，分为 3 个月、6 个月、9 个月、1 年、2 年、3 年、5 年期。
零存整取	每月固定存入一定金额，存期为 1 年、3 年、5 年。

(续表)

现金等价物	特点
整存零取	1 000 元起,一次存入,分次领取本息,存期为1年、3年、5年,约定第1个月、3个月、6个月领取一次。
存本取息	5 000 元起,分次取息,到期还本,存期为1年、3年、5年,约定第1个月、3个月、6个月领取一次。
通知存款	存取均5万元起,一次存入,可分次领取,分为1天通知存款和7天通知存款。
定期定额储蓄	存款金额固定、存期固定,不记名。

除银行存款外,货币市场基金也可以作为现金等价物。货币市场基金主要投资现金、1年内存款、大额存单、1年内央行票据、1年内债券回购、397天内的债券以及监管部门认可的其他金融工具。货币市场基金不能投资股票、可转债、397天以上的债券、AAA级以下的企业债券以及监管部门禁止投资的其他金融工具。货币基金没有申购费和赎回费,其安全性与活期储蓄相似,收益略高于活期储蓄,并且所获收益不用缴纳利息税。货币基金在银行柜台可以直接办理,也可以在证券公司、基金公司办理。

不同基金公司发行的货币基金带来的收益率略有差异。表5-3列举了2010年12月31日货币基金的万分基金单位收益和七日年化收益率。

选择货币市场基金时可关注两个指标:一个是七日年化收益率,另一个是每万份货币市场基金单位收益。其中,七日年化收益率是货币基金过去七天每万份基金份额净收益折合成的年收益率。它是一个短期指标,反映基金过去七天的盈利水平。但这并不意味着七日年化收益率高,未来收益水平就高。选择货币基金时最好关注每万份基金单位收益,这个指标反映了货币基金的管理人为投资者带来长期回报的能力,这个指标越高,投资者获得的实际收益就越高。

表5-3 货币基金数据比较

排序	基金代码	基金名称	万份基金单位收益(%)	七日年化收益率(%)
1	091005	大成货币市场B	1.492	5.06
2	519998	长信利息收益B	1.439	5.03
3	090005	大成货币市场A	1.426	4.85
4	519999	长信利息收益A	1.373	4.81
5	217014	招商现金增值B	1.341	5.19
6	213909	宝盈货币B	1.315	5.02

（续表）

排序	基金代码	基金名称	万份基金单位收益(%)	七日年化收益率(%)
7	202302	南方现金增利B	1.315	5.26
8	163802	中银货币	1.313	4.47
9	660107	农银汇理货币B	1.313	5.15
10	200003	长城货币市场	1.310	5.03
11	160609	鹏华货币B	1.309	4.33
12	270014	广发货币市场B	1.308	5.00
13	320002	诺安货币	1.308	4.40
14	050003	博时现金收益	1.302	5.69
15	550011	信诚货币B	1.300	6.57
16	150015	银河银富B	1.286	4.63
17	340005	兴全货币	1.284	4.58
18	260202	景顺长城货币B	1.283	3.78
19	161608	融通易支付货币	1.278	5.23
20	217004	招商现金增值A	1.276	4.93
21	110016	易方达货币B	1.272	5.27
22	240007	华宝兴业现金宝B	1.268	4.63
23	128011	国投瑞银货币B	1.265	4.57
24	003003	华夏现金增利	1.256	4.72
25	400005	东方货币基金	1.256	4.95
26	410002	华富货币基金	1.254	4.86
27	519508	万家货币	1.252	4.53
28	519589	交银货币B	1.250	4.58
29	213009	宝盈货币A	1.250	4.76
30	202301	南方现金增利A	1.492	5.01

注：表中数据为2011年12月31日的数据，这里仅列出了30只货币基金。

资料来源：招宝理财网（www.zhaobaolicai.com）。

第二节 保险规划

 案例导读

杨先生与朋友创办了一家公司。经过多年的发展，公司资产已达500万元。杨太太是全职妈妈，在家带儿子。儿子已经7岁。正当杨先生事业如日中天之时，由于日常应酬过多、饮酒过度，杨先生被确诊为患有肝癌。医生告诉杨先生，可以立即通过换肝进行治疗，不过治疗费用至少需要40—50万元左右。按一般人推断,杨先生的公司生意都做到500万元了,拿出这笔费用应该不成问题。但50万元对500万元的公司来说是一笔不小的现金流,这些现金流要用于日常的营运,比如开工资、买原料等,不能随便拿出来用于医疗费用。那么,杨先生家里能否拿出50万元呢?事后杨太太说,当时所有的钱都拿去投资公司了,家里根本没留下什么钱。当时,要拿出这50万元简直是痴人说梦。于是,杨先生和杨太太向亲戚朋友筹借。但亲戚朋友一时间也拿不出多少钱,不是拿去投资的股票被套牢,就是自己还有房贷要还。最终,杨先生放弃了治疗,撒手人寰。杨太太不得不独自承担起抚养孩子的责任,既要照看儿子,还要重新出去打工挣钱。但因为太久没有工作了,没有人愿意雇用她。孤独无依的情况下,杨太太也得了抑郁症,在杨先生去世的第二年最终扔下儿子也撒手人寰。

幸福的家庭都是相似的,不幸的家庭却各有各的不幸。天有不测风云,人有旦夕祸福。谁也不能保证在自己的一生中总是一帆风顺。特别是过了30岁之后,结婚成家,养育子女,责任更重,压力更大,而疾病也随年龄的增长发生的概率越来越高。如何尽到为人父母的责任?如何应对这些未来的意外事件?如何将家庭的风险降到最低?这些就是保险规划要提供的内容。

一、保险规划的内涵

保险规划是通过对家庭成员的经济状况和生命周期进行诊断后,根据家庭经济状况配置相应的保险产品,以防范未来意外事件对家庭财务造成的冲击。上述杨先生的案例中,原本是可以通过保险规划规避重大疾病给家庭带来的财务风险,但由于事前没有进行过这样的规划,因而在突发事件来临时给杨先生家庭造成严重的打击,留下一个令人唏嘘的结局。

人的一生中面临的风险可以归结为人身风险、财产风险、责任风险。人身风险是指由于生老病死或者残疾所导致的身体上的风险。这种风险不但会对身体造成损害,也会增加家庭的财务负担,比如上述案例中需要花费高额费用进行治疗。财产风险是指造成实物财产的贬值、损毁或者是灭失的风险。这种风险直接影响到家庭的财务状况,比如房子遭遇火灾、地震等。责任风险是指因为自身或者被监护人的行为对他人造成伤害或者损失而必须承担责任的风险,比如司机因意外撞伤了行人需要承担赔偿责任,会计师因工作疏忽给公司造成了损失需要承担赔偿责任等。

并非所有的风险都需要通过保险规划来规避。保险规划只是管理风险的一种方式。管理风险可以通过风险控制、风险回避、风险分散、风险保留、风险转移五种方式。风险控制是指人们在风险发生之前，采取措施消灭风险发生的条件，降低风险发生的概率，比如为汽车安装防盗系统。风险回避是指不去做可能导致风险的事，从而避免某种风险的发生以及由此带来的损失，比如从不赌博。风险分散是指设法将同一风险分散到相关的多个个体上，从而使每一个个体所承担的风险相对以前较少，比如两个家庭成员不在同一家公司工作，就分散了失业的风险。风险保留是指自己承担风险可能带来的损失，比如一支钢笔丢失的风险。风险转移是指将风险及其可能造成的损失转移给他人，比如通过购买保险将风险转移给保险公司。从这里可以看出，保险规划主要是规划如何转移风险。

虽然保险规划能帮助家庭转移风险，但也不是所有的风险都能转移给保险公司。只有满足下列条件的风险才有可能转移给保险公司：

（1）必须是纯粹风险。纯粹风险（Pure Risk）是指只有损失机会，而无获利可能的风险。这种风险可能造成的结果只有两个：要么没有损失，要么造成了损失。例如，地震、洪灾、雪灾、疾病等。

与纯粹风险相对应的是投机风险（Speculative Risk）。投机风险造成的结果比纯粹风险多了一种可能，即除损失和无损失两种结果外，还可能出现获得收益的结果。例如，买卖股票、投资基金等。

保险公司只承保纯粹风险，不承保投机风险。

（2）必须是偶然和意外的风险。当人们既不知道风险是不是一定发生，也不知道风险一旦发生，是否会造成损失以及损失到底有多大，这就是偶然的风险。当人们确知风险会发生时去找保险公司投保，保险公司也不会承保，比如一个人已经知道自己得了肿瘤，再去向保险公司投保，保险公司不可能承保。

另外，如果被保险人因为故意行为或故意不行为造成的风险及其损失，保险公司也不会承担赔偿责任，比如会计师故意做假给公司造成的损失，或某人故意烧毁自己的旧房。

（3）风险发生的概率必须是可以预测的。保险公司是通过精算师运用数理方法和统计资料对风险发生的概率进行预测后，以此为基础制定相应的赔偿规则，并开展保险业务的。其原理是集中多数人的少部分资金来承担少数人的小概率事件造成的大损失。如果保险公司承保大概率的风险,那么保险公司将入不敷出,收取的保费将不足以支付赔偿的金额。

（4）风险造成的损失必须是明确的。保险公司与投保人之间签订的合同都会明确规定保险损失发生后保险人应该给付的保险金数额。这有赖于对风险造成的损失的估计。比如重大疾病发生时,保险公司不会无休止地为被保险人支付治疗费用,而是在保险合同中规定了一个限额。通常每份保单的限额都是根据平均费用确定的。当然投保人可以通过多交保费获得更多的保额。

（5）对保险人而言不能是巨灾损失。对于巨灾损失,保险公司一般是不承保的。保险公司即使承保了,但因为其赔偿能力有限,也无法提供全额补偿。比如地震给一片区域所造成的房屋损失,这种损失往往是巨灾损失。在保险中,由于自然灾害造成的巨大损失,保险公司一般是不保或在保险合同中规定免责。这种巨灾损失靠商业保险公司是无法独立承担的。但一些国家和政府会联合商业保险公司对这种巨灾造成的损失进行适度赔偿。

对于巨灾损失,保险公司除和政府联合承担以外,还可以通过向其他保险人转移风险来实现,即再保险。我国《保险法》规定,保险公司对每一危险单位,即对每一次保险事故可能造成的最大损失范围所承担的责任,不得超过其实有资本金加公积金总和的10%;超过的部分,依法应当办理再保险。除人寿保险业务外,保险公司应当将其承保的每笔保险业务的20%办理再保险。

满足上述五个条件的风险才可以通过保险规划利用商业保险进行风险转移。

根据风险来源的不同,保险规划可以分成人身保险规划、财产保险规划、责任保险规划。人身保险规划又可分成寿险规划、意外险规划、重大疾病险规划等。财产保险规划又可分成家财险规划、车险规划等。责任保险规划则包括公众责任保险规划、第三者责任保险规划、产品责任保险规划、雇主责任保险规划、职业责任保险规划等。

二、保险规划的步骤

保险,这个以前被中国人嗤之以鼻的金融产品,如今已成为千家万户的保护神。随着越来越多的理赔兑现,大家对保险的功能也有了越来越多的认识,对保险的需求也日益增长。但由于对保险产品不熟悉,对保险在整个家庭财务中所起的作用不清晰,很多家庭购买保险时仍具有相当大的盲目性。

保险规划是从家庭的经济状况和所处生命周期入手进行科学分析,并在此基础上诊断出家庭未来的风险暴露程度,从家庭的实际需求出发规划风险转移。科学的保险规划遵循下面六个流程:诊断(Diagnosis)、规划(Plan)、产品分析(Analysis)、选择(Choose)、执行(Execute)、跟踪(Track)。

保险规划的第一步是诊断家庭的保险需求。并非所有的保险都要购买,也并非所有的家庭都要购买保险。要诊断出家庭的保险需求,必须先了解保险对家庭财务的意义。

保险在家庭整个理财规划中至少具有这样几个意义:一是转移风险的功能。这个功能是保险的基本功能,也是保险代理人推销保险时重点强调的功能。二是投资功能。随着保险产品的更新换代,保险还具备一定的投资功能,比如投资连结险、万能险等。三是储蓄功能,比如教育险等在提供孩子保障的同时也为孩子未来的教育筹备了一定金额的款项。

以上这三项功能都是不同保险产品所提供的。但如果从家庭理财规划的全局来看,保险还具有一个非常重要的功能,即做好保障的前提下释放家庭财务资源。为什么中国的消费一直在GDP增长中的贡献不多?为什么中国家庭的储蓄率相当高?为什么中国的实际利率是负的,普通老百姓还把钱存在银行,每天睡一觉后看着财富缩水?其根本原因在于中国的社会保障体系还不健全,大家必须将钱存起来以应付未来之需。正是因为对未来的担忧,大家不敢消费,更不用说拿来做一些风险较高的投资了。即使做投资,也不敢长期坚持,其原因也是担心未来要用钱的时候正处于亏损期怎么办?这不仅导致了我国股票市场的短线操作,加剧了市场波动,也使得大多数的投资者因无法承担波动带来的风险而以亏损最终离场。那么,在什么情况下,投资者才敢长期投资并且能够坚持长期投资呢?其前提就是投资者已经做好了长期投资的规划了。而投资者如果要坚持长期投资,其所动用的资金必须是短期内不会用到或不需要用到的钱。试想一下,如果现在有一笔钱是为未来看病所用的,你会动用这笔钱进行长期投资吗?当你用其中的一部分资金做好了未来的保障后,剩余的资金是否就可以释放出来进行长期投资了呢?举个简单的例子来说明这个问题。

【案例5-3】梁先生在一家民营企业工作,有五险一金。通过打拼在银行有存款10万元,虽然明知银行实际利率为负,也从来没有想过要将这笔钱拿来投资。2007年,见到周围的朋友在银行买基金都赚了一笔,也忍不住在银行花5万元购买了一只基金。3个月的时间里这只基金帮梁先生赚了

20%,梁先生高兴地又将剩下的5万元也投入基金中。没想到2007年年底,股票市场逆转,梁先生一直看着自己买的基金缩水,但又舍不得赎回。坚持到了2008年年底,基金从最高点已经回落60%以上。梁先生也因为大病住进了医院。为了支付医疗费用,梁先生不得不将已经亏损的基金赎回。然而,2009年上半年的市场似乎又给梁先生开了一个玩笑,梁先生原来的那只基金又回到赚钱状态了。梁先生后悔不迭,但也无可奈何。事后,梁先生说:"我再也不买基金了!"

【案例分析】 这个例子非常具有代表性,应该代表了2007—2009年三年时间里多数基金投资者大起大落的一个经历。从大牛市到大熊市,部分投资者经历了收益和风险的洗礼后变得更加谨慎了,部分投资者则在经历过大风大浪后变得更淡定了。这个例子中梁先生之所以最终出现亏损的结局,是因为在出现疾病时,由于事先没有规划这笔资金,而不得不动用正处于亏损状态的投资。要避免出现这样的问题,需要事先做好两个规划:一个是现金规划,一个是保险规划。现金规划使得梁先生在出现疾病这种意外情况时有一定的现金能够应急,而保险规划则使得梁先生在出现疾病需要动用大笔现金时保险公司可以先行垫付,而不必动用亏损的投资。

梁先生在公司有五险一金,不能满足其保障需求吗?五险一金可以满足基本的保障需求,但国家关于社会保险的规定是先自己垫付医疗费用,等治疗完毕之后再拿治疗清单去报销。实际上,需要患者自己先行垫付的这笔费用对不少工薪家庭来说并不容易筹集。也正因为如此,工薪家庭都不得不在银行保留大额存款以应付不时之需。

究竟如何确定家庭的保险需求呢?

以下从人寿保险需求来进行分析,养老保险需求放在后文养老规划中进行分析。

在计算人寿保险需求时,经常用"双十"原则来推算保险需求和保险费支出金额。所谓的双十原则指的是一个家庭的寿险需求应是家庭年收入的5—10倍,保险费支出金额控制在年收入的10%—15%左右。这种计算方法是一种简单粗略的方法。其原理是寿险需求应覆盖意外出现后未来10年的家庭收入,使得家庭成员能依靠这笔收入维持正常生活10年左右。比如一个家庭年收入10万元,则该家庭的保险需求可设置为100万元,保险费用控制在1万元左右。由于一些家庭成员所在工作单位的福利较好,已覆盖部分风险,因此商业保险的需求可以适当降低。

专业的理财规划师或人寿保险代理人常常使用另外一种复杂的需求分析法来诊断家庭人寿保险的需求。诊断流程分成三个步骤：第一步，估算家庭成员的所有经济需求；第二步，计算家庭成员现在和未来确信可得的财务资源；第三步，用经济需求和财务资源之间的缺口作为人寿保险的需求。这种方法需要先假设家庭主要经济支柱（能给家庭带来主要收入来源的成员）如果明天去世的话，家庭其他成员还需要多少财务资源来应对未来的需求？

这些需求包括：

（1）维持家庭收入。对于家庭的其他成员，他们最基本的需求就是维持他们的生活水平。而在主要经济支柱去世的情况下，能否有同样的家庭收入就成为决定家庭其他成员能否维持相同生活水平的重要因素。本节案例导读中的杨先生案例就是因为在杨先生去世后没有相应的收入来源，导致家庭其他成员陷入异常悲惨的困境。

（2）债务偿还。除维持生活水平需要的生活费用外，家庭的房屋贷款、信用卡贷款、买车贷款等债务也需要家庭其他成员来负担。因此，考虑保险需求时，这部分支出必须要考虑。也正因为如此，有房贷的家庭比没有房贷的家庭更需要保险保障。

（3）身后费用。过世后的丧葬费用等也需要提前准备，以免给家庭其他成员在丧失亲人的痛苦上再增加财务负担。

（4）子女抚养教育费用。比如抚养孩子的费用，为孩子接受高等教育准备教育金等。

（5）父母赡养费用。比如给父母的生活费用，父母享受养老院服务的费用等。

（6）流动性需求。中国正在试点房产税，一旦大面积推广，则在考虑保险需求的时候还需要考虑使用固定资产所产生的税费。

现有的财务资源或者确信可得的收入可以通过对资产负债表和收入支出表的分析得到。它包括当前的金融资产、公司提供的保险、社会保险、商业保险、配偶的收入、投资收入。

计算出未来需求和已有财务资源后，看是否有需求缺口存在。如果财务资源满足不了未来需求，就存在需求缺口，还需要通过购买人寿保险来弥补缺口。如果财务资源足够覆盖未来需求，则不需要再购买人寿保险了。

实际操作过程中，可运用如表5-4所示的寿险需求分析表对家庭寿险需求进行分析。

表 5-4 寿险需求分析表

家庭保障需求	
1. 维持家庭收入	
2. 债务偿还	
3. 身后费用	
4. 子女抚养教育费用	
5. 父母赡养费用	
6. 流动性需求	
7. 其他需求	
家庭财务资源	
1. 当前金融资产	
2. 公司提供保险保障额度	
3. 社会保险保障额度	
4. 商业保险保障额度	
5. 配偶工资收入(按需保障年限计算)	
6. 投资收入	
7. 其他收入来源	
寿险缺口(家庭保障需求－家庭财务资源)	

【案例 5-4】 夏先生,32 岁,开出租车,月收入 3 000 元。夏太太,28 岁,在某公司从事会计工作,月收入 2 500 元。儿子 8 岁,读小学 2 年级。每月家庭生活开支为 2 500 元。夏先生家庭存款 100 000 元,贷款买了房,还有 120 000 元贷款未偿还。夏先生未购买任何商业保险,仅有公司按国家规定缴纳的社会保险,账户金额 120 000 元。夏先生和夏太太都期望儿子将来能接受高等教育,希望能为孩子准备 100 000 元的教育资金。夏先生的父母和夏太太的父母都健在,都有社会保险。夏先生和夏太太每年给父母的额外赡养费一共为 5 000 元。目前的身后费用为 15 000 元。不考虑通货膨胀,根据以上信息,诊断夏先生的寿险需求(假设保障到孩子 18 岁)。

【案例分析】 根据夏先生的家庭情况可以列出表 5-5。

表 5-5 夏先生寿险需求分析表

	金额(元)
家庭保障需求	
1. 维持家庭收入	(3 000 + 2 500) × 12 月 × 10 年 = 660 000
2. 债务偿还	120 000
3. 身后费用	15 000
4. 子女抚养教育费用	100 000
5. 父母赡养费用	5 000 × 10 年 = 50 000

(续表)

	金额（元）
6．流动性需求	
7．其他需求	
合计	945 000
家庭财务资源	
1．当前金融资产	100 000
2．公司提供保险保障额度	
3．社会保险保障额度	120 000
4．商业保险保障额度	
5．配偶工资收入（按需保障年限计算）	2 500 × 12 月 × 10 年 = 300 000
6．投资收入	
7．其他收入来源合计	520 000
寿险缺口（家庭保障需求 − 家庭财务资源）	945 000 − 520 000 = 425 000

从表5-5中可以看出，夏先生未来十年家庭保障需求是945 000元，家庭财务资源520 000元。需求缺口还有425 000元。夏先生还需要补充寿险才能覆盖未来十年的缺口。

通过以上分析，夏先生觉得依靠自己目前的经济实力无法承担上述保障需求，希望将自己的收入保障降低为未来5年，但孩子的教育保障需求不变。重新调整后的寿险需求缺口见表5-6。调整后夏先生的家庭保障需求为615 000元，财务资源为370 000元，寿险缺口为245 000元。这个缺口是夏先生目前能承担的。

除寿险外，重大疾病险、意外险、医疗保险等的需求缺口计算思路相近，即先计算出保障需求的金额，再计算出已有的财务资源，然后计算出缺口，根据缺口和自己的经济实力最后进行调整。

表5-6　夏先生寿险需求调整分析表

	金额（元）
家庭保障需求	
1．维持家庭收入	(3 000 + 2 500) × 12 月 × 5 年 = 330 000
2．债务偿还	120 000
3．身后费用	15 000
4．子女抚养教育费用	100 000
5．父母赡养费用	5 000 × 10 年 = 50 000
6．流动性需求	

(续表)

	金额(元)
7. 其他需求	
合计	615 000
家庭财务资源	
1. 当前金融资产	100 000
2. 公司提供保险保障额度	
3. 社会保险保障额度	120 000
4. 商业保险保障额度	
5. 配偶工资收入(按需保障年限计算)	2 500 × 12 月 × 5 年 = 150 000
6. 投资收入	
7. 其他收入来源合计	370 000
寿险缺口(家庭保障需求 − 家庭财务资源)	615 000 − 370 000 = 245 000

在诊断过程进行完之后,需要理财师根据诊断情况开出药方,这个药方就是"规划"。在规划过程中,有几个要注意的关键点:

(1)保障顺序。首先应为家庭经济支柱做好保障。保险最核心的功能不是保障自己,而是保障家人。保险不是保障自己不生病、不出意外,而是保障在生病和遭遇意外情况时,家庭有足够的财务资源来维持稳定。所以对家庭贡献最大的那个人是最需要保障的。做好了家庭经济支柱的保障,家庭的财务风险就降低很多。

(2)保险是承担家庭责任的一种方式。由于保险的核心功能不是保障自己,而是保障家人,因此做好保险规划是家庭成员承担责任的一种体现。

(3)购买保险要量力而行,不宜太多,也不宜太少。保额设置太少,家庭保障将不足,遭遇意外情况时抗风险能力也就不足。保额设置太多,则会出现财务资源浪费的情况。

(4)先做好险种规划,再在不同险种和不同产品之间进行优化配置。

(5)各种不同保险产品之间的搭配组合能起到优化资源配置的作用,同样保额情况下保费较低的组合为最优组合。

做好险种规划后,就可以按规划来配置组合相应的产品。由于各个保险公司每年推出的保险产品并不一样,所以需要理财师和各个保险公司的代理人进行充分沟通,获得新产品的详细信息后才能进行比较分析。一般来说,每个保险公司的优势产品都不一样。在同一家保险公司购买产品的好处是方便管理,但不一定买到的所有产品都是最合适的。正因为这样,第三方理财才具备其生存空间:为客户挑选最优的产品组合,这个组合可以包含各家不同保险公司的产品。理财师进行的这个过程就是产品分析过程。

在对各个产品进行分析后,理财师一般可以出两套方案供客户选择。两套方案中应说明各自的优缺点,让客户能在获得这些充分信息后做出决定。这个过程是选择过程。

当客户选定方案后,理财师还应协助客户执行,比如填表、开户、协助交费等。这个过程是执行过程。

执行完毕后,并不意味着工作就结束了。理财师还需要定期与客户沟通,看是否需要调整规划。这个过程是跟踪过程,也是服务客户必不可少的过程。以往保险公司的代理人工作一段时间跳槽后,该保单就成了"孤儿"保单(无人管的保单),这种没有后续跟踪服务的保险公司会受到客户的唾弃。同样,没有后续跟踪服务的理财师最终也会被客户抛弃。

第三节 子女教育规划

案例导读

季先生30岁,在某公司负责人事工作。最近双喜临门,一是喜得贵子,二是职位升迁。季先生和季太太都是硕士学历,因而对孩子未来的期望也非常高。他们两位已经将孩子的教育费用的筹备提到了日程上,希望能在孩子18岁时有足够的出国留学费用。季先生去留学中介机构咨询,被告知去美国的留学费用一年需要15—20万元人民币,这样4年下来约需准备60—80万元人民币。季先生和季太太的收入每月为1.5万元,扣除生活费用、房贷、养车费用后每月还可结余3 000元。季先生找到一家第三方理财公司,请理财师帮他对这笔教育金做一个规划。理财师首先根据季先生目前的学费需求80万元,以每年3%的通货膨胀率测算出季先生孩子成长到18岁时的学费需求约为136万元。为筹备这笔学费,理财师建议季先生每月做一个基金定投,投入资金2 850元,如果基金年均收益达到8%,即可在未来筹到136万元的学费。不过理财师也提醒季先生,应在做好未来个人收入的保障后再考虑这样高额的教育储备需求。因为未来18年会否有意外情况出现是谁也不能预料的。当意外情况出现后,收入中断将无法保证教育资金的实现。另外,季先生也未规划出自己未来的养老保障。在季先生升职后,收入会提高,每月结余也会提高,3 000元的结余扣除子女教育投资支出2 850元后还有部分剩余可用来满足养老保障需求。

从这个例子中可以看到,家庭的财务目标中子女教育也是一个非常重要的需求,特别是对于中国家庭来说,子女教育在家庭中占据着重要的位置。家庭财务资源中也必然需要拿出一部分配置在子女教育需求上。

一、子女教育规划的内涵

子女教育规划是在对教育费用的测算和评估的基础上,根据家庭的需求和经济状况,确定合理的子女教育目标,并制定相应的财务规划以实现目标的过程。

子女教育费用包含幼儿教育、九年制义务教育、高中教育、大学教育、研究生教育等费用。随着社会经济的发展,家庭用于不同阶段教育的支出比重也在变化。目前出现的是两头重中间轻的"纺锤形"结构,即幼儿教育阶段和大学教育阶段花费较高。尽管幼儿园本身的学费并不高,但为了让孩子不输在起跑线上,家长们纷纷让孩子参加各种各样的学习培训班。这些费用加起来,一年少则几千,多则上万。2010年,国家统计局天津调查总队对天津市400户正在接受不同教育阶段学生家庭教育费用情况进行了专项调查,调查结果显示,天津市平均每名学生从幼儿园到大学毕业19年时间需要教育费用支出14万元(按2010年价格计算),平均每学年7373元。幼儿园阶段占总花费的19.7%,约需3万元,每年1万元左右;九年义务教育阶段占总花费的20.9%,约需3万元,每年3000元左右;高中和大学阶段占总花费的59.4%,约需8万元,每年1.2万元左右。[1]

另外,随着中国家庭可支配收入的提升,出国留学等教育需求变得越来越普遍。根据启德教育集团发布的《2011年中国留学生意向调查报告》,截止到2010年年底,中国留学生人数已突破25万。在即将或有意出国留学的学生中,家庭收入在30万元以下的占被调查人群的52.28%。2010年以前,留学生中来自普通工薪家庭的只占2%;2010年计划留学的学生中,来自普通工薪家庭的比例达到34%,这个比例在逐年上涨。有三成以上的学生留学意向是美国。

2011年《理财周刊》列举了留学美国的教育费用。根据美国大学理事会对全美3500所大学所做的调查显示,美国两年制公立大学2009—2010学年一年的教育费用平均需要14285美元,四年制公立大学平均需要19388美

---

[1] http://www.chinanews.com/edu/edu-xyztc/news/2010/06-09/2332319.shtml。

元,四年制私立大学平均需要 39 028 美元,如表 5-7 所示。而在常青藤私立名校中,一年的教育费用大约需要 50 000 美元,四年下来在教育上的花费要超过 20 万美元。[①] 如果按 1 美元兑换 6.6 元人民币来计算,美国常青藤名校四年的学费约为 132 万元人民币。

表 5-7 2009—2010 年美国大学每年学费

单位:美元

项目	公立大学		私立大学
	两年制	四年制	四年制
学费、学杂费	2 544	7 020	26 273
食宿费	7 202	8 193	9 363
教材、用品费	1 098	1 122	1 116
交通费	1 445	1 079	849
其他费用	1 996	1 974	1 427
总计	14 285	19 388	39 028

要想让孩子能接受高层次的教育,除了孩子本身的学习能力外,家长要做的就是提供相应的财务资源。从上面的统计来看,教育费用是一笔不菲的开支。对大多数家庭来说,要一下子拿出这么多钱是很困难的。但如果运用长期规划的原理去筹备,其难度将大大降低。

二、子女教育规划的步骤

子女教育规划的基本步骤如下:第一步,测算子女教育的需求,并将这种需求转化为财务目标;第二步,根据财务目标制定长期规划方案;第三步,选择相应的产品来满足规划;第四步,执行规划;第五步,跟踪规划。

【案例 5-5】 孙先生,湖南人,28 岁,在广州一家国有企业工作,月收入 3 000 元。孙太太,湖南人,26 岁,在广州一所学校从事教师工作,月收入 2 500 元。孩子,2 岁。两人和孩子的月生活费用 3 000 元,房贷每月支出 1 877 元。目前存款 30 000 元,两人希望为孩子准备从幼儿园到上大学的费用。如何筹备?

【案例分析】 要为孙先生和孙太太诊断其教育需求,需要先搜集各个阶段的教育费用。信息搜集可通过各地政府的物价局获取。以下是对广州市各阶段的教育费用的分析。

征询了孙先生的需求后,理财师按各阶段的较高标准来筹备教育费用。幼儿园的费用包括两个项目:一个项目是保教费和假期留园费,也就是幼儿在

[①] http://finance.jrj.com.cn/2011/01/3115279118017.shtml。

园期间所需的保育、教育费用,以及假期(寒假、暑假)留园的费用。此类费用由物价局统一规定。另外一个项目是其他代收代管费,主要包括伙食、体检、生活用品、外出活动、交通接送等费用。此类费用遵循"家长自愿、据实收取、及时结算、定期公布"的原则。每月收取的伙食费一般是200元。

一般读幼儿园采取就近原则。由于不是本地户口,因此孙先生还需要缴纳一些赞助费等,省一级幼儿园约需2万元(一次性缴纳,4年)。部分幼儿园还设置了一些思维训练课程,这些费用额外收取,每年约1200—1500元左右。

表5-8列出了广州市幼儿园保教费用。从表中可以看到,在广州市就读省一级幼儿园全日制的保教费用为每月240元。在幼儿园待9个月(扣除寒暑假)需要花费的费用为(240+200)×9=3960元。需要在孩子3岁时准备2万元赞助费;如果参加思维训练课程,每年还需要准备1500元。如果将2万元赞助费平摊到每年,幼儿每年在幼儿园的花费就需要10460元。

表5-8 2010年广州市幼儿园保教费用   单位:元/月

幼儿园等级 \ 项目	全日制			寄宿制		
	家长负担	单位报销	合计	家长负担	单位报销	合计
省一级园	240	30	270	390	30	420
市一类一级园	190	30	220	330	30	360
市一类二级园 / 市二类一级园	160	30	190	320	30	350
市一类三级园 / 市二类二级园 / 市三类一级园	145	30	175	300	30	330
市二类三级园 / 市三类二级园	130	30	160	280	30	310
市三类三级园	115	30	145	260	30	290
未评估幼儿园	100	30	130	240	30	270
托儿所	230	40	270			

资料来源:广州市价格信息网(http://www.gzwjj.gov.cn/html/sfcx/index.htm)。

自2009年1月1日起,九年制义务教育阶段正式取消了借读费。目前广州市的中小学费用也包括两个部分(见表5-10):一项是服务性收费,包括校外活动收费、学生校内搭食费、午休管理费、学生课后托管费、搭乘校车费五类;另一项是代收费用,包括作业本费、校园一卡通工本费、城镇中小学校服费、军训期间食宿费、高中学生体检费、住宿费等六类。虽然中小学是义务教育,但如果不是本地户口,要就读当地学校则需要缴纳额外的费用。根据各中小学的招生信息,这些费用加起来一学期大约需要11000—15000元左右,好的学校费用更高。中小学九年教育费用约需要 270 000 元左右。

表 5-9 2010 年广州市中小学费用

收费项目	收费对象	收费标准	备注
校外活动费	中小学生	按实收费	郊游、少先队雏鹰争章活动、看电影等
伙食费（搭食费）	中小学生	按实收费	不得收取搭食管理费、饭卡工本费
午休管理费	城镇小学生	有专门床位的 2.5 元/生·天，在教室午休的 1 元/生·天	按实际天数计算
课后托管费	城镇小学生	1 元/生·天	按实际天数计算
校车费	中小学生	按学期收取	
作业本费	中小学生	按实收取	
校园一卡通工本费	城镇中小学生	15 元/卡	
校服费	城镇中小学生	按中标价格收取	农村中小学不得强制统一着装
军训期间收费（含学工学农）	城镇中小学生	伙食费 8 元/生·天，食宿费 5 元/生·天，租用服装费 3 元/生·天	
体检费	高中学生	19 元/生·学年	
住宿费	中小学生	一般宿舍 50 元/生·月，公寓式宿舍 70 元/生·月	

资料来源：广州市价格信息网（http://www.gzwjj.gov.cn/html/sfcx/index.htm）。

高中阶段的收费标准参见表 5-10 和表 5-11。由于高中阶段不属于义务教育，因此可以收取择校费。广州市省市级高中的择校费标准为 40 000 元，入学时一次性缴纳。再加上每学期缴纳的学杂费 1 175 元，平均每年需要 15 684 元。

表 5-10 2010 年广州市普通高中一费制标准   单位：元

收费项目	收费单位	普通高中收费标准	省一级高中收费标准	市一级高中收费标准	县、区一级高中收费标准
普通生学杂费	元/生·学期	940	1 175	1 081	1 034

资料来源：广州市价格信息网（http://www.gzwjj.gov.cn/html/sfcx/index.htm）。

表 5-11 2010 年广州市高中择校费标准

学校类别	择校费标准（元/生）	备注
省市级高中	40 000	学生入学时,3 年一次性缴纳
一般高中	23 000	同上
国家级职业高中	40 000	同上
省市级职业高中	31 000	同上
一般职业高中	23 000	同上

资料来源：广州市价格信息网(http://www.gzwjj.gov.cn/html/sfcx/index.htm)。

根据以上信息测算,孙先生在孩子各个阶段需要筹备的教育费用见表 5-12。

表 5-12 孙先生家庭教育需求测算表

教育阶段	年限	教育费用（元/年）	阶段小计（元）	备注
幼儿园	3	10 460	31 380	外地户口
小学	6	15 000	90 000	外地户口
初中	3	15 000	45 000	外地户口
高中	3	15 684	47 052	择校费 40 000 元,学杂费每学期 1 175 元
大学	4	6 500	26 000	以中山大学为例,学费 5 000 元/年,住宿费 1 500 元/年
总计	19		239 432	

从表 5-12 可以看到,孙先生家庭需要准备 239 432 元作为教育储备。要注意的是,这笔费用没有考虑通货膨胀对学费的影响。由于孙先生并非需要一次性准备好这笔资金,因此通过合理的规划能够满足孙先生各个阶段的子女教育需求。

在这里,可通过第四章的现金流量表来分析孙先生的子女教育需求。假设孙先生家庭的收入增长率为 1%,支出增长率为 3%,教育费用支出增长率也为 3%。孙先生家庭存款 30 000 元,其中 9 000 元用来作为应急准备。21 000 元作为目前的可动用资金(用表 5-13 中第 2 年的累计年结余替代)。

根据表 5-12 中各阶段的教育费用,可以列出孙先生的子女教育需求现金流量表(见表 5-13)。

表 5-13 孙先生的子女教育需求现金流量表

单位:元

	增长率	0	1	2	3	4	5	6	7	8	9	10
月收入	1%	5 500	5 555	5 611	5 667	5 723	5 781	5 838	5 897	5 956	6 015	6 075
月支出	3%	3 000	3 090	3 183	3 278	3 377	3 478	3 582	3 690	3 800	3 914	4 032
房贷支出		1 877	1 877	1 877	1 877	1 877	1 877	1 877	1 877	1 877	1 877	1 877
月结余		623	588	551	512	470	426	380	331	279	224	167
年收入		66 000	66 660	67 327	68 000	68 680	69 367	70 060	70 761	71 469	72 183	72 905
年支出		58 518	59 598	60 711	61 856	63 037	64 252	65 504	66 794	68 122	69 490	70 899
年结余		7 482	7 062	6 616	6 143	5 643	5 115	4 556	3 967	3 347	2 693	2 006
累计年结余		7 482	14 544	21 160	27 303	32 946	38 061	42 617	46 584	49 931	52 624	54 630
教育支出	3%				10 460	10 774	11 097	16 883	17 389	17 911	18 448	19 002
缺口		7 482			16 843	22 173	26 964	25 735	29 195	32 020	34 176	35 629

	增长率	11	12	13	14	15	16	17	18	19	20	21
月收入	1%	6 136	6 198	6 260	6 322	6 385	6 449	6 514	6 579	6 645	6 711	6 778
月支出	3%	4 153	4 277	4 406	4 538	4 674	4 814	4 959	5 107	5 261	5 418	5 581
房贷支出		1 877	1 877	1 877	1 877	1 877	1 877	1 877	1 877	1 877	1 877	1 877
月结余		107	44	(23)	(92)	(165)	(241)	(321)	(405)	(492)	(584)	(679)
年收入		73 634	74 370	75 114	75 865	76 624	77 390	78 164	78 946	79 735	80 533	81 338
年支出		72 351	73 846	75 385	76 971	78 605	80 288	82 021	83 806	85 644	87 538	89 489
年结余		1 283	525	(271)	(1 106)	(1 981)	(2 897)	(3 857)	(4 860)	(5 909)	(7 006)	(8 151)
累计年结余		55 914	56 438	56 167	55 061	53 080	50 182	46 326	41 466	35 557	28 551	20 400
教育支出	3%	19 572	20 159	20 764	21 386	22 173	1 777	1 831	10 431	10 744	11 066	11 398
缺口		36 342	36 280	35 404	33 675	60 467	48 405	44 495	31 035	24 813	17 485	9 002

其中,各个阶段的教育支出计算方式如下:

(1) 幼儿园阶段(3—5岁),3年时间的教育费用分别为:

3岁:10 460元

4岁:10 460×(1+3%)=10 774元

5岁:10 774×(1+3%)=11 097元

(2) 小学阶段(6—11岁),6年时间的教育费用分别为:

6岁:15 000×(1+3%)^4=16 883元

7岁:16 883×(1+3%)=17 389元

8岁:17 389×(1+3%)=17 911元

9岁:17 911×(1+3%)=18 448元

10岁:18 448×(1+3%)=19 002元

11岁:19 002×(1+3%)=19 572元

(3) 初中阶段(12—14岁),3年时间的教育费用分别为:

12岁:15 000×(1+3%)^{10}=20 159元

13岁:20 159×(1+3%)=20 764元

14岁:20 764×(1+3%)=21 386元

(4) 高中阶段(15—17岁),3年时间的教育费用分别为:

15岁:(40 000+1 175)×(1+3%)^{13}=60 467元

16岁:1 175×(1+3%)^{14}=1 777元

17岁:1 777×(1+3%)=1 831元

(5) 大学阶段(18—21岁),4年时间的教育费用分别为:

18岁:6 500×(1+3%)^{16}=10 431元

19岁:10 431×(1+3%)=10 744元

20岁:10 744×(1+3%)=11 066元

21岁:11 066×(1+3%)=11 398元

从表5-13可以看到,在孙先生的孩子15岁上高中时,孙先生家庭的子女教育需求缺口有7 387元。即在高中需要缴纳择校费时,孙先生会遇到资金瓶颈。

需要注意的是,在本次诊断中,并没有考虑孙先生的其他资金需求,比如保障、养老等。如果考虑到其他需求对财务资源的占用,子女教育资金缺口还会变大。

在诊断出上述缺口后,还需要根据诊断结果提出相应的规划措施。

由于孙先生家庭在孩子15岁时会遇到这个资金缺口,距离现在还有13年。孙先生可以采用基金定投的方式来筹备,每年拿出350元进行基金定投,在基金年均收益率达到8%的情况下,即可筹备到7 387元的资金以补充缺口。

要实现这样的目标,可以选择指数基金,在指数基金中又可以在嘉实300或广发中证500指数基金中选择。具体的产品选择在第六章中将进一步分析。

在客户选定产品后,理财师可以协助客户执行该规划,比如协助客户开设基金账户、进行网上操作等。

由于当前的规划是根据当时的信息来做的,教育费用也是在不断变化的,其上涨幅度有可能超过设定的3%。而且孙先生家庭的收入随着职位的升迁也会提高。因此,需要理财师不断跟踪外部信息的变化,并在外部环境变化较大时通知孙先生调整其规划。

三、大额留学费用规划

随着收入的提高和家庭财富的进一步增长,对出国留学接受海外教育的需求也越来越多。留学费用与国内接受教育的费用差距更大,如果不提前筹备,临时要筹集高额的学费并不容易。下面以高先生家庭为例来看看如何筹备大额留学费用。

【案例5-6】 高先生,30岁,想为4岁的儿子筹备一笔教育费用。他希望儿子能在读完高中就出国留学。他了解到目前去美国的留学费用大约需要600 000元人民币。他该如何筹集这笔费用?

【案例分析】 在不考虑其他规划的情况,仅考虑如何筹集大额教育费用的问题可以用一些简易的理财计算工具来完成。

表5-14就是用来计算大额教育费用的一款EXCEL表格。在表格中只需要填写三个信息,即可自动输出家庭每月需要定投的金额。

表 5-14　大额教育费用理财计算工具

客户信息表(A 列)	输入输出 (B 列)	计算公式
以下信息由客户填写：		
您的孩子现在几岁	4	B3
您希望为孩子在几岁时筹备一笔高额教育费用	18	B4
您希望为您的子女筹备教育费用(元)	￥600 000	B5
以下自动输出：		
假设基金的年均收益率为	8%	B8
为筹备这笔费用，您需要每月定投(元)	￥1 948	PMT(B8/12,12 * (B4 - B3), - B5)

资料来源：招宝理财网(www.zhaobaolicai.com)。

在表 5-14 中输入高先生孩子的年龄 4 岁，输入希望为孩子筹备教育费用的年龄 18 岁，再输入希望筹集的金额 600 000 元，通过公式 PMT(B8/12,12 * (B4 - B3), - B5)可自动输出高先生需要每月定投基金 1 948 元。

在实际操作过程中，还可以通过表 5-15 的子女教育定投测算表直接查询。从表中可以看到，孩子 4—18 岁 14 年时间筹备 600 000 元教育资金需要每月定投基金 1 948 元。

第四节　养老规划

案例导读

胡先生，34 岁，报社记者，月收入 12 000 元。胡太太，32 岁，会计主管，月收入 6 000 元。孩子 4 岁，上幼儿园。家庭每月基本生活费 3 500 元。胡先生由于是记者，在外应酬较多，花费也较大。其月收入中有 2/3 都用在了养车和应酬上。胡先生 4 年前购买的商品房还有 50 万元房贷未还清，现在每月还贷 3 300 元。胡先生和胡太太希望孩子能出国留学，因此从孩子出生开始就为孩子进行了基金定投，每月投入 2 083 元，希望在孩子 18 岁时拥有 100 万元的教育金。不仅如此，胡先生和胡太太还为自己每月定投了 1 050 元，希望他们能在 25 年后退休时拥有 100 万元退休金。

上述案例中，胡先生和胡太太具备了非常好的理财意识，他们不仅为孩子的教育做了准备，还为自己未来的养老生活进行了筹备。其财务资源的分配如表 5-16 所示：

表 5-15 子女教育定投测算表

单位:元

教育资金\定投年限	18	17	16	15	14	13	12	11	10
100 000	¥208	¥232	¥258	¥289	¥325	¥366	¥416	¥475	¥547
200 000	¥417	¥463	¥517	¥578	¥649	¥733	¥832	¥950	¥1 093
300 000	¥625	¥695	¥775	¥867	¥974	¥1 099	¥1 247	¥1 425	¥1 640
400 000	¥833	¥926	¥1 033	¥1 156	¥1 299	¥1 466	¥1 663	¥1 900	¥2 186
500 000	¥1 041	¥1 158	¥1 291	¥1 445	¥1 623	¥1 832	¥2 079	¥2 374	¥2 733
600 000	¥1 250	¥1 390	¥1 550	¥1 734	**¥1 948**	¥2 198	¥2 495	¥2 849	¥3 280
700 000	¥1 458	¥1 621	¥1 808	¥2 023	¥2 273	¥2 565	¥2 911	¥3 324	¥3 826
800 000	¥1 666	¥1 853	¥2 066	¥2 312	¥2 597	¥2 931	¥3 326	¥3 799	¥4 373
900 000	¥1 875	¥2 084	¥2 324	¥2 601	¥2 922	¥3 298	¥3 742	¥4 274	¥4 919
1 000 000	¥2 083	¥2 316	¥2 583	¥2 890	¥3 247	¥3 664	¥4 158	¥4 749	¥5 466
2 000 000	¥4 166	¥4 632	¥5 165	¥5 780	¥6 493	¥7 328	¥8 316	¥9 498	¥10 932
3 000 000	¥6 249	¥6 948	¥7 748	¥8 670	¥9 740	¥10 992	¥12 474	¥14 246	¥16 398
4 000 000	¥8 332	¥9 264	¥10 330	¥11 559	¥12 986	¥14 656	¥16 631	¥18 995	¥21 864
5 000 000	¥10 415	¥11 580	¥12 913	¥14 449	¥16 233	¥18 320	¥20 789	¥23 744	¥27 330
6 000 000	¥12 498	¥13 895	¥15 496	¥17 339	¥19 479	¥21 984	¥24 947	¥28 493	¥32 797
7 000 000	¥14 581	¥16 211	¥18 078	¥20 229	¥22 726	¥25 649	¥29 105	¥33 241	¥38 263
8 000 000	¥16 664	¥18 527	¥20 661	¥23 119	¥25 972	¥29 313	¥33 263	¥37 990	¥43 729
9 000 000	¥18 747	¥20 843	¥23 243	¥26 009	¥29 219	¥32 977	¥37 421	¥42 739	¥49 195
10 000 000	¥20 830	¥23 159	¥25 826	¥28 899	¥32 465	¥36 641	¥41 579	¥47 488	¥54 661

（续表）

教育资金＼定投年限	9	8	7	6	5	4	3	2	1
100 000	¥635	¥747	¥892	¥1 087	¥1 361	¥1 775	¥2 467	¥3 856	¥8 032
200 000	¥1 270	¥1 494	¥1 784	¥2 173	¥2 722	¥3 549	¥4 934	¥7 712	¥16 064
300 000	¥1 906	¥2 241	¥2 676	¥3 260	¥4 083	¥5 324	¥7 401	¥11 568	¥24 097
400 000	¥2 541	¥2 988	¥3 568	¥4 347	¥5 444	¥7 099	¥9 868	¥15 424	¥32 129
500 000	¥3 176	¥3 735	¥4 460	¥5 433	¥6 805	¥8 873	¥12 335	¥19 280	¥40 161
600 000	¥3 811	¥4 482	¥5 352	¥6 520	¥8 166	¥10 648	¥14 802	¥23 136	¥48 193
700 000	¥4 446	¥5 229	¥6 244	¥7 607	¥9 527	¥12 422	¥17 269	¥26 992	¥56 225
800 000	¥5 082	¥5 976	¥7 136	¥8 693	¥10 888	¥14 197	¥19 736	¥30 848	¥64 257
900 000	¥5 717	¥6 723	¥8 028	¥9 780	¥12 249	¥15 972	¥22 203	¥34 705	¥72 290
1 000 000	¥6 352	¥7 470	¥8 920	¥10 867	¥13 610	¥17 746	¥24 670	¥38 561	¥80 322
2 000 000	¥12 704	¥14 940	¥17 839	¥21 733	¥27 219	¥35 493	¥49 339	¥77 121	¥160 644
3 000 000	¥19 056	¥22 410	¥26 759	¥32 600	¥40 829	¥53 239	¥74 009	¥115 682	¥240 965
4 000 000	¥25 408	¥29 880	¥35 678	¥43 466	¥54 439	¥70 985	¥98 679	¥154 242	¥321 287
5 000 000	¥31 760	¥37 350	¥44 598	¥54 333	¥68 049	¥88 731	¥123 348	¥192 803	¥401 609
6 000 000	¥38 112	¥44 820	¥53 517	¥65 199	¥81 658	¥106 478	¥148 018	¥231 364	¥481 931
7 000 000	¥44 464	¥52 290	¥62 437	¥76 066	¥95 268	¥124 224	¥172 688	¥269 924	¥562 252
8 000 000	¥50 816	¥59 760	¥71 356	¥86 933	¥108 878	¥141 970	¥197 358	¥308 485	¥642 574
9 000 000	¥57 168	¥67 230	¥80 276	¥97 799	¥122 488	¥159 716	¥222 027	¥347 046	¥722 896
10 000 000	¥63 520	¥74 700	¥89 195	¥108 666	¥136 097	¥177 463	¥246 697	¥385 606	¥803 218

注：假设基金的年均收益率为8%。
资料来源：招宝理财网（www.zhaobaolicai.com）。

表 5-16　胡先生家庭收入支出表　　　　　单位:元

项目	金额
胡先生	12 000
胡太太	6 000
家庭月收入	18 000
月生活支出	3 500
月房贷支出	3 300
月子女教育	2 083
月养老准备	1 050
其他支出	8 000
家庭月支出合计	17 933
家庭月结余	67

从表 5-16 可以看出,胡先生家庭的财务资源基本上都配置完了。这样的配置最终能让胡先生过上舒适的老年生活吗?不一定。因为胡先生并不知道 100 万元的退休金是否够用。

一、养老规划的内涵

养老规划是在对家庭成员生命周期和家庭财务状况进行全面分析的基础上,运用科学的分析方法对家庭成员退休后的生活进行财务安排的过程。

不同的家庭,由于生活方式的不同,对未来养老的需求也不同。养老,将不再停留在满足基本生活需要的层面上,而应能满足更高层面的追求。马斯洛(1943)在《人类激励理论》中提出了人的需求层次理论(Maslow's Hierarchy of Needs)。他将人的需求分成生理需求、安全需求、社交需求、尊重需求、自我实现需求五个层次,并将这五个层次从低到高排列。在低层次的需求得到满足后,人会追求高层次的需求。生理需求和安全需求是物质性的需求,社交需求、尊重需求和自我实现需求是精神性的需求。在人们的收入足够满足生理需求和安全需求时,人们还会去追求精神性的需求。正因为这样,随着家庭财富的增长,家庭成员的需求层次也在逐渐提高。这就决定了不同家庭对未来养老的需求层次也不一样。

养老的方式有很多种,"养儿防老"、"以房养老"都是其中的一种方式。但随着社会观念的转变,传统的"养儿防老"的思想也随之发生了改变。现代社会工作节奏的加快和竞争压力的加剧,使得孩子们根本无力承受"养老"的重任。不说单个家庭,就整个社会人口结构来说,到 2020 年中国老年人口将达到 2.48 亿,老龄化水平将达到 17%。在北京举办的 21 世纪论坛上,清华大学就业与社会保障研究中心主任杨燕绥教授称,在 2035 年将出现 8.1 亿劳动人口(15—64 岁)对 2.94 亿老龄人口(65 岁以上)的局面,减去在校生、失业人口和未达纳税起征额的低收入人口,将出现不足2个纳税人供养1个养老金领取者的局面,这被称为"老龄社会危机时点"。[①] 这个时点离现在只有20多年了。届时"421"家庭(四个老人、一对夫妇、一个孩子)的结构将演化成"8421"(12个老人、一对夫妇、一个孩子)的结构。在这种结构下,"养儿防老"根本不现实。

为了能在退休后过上一个高品质、有尊严、舒适的生活,每一个家庭都需要未雨绸缪,提前进行养老规划。

二、养老规划的步骤

养老规划同样包含家庭财务诊断、规划、产品选择、执行及跟踪等几个步骤。

【案例5-7】 古先生,32岁,公司财务主管,月收入5 000元。古太太,28岁,在企业负责人事工作,月收入3 000元。两人都有社保。家庭月生活支出4 000元。目前有存款20 000元,未购买任何商业保险。他们希望为刚出生的孩子准备18岁时的600 000元教育金(此目标为首要理财目标),并希望能在退休时过上和退休前相同的生活。如何规划?

【案例分析】 古先生既提出了子女教育需求,又提出了养老需求,并且以子女教育需求为首要理财目标。理财师可以先规划出子女教育需求,再根据古先生家庭的财务资源安排其养老规划。

要为古先生的孩子准备600 000元教育金,古先生既可以采用教育保险的方式,也可以采用基金定投的方式。查表5-15可知,需要每月定投基金1 250元。

古先生家庭的月生活支出为4 000元,根据现金规划,需要准备12 000—24 000元作为应急准备金。这部分用目前的存款20 000元可以满足。

古先生和古太太都有社会保险,基本保障足够。但家庭未购买任何商业保险,风险应对能力不充分。古先生和古太太可根据双十原则确定自己的保额设置和保费支出范围。古先生年收入6万元,保额可设置为30万—60万元,保费支出控制在6 000—9 000元左右;古太太年收入3.6万元,保额可设置为18万—36万元,保费支出控制在3 600—5 400元左右。家庭年保费支出约为9 600—14 400元。

目前古先生的剩余财务资源为每月结余:月收入(8 000元) - 月支出

[①] http://finance.bjnews.com.cn/2010/0908/32214.shtml。

(4 000元) - 月均摊保费(1 200元) - 月子女教育定投(1 250元) = 1 550元。

接下来再诊断一下古先生的养老需求。

古先生家庭目前生活支出为4 000元,以年通货膨胀率3%计算,在古太太55岁退休时要保持相同生活水平,家庭月生活支出将增长:

$$FV = 4\,000 \times (1 + 3\%)^{(55-28)} = 8\,885 \text{元}$$

假设古太太退休后年通货膨胀率和银行利率相同,则古太太从55岁退休时到85岁的30年间,古先生家庭需要的生活费用为:

$$8\,885 \text{元} \times 12 \text{月} \times 30 \text{年} = 3\,198\,600 \text{元}$$

假设其中的50%可以靠社会保险解决,另外50%靠古先生家庭自己筹备,则古先生需要每月定投1 400元才能实现(见图5-1)。古先生之前测算的月结余1 550元能够满足这一需求。

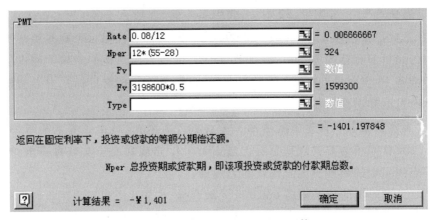

图5-1 古先生养老规划EXCEL测算图

完成了上述诊断和规划之后,再为古先生挑选相应的产品,并帮助古先生执行以及跟踪后续变化。

三、养老规划工具

(一)时间线工具

在养老规划中,用时间线工具能更容易地理解整个规划过程。在使用时间线工具的时候,注意"先需求、后规划"的原则,即先分析养老需求,再对需求进行规划。

在古先生的案例中,我们先列出一条时间线分析一下其家庭的养老需求。古先生32岁,离60岁退休还有28年;古太太28岁,离55岁退休还有27年。我们以离退休最短年限的家庭成员列出时间线,如图5-2所示。

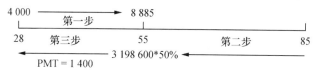

图 5-2 养老规划时间线工具

第一步,计算古太太 28—55 岁退休时需要的月生活费用。

第二步,计算古太太 55—85 岁退休期间需要的养老需求金。

第三步,根据养老需求金,以年金的方式规划养老。

古先生的案例中我们假设在 55—85 岁这一期间通货膨胀率与银行利率相同,因此我们用每月支出乘以时间即可计算出养老需求金。但如果通货膨胀率与银行利率不同,则需要用更复杂的方法来计算,遵循的仍然是"先需求、后规划"的原则。

【案例 5-8】 小李 30 岁,30 年后退休,目前年生活支出为 5.5 万元,年通胀率为 4%。退休前可进行较高风险的投资,投资报酬率为 8%;退休后要降低投资风险,投资报酬率为 6%。退休支出每年年初需要准备好,假设小李退休后还可以活 25 年的话,则小李退休前每月月底应投资多少才能准备足够的退休金(不考虑社保,全部由自己准备)?

【案例分析】 这个案例比案例 5-6 复杂一点,其复杂之处在于各阶段的投资报酬率不一样,而且要考虑各个阶段的通货膨胀率。我们运用"先需求、后规划"的原则来分析这个案例。

首先,画出一条时间线(见图 5-3)。根据时间线将小李未来的生命周期划分成两个阶段:一个阶段是退休前,小李还有 30 年的工作时间;另一个阶段是退休后,小李还将生活 25 年。退休后小李的生活支出需要在退休前 30 年内准备好。

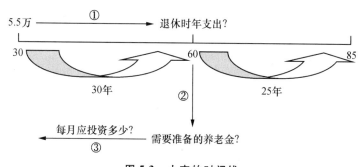

图 5-3 小李的时间线

其次，在时间线的基础上，分三个步骤来计算小李的养老规划。

第一步，计算小李退休第一年需要的年生活支出。目前小李的生活支出每年需要 5.5 万元，通货膨胀率是 4%，那么小李在 30 年后退休时的年生活支出可用复利公式计算，计算结果为：

$$FV = 5.5 \times (1 + 4\%)^{30} = 17.8387 \text{ 万元}$$

这个可以用第二章所教授的方法直接在 EXCEL 中处理，也可以用卡西欧计算器处理。

第二步，计算小李从退休时活到 85 岁的 25 年时间里总共需要准备的生活费用（养老金）。根据第一步计算出小李退休时第一年年支出需要 17.8387 万元，在假设通货膨胀和投资报酬率相等的情况下，将这个年支出乘以 25 年即可计算出需要准备的生活费用。但这里通货膨胀率和投资报酬率并不相等，这意味着需要考虑退休后资金的收益率和通货膨胀对收益率的影响。在这里，以计算出的 17.8387 万元作为年金（PMT），以实际收益率作为贴现率（r），以退休后还将生活的 25 年作为期限（n），可在 EXCEL 中求出现值（PV），如图 5-4 所示。需要注意的是，退休支出在每年年初就需要准备好，所以要用预付年金来计算，即在 PV 函数中把 Type 改为 1。

$$\text{实际收益率} = \frac{6\% - 4\%}{1 + 4\%} = 1.92\%$$

PV 计算结果为 358.1972 万元。

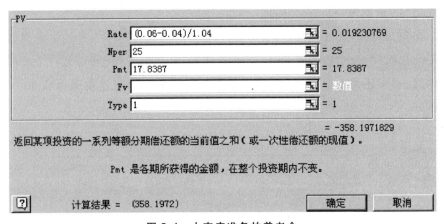

图 5-4 小李应准备的养老金

第三步，计算为筹备 358.1972 万元的养老金，小李每月需要投资的金额。以 358.1972 元为终值（FV），以小李目前还可工作的时间 30 年为期限（n），以投资报酬率8%为贴现率(r),求出每月需要投资的金额(PMT),如图5-5所示。需要注意的是,小李是每月月底进行投资,所以要用普通年金的计算方法。另外,由于第一步中已经考虑了通货膨胀,所以这里的投资报酬率不再需要考虑通货膨胀的影响。计算结果为0.2403万元,即每月小李需要投资2 403元。

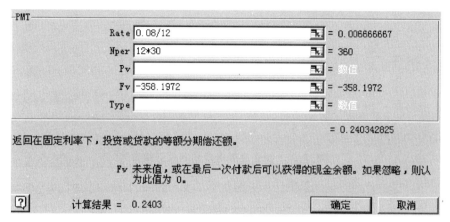

图5-5　小李每月应进行的投资

案例5-8中有几个关键点,这几个关键点与贴现率有关:

第一个关键点是要计算考虑了通货膨胀后的退休生活支出,这时需要将当前的生活水平按通货膨胀率计算出退休时保持现有生活水平需要的生活支出。

第二个关键点是计算退休后的总生活支出。这时用的贴现率是考虑了通货膨胀的实际收益率。

第三个关键点是计算从现在起如何进行投资为退休做准备,这时用的贴现率是名义收益率。

第一步和第二步计算的是养老需求,第三步计算的是规划,遵循的是"先需求、后规划"的原则。

(二)理财师简易分析工具

在实际业务操作过程中,理财师可利用EXCEL制作下面的简易分析工具,在只需要客户输入年龄和每月生活支出的情况下即可计算出每月需要固定投资的金额。

【案例5-9】　张先生来到一家第三方理财公司,向理财师咨询其养老规划。理财师仅询问了张先生三个问题,就可以测算出张先生应做一个什么样的定投计划。以下是理财师和张先生的对话:

理财师:"张先生,您好!"

张先生:"您好!"

理财师:"为了能帮您制定一个合理的养老规划,我们需要了解您的一些信息。能否告知我您今年贵庚?"

张先生:"32。"

理财师:"您的太太呢?"

张先生:"28。"

理财师:"您目前的家庭月消费金额是多少?"

张先生:"3 000 元。"

理财师:"好的,经过测算,您应每月定投2 100元,这样可以为您筹备240万元左右的养老金(见表5-17)。"

表 5-17 张先生养老规划定投测算表

A 列	B 列	备注
客户基本信息表		
以下三行需要客户填写		
男方的年龄	32	B3
女方的年龄	28	B4
您家庭现在每月的生活费用(元)	3 000	B5
以下部分自动输出		
男方还将继续工作的年份	28	B8
女方还将继续工作的年份	27	B9
通货膨胀率	3.0%	B11
男方退休时家庭每月的生活费用(元)	￥6 864	FV(B11,B8,,-B5)
女方退休时家庭每月的生活费用(元)	￥6 664	FV(B11,B9,,-B5)
您需储备的退休费用(元)	￥2 398 992	IF(B8>B9,B14*30*12,B13*25*12)
假设基金年均收益率为(可手工调整)	8.0%	B18
为筹备这笔退休费用,您需要每月定投(元)	￥2 102	IF(B8>B9,PMT(B18/12,12*B9,,-B16),PMT(B18/12,12*B8,,-B16))

除表5-17外,在没有任何电子设备的情况下,理财师还可以利用下面手工制作的表格(见表5-18、表5-19)来进行简易养老规划测算。

【案例分析】 在案例5-9中,由于张太太退休早于张先生,所以可按张太太的退休年限来计算养老规划所需资金。张太太28岁,当前家庭生活费用3 000元,因此可查女性简易养老规划测算表,查到的结果为张先生家庭需要每月定投2 102元。

表 5-18 女性简易养老规划测算表

年龄 目前生活费用	22	23	24	25	26	27	28	29	30	31	32	33	34	35
1 000	¥494	¥523	¥553	¥586	¥622	¥660	¥701	¥745	¥793	¥844	¥901	¥962	¥1 030	¥1 104
2 000	¥988	¥1 045	¥1 107	¥1 173	¥1 243	¥1 319	¥1 401	¥1 490	¥1 585	¥1 689	¥1 802	¥1 925	¥2 059	¥2 208
3 000	¥1 481	¥1 568	¥1 660	¥1 759	¥1 865	¥1 979	¥2 102	¥2 234	¥2 378	¥2 533	¥2 702	¥2 887	¥3 089	¥3 312
4 000	¥1 975	¥2 090	¥2 213	¥2 345	¥2 487	¥2 639	¥2 802	¥2 979	¥3 170	¥3 378	¥3 603	¥3 849	¥4 119	¥4 415
5 000	¥2 469	¥2 613	¥2 767	¥2 932	¥3 108	¥3 298	¥3 503	¥3 724	¥3 963	¥4 222	¥4 504	¥4 812	¥5 149	¥5 519
6 000	¥2 963	¥3 135	¥3 320	¥3 518	¥3 730	¥3 958	¥4 204	¥4 469	¥4 755	¥5 066	¥5 405	¥5 774	¥6 178	¥6 623
7 000	¥3 457	¥3 658	¥3 873	¥4 104	¥4 352	¥4 618	¥4 904	¥5 214	¥5 548	¥5 911	¥6 306	¥6 736	¥7 208	¥7 727
8 000	¥3 950	¥4 181	¥4 427	¥4 690	¥4 973	¥5 277	¥5 605	¥5 958	¥6 341	¥6 755	¥7 206	¥7 699	¥8 238	¥8 831
9 000	¥4 444	¥4 703	¥4 980	¥5 277	¥5 595	¥5 937	¥6 306	¥6 703	¥7 133	¥7 600	¥8 107	¥8 661	¥9 268	¥9 935
10 000	¥4 938	¥5 226	¥5 534	¥5 863	¥6 217	¥6 597	¥7 006	¥7 448	¥7 926	¥8 444	¥9 008	¥9 623	¥10 297	¥11 039
20 000	¥9 876	¥10 452	¥11 067	¥11 726	¥12 433	¥13 194	¥14 012	¥14 896	¥15 852	¥16 888	¥18 016	¥19 247	¥20 595	¥22 077
30 000	¥14 814	¥15 677	¥16 601	¥17 589	¥18 650	¥19 790	¥21 018	¥22 344	¥23 777	¥25 332	¥27 024	¥28 870	¥30 892	¥33 116
40 000	¥19 752	¥20 903	¥22 134	¥23 452	¥24 867	¥26 387	¥28 024	¥29 791	¥31 703	¥33 776	¥36 032	¥38 494	¥41 190	¥44 155
50 000	¥24 690	¥26 129	¥27 668	¥29 316	¥31 084	¥32 984	¥35 031	¥37 239	¥39 629	¥42 221	¥45 040	¥48 117	¥51 487	¥55 193
60 000	¥29 628	¥31 355	¥33 201	¥35 179	¥37 300	¥39 581	¥42 037	¥44 687	¥47 555	¥50 665	¥54 048	¥57 741	¥61 785	¥66 232
70 000	¥34 566	¥36 580	¥38 735	¥41 042	¥43 517	¥46 178	¥49 043	¥52 135	¥55 480	¥59 109	¥63 056	¥67 364	¥72 082	¥77 271
80 000	¥39 504	¥41 806	¥44 268	¥46 905	¥49 734	¥52 774	¥56 049	¥59 583	¥63 406	¥67 553	¥72 064	¥76 988	¥82 380	¥88 309
90 000	¥44 442	¥47 032	¥49 802	¥52 768	¥55 951	¥59 371	¥63 055	¥67 031	¥71 332	¥75 997	¥81 072	¥86 611	¥92 677	¥99 348
100 000	¥49 380	¥52 258	¥55 335	¥58 631	¥62 167	¥65 968	¥70 061	¥74 479	¥79 258	¥84 441	¥90 080	¥96 234	¥102 975	¥110 387

(续表)

年龄\目前生活费用	36	37	38	39	40	41	42	43	44	45	46	47	48	49	50
1 000	¥1 186	¥1 277	¥1 378	¥1 492	¥1 621	¥1 768	¥1 937	¥2 134	¥2 366	¥2 645	¥2 984	¥3 407	¥3 949	¥4 671	¥5 680
2 000	¥2 371	¥2 553	¥2 756	¥2 984	¥3 242	¥3 536	¥3 874	¥4 268	¥4 733	¥5 289	¥5 967	¥6 813	¥7 898	¥9 342	¥11 360
3 000	¥3 557	¥3 830	¥4 134	¥4 476	¥4 862	¥5 303	¥5 811	¥6 402	¥7 099	¥7 934	¥8 951	¥10 220	¥11 848	¥14 013	¥17 040
4 000	¥4 743	¥5 106	¥5 512	¥5 968	¥6 483	¥7 071	¥7 748	¥8 536	¥9 466	¥10 578	¥11 935	¥13 626	¥15 797	¥18 684	¥22 719
5 000	¥5 929	¥6 383	¥6 890	¥7 460	¥8 104	¥8 839	¥9 685	¥10 671	¥11 832	¥13 223	¥14 918	¥17 033	¥19 746	¥23 355	¥28 399
6 000	¥7 114	¥7 660	¥8 268	¥8 952	¥9 725	¥10 607	¥11 623	¥12 805	¥14 199	¥15 867	¥17 902	¥20 440	¥23 695	¥28 027	¥34 079
7 000	¥8 300	¥8 936	¥9 646	¥10 444	¥11 346	¥12 375	¥13 560	¥14 939	¥16 565	¥18 512	¥20 886	¥23 846	¥27 644	¥32 698	¥39 759
8 000	¥9 486	¥10 213	¥11 024	¥11 936	¥12 967	¥14 143	¥15 497	¥17 073	¥18 931	¥21 156	¥23 869	¥27 253	¥31 593	¥37 369	¥45 439
9 000	¥10 672	¥11 489	¥12 402	¥13 427	¥14 587	¥15 910	¥17 434	¥19 207	¥21 298	¥23 801	¥26 853	¥30 659	¥35 543	¥42 040	¥51 119
10 000	¥11 857	¥12 766	¥13 780	¥14 919	¥16 208	¥17 678	¥19 371	¥21 341	¥23 664	¥26 445	¥29 837	¥34 066	¥39 492	¥46 711	¥56 799
20 000	¥23 715	¥25 532	¥27 560	¥29 839	¥32 417	¥35 357	¥38 742	¥42 682	¥47 329	¥52 891	¥59 673	¥68 132	¥78 983	¥93 422	¥113 597
30 000	¥35 572	¥38 298	¥41 341	¥44 758	¥48 625	¥53 035	¥58 113	¥64 024	¥70 993	¥79 336	¥89 510	¥102 198	¥118 475	¥140 133	¥170 396
40 000	¥47 429	¥51 064	¥55 121	¥59 678	¥64 833	¥70 713	¥77 484	¥85 365	¥94 657	¥105 782	¥119 347	¥136 264	¥157 967	¥186 844	¥227 195
50 000	¥59 286	¥63 830	¥68 901	¥74 597	¥81 041	¥88 392	¥96 855	¥106 706	¥118 322	¥132 227	¥149 184	¥170 330	¥197 459	¥233 555	¥283 993
60 000	¥71 144	¥76 596	¥82 681	¥89 517	¥97 250	¥106 070	¥116 226	¥128 047	¥141 986	¥158 673	¥179 020	¥204 396	¥236 950	¥280 266	¥340 792
70 000	¥83 001	¥89 362	¥96 461	¥104 436	¥113 458	¥123 748	¥135 596	¥149 388	¥165 650	¥185 118	¥208 857	¥238 462	¥276 442	¥326 976	¥397 591
80 000	¥94 858	¥102 128	¥110 242	¥119 356	¥129 666	¥141 427	¥154 967	¥170 730	¥189 315	¥211 564	¥238 694	¥272 528	¥315 934	¥373 687	¥454 389
90 000	¥106 716	¥114 894	¥124 022	¥134 275	¥145 874	¥159 105	¥174 338	¥192 071	¥212 979	¥238 009	¥268 531	¥306 594	¥355 425	¥420 398	¥511 188
100 000	¥118 573	¥127 660	¥137 802	¥149 194	¥162 083	¥176 783	¥193 709	¥213 412	¥236 643	¥264 455	¥298 367	¥340 660	¥394 917	¥467 109	¥567 987

注：假设女性55岁退休，寿命85岁，通货膨胀率3%，基金年均收益率8%。

表 5-19　男性简易养老规划测算表

年龄 目前 生活费用	22	23	24	25	26	27	28	29	30	31	32	33	34	35
1 000	￥312	￥330	￥348	￥368	￥389	￥412	￥435	￥461	￥489	￥518	￥550	￥584	￥621	￥660
2 000	￥624	￥659	￥696	￥736	￥778	￥823	￥871	￥922	￥977	￥1 036	￥1 099	￥1 168	￥1 241	￥1 321
3 000	￥937	￥989	￥1 045	￥1 104	￥1 167	￥1 235	￥1 306	￥1 383	￥1 466	￥1 554	￥1 649	￥1 752	￥1 862	￥1 981
4 000	￥1 249	￥1 319	￥1 393	￥1 472	￥1 556	￥1 646	￥1 742	￥1 845	￥1 954	￥2 072	￥2 199	￥2 335	￥2 483	￥2 642
5 000	￥1 561	￥1 648	￥1 741	￥1 840	￥1 945	￥2 058	￥2 177	￥2 306	￥2 443	￥2 590	￥2 749	￥2 919	￥3 103	￥3 302
6 000	￥1 873	￥1 978	￥2 089	￥2 208	￥2 334	￥2 469	￥2 613	￥2 767	￥2 932	￥3 108	￥3 298	￥3 503	￥3 724	￥3 963
7 000	￥2 186	￥2 308	￥2 438	￥2 576	￥2 723	￥2 881	￥3 048	￥3 228	￥3 420	￥3 626	￥3 848	￥4 087	￥4 345	￥4 623
8 000	￥2 498	￥2 638	￥2 786	￥2 944	￥3 112	￥3 292	￥3 484	￥3 689	￥3 909	￥4 144	￥4 398	￥4 671	￥4 965	￥5 284
9 000	￥2 810	￥2 967	￥3 134	￥3 312	￥3 501	￥3 704	￥3 919	￥4 150	￥4 397	￥4 663	￥4 948	￥5 255	￥5 586	￥5 944
10 000	￥3 122	￥3 297	￥3 482	￥3 680	￥3 891	￥4 115	￥4 355	￥4 611	￥4 886	￥5 181	￥5 497	￥5 838	￥6 207	￥6 605
20 000	￥6 245	￥6 594	￥6 965	￥7 360	￥7 781	￥8 230	￥8 710	￥9 223	￥9 772	￥10 361	￥10 995	￥11 677	￥12 413	￥13 210
30 000	￥9 367	￥9 891	￥10 447	￥11 040	￥11 672	￥12 345	￥13 064	￥13 834	￥14 658	￥15 542	￥16 492	￥17 515	￥18 620	￥19 814
40 000	￥12 489	￥13 188	￥13 930	￥14 720	￥15 562	￥16 460	￥17 419	￥18 445	￥19 544	￥20 722	￥21 989	￥23 354	￥24 826	￥26 419
50 000	￥15 612	￥16 484	￥17 412	￥18 400	￥19 453	￥20 575	￥21 774	￥23 056	￥24 430	￥25 903	￥27 487	￥29 192	￥31 033	￥33 024
60 000	￥18 734	￥19 781	￥20 895	￥22 080	￥23 343	￥24 690	￥26 129	￥27 668	￥29 316	￥31 084	￥32 984	￥35 031	￥37 239	￥39 629
70 000	￥21 856	￥23 078	￥24 377	￥25 760	￥27 234	￥28 805	￥30 484	￥32 279	￥34 201	￥36 264	￥38 481	￥40 869	￥43 446	￥46 234
80 000	￥24 979	￥26 375	￥27 860	￥29 440	￥31 124	￥32 920	￥34 838	￥36 890	￥39 087	￥41 445	￥43 979	￥46 707	￥49 652	￥52 838
90 000	￥28 101	￥29 672	￥31 342	￥33 120	￥35 015	￥37 035	￥39 193	￥41 501	￥43 973	￥46 626	￥49 476	￥52 546	￥55 859	￥59 443
100 000	￥31 223	￥32 969	￥34 825	￥36 800	￥38 905	￥41 150	￥43 548	￥46 113	￥48 859	￥51 806	￥54 973	￥58 384	￥62 065	￥66 048

（续表）

年龄 目前生活费用	36	37	38	39	40	41	42	43	44	45	46	47	48	49	50
1 000	¥704	¥751	¥802	¥858	¥920	¥988	¥1 064	¥1 148	¥1 243	¥1 351	¥1 473	¥1 614	¥1 778	¥1 972	¥2 204
2 000	¥1 407	¥1 501	¥1 604	¥1 716	¥1 840	¥1 976	¥2 128	¥2 297	¥2 487	¥2 701	¥2 946	¥3 228	¥3 557	¥3 944	¥4 408
3 000	¥2 111	¥2 252	¥2 406	¥2 574	¥2 760	¥2 964	¥3 191	¥3 445	¥3 730	¥4 052	¥4 420	¥4 843	¥5 335	¥5 916	¥6 611
4 000	¥2 815	¥3 003	¥3 208	¥3 432	¥3 680	¥3 952	¥4 255	¥4 593	¥4 973	¥5 403	¥5 893	¥6 457	¥7 114	¥7 888	¥8 815
5 000	¥3 518	¥3 753	¥4 010	¥4 291	¥4 599	¥4 941	¥5 319	¥5 742	¥6 216	¥6 753	¥7 366	¥8 071	¥8 892	¥9 860	¥11 019
6 000	¥4 222	¥4 504	¥4 812	¥5 149	¥5 519	¥5 929	¥6 383	¥6 890	¥7 460	¥8 104	¥8 839	¥9 685	¥10 671	¥11 832	¥13 223
7 000	¥4 926	¥5 255	¥5 614	¥6 007	¥6 439	¥6 917	¥7 447	¥8 038	¥8 703	¥9 455	¥10 312	¥11 300	¥12 449	¥13 804	¥15 427
8 000	¥5 629	¥6 005	¥6 416	¥6 865	¥7 359	¥7 905	¥8 511	¥9 187	¥9 946	¥10 806	¥11 786	¥12 914	¥14 227	¥15 776	¥17 630
9 000	¥6 333	¥6 756	¥7 218	¥7 723	¥8 279	¥8 893	¥9 574	¥10 335	¥11 190	¥12 156	¥13 259	¥14 528	¥16 006	¥17 748	¥19 834
10 000	¥7 037	¥7 507	¥8 020	¥8 581	¥9 199	¥9 881	¥10 638	¥11 483	¥12 433	¥13 507	¥14 732	¥16 142	¥17 784	¥19 720	¥22 038
20 000	¥14 074	¥15 013	¥16 039	¥17 162	¥18 398	¥19 762	¥21 277	¥22 967	¥24 866	¥27 014	¥29 464	¥32 285	¥35 569	¥39 441	¥44 076
30 000	¥21 110	¥22 520	¥24 059	¥25 744	¥27 597	¥29 643	¥31 915	¥34 450	¥37 299	¥40 521	¥44 196	¥48 427	¥53 353	¥59 161	¥66 114
40 000	¥28 147	¥30 027	¥32 078	¥34 325	¥36 796	¥39 524	¥42 553	¥45 934	¥49 731	¥54 028	¥58 928	¥64 570	¥71 137	¥78 881	¥88 152
50 000	¥35 184	¥37 533	¥40 098	¥42 906	¥45 994	¥49 405	¥53 191	¥57 417	¥62 164	¥67 534	¥73 660	¥80 712	¥88 922	¥98 601	¥110 190
60 000	¥42 221	¥45 040	¥48 117	¥51 487	¥55 193	¥59 286	¥63 830	¥68 901	¥74 597	¥81 041	¥88 392	¥96 855	¥106 706	¥118 322	¥132 227
70 000	¥49 257	¥52 547	¥56 137	¥60 069	¥64 392	¥69 168	¥74 468	¥80 384	¥87 030	¥94 548	¥103 124	¥112 997	¥124 490	¥138 042	¥154 265
80 000	¥56 294	¥60 054	¥64 156	¥68 650	¥73 591	¥79 049	¥85 106	¥91 868	¥99 463	¥108 055	¥117 855	¥129 140	¥142 275	¥157 762	¥176 303
90 000	¥63 331	¥67 560	¥72 176	¥77 231	¥82 790	¥88 930	¥95 745	¥103 351	¥111 896	¥121 562	¥132 587	¥145 282	¥160 059	¥177 482	¥198 341
100 000	¥70 368	¥75 067	¥80 195	¥85 812	¥91 989	¥98 811	¥106 383	¥114 835	¥124 329	¥135 069	¥147 319	¥161 424	¥177 843	¥197 203	¥220 379

注：假设男性60岁退休，寿命85岁，通货膨胀率3%，基金年均收益率8%。

第五节 房产规划

 案例导读

冯先生33岁,冯太太28岁,都是公司一般职员,拿固定工资,没有额外收入。每月冯先生可拿3 200元,冯太太可拿2 500元。有一个孩子,1岁。每月家庭支出2 500元。两人勤俭节约,积累了银行存款17万元。两人一直想买房,但总觉得钱不够,所以一直在想着多存一点钱后再买。没想到房价从2006年起上涨速度加快,远远超过他们存款的积累速度。两人对上涨的房价望而生畏,已不敢奢谈买房的事情了。有一天,他们遇到了很久没有见面的老朋友陈先生。从事理财师工作的陈先生和他们聊起了房价,一听到他们的这种情况,陈先生建议他们做一个规划,看在不影响目前生活质量的情况下是否有能力买房以及能买多大的房。在进行测算后,陈先生告诉冯先生,在做好应急准备、长期保障、子女教育、养老等规划后,他们还有能力买房。陈先生建议他们可以用半年左右的时间去看房,并在根据测算结果测算出的能承受的价格范围内选房,一旦选中自己喜欢的房子,就可以出手了。房子的首付款可以通过银行存款来支付,而另一部分则可以通过公积金贷款或商业贷款来支付。这样,可以在不影响生活质量的情况下,买到自己喜欢的房子。

一、房产规划的内涵

房产规划是在对家庭经济状况进行分析的基础上,测算合理的买房需求和买房能力,并根据买房需求和买房能力进行相应的财务安排的过程。

很多人看着房价一步步地上涨,都望房兴叹。有的更后悔当初没有果断下手买房。虽然我们不知道未来的房价会涨还是会跌,但我们可以根据自己的承受能力来买房。房价的上涨和下跌对于自住房的购买者来说敏感性并不高,因为自住是一个刚性需求。只要有相应的支付能力,相信大家都愿意出手买房。但大多数的人是在判断房价上涨和下跌的趋势,希望能以较低的价格买入。如何判断房价的趋势可以参见第三章理财中的宏观经济分析。但在房产规划中,最重要的是先判断自己的购买能力。知己知彼,百战不殆。当判断出自己的购买能力后,再在相应的价格范围内选房,就能明确搜寻标的,而不是盲目地不着边际地瞎看房。方向明确后,之后的操作就容易多了。由于房产规划是在做好保障和子女教育、养老规划之后才做的,这样买下来的房子心里也踏实,不会影响到家庭未来的生活。

二、房产规划的步骤

房产规划既可以单独做,也可以放在综合规划中来做。通常放在综合规划中将能更全面地考虑家庭财务资源的配置。

(一)单独的房产规划

如果单独做房产规划,可以根据两个思路来进行:一个思路是先诊断出家庭的购买能力,根据购买能力确定房产的价格上限,在此价格上限以下选择合适的房产。

【案例 5-10】 吴先生 25 岁,研究生刚毕业,吴太太 23 岁,本科刚毕业,两人的年收入一共是 12 万元,一年可留存收入为 4.8 万元。目前两人有存款 2 万元。他们打算在未来 5 年买 100 平方米的房子,并能在 20 年内还清贷款。假设投资报酬率是 8%,收入成长率是 3%,房屋贷款利率是 6%。吴先生能承受的价格上限是多少?

【案例分析】 我们可以运用表 5-20 购房能力诊断表来计算吴先生能承受的房价上限。

表 5-20 吴先生购房能力诊断表

以下信息需要客户输入	数值	EXCEL 计算公式
届时拟买房平方米数	100	B3
目前年收入	¥120 000	B4
年收入留存比例	40%	B5
现有可投资资产	¥20 000	B6
拟几年后买房	5	B7
拟贷款年数	20	B8
以下是默认信息,可手动修改		
投资报酬率假设	8%	B9
收入成长率	3%	B10
房屋贷款利率	6%	B11
以下信息自动输出		
可筹备首期	¥310 983	B14 = FV(B9,B7,-B4*B5,-B6)
买房当年收入	¥139 113	B15 = FV(B10,B7,,-B4)
可负担月还款额	¥4 637	B16 = B15*B5/12
可负担房屋贷款额	¥647 249	B17 = PV(B11/12,B8*12,-B16)
可负担买房总价	¥958 233	B18 = B17 + B14
可负担买房单价	¥9 582	B19 = B18/B3
房屋贷款占总价成数	67.55%	B20 = B17/B18

首先根据吴先生的家庭信息在表 5-20 的第 2 行至第 6 行输入相应的信息。

届时拟买房平方米数：输入 100（根据家庭买房意愿填写，与最后测算出的可承受的每平方米房价有关）；

目前年收入：输入 120 000（输入家庭的全部年收入，含奖金等）；

年收入留存比例：根据吴先生留存收入 4.8 万元和年收入 12 万元，可计算出留存比例为 40%，输入到单元格中（根据家庭年收入的结余计算后填入表格）；

现有可投资资产：输入 20 000（根据现有的可拿来投资的金融资产计算，比如现金、存款、股票、基金等）；

拟几年后买房：输入 5（由家庭成员根据自己意愿填写，注意合理性）；

拟贷款年数：输入 20（填写家庭成员希望贷款的年限，有 3 年、5 年、10 年、15 年、20 年、25 年、30 年等）。

各种参数假设默认信息与案例一致，不需要修改：

投资报酬率假设：8%（可在 3%—8% 之间进行选择，不同的选择将导致用不同的投资产品来满足投资需要）；

收入成长率：3%（可在 3%—8% 之间选择，也可根据实际情况调整）；

房屋贷款利率：6%（可根据当时的贷款利率进行调整）。

输入完上述信息后，在 EXCEL 中会自动输出以下信息：

可筹备首期：310 983 元，表明吴先生家庭可在 5 年后筹备 31 万元首付款（这是以 8% 作为投资收益率 r，以 5 年作为投资期 n，以现有可投资资产 2 万元作为一次性投资 PV，以 5 年中每年的留存收入作为年金投资 PMT，求出 5 年后的投资终值 FV）。

买房当年收入：139 113 元，表明吴先生家庭在 5 年后买房时收入可达到 13.9 万元（这是以收入成长率 3% 作为收益率 r，以 5 年作为期限 n，以现在的收入 12 万元作为一次性投资 PV，求出 5 年后的收入终值 FV）。

可负担月还款额：4 637 元，表明吴先生家庭在 5 年后买房时可负担的年还款额为 4 637 元（这是以买房当年收入留存下来的部分测算每月能承担的还款额）。

可负担房屋贷款额：647 249 元，表明吴先生家庭在 5 年后买房时可负担的房屋贷款总额为 64.7 万元左右（这是以贷款利率 6% 为贴现率 r，以 20 年为期限 n，以可负担的月还款额为年金 PMT，求出可负担的贷款现值 PV）。

可负担买房总价:958 233 元,表明吴先生家庭在 5 年后买房时可负担的总价为 95.8 万元(这是以可筹备的首期款和可负担的房屋贷款总额之和计算出的可负担的房屋总价)。

可负担买房单价:9 582 元,表明吴先生家庭在 5 年后买房时可负担的房屋每平方米单价为 9 582 元,这个价格是吴先生买房的上限(这是以可负担的房屋总价除以房屋面积计算出的每平方米单价)。

房屋贷款占总价成数:67.55%,表明吴先生家庭在 5 年后买房时房贷占房价的 6.7 成(这个比例是贷款成数,一般银行贷款只能贷 70%,即这个比例应在 70%以下)。

从输出结果来看,吴先生家庭能负担的房价在每平方米 9 582 元左右,吴先生在搜寻房源时可根据这个价格确定合适的目标。对于每平方米单价高于 10 000 元的房源,吴先生可以不用考虑。

另一个思路是先确定家庭拟购买的房产价格,然后看如何配置家庭的财务资源来实现这个目标。

【案例 5-11】 秦先生 28 岁,秦太太 25 岁,两人工作后一直租房居住。最近秦先生刚刚升职,两人也开始计划孩子生育的问题。考虑到未来孩子出生后需要老人照顾,因此两人决定买一个 3 室一厅的房子。其中一间给老人住,一间给孩子住,一间给自己住。他们希望至少能买 90 平方米的房子。目前两人已有积蓄 10 万元。两人的月收入合计有 8 000 元,月支出 3 000 元。当地的房屋均价 7 000 元。假设贷款利率为 6%,投资收益率 8%。请规划一下秦先生和秦太太如何实现其买房需求。

【案例分析】 秦先生和秦太太对房子的需求可以根据房屋均价和房屋面积测算出来。

$$7\,000\,元/平方米 \times 90\,平方米 = 630\,000\,元$$

买房不一定要一次性付清全款,只需要先筹备到首付款,并且在未来有还贷能力即可。

首先,测算一下秦先生家庭买房需要筹备的首付款。以首付 3 成计算,秦先生需要预先筹备的款项为:

$$630\,000 \times 30\% = 189\,000\,元$$

目前秦先生家庭有积蓄 10 万元,还需要筹备 89 000 元,才能够筹集到首付款。为筹集这 89 000 元,秦先生可以通过基金定投的方式来准备。秦先生家庭月收入为 8 000 元,月支出为 3 000 元,月结余有 5 000 元。假设秦先生将所有月结余投入到年投资收益率为8%的产品上,则筹备89 000元需要的时间为17个月(见图5-6),即需要1年5个月的时间。在1年5个月之后,秦先生便可以支付起房子的首付款了。

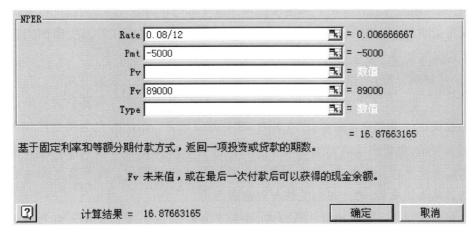

图5-6　EXCEL计算筹备89 000元所需的时间

其次,测算秦先生未来的还贷能力。

秦先生需要贷款7成,即需要贷款:

$$630\,000 \times 70\% = 441\,000 \text{ 元}$$

按6%的贷款利率,如果采用20年期贷款,则每月需要还3 160元;如果采用30年期贷款,则每月需要还2 644元(计算方法参见第二章第七节)。秦先生家庭的月结余目前为5 000元,采用20年期贷款,每月还款额占月结余的比例为63.2%;采用30年期贷款,每月还款额占月结余的比例为52.88%。由于1年5个月后秦先生还未到30岁,因此建议秦先生家庭采用30年期贷款,尽管还款额占月结余的比例仍在50%以上,但考虑到秦先生未来收入的成长性,这个比例不会给秦先生家庭带来过重的负担。

综上所述,秦先生可以通过将每月结余5 000元定投到一款年收益率为8%的产品上,则1年5个月之后秦先生可筹备到首付款;秦先生可以采用30年期贷款7成的方式实现其买房需求。

(二)综合规划中的房产规划

综合规划中的房产规划则需要在先考虑了保障需求、子女教育需求、养老需求等基本需求之后,再考虑房产规划。

【案例5-12】　彭先生33岁,彭太太28岁,都是公司一般职员,拿固定工资,没有额外收入。每月彭先生可拿2 500元收入,彭太太可拿2 000元收入。

有一孩子,1岁。每月家庭月支出2 500元。两人勤俭节约,积累了银行存款17万元,希望为孩子准备20万元教育费用。两人一直想买房,但总觉得钱不够,所以一直在想着多存一点钱后再买。没想到房价从2006年起上涨速度加快,远远超过他们存款的积累速度。两人对上涨的房价望而生畏,已不敢奢谈买房的事情了。作为理财师,如何设计一个合理的方案能让彭先生家庭实现买房的愿望呢?

【案例分析】 根据彭先生的年龄显示,彭先生正处于家庭形成期。在这个时期,事业处于上升阶段,经济能力逐渐稳定,风险承受力中等。这一阶段的投资目的通常是为购房、子女教育、养老等做准备。虽然彭先生没有将买房纳入需求,但仍建议彭先生在做好规划的前提下选择合适时机买房。彭先生家庭经济条件并不宽裕,但并非没有条件实现买房的愿望。在平衡彭先生家庭的基本需求后,通过规划能够有效达成愿望。

理财师可以先利用资产负债表、收入支出表等工具,对彭先生家庭的财务状况做出一个简单的分析和诊断,然后从应急准备、长期保障、子女教育、养老准备等基本需求出发进行相应的规划,再考虑购房规划,并提出相应的实施策略。

第一步,对彭先生家庭财务状况进行诊断。

(1)资产负债状况。就目前的信息来看,彭先生的家庭资产负债非常简单,总资产为170 000元,全部为存款,总负债为0元,总资产扣除总负债后的家庭净资产为170 000元。

(2)收支状况。从彭先生家庭的月度收支情况来看,家庭的月总收入为4 500元。其中,彭先生的月收入2 500元,占55.5%;彭太太的月收入2 000元,占44.5%。家庭收入构成中,夫妻双方的收入相差不大,对家庭的经济贡献相似,共同承担家庭责任。从家庭收入构成来看,工资收入占到总收入的100%,显示家庭的收入来源较为单一。彭先生可尝试通过各种途径获得兼职收入、租金收入等其他收入。

目前家庭的月总支出为2 500元,全部为日常生活支出,占100%。彭先生家庭尚无任何贷款。家庭支出构成中,日常支出和其他支出较高,占月总收入的55.5%,彭先生还可进一步对支出进行控制,增加可储蓄金额。目前家庭月度结余资金2 000元,年度结余资金24 000元,储蓄比例44.4%,反映了彭先生较强的控制家庭开支和增加净资产的能力。对于这些储蓄资金,应通过合理的投资来实现未来家庭各项财务目标的积累。

（3）投资组合。通过对彭先生进行风险测试，了解到彭先生和彭太太属于积极成长型投资者。其风险承受能力较高，并期望投资能获得高收益。这点与彭先生家庭的实际投资情况不符。彭先生家庭将所有资产都以活期存款的形式保留，没有实现合理的资产配置和投资组合。

（4）家庭应急基金的准备情况。彭先生家庭将过多的资金放在了活期存款上，虽然应急准备非常充分，但由于该类资产的流动性强而收益率较低，持有过多的该类资产将导致整体资产的回报率降低。所以，应通过调整资产结构来减少现金、活期储蓄所占的比重。彭先生应在专业理财顾问的帮助下，提高家庭财富管理的水平。

（5）保险状况。彭先生家庭目前没有做好相应的保障，因而才需要在银行保留大额存款以应付不时之需。这不但占用了家庭本来就不多的财务资源，而且没有利用外部保障来降低家庭财务风险。

第二步，理顺彭先生的家庭理财目标并给出相应的规划。

（1）应急准备。为了保障家庭能应付短期风险，需要准备一笔应急资金。这笔应急资金的金额一般为3—6个月的月生活开支（含还贷支出）。根据彭先生的情况，家庭月支出是2 500元，所以需要准备约7 500—15 000元的应急准备。

（2）家庭长期保障。除为短期风险做好准备外，还需要为长期风险做好准备。这可以通过保险规划来实现。为了防止未来因意外导致的家庭收入中断，从而使家庭陷入财务困境的情况，可以通过购买"寿险＋重大疾病险＋意外险"的方式来做好保障。只有做好了长期保障，家庭的风险承受能力增强后，才能考虑将剩余的钱拿来投资。保额可以设置为家庭年收入的5—10倍，即27万—54万元左右；保费控制在年收入的10%—15%，即5 400—8 100元左右。

（3）子女教育准备。由于目前国内家庭大多是独生子女，所以对子女看得很重，让孩子接受良好的教育是做父母的心愿。彭先生希望为他的孩子筹集20万元读大学的费用，可以采用基金定投的方式进行，每个月投资465元，按基金的年均收益率8%计算，18年后彭先生的家庭账户中将有20万元的资金供子女接受高等教育所用。

（4）养老准备。虽然大家都有社保，但社保只能满足基本的生活开支。如果彭先生想在退休后过的生活质量不太差，就需要另外做好养老准备。彭先生60岁退休、彭太太55岁退休，距离现在还有27年。假设退休后要保持与目前一样的生活水平,通货膨胀率为3%,退休后的通货膨胀率和银行收益率一致,则彭先生家庭需要准备1 665 967元的退休养老生活费用。假设50%可通过社保来满足,为筹备另外50%的费用,彭先生家庭可通过每月定投730元,按8%的年均回报率计算可以在27年内筹备到832 983.5元的退休养老费用。

第三步,在做好上述家庭基本财务目标规划的前提下,再考虑彭先生的购房规划。

彭先生的财务资源包含已有的财务资源和每月结余的财务资源。已有的财务资源有存款17万元,其中需要提取1.5万元作为应急准备,还剩余15.5万元可动用。

做好上述基本规划后,每月结余的财务资源为:

月收入		4 500
减	月生活支出	2 500
减	保险费平摊到每月	675
减	子女教育定投	465
减	养老准备	730
月结余		130

根据以上测算,彭先生做好保障、子女教育、养老准备后,每月的结余就只有130元。目前彭先生能拿来买房的资金就是15.5万元存款及每月剩余130元。

如果以15.5万元作为买房首付款,按首付50%来计算,则彭先生目前可以考虑购买30万元左右的房产。按贷款50%来计算,彭先生需要再贷款15万元。如果贷款利率为7%,贷款20年,则每月需要还贷1 163元。经过这样的测算后,可以给彭先生两个建议:第一,彭先生现在具备购买30万元房产的能力,但需要牺牲对子女教育和养老准备的投入来满足。第二,彭先生可以通过更加努力地工作来提高收入或从事一些适当的工作(如写稿、兼职设计等)来获得额外收入。当彭先生未来的收入每月能增加1 000元时,彭先生就可以考虑购买30万元左右的房了。

第四步,帮助彭先生制定实施策略。

(1)应急准备金。彭先生家庭的活期存款有17万元,从中可拿出1.5万元作为应急准备,另外15.5万元可转为其他用途或进行投资组合。

（2）长期保障。保险购买的顺序是最先为家庭经济支柱购买，最后才为孩子购买。由于彭先生夫妻双方经济收入差不多，所以双方都应该做好保障。彭先生和彭太太可以各购买15万元保额的寿险、重疾险以及附加意外险。每年的保险费约为8100元，平摊到每月需从月支出中留出675元用以支付。

（3）子女教育准备。彭先生可拿工资卡去银行柜台开设基金账户，然后在柜台说明需要办理定投，可选择指数基金嘉实300（代码160706）购买，每月投资465元。从长期来看，大多数基金的收益难以超过指数基金，另外指数基金的手续费低，长期投资可节约大笔手续费。

（4）养老准备。可以按子女教育准备的方式，同样开设一个定投，也可投资嘉实300（代码160706），每月定投730元。

（5）其他资金。如果暂时不考虑买房，则结合彭先生的积极投资风格，建议将15.5万元中的60%投资到股票基金上，投资收益可用于满足每年的浮动支出，比如旅游；另外40%投资到债券基金上，债券基金的风险低，投资收益可用于满足每年的固定支出。

如果彭先生考虑近两年买房，则15.5万元可通过购买3—6个月的短期理财产品来保证一定的流动性和收益，并努力工作设法将每月家庭总收入提高到5500元以上。

三、买房与租房的选择

年轻人刚毕业参加工作，往往收入不高。由于缺乏财富的积累，年轻人在无法筹集到房屋首付款的前提下，只有先租房住。当能支付得起首付款时，就可以开始考虑是买房还是继续租房了。

在考虑买房还是继续租房的问题上，也可以先通过一定的计算来判断是买房划算还是租房划算。

买房与租房的决策可通过两种方法来判断。第一种方法是年成本法；第二种方法是成本现值法。这两种方法是从不同的角度进行分析的，两种方法得到的结果不一定是相同的。

1. 年成本法

年成本法比较的是购房和租房的年成本。

购房的年成本 = 首付款 × 存款利率 + 贷款余额 × 贷款利息 + 其他费用

其中，首付款的成本以机会成本来计算，即如果支付了首付款来买房，则首付款的资金就不能享受银行利息了，这构成了首付款的机会成本。贷款的成本则以贷款利率来计算,即借钱的成本。其他费用包括每年平摊的房屋维修费用、税费等。

$$租房的年成本 = 押金 \times 存款利率 + 年租金$$

由于押金是交给房东的,因此押金的时间价值被房东占用了,这构成了押金的机会成本。

【案例 5-13】 田女士的公司在城市中心。为了生活方便,田女士在公司附近租了一套房居住,月租金 4 000 元。最近,田女士看中了一套 50 万元的房产,首付 3 成。贷款 20 年,贷款利率 6.6%,存款利率 3%,其他费用年均 10 000 元。在不考虑未来房价涨跌的情况下,田女士是租房划算还是买房划算?

【案例分析】 购房的年成本 = 150 000 × 3% + 350 000 × 6.6% + 10 000 = 37 600 元。

押金是按 3 个月的租金来计算,即 12 000 元,因此租房的年成本 = 12 000 × 3% + 4 000 × 12 = 48 360 元。

从购房的年成本和租房的年成本来看,田女士在能支付得起首付款的前提下应买房。

2. 成本现值法

这种方法是将所有成本的现值计算出来并汇总,然后比较买房成本的现值和租房成本的现值。

【案例 5-14】 谢先生购买一套 50 万元的房子,首付 15 万元,按揭贷款 20 年,月末还款,贷款年利率 6.6%。如果谢先生租一套同样的房子,每月月末付租金 2 000 元,押金 3 个月。如果年存款利率 3%,谢先生是应该买房还是租房(均按月计息)?

【案例分析】 首先计算买房的成本现值。

买房的成本现值包含三个部分:首付款成本现值、贷款成本现值、房屋处置现值。

第一个部分是首付款的成本现值。其金额就是首付款的金额 15 万元。

第二个部分是贷款成本现值。需要将每月的还款额看做年金,计算所有还款额的现值。先计算出每月的还款额。

在卡西欧财务计算器下,点击复利计算模式 CMPD ,依次输入 n = 20 × 12,I% = 6.6,PV = 350 000,然后将光标移动到 PMT 这一行,点击 SOLVE 键,可求得 PMT = 2 630.152 27。

```
Compound Int.
  Set:End
  n = 240
  I% = 6.6
  PV = 350 000
  PMT = -2 630.152 27
  FV = 0
  P/Y = 12
  C/Y = 12
```

或者利用 EXCEL 财务函数进行计算。打开 EXCEL 程序，找到财务函数中的 PMT 函数，点开后分别输入 Rate = 0.066/12，NPER = 12 * 20，PV = -350 000，即可求得 PMT = 2 630.152 27，如图 5-7 所示。

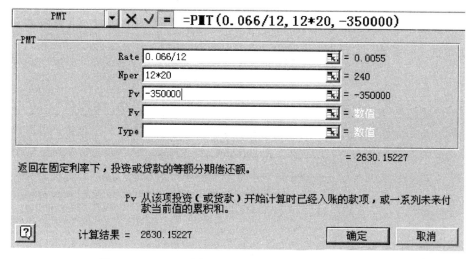

图 5-7　EXCEL 财务函数等额还款下每月还款额计算

从结果可以看出，谢先生需要每月还贷 2 630 元。

然后将图 5-8 中每个月的还款额作为年金，以存款利率 3% 作为贴现率计算这笔贷款的成本现值。

在卡西欧财务计算器下，点击复利计算模式 CMPD，将上述输入的利率 I% = 6.6 修改为 I% = 3，然后将光标移动到 PV 这一行，点击 SOLVE 键，可求得 PV = 474 245.160 9。

图 5-8 贷款成本现值计算

```
Compound Int.
  Set:End
  n = 240
  I% = 3
  PV = 474 245.1609
  PMT = -2 630.15227
  FV = 0
  P/Y = 12
  C/Y = 12
```

或者利用 EXCEL 财务函数进行计算。打开 EXCEL 程序，找到财务函数中的 PV 函数，点开后分别输入 Rate = 0.03/12，NPER = 12 * 20，PMT = -2 630.15227，即可求得 PV = 474 245.1608，如图 5-9 所示。

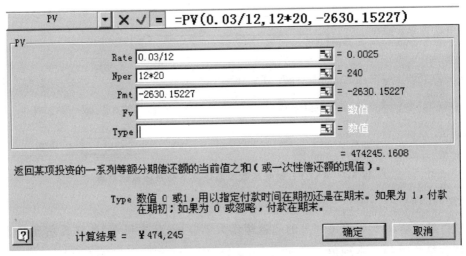

图 5-9 EXCEL 财务函数计算贷款成本现值

即贷款成本现值为 474 245 元。

第三个部分是房屋处置现值。为了对比买房和租房，需要假设买房后入住的时间和租房时间相同,同时居住效用也相同。当不再居住在买的房子里的时候,为了和租房效用相匹配,还需要假设房屋最后按照当初的购买价格进行处置(由于房屋价格涨跌难测,且房屋还有折旧等,所以假设按当初购买价格处理)。但是按当初购买价格处置的时间是在未来,所以还需要将未来的处置价格贴现到当前,如图 5-10 所示。

图 5-10　房屋处置价格的现值

在卡西欧财务计算器下,点击复利计算模式 $\boxed{\text{CMPD}}$,输入 Set:End,n = 240,I% = 3,FV = 500 000,P/Y = 12,C/Y = 12(题目中提到均按月计息)。然后将光标移动到 PV 这一行,点击 $\boxed{\text{SOLVE}}$ 键,可求得 PV = -274 611.357。

```
Compound Int.
  Set:End
  n = 240
  I% = 3
  PV = -274 611.357
  PMT = 0
  FV = 500 000
  P/Y = 12
  C/Y = 12
```

或者利用 EXCEL 财务函数进行计算。打开 EXCEL 程序,找到财务函数中的 PV 函数,点开后分别输入 Rate = 0.03/12,NPER = 12 * 20,FV = 500 000,即可求得 PV = -274 611.357,如图 5-11 所示。

计算结果表明,房屋处置现值为 274 611 元。

所以,购房成本 = 首付款现值 + 贷款成本现值 - 房屋处置现值
　　　　　　 = 150 000 + 474 245 - 274 611
　　　　　　 = 349 634 元

其次,计算租房的成本现值。

租房成本的计算包含两个部分:一是租金的成本现值;二是押金被占用的时间价值。

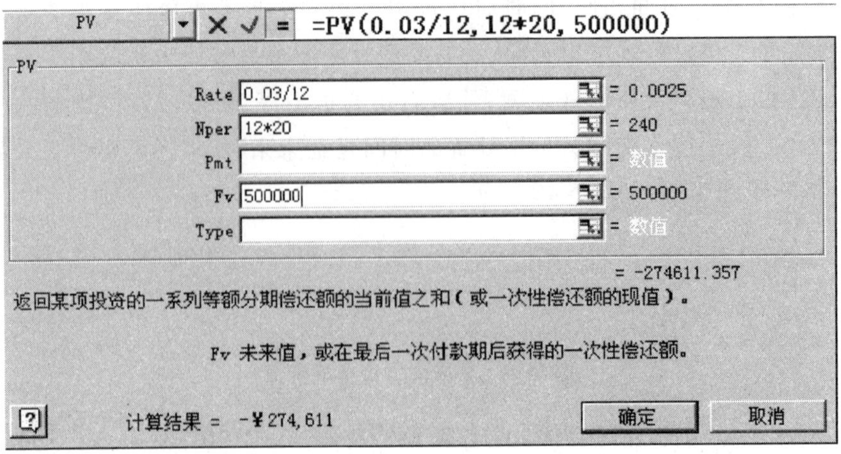

```
        PV        ▼  X ✓  =  =PV(0.03/12,12*20,500000)
┌─PV ─────────────────────────────────────────────────────┐
│              Rate │0.03/12         │ ▆ = 0.0025         │
│              Nper │12*20           │ ▆ = 240            │
│               Pmt │                │ ▆ = 数值           │
│                Fv │500000          │ ▆ = 500000         │
│              Type │                │ ▆ = 数值           │
│                                        = -274611.357   │
│   返回某项投资的一系列等额分期偿还额的当前值之和（或一次性偿还额的现值）。│
│                                                         │
│       Fv 未来值，或在最后一次付款期后获得的一次性偿还额。    │
│                                                         │
│   ?      计算结果 = -¥274,611        确定      取消       │
└─────────────────────────────────────────────────────────┘
```

图 5-11　EXCEL 财务函数计算房屋处置现值

（1）租金的成本现值。租金的成本现值也是将租金看做年金，计算年金现值。

在卡西欧财务计算器下，点击复利计算模式 CMPD，输入 n = 240，I% = 3，PMT = -2 000，然后将光标移动到 PV 这一行，点击 SOLVE 键，可求得 PV = -360 621.8288。

```
Compound Int.
  Set:End
  n = 240
  I% = 3
  PV = -360 621.8288
  PMT = -2 000
  FV = 0
  P/Y = 12
  C/Y = 12
```

或者利用 EXCEL 财务函数进行计算。打开 EXCEL 程序，找到财务函数中的 PV 函数，点开后分别输入 Rate = 0.03/12，NPER = 12 * 20，PMT = -2 000，即可求得 PV = -360 621.8288，如图 5-12 所示。

计算结果表明房租成本现值为 360 622 元。

（2）押金被占用的时间价值。押金是在租房当初缴纳的，至退房时可退回。

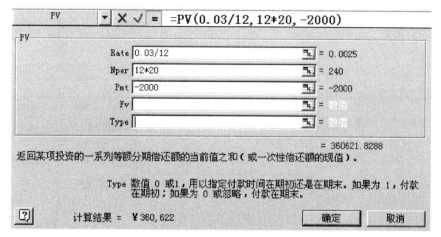

图 5-12　EXCEL 财务函数计算房租成本现值

但退回时的货币价值已经缩水了。所以需要计算其间被占用的货币时间价值。

将未来的 6 000 元贴现计算现值,然后用现在的 6 000 元减去押金现值就是押金被占用的货币时间价值,如图 5-13 所示。

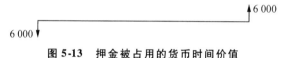

图 5-13　押金被占用的货币时间价值

先计算未来 6 000 元的现值。

在卡西欧财务计算器下,点击复利计算模式 CMPD ,输入 Set:End,n = 240,I% = 3,FV = 6 000,P/Y = 12,C/Y = 12(题目中提到均按月计息)。然后将光标移动到 PV 这一行,点击 SOLVE 键,可求得 PV = -3 295.336284。

```
Compound Int.
  Set:End
  n = 240
  I% = 3
  PV = -3 295.336284
  PMT = 0
  FV = 6 000
  P/Y = 12
  C/Y = 12
```

或者利用 EXCEL 财务函数进行计算。打开 EXCEL 程序,找到财务函数中的 PV 函数,点开后分别输入 Rate = 0.03/12,NPER = 12 * 20,FV = 6 000,即可求得 PV = -3 295.336284,如图 5-14 所示。

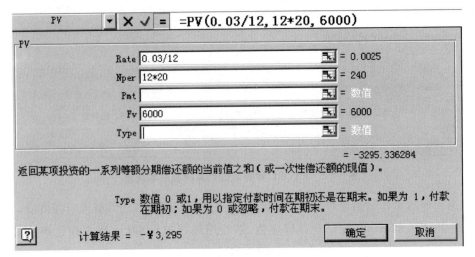

图 5-14　EXCEL 财务函数计算押金现值

计算结果表明,押金现值为 3 295 元。

押金被占用的货币时间价值 = 6 000 - 3 295 = 2 705 元。

所以,租房的成本现值 = 360 622 + 2 705 = 363 327 元。

买房的成本现值是 349 634 元,比租房要小,所以买房划算。

第六节　投资规划

【案例导读】

张先生,57 岁,2007 年上半年在一次饭局上听到朋友说炒股票赚了 100 万元,心动之余自己也拿出 10 万元杀入了股市。1 个月的时间里,张先生斩获了 20% 的收益,初始投资 10 万元增值到了 12 万元。张先生喜出望外,到银行将全部存款 60 万元取出,投入了股市。不幸的是,这个月张先生没能获得收益,反而出现 10% 的亏损。不但前一个月赚的 2 万元亏掉了,还亏损了 5 万多元。张先生并不甘心,认为自己只是运气不好而已,不愿意止损。没想到股市除偶有反弹外,一路走低。1 年后张先生 70 万元的投资只剩下 20 万元。张先生成天愁眉苦脸,心情低落,并常常冲着家人无故地发脾气。只剩下 2 年就要退休了,而自己辛辛苦苦积攒多年的养老储蓄缩水了70%。

这个案例至少可以给我们带来两个启示:第一,投资是有风险的,因此需要根据自己的风险承受能力进行合理地投资;第二,作为即将步入退休阶段的人,由于风险承受能力有限,所以不应做过高风险的投资。

一、投资规划的内涵

投资规划是根据家庭成员所处的生命周期以及风险承受能力,为实现未来理财目标所制订的一系列投资计划。

从上面的定义中可以看到,理财中的投资规划与一般的投资规划有所不同。第一,投资规划是为理财目标而做的,因此是"先有目标,后有规划"。第二,投资规划需要考虑家庭成员所处的生命周期以及风险承受能力。家庭处于初建期的时候,风险承受能力较强,因为未来还有很长的积累财富的时间。而家庭处于退休期的时候,风险承受能力较弱,因为未来的工作收入将要中断,需要靠前期积累的财富和退休金满足生活需求。风险承受能力较强的时期可以进行一些风险较高的投资,而风险承受能力较弱的时期则只能进行一些风险较低的投资。第三,投资规划是一系列的投资计划,而不是单独地拿一笔资金来投资。前文提到的子女教育规划、养老规划、房产规划等中用到的基金定投本质上也属于投资规划中的一部分。

"投资"与"理财"是经常被混淆的两个概念。如果从战略和战术的角度去理解这两个概念的话,理财是属于战略层面的问题,而投资是属于战术层面的问题。理财确定的是方向,而投资确定的是手段。所以,理财规划中包含了投资规划,投资规划只是理财规划中用来实现理财目标的一种手段。

彼得·德鲁克曾说:"做正确的事,并正确地做事。"理财规划的首要任务就是明确理财目标,确定正确的方向,一切规划都为理财目标而制定。然后通过专业的规划流程正确地制定达成目标的方案。

二、投资规划的步骤

在为家庭制作完现金规划、保险规划、子女教育规划、养老规划、房产规划后,如果家庭还有闲置资金,则可以从生命周期和风险承受能力两个方面来考虑如何配置这些闲置资金。

第一,明确理财目标。

做投资规划的第一步就是明确理财目标。任何投资都不应该是盲目地投资,都必须了解投资的目的是什么。比如前文提到的子女教育规划中,为了在18岁储备教育资金,可以用基金定投的方式来准备。在这个规划中,储备教育资金是投资的目的。为了进一步明确投资目标,还需要将目标进行量化,比如需要在18岁时储备60万元教育资金。在明确目标的这个过程中,必须列明投资时期和最终想达到的目标金额。同样,养老规划和房产规划都需要先量化目标金额和投资时期。

在子女教育、养老、买房这些基本目标之外,每个家庭还会有不同的目标。这通常需要家庭成员做一个目标梳理,列出其想实现的一些目标,并将希望实现目标的时间点也列出来。然后根据目标的可变更性进行分类。可以用如表5-21所示的理财目标梳理工具表进行。

表5-21 理财目标梳理工具表

目标名称	目标金额	预期实现时间	可变更性
目标一	x	XX 年	可变更
目标二	y	YY 年	不可变更
…	…	…	…

第二,判断家庭的生命周期以及风险承受能力。

可根据表5-22进行判断。

表5-22 家庭生命周期与风险承受能力

	单身期 (24岁以下)	家庭初建期 (24—30岁)	家庭成长期 (30—45岁)	家庭成熟期 (45—60岁)	退休期 (60岁以上)
经济特征	• 开始有收入 • 理怨待遇低 • 总是存不了钱	• 收入略增 • 略有结余 • 财富增长幅度慢	• 职业趋于稳定 • 进入收入高成长期(以薪资收入为主)	• 职业生涯更上一层楼 • 资产规模快速累积(薪资收入、理财收入并重)	• 薪资收入停止,完全依赖理财收入
理财目标	• 量入为出 • 积极创造财富	• 结婚 • 买房 • 生育 • 子女教育 • 养老 • 买车 • 旅游等	• 子女教育 • 养老 • 清偿房贷 • 旅游等	• 寻求能带来稳定收入的投资 • 构建退休生活蓝图 • 旅游等	• 颐养天年,退休生活质量不下降 • 生病能得到好的医疗条件 • 享受生活等

(续表)

	单身期 (24岁以下)	家庭初建期 (24—30岁)	家庭成长期 (30—45岁)	家庭成熟期 (45—60岁)	退休期 (60岁以上)
风险承受能力	强	强	中等偏强	中等偏弱	弱
对投资报酬的预期	高	高	中等	中等	低
适合的投资品种	激进型	激进型	稳健型	稳健型	保守型

第三,根据理财目标和家庭所处生命周期及风险承受能力制定相应的投资规划。

从理财目标是否可变更来看,对于不可变更的理财目标,应配置稳健的投资品种,以保证理财目标的实现。对于可变更的理财目标,则可以配置激进的投资品种,在投资收益实现的情况下,可达成相应的理财目标;在投资收益暂时没能实现的情况下,可延长达成目标的时间,而不急于撤回投资。

从家庭所处生命周期来看,处于家庭初建期时可配置激进的投资品种,能够在较长的时间内进行规划,只要投资收益在这段时期内任何一个时点达到预期目标,就可以将目标金额的投资撤回转投风险较低的品种,从而保证理财目标可以实现。在接近或处于家庭退休期时,由于未来的现金流出通常要高于现金流入,因此应减少激进的投资品种所占比例,甚至不配置任何激进的投资品种。

从家庭成员的风险承受能力来看,对于风险承受能力不强的家庭成员,其理财目标需通过稳健的投资品种来实现;而对于风险承受能力较高的家庭成员,其理财目标可以通过激进的投资品种来实现。

【案例5-15】 魏先生,40岁,企业高管,有房有车,银行存款200万元。魏先生有一儿子,15岁。魏先生已为子女教育和自己的养老做了准备。现在,魏先生希望能更好地利用银行存款200万元进行投资,但却不知道如何着手。

【案例分析】 首先,在理财师的建议下,魏先生和家庭成员一起梳理出以下的理财目标,如表5-23所示。

表 5-23　魏先生家庭的理财目标

目标名称	目标金额	预期实现时间	可变更性
换车	500 000 元	2 年	可变更
资助儿子创业	1 000 000 元	7 年	不可变更
境外旅游	200 000 元	3 年	可变更
重新装修房子	300 000 元	2 年	不可变更
魏先生读 EMBA	300 000 元	1 年	不可变更

其次，判断魏先生的家庭生命周期和风险承受能力。魏先生正处于家庭成长期，职业趋于稳定，收入也进入高成长期。此时的风险承受能力属于中等偏强，对投资报酬的预期为中等，整体来看适宜选择稳健的投资品种。

再次，根据魏先生的理财目标、家庭生命周期和风险承受能力进行相应的投资规划。魏先生的理财目标有五个，其中资助儿子创业、重新装修房子、读 EMBA 的目标对魏先生来说是不可变更的，而换车和境外旅游的目标则是可变更的。因此，对于不可变更的三个目标，可选择稳健的投资品种，比如偏债型混合基金或债券基金；对于可变更的两个目标，可选择股票、股票型基金或偏股型混合基金。

由于距离这些目标实现的时间有长有短，因此还可以根据魏先生目前的财务资源来对各项目标进行匹配。在 2—3 年内要实现的目标需要回避一定的风险，匹配这些目标的投资应以稳健为主。3 年以上的目标则可以适当做一些激进点的长期投资。对于魏先生来说，换车、境外旅游、重新装修房子、读 EMBA 是 3 年以内的目标，而资助儿子创业是 3 年以上的目标。魏先生的银行存款有 200 万元，这笔存款中可各留出 30 万元用于读 EMBA 和重新装修房子，这两个目标是不可变更的，可选择债券基金进行投资；另外，再留出 50 万元用于换车，留出 20 万元用于境外旅游，这两个目标是 3 年以内的目标且属于可变更的，可选择相对股票型基金较稳健的偏股型基金进行投资或进行股票基金与债券基金的组合投资；对于 7 年才需要达成的资助儿子创业的目标，目前还剩 70 万元财务资源可以动用，虽然这个目标是不可变更的，但由于这个目标是长期目标，因此也可在前期做一些激进点的投资，比如挑选一些质地优良的股票组合或股票型基金组合长期持有，在中间任何一个时间点达成 100 万元后就可将资金转为债券基金或货币基金等形式持有，以保证实现目标。

第七节 税收规划

 案例导读

陈教授对企业管理很有研究，经常受邀去一些知名企业授课。一天的内训课程课酬为50 000—60 000元。某企业提出两种支付报酬的方式供陈教授选择：一种是支付给陈教授50 000元作为课酬，由企业负责上课期间的全部交通费、住宿费、伙食费等；另一种是企业不包往返交通费、住宿费、伙食费等，支付给陈教授60 000元作为课酬。如果陈教授上课期间的交通费、住宿费、伙食费等一共需10 000元，陈教授应该选择哪一种方案呢？

如果陈教授选择由企业负责交通费、住宿费、伙食费等的方案，实际收到的课酬收入为50 000元，属于劳务报酬，按20%的税率纳税。由于超过了20 000元，属于畸高收入，需要加成征收。应纳个人所得税税额为 $50\,000 \times (1-20\%) \times 30\% - 2\,000 = 10\,000$ 元。陈教授实际的净收入为 $50\,000 - 10\,000 = 40\,000$ 元。

如果陈教授选择由自己负担交通费、住宿费、伙食费等的方案，则应纳个人所得税税额为 $60\,000 \times (1-20\%) \times 30\% - 2\,000 = 12\,400$ 元。扣除交通费、住宿费、伙食费等10 000元后，陈教授实际净收入为 $60\,000 - 12\,400 - 10\,000 = 37\,600$ 元。

从以上两种方案的结果来看，陈教授应选择由企业负责交通费、住宿费、伙食费的方案，能够节省个人所得税2 400元。

一、个人所得税的相关规定

1980年9月10日，第五届全国人民代表大会第三次会议通过《中华人民共和国个人所得税法》。目前的《中华人民共和国个人所得税法》是经过1993年10月31日、1999年8月30日、2005年10月27日、2007年6月29日、2007年12月29日、2011年6月30日六次修正后，自2011年9月1日起施行。2011年6月30日，第十一届全国人大常委会第二十一次会议表决通过关于修改个人所得税法的决定。这次的最新修改将个税起征点从原来的2 000元上调到3 500元，并将超额累进税率从九级税率(5%—45%)调整到七级税率(3%—45%)。

个人所得税是以所得人为纳税义务人、以支付所得的单位或者个人为扣缴义务人的税种。应缴纳个人所得税的项目包括：

（1）工资、薪金所得，指个人因任职或者受雇而取得的工资、薪金、奖金、年终加薪、劳动分红、津贴、补贴以及与任职或者受雇有关的其他所得。

（2）个体工商户的生产、经营所得，指个体工商户从事工业、手工业、建筑业、交通运输业、商业、饮食业、服务业、修理业以及其他行业生产、经营取得的所得；或者个人经政府有关部门批准，取得执照，从事办学、医疗、咨询以及其他有偿服务活动取得的所得；或者其他个人从事个体工商业生产、经营取得的所得；或者上述个体工商户和个人取得的与生产、经营有关的各项应纳税所得。

（3）企事业单位的承包经营、承租经营所得，指个人承包经营、承租经营以及转包、转租取得的所得，包括个人按月或者按次取得的工资、薪金性质的所得。

（4）劳务报酬所得，指个人从事设计、装潢、安装、制图、化验、测试、医疗、法律、会计、咨询、讲学、新闻、广播、翻译、审稿、书画、雕刻、影视、录音、录像、演出、表演、广告、展览、技术服务、介绍服务、经纪服务、代办服务以及其他劳务取得的所得。

（5）稿酬所得，指个人因其作品以图书、报刊形式出版、发表而取得的所得。

（6）特许权使用费所得，指个人提供专利权、商标权、著作权、非专利技术以及其他特许权的使用权取得的所得；提供著作权的使用权取得的所得，不包括稿酬所得。

（7）利息、股息、红利所得，指个人拥有债权、股权而取得的利息、股息、红利所得。

（8）财产租赁所得，指个人出租建筑物、土地使用权、机器设备、车船以及其他财产取得的所得。

（9）财产转让所得，指个人转让有价证券、股权、建筑物、土地使用权、机器设备、车船以及其他财产取得的所得。

（10）偶然所得，指个人得奖、中奖、中彩以及其他偶然性质的所得。

（11）经国务院财政部门确定征税的其他所得。

纳税义务人分为两种，一种是在中国境内有住所，或者虽无住所而在境内居住满一年，并从中国境内和境外取得所得的个人；另一种是在中国境内无住所又不居住或者无住所而在境内居住不满一年,但从中国境内取得所得的个人。从这里可以看出,凡是在中国境内取得所得的,都需要缴纳个人所得税;而前一种人在境外取得所得的也需要缴纳个人所得税。

在对纳税义务人所得征收个人所得税时,不同所得适用的税率制度不同。税率制度一般有两种,一种是超额累进税率制度,它是随着个人所得额的增加税率也增加的制度;另一种是比例税率制度,它是不随所得的增加而增加的制度。对于工资薪金所得,个体工商户的生产、经营所得,企事业单位的承包经营、承租经营所得,以及个人独资企业和合伙企业投资者的生产经营所得采用的是超额累进税率;对于稿酬所得,劳务报酬所得,特许权使用费所得,利息、股息、红利所得,财产租赁所得,财产转让所得,偶然所得和其他所得等采用的是比例税率。

工资薪金所得适用的超额累进税率为3%—45%;个体工商户的生产、经营所得和对企事业单位的承包经营、承租经营所得,以及个人独资企业和合伙企业投资者的生产经营所得适用的超额累进税率为5%—35%。

比例税率一般为20%,若劳务报酬的所得额较高时还会加成征收。

二、个人所得税的计算方法

在计算个人所得税的时候,关键的两个要素是应纳税所得额和税率。个人所得税法中对不同所得规定的应纳税所得额是不同的,比如对工资、薪金所得的应纳税所得额是以实际所得扣除个税起征点来计算的;而对劳务报酬所得的应纳税所得额却是以实际所得扣除20%的费用来计算的。由于应纳税所得额的标准不同,因而也给后文中所讲述的税收规划留下了空间。另外一个要素是税率,不同应纳税所得额对应的税率可能一样也可能不一样,比如比例税率一般是一样的,而超额累进税率则在不同应纳税所得额下是不一样的,税率随着应纳税所得额的增加而提高。

(一)工资、薪酬所得

工资、薪金所得,以每月收入额减除3 500元起征额后的余额,为应纳税所得额。工资、薪酬所得适用于超额累进税率,税率表见表5-24。

表 5-24　工资薪金所得适用的超额累进税率

级数	应纳所得额	税率（%）	速算扣除数
1	不超过 1 500 元的部分	3	0
2	超过 1 500 元至 4 500 元的部分	10	105
3	超过 4 500 元至 9 000 元的部分	20	555
4	超过 9 000 元至 35 000 元的部分	25	1 005
5	超过 35 000 元至 55 000 元的部分	30	2 755
6	超过 55 000 元至 80 000 元的部分	35	5 505
7	超过 80 000 元的部分	45	13 505

根据超额累进税率表计算应纳税额的计算公式如下：

全月应纳税额 =（每月工资所得 – 四金 – 个人所得税起征额）× 税率 – 速算扣除数

2011 年的个人所得税起征额为 3 500 元。其中，四金指的是养老保险金、医疗保险金、失业保险金、住房公积金，也称为"三险一金"。

一些公司或事业单位在年底会发双薪。根据 2009 年 8 月 31 日国家税务总局发布的《关于明确个人所得税若干政策执行问题的通知》，这种双薪将被看做全年一次性奖金计税。年终奖可以用奖金额除以 12 的商数来作为应纳税所得。

【案例 5-16】　秦女士 2011 年每月扣除四金后所发工资为 6 000 元。如果秦女士的公司在 12 月份发双薪 6 000 元，在 2012 年 1 月份发年终奖 24 000 元，那么秦女士要缴纳的个税是多少？

【案例分析】　秦女士在 12 月份要缴纳的个税计算如下：

(6 000 + 6 000 – 3 500) × 20% – 555 = 1 145 元

秦女士在 1 月份要缴纳的个税计算如下：

[(6000 – 3500) × 10% – 105] + (24000 × 10% – 105) = 2440 元

其中，年终奖 24 000 元的当月应纳税所得额为 24 000/12 = 2 000 元，适用 10% 的税率。

综上所述，秦女士要缴纳的个税总额为 3 585 元。

（二）个体工商户的生产、经营所得

个体工商户的生产、经营所得，以每一纳税年度的收入总额减除成本、费用以及损失后的余额，为应纳税所得额。其适用超额累进税率，见表 5-25。

表 5-25　个体工商户的生产、经营所得税率表

级数	应纳所得额	税率(%)	速算扣除数
1	不超过 15 000 元的部分	5	0
2	超过 15 000 元至 30 000 元的部分	10	750
3	超过 30 000 元至 60 000 元的部分	20	3 750
4	超过 60 000 元至 100 000 元的部分	30	9 750
5	超过 100 000 元的部分	35	14 750

其应纳税额的计算公式如下：

应纳税额 = [收入总额 − (成本 + 费用 + 损失 + 准予扣除的税金)] × 适用税率 − 速算扣除

【案例 5-17】 张先生是从事餐饮业的个体工商户，2012 年实现收入 70 万元，发生成本费用 60 万元，在这些费用能准确核算和不能准确核算的情况下，计算其应纳个人所得税。

【案例分析】 根据个人所得税法的相关规定，当费用能准确计算时应纳税所得额按收入扣减实际费用计算；当费用不能准确计算时，应纳税所得额按收入的 15% 计算。

在费用能准确核算的情况下，应纳个人所得税计算如下：

(700 000 − 600 000) × 35% − 14 750 = 20 250 元

在费用不能准确核算的情况下，应纳个人所得税计算如下：

700 000 × 15% × 35% − 14 750 = 22 000 元

(三) 对企事业单位的承包经营、承租经营所得

对企事业单位的承包经营、承租经营所得，以每一纳税年度的收入总额减除必要费用后的余额，为应纳税所得额。其中，必要费用是指每月的税收起征点。其适用超额累进税率，与个体工商户的生产、经营所得适用同样的税率，见表 5-25。

其应纳税额的计算公式如下：

年度应纳税额 = [纳税年度收入总额 − 年度必要费用] × 适用税率 − 速算扣除

【案例 5-18】 魏先生 2012 年承包了某地布料厂，分别在 6 月和 12 月取得承包收入 80 000 元和 90 000 元，预缴个人所得税 11 000 元和 12 000 元。计算魏先生应纳个人所得税税额。

【案例分析】 魏先生应纳个人所得税税额计算如下：

$$(80\,000 + 90\,000 - 3\,500 \times 12) \times 35\% - 14\,750 = 30\,050\ 元$$

年终应补个人所得税税额 = 30 050 - 11 000 - 12 000 = 7 050 元

（四）劳务报酬所得、特许权使用费所得、财产租赁所得

劳务报酬所得、特许权使用费所得、财产租赁所得每次收入不超过 4 000 元的，减除费用 800 元；4 000 元以上的，减除 20% 的费用，其余额为应纳税所得额。

对劳务报酬所得一次收入畸高（应纳税所得额超过 20 000 元）的，要实行加成征收办法。即一次取得劳务报酬收入，减除费用后的余额（即应纳税所得额）超过 20 000 元至 50 000 元的部分，按照税法规定计算的应纳税额，加征五成；超过 50 000 元的部分，加征十成。

表 5-26 劳务报酬所得税率表

级数	含税级距	不含税级距	税率（%）	速算扣除数
1	不超过 20 000 元的部分	不超过 16 000 元的部分	20	0
2	超过 20 000 元至 50 000 元的部分	超过 16 000 元至 37 000 元的部分	30	2 000
3	超过 50 000 元的部分	超过 37 000 元的部分	40	7 000

注：1. 表中的含税级距、不含税级距，均为按照税法规定减除有关费用后的所得额。

2. 含税级距适用于由纳税人负担税款的劳务报酬所得；不含税级距适用于由他人（单位）代付税款的劳务报酬所得。

其应纳税额计算公式如下：

应纳税额 =（劳务报酬收入 - 费用）× 适用税率 - 速算扣除

【案例 5-19】 钱先生一次取得劳务报酬收入 30 000 元，计算其个人所得税。

【案例分析】 钱先生的应纳税所得额计算如下：

$$30\,000 - 30\,000 \times 20\% = 24\,000\ 元$$

应纳税额计算如下：

$$24\,000 \times 20\% + (24\,000 - 20\,000) \times 20\% \times 50\% = 5\,200\ 元$$

或者用上述税率表中的速算扣除数计算如下：

$$24\,000 \times 30\% - 2\,000 = 5\,200\ 元$$

（五）稿酬所得

稿酬所得每次收入不超过 4 000 元的，减除费用 800 元；4 000 元以上的，减除 20% 的费用，其余额为应纳税所得额。稿酬所得可按规定对应纳税额减

征 30%。

对于不同形式的发表,个人所得税的征收有所差异。对于个人每次以图书、报刊方式出版、发表同一作品(文字作品、书画作品、摄影作品以及其他作品)的情况,不论出版单位是预付还是分笔支付稿酬,或者加印该作品后再付稿酬,要合并其稿酬所得按一次计征个人所得税;对于在两处或两处以上出版、发表或再版同一作品而取得稿酬所得,则可分别各处取得的所得或再版所得按分次所得计征个人所得税;对于个人的同一作品在报刊上连载,要合并其因连载而取得的所有稿酬所得为一次,按税法规定计征个人所得税;对于在其连载之后又出书取得稿酬所得,或先出书后连载取得稿酬所得,应视同再版稿酬分次计征个人所得税;作者去世后,对取得其遗作稿酬的个人,按稿酬所得征收个人所得税。

其应纳税额计算公式如下:

$$应纳税额 = (每次收入额 - 费用) \times 20\% \times (1 - 30\%)$$

【案例 5-20】 黄老师因一本教材出版,获稿费 30 000 元,后又因加印而获稿费 10 000 元。请帮黄老师计算其个人所得税税额。

【案例分析】 第一次缴纳的个人所得税税额计算如下:

$$30\,000 \times (1 - 20\%) \times 20\% \times (1 - 30\%) = 3\,360\ 元$$

第二次缴纳的个人所得税税额计算如下:

$$(30\,000 + 10\,000) \times (1 - 20\%) \times 20\% \times (1 - 30\%) - 3\,360 = 1\,120\ 元$$

(六) 财产转让所得

财产转让所得,是指个人转让有价证券、股权、建筑物、土地使用权、机器设备、车船以及其他财产取得的所得。财产转让所得,以转让财产的收入额减除财产原值和合理费用后的余额,为应纳税所得额。其税率适用比例税率 20%。

应纳税所得额的确定是计算财产转让所得需要征收的个人所得税过程中的关键点。

目前,对个人转让股票所得暂不征收个人所得税。但对非流通股转为流通股的过程(即"大小非解禁")中产生的溢价需要征收个人所得税。集体所有制企业在改制为股份合作制企业时,对职工个人以股份形式取得的拥有所有权的企业量化资产,暂缓征收个人所得税;待个人将股份转让时,就其转让收入额,减除个人取得该股份时实际支付的费用支出和合理转让费用后的余额,计征个人所得税。

个人出售自有住房的应纳税所得额也是许多家庭关心的问题。对于能够提供完整、准确的房屋原值凭证和合理费用证明的,以转让财产的收入额减除财产原值和合理费用后的余额,为应纳税所得额。纳税人未提供完整、准确的房屋原值凭证,不能正确计算应纳税额的,税务机关对其实行核定征税。对个人转让自用 5 年以上,并且是家庭唯一生活用房取得的所得免征个人所得税。"家庭唯一生活用房"是指在同一省、自治区、直辖市范围内纳税人(有配偶的为夫妻双方)仅拥有一套住房。自 2010 年 10 月 1 日起,对出售自有住房并在 1 年内重新购房的纳税人不再减免个人所得税。

由于国家对房地产的调控政策多变,且各个地方的核定征税方法并不一致,因此关于个人财产转让所得的具体计算办法要参考各个地方政府的规定。

(七) 利息、股息、红利所得,偶然所得和其他所得

利息、股息、红利所得,偶然所得和其他所得,以每次收入额为应纳税所得额。其税率适用比例税率 20%。

【案例 5-21】 项先生购买体育彩票获得大奖,奖品为价值 500 000 元的小轿车一辆及人民币 300 000 元。项先生领奖时拿出了 200 000 元捐给了希望工程。项先生应如何计算缴纳个人所得税?

【案例分析】 根据税法规定,公益、救济性质的捐赠,允许税前扣除未超过其申报的应纳税所得额的 30% 的部分,而非公益、救济性质的捐赠不能扣除。对于个人通过非营利社会团队和国家机关向农村义务教育、红十字会、公益性青少年活动场所的捐赠及个人向慈善机构、基金会等非营利机构的公益、救济性捐赠,可以在计算个人所得税时全额扣除。项先生一共获得 800 000 元所得,按 30% 计算,扣除标准为 240 000 元。项先生的捐款额低于 240 000 元,在计算应纳税额时可以全额扣除。所以项先生的应纳所得税为:

$$(500\,000 + 300\,000 - 200\,000) \times 20\% = 120\,000 \text{ 元}$$

三、税收规划技巧

个人理财中的税收规划是指在符合国家法律和税法的前提下,选择合理合法的方式进行收入规划,从而降低个人所得税缴纳金额。税收规划与逃税、偷税的本质是不同的,税收规划的前提是合法,而逃税、偷税是对法定纳税义务进行逃避或偷漏的行为,是违法的。税收规划又可包含节税和避税两个层面,其中节税和避税又有所区别。节税是指在不违背税法立法精神的前提下,纳税人通过充分利用税法中的起征点、减免税等一系列优惠政策进行多种纳

税方案的对比,并选择以税收负担最低的方式来处理财务、经营、交易事项。避税是指纳税人利用不同国家或地区税制上的差异、漏洞等,作适当的财务安排,在不违反当地税法规定的前提下,达到减轻或解除税负的目的。从节税与避税的区别来看,节税是"合法的",避税是"不违法的"。

以下分别从受雇者、自由职业者、投资者三个角度来看不同的受众如何进行税收规划,这里的税收规划都是指如何节税。

(一)受雇者的税收规划

受雇者是被一家机构雇用并从中获得收入的人。一般受雇者与雇用者会签订一个较长期的合同,雇用者可以以年薪制也可以以月薪制的方式支付受雇者的报酬。如果一个雇用机构有好的税务筹划师,不仅能帮雇用机构节省大量的企业所得税,也能帮受雇者节省不少个人所得税。在日本,理财规划的兴起也是由税务改革带来的税务筹划需求而引发的。

【案例 5-22】 在案例 5-16 中,秦女士的公司是在 2011 年 12 月份发双薪,在 2012 年 1 月份发年终奖。如果秦女士要求公司在 1 月份同时发放双薪和年终奖,那么秦女士要缴纳的个税是多少?

【案例分析】 秦女士在 12 月份要缴纳的个税计算如下:

$$(6\,000 - 3\,500) \times 10\% - 105 = 145 \text{ 元}$$

秦女士在 1 月份要缴纳的个税计算如下:

$$[(6\,000 - 3\,500) \times 10\% - 105] + [(24\,000 + 6\,000) \times 10\% - 105] = 3\,040 \text{ 元}$$

其中,年终奖 24 000 元与当月薪金 6 000 元的当月应纳税所得额为 30 000/12 = 2 500 元,适用 10% 的税率。

综上所述,秦女士要缴纳的个税总额为 3 185 元,比分月发放双薪和年终奖的情况可以节省 400 元个人所得税。

(二)自由职业者的税收规划

自由职业者(Self-employed)是指独立工作、不隶属于任何组织的人,以及不向任何雇主做长期承诺而从事某种职业的人。[①] 美术人、音乐人、自由撰稿人、电脑精英、设计师、顾问、医生、律师、理财师等由于拥有专业知识或一技之长,都可以成为自由职业者。

自由职业者又可划分为 SOHO 族、MORE 族和 MO 族。SOHO 族(Small Office/Home Office)是指在家办公的一类人;MORE 族(Mobile Office Residen-

---

① 参见《韦氏大词典》。

tial Edifice）是指在互动商务居住区办公的一类人；MO 族（Mobile-Office）是指没有固定办公地点、移动办公的一类人。

对于自由职业者来说，由于没有雇主，所以工作方式灵活多变，不受约束，但收入却不一定能保持稳定。于是，如何在工作方式和收入之间取得平衡是很多自由职业者反复斟酌的内容。自由职业者在其所从事的领域做出一定的成绩后，也会有一些雇主向自由职业者伸出橄榄枝，希望长期聘用。聘用的方式，一是成为雇员，二是成为长期合作伙伴。从收入的稳定性来说，成为雇员或长期合作伙伴，都能从以前不稳定的收入状态进入稳定的收入状态，但不利之处就是工作方式不再那么灵活了，需要按时提交工作成果。除了平衡工作方式与收入之间的关系外，还有一个重要的环节需要考虑，即税收规划。

【案例 5-23】 冯先生是一名自由撰稿人，每月经常为一些杂志和报纸撰写文章，每月发表的稿件 6 篇，平均每月的收入为 6 000 元左右。由于冯先生的文笔犀利、见解独到、语言生动有趣，不仅受到读者的好评，还受到杂志社领导的青睐。一些杂志社和报社邀请冯先生长期为杂志社或报社提供稿源，有两种方式：一种是聘用为记者或编辑，提供的待遇为每月 6 000 元；另一种是每月向杂志社固定供稿 6 篇，每篇稿件 1 000 元。从个人所得税来看，冯先生是采用上述两种方式中的一种，还是继续保持自由撰稿人的身份？

【案例分析】 从个人所得税方面来看，虽然冯先生取得的每月收入都相同，但冯先生在三种情况下缴纳的个人所得税不一样。

如果冯先生被杂志社或报社聘用成为记者或编辑，则属于杂志社或报社的雇员，要按受雇者的"工资、薪金所得"缴纳个人所得税，计算方法如下：

$$(6\,000 - 2\,000) \times 20\% - 375 = 425\ 元$$

如果冯先生与杂志社或报社签订长期合作协议，每月供稿 6 篇，则按"劳务报酬所得"缴纳个人所得税。对于劳务报酬所得，如果属于一次性收入的，以取得该项目收入为一次进行计算；如果属于同一项目连续性收入的，以一个月内取得的收入为一次进行计算。冯先生的每月收入属于同一项目的连续性收入，因此每月都按 6 000 元劳务报酬所得减除 20% 的费用来计算个人所得税。计算方法如下：

$$[6\,000 \times (1 - 20\%)] \times 20\% = 960\ 元$$

如果冯先生继续保持自由职业者的身份，则按稿酬所得来计算个人所得税。稿酬所得以每次出版、发表取得收入为一次。冯先生每月发表的稿件数量为 6 篇，每篇收入 1 000 元。按税法规定，稿酬所得每次不超过 4 000 元的，可减除 800 元作为税基来计算个人所得税。计算方法如下：

$$(1\,000 - 800) \times 20\% \times (1 - 30\%) \times 6 = 168 元$$

从以上三种方式来看，冯先生继续保持自由撰稿人的身份更有利于节约个人所得税。

（三）投资者的税收规划

除了工资收入、奖金收入、稿酬收入、劳务报酬收入可以合理进行税收规划外，在投资理财上也需要注意运用各种方式提高税后收益。

投资收益有两种类型：一种是资本收入，比如利息、股利等；一种是资本利得，比如低价买入高价卖出产生的差价。在《个人所得税法》中规定，利息、股息、红利、偶然所得、其他所得等都以全额为税基，按 20% 税率征税。但在目前的实际操作中，一部分资本收入并未要求缴纳个人所得税。比如，开放式基金的红利收入，国债利息收入，分红险、养老险等的分红收入和赔偿所得，信托产品的收入，教育储蓄存款的利息收入，银行理财产品的利息收入等都不需要缴纳个人所得税。对于买卖股票、买卖基金中低价买入高价卖出获得的资本利得也不需要缴纳个人所得税。

但对于投资房产的投资者来说，则需要注意租金收入是要缴纳个人所得税的。由于经济发达程度不同，房租水平也不一样，因此国内不同地方的征税标准和税率会不一样，需要关注当地的相关税法。

【案例 5-24】 蒋先生为一名自由职业者，主要从事设计和写作。这个月蒋先生一共接了三个任务，为一家出版社写书，获得稿费 6 000 元；为本地一个培训机构上课，获得课酬 5 000 元；为一家广告公司做了一个设计文案，获得收入 60 000 元。可喜的是，蒋先生的一幅作品获得奖金收入 3 000 元。同月，蒋先生投资的国债获得利息收入 8 000 元。蒋先生一直热心公益，打算将 3 000 元捐赠给希望工程。请为蒋先生做个人所得税的规划。

【案例分析】 蒋先生虽然是一名自由职业者，但其收入来源非常多，包含稿酬收入、劳务报酬收入、偶然所得、利息收入等。在计算个人所得税时应根据每项收入性质进行仔细规划。

第一部分是稿酬收入 6 000 元。对于稿酬收入，可以将蒋先生的收入从一次收入变成多次收入，能够增加扣除的费用，减轻税收负担。比如，蒋先生可以将这本书分成上、下两册出版，每册的稿费分别为 3 000 元，征收个人所得税时分册出版与不分册出版的税额计算如下：

(1) 分册出版

每次应纳个人所得税税额 = (3 000 - 800) × 20% × (1 - 30%) = 308 元

两册应纳个人所得税总额 = 308 × 2 = 616 元

(2) 不分册出版

不分册出版应纳个人所得税税额 = 6 000 × (1 - 20%) × 20% × (1 - 30%) = 672 元

分册出版可减少个人所得税税额 = 672 - 616 = 56 元

第二部分是课酬收入,这部分收入属于劳务报酬收入。按照劳务报酬收入,蒋先生的应纳个人所得税税额 = 5 000 × (1 - 20%) × 20% = 800 元。

蒋先生如果经常与培训机构合作,不妨与该机构签订一个雇用合同,成为兼职讲师,将每月的课酬收入转换为工资、薪金收入,就可按工资薪金收入纳税。这种情况下,蒋先生的应纳个人所得税税额 = (5 000 - 2 000) × 15% - 125 = 325 元,可节省 475 元的税额。

第三部分是文案收入,也属于劳务报酬收入。这笔劳务报酬收入属于要加成征收的范围,蒋先生需要缴纳的个人所得税 = 60 000 × (1 - 20%) × 30% - 2 000 = 12 400 元。

蒋先生可以与广告公司商量将劳务报酬分成 12 个月支付,每个月支付 5 000 元,以避免加成征收。在这种情况下,蒋先生的个人所得税 = (5 000 - 800) × 20% × 12 = 10 080 元,可节省税额 2 320 元。

第四部分是奖金收入,这笔收入属于偶然所得。税法规定一些奖金可以免税,包括省级人民政府、国务院部委和中国人民解放军军以上单位,以及外国组织颁发的科学、教育、技术、文化、卫生、体育、环境保护等方面的奖金。但蒋先生的这笔奖金不属于税法规定的免税范围,需要缴纳个人所得税。按 20% 的税率缴纳,蒋先生的这笔偶然所得需要缴纳个人所得税 = 3 000 × 20% = 150 元。

第五部分是利息收入。国债的利息收入根据税法规定是免税的,因此这部分收入不用缴纳个人所得税。

蒋先生还有捐赠的想法,可以利用捐赠减免一些个人所得税。如果蒋先生将偶然所得的奖金收入 3 000 元作为捐赠款,就可以不用再缴纳 150 元的偶然所得税款了。

第八节 遗产规划

 案例导读

香港著名影星梅艳芳2003年逝世时留下了大笔现金和多处房产(包括香港、东京、伦敦、新加坡等地),遗产价值3 000万至3 500万元港币。在患宫颈癌去世前27天,梅艳芳订立了一份遗嘱,将自己的两套房产赠与好友,同时成立信托基金管理其余的遗产。信托合同中要求信托基金每月向梅艳芳的母亲提供7万港元生活费,并供梅艳芳的二哥及姐姐的儿女读书至大学毕业。

台湾经营之神、台塑集团创办人王永庆2008年在新泽西视察旗下的生产线和业务时因心肌梗死病突然辞世。由于没有留下遗嘱,引发了家族争夺遗产大战。王永庆在中国台湾和美国的遗产都面临征收遗产税的问题。在中国台湾的遗产适用50%的遗产税税率;在美国的遗产扣除200万美元的免税额后适用美国的遗产税税率(45%)。不过,王永庆虽然没有做好遗嘱的安排,但2001—2005年也着手成立了信托基金,委托信托基金管理自己所拥有的公司股权。该基金的管理由台塑7人决策小组负责,他们对基金只有共同经营权,没有个人拥有权,且该基金没有指定受益人。这种信托安排一方面可以避税,另一方面可以避免家族成员争夺公司的控制权。

从以上两个案例可以看到,遗产规划是对身故时家庭和谐的一种保护。没有良好的遗产规划,生前所得不但不能帮助家庭其他成员,还会引起纷争,平添家族烦恼;有了良好的遗产规划,生前所得不但能有效地帮助家庭其他成员,且能有效平息纷争,使家族财产得以延续,家族氛围得以保持和谐。从心理学的角度来看,争夺财产是因为失去所经历的痛苦比得到所获得的快乐要大很多,大家都不愿意失去自认为是自己应得的财产,因此不得已加入这种纷争中。如果事前就规定了哪些财产属于家族成员所有,则纷争将大大减少。通过信托的方式来管理身故者的财产更能避免继承者对财产的大肆挥霍,有效保护身故者生前努力经营所获得的成果。

一、遗产和遗产转移

遗产是指自然人死亡时遗留的个人所有合法财产和法律规定可以继承的

其他财产权益,包括动产、不动产和其他具有财产价值的权利。遗产具有三个典型特征:第一必须是自然人死亡时遗留的财产;第二必须是自然人的个人所有财产;第三必须是合法财产或法律规定的财产权益。

遗产转移的方式有很多,比如赠与、为受益人创建不可撤销信托、为受益人购买人寿保险、遗赠、遗嘱信托、遗产继承等。

赠与,是指赠与人将自己的财产无偿给予受赠人,受赠人表示接受的一种行为。从法律程序来看,赠与行为也应通过签订赠与合同进行,但有时通过口头合同和其他形式也可以完成。需要注意的是,赠与并非一种随意的财产转移行为。在一些国家,赠与财产时还需要缴纳赠与税。因此,赠与时需要赠与人愿意赠与、且受赠人愿意接受才能完成。

为受益人创建不可撤销信托,是指信托一旦成立,财产受益人无权撤销信托。比如梅艳芳设立的信托基金,受益人无权撤销信托。因此,即使是梅艳芳的母亲作为受益人,也无权撤销信托,只能按信托条款每月收取相应的生活费。这种机制可避免受益人随意挥霍身故者留下的遗产。

为受益人购买人寿保险,是指自然人生前购买人寿保单,指定保险受益人,身故后通过保险赔付的方式将财产转移给受益人。

遗赠,是指身故者生前通过遗嘱的方式,将其遗产的一部分或全部赠与国家、社会或者法定继承人以外的被继承人。遗赠与赠与的区别在于,赠与发生在赠与人身故前,遗赠发生在赠与人身故后。

遗嘱信托,是指委托人预先以设立遗嘱的方式,在遗嘱信托中规定了财产的规划内容,包括身故后遗产交付信托进行管理、分配、运用及给付等。等到委托人身故时遗嘱生效,信托财产的管理权转移给受托人,由受托人根据信托事先设置的条款管理和处分信托财产。与一般的信托不同之处在于,遗嘱信托是在委托人死亡后契约才生效。

遗产继承,是指身故者生前所有遗留的合法财产依法转移给继承人所有。遗产继承有遗嘱继承和法定继承。

遗产继承时遵循的原则依次是:遗嘱优先于法律规定;法定继承中实行优先顺序位继承;同一顺序继承人原则上平均分配;照顾分配;鼓励家庭成员和社会成员间相互扶助。

如果没有遗嘱,根据中国的《继承法》规定,遗产的法定继承顺序如下:

第一顺序:配偶、子女、父母。其中,子女包括婚生子女、非婚生子女、养子女和有扶养关系的继子女。父母包括生父母、养父母和有扶养关系的继父母。

丧偶儿媳对公、婆,丧偶女婿对岳父、岳母,尽了主要赡养义务的,作为第一顺序继承人。

第二顺序:兄弟姐妹、祖父母、外祖父母。其中,兄弟姐妹包括同父母的兄弟姐妹、同父异母或者同母异父的兄弟姐妹、养兄弟姐妹、有扶养关系的继兄弟姐妹。

继承开始后,由第一顺序继承人继承,第二顺序继承人不继承。没有第一顺序继承人继承的,由第二顺序继承人继承。

被继承人的子女先于被继承人死亡的,由被继承人的子女的晚辈直系血亲代位继承。代位继承人一般只能继承他的父亲或者母亲有权继承的遗产份额。

在同一顺序上继承人原则上平均分配遗产。不过,按照照顾原则,分配遗产时,对生活有特殊困难的缺乏劳动能力的继承人,应当予以照顾。

按照鼓励家庭成员和社会成员间相互扶助的原则,对被继承人尽了主要抚养义务或者与被继承人共同生活的继承人,分配遗产时可以多分;有抚养能力和有抚养条件的继承人,不尽抚养义务的,分配遗产时应当不分或者少分。

如果继承人协商同意的,在分配遗产时也可以不均等。

二、遗产规划

从本章前面的案例导读中可以看到,遗产规划不但有利于身故者财产的传承,而且有利于家庭的和谐。遗产规划主要解决的问题是采用何种方式进行遗产转移更有利于财产的传承,其考虑的关键点主要有两个:税收和财富管理方式。

遗产税的征收方式分为总遗产税、分遗产税和总分遗产税三种。总遗产税是对身故者遗留的全部财产总额综合征收,一般采用累进税率,可扣除起征点。美国实行的是总遗产税制。分遗产税是在考虑继承人与身故者的亲疏关系和继承人的实际负担能力后对各个继承人分得的遗产分别进行征收,采用累进税率。德国实行的是分遗产税制。总分遗产税是对身故者的遗产先征收总遗产税,再对继承人分得的继承份额征收分遗产税。意大利采用的是总分遗产税制。

目前中国关于遗产税的规定来自2004年9月出台的《中华人民共和国遗产税暂行条例(草案)》。该条例规定,凡在中华人民共和国境内居住的中华人民共和国公民,死亡(含宣告死亡)时遗有财产者,应就其在中华人民共和国境内、境外的全部遗产征收遗产税。不在中华人民共和国境内居住的中华人民共和国公民,以及外国公民、无国籍人,死亡(含宣告死亡)时在中华人民共和国境内遗有财产,应就其在中华人民共和国境内的遗产征收遗产税。遗产税的免征额为20万元。

遗产税的计税依据为应征税遗产净额。应征税遗产净额是被继承人死亡时的遗产总额,扣除以下项目后再减除免征额后得到的净值:

(1)遗赠人、受赠人或继承人捐赠给各级政府、教育、民政和福利、公益事业的遗产。

(2)经继承人向税务机关登记、继承保存的遗产中各类文物及有关文化、历史、美术方面的图书资料、物品,但继承人将此类文件、图书资料、物品转让时,仍须自动申请补税。

(3)被继承人自己创作、发明或参与创作、发明并归本人所有的著作权、专利权、专有技术。

(4)被继承人投保人寿保险所取得的保险金。

(5)中华人民共和国政府参加的国际公约或与外国政府签订的协议中规定免征遗产税的遗产。

(6)国务院规定不计入应征税遗产总额的其他遗产。

(7)被继承人死亡之前,依法应补缴的各项税款、罚款、滞纳金。

(8)被继承人死亡之前,未偿还的具有确凿证据的各项债务。

(9)被继承人的丧葬费用。

(10)执行遗嘱及管理遗产的直接必要费用按应征税遗产总额的0.5%计算,但最高不能超过5 000元。

(11)被继承人遗产由第一顺序继承人继承的,每位继承人可从应纳税遗产总额中扣除2万元;对于代位继承的,可比照第一顺序继承人给予扣除。继承人中有丧失劳动能力且由被继承人生前赡(护)养的,可按其当时年龄未满75岁的年数,每年加扣5 000元;继承人中有年龄未满18岁且由被继承人生前抚养的,可按其当时年龄未满18岁的年数,每年加扣5 000元。被继承人遗产由第二顺序继承人继承的,每位继承人可从应纳税遗产总额中扣除1万元;继承人中有丧失劳动能力且由被继承人生前赡(抚)养的,可按其当时年龄未满75岁的年数,每年加扣3 000元;继承人中有年龄未满18岁且由被继承人生前抚养的,可按其当时年龄未满18岁的年数,每年加扣3 000元。上述继承人中有放弃继承权或丧失继承权的,不得给予扣除。

(12)被继承人死亡前五年内发生的累计不超过2万元的赠与财产。

(13)被继承人拥有所有权,并与其配偶、子女或父母共同居住、不可分割、价值不超过50万元的住房。价值超过50万元的,只允许扣除50万元。

(14)国务院规定的其他扣除项目。

目前《中华人民共和国遗产税暂行条例(草案)》中规定的税率为五级超额累进税率,见表5-27。

表5-27 中国遗产税超额累进税率表

级别	遗产净额	税率%	速算扣除数
1	不超过50万元的部分	10	0
2	超过50万—200万元的部分	20	5万元
3	超过200万—500万元的部分	30	25万元
4	超过500万—1 000万元的部分	40	75万元
5	超过1 000万元的部分	50	175万元

虽然中国遗产税的征收还未正式实行,但从草案中也可以总结出两个常用的节省遗产税的方案。

方案一:利用捐赠的方式节省遗产税。

由于遗产存在的形式多种多样,因此对不同形式的遗产做出不同的处置有利于节省遗产税支出,使财富更好地传承下去。

【案例5-25】 美国加州报业巨子赫氏建了一栋古堡,主楼有115个房间,另外拥有50个房间的3栋独立客楼。身故后,其遗产留给了儿子。不幸的是,由于未事先做好遗产规划,儿子因为交不起巨额的现金遗产税,三个月后就把所有财产捐给了美国政府。

【案例分析】 赫氏的所有资产最后都集中在了古堡,由于古堡是不动产,而遗产税征收时是缴纳现金。如果没有足够的现金用以缴纳遗产税,则只能将财产捐出以免除现金遗产税。

方案二:利用保险的方式节省遗产税。

虽然方案一中通过捐赠可以节省遗产税,但遗产无法全额传承给家族成员。另一个合适的传承财富给家族成员的方式是利用保险来做资产保全。

【案例5-26】 薛先生,50岁,经营一家私营企业。预计其身故时应税的遗产净额为3 000万元。请问薛先生如何通过保险做资产保全?

【案例分析】 在没有做资产保全的情况下,按遗产税暂行条例,薛先生应纳税额计算如下：

$$3\,000 \times 50\% - 175 = 1\,325 \text{ 万元}$$

$$\text{税后实际财产} = 3\,000 - 1\,325 = 1\,675 \text{ 万元}$$

薛先生可以通过购买保险公司的寿险来降低遗产税。如果薛先生用现金600万元购买保额为1000万元的保单，则其身故时应缴遗产税计算如下：

$$(3\,000 - 600) \times 50\% - 175 = 1\,025 \text{ 万元}$$

$$\text{税后实际财产} = 3\,000 - 600 - 1\,025 + 1\,000 = 2\,375 \text{ 万元}$$

通过这一规划，可节省遗产税300万元，同时使遗产传承额增加700万元。

复习题

一、名词解释

现金规划　七天通知存款　双十原则　避税　遗赠

二、选择题（不定项选择）

1. M1中除了M0外，还包含了（　　）等形式货币。

　A．企业单位活期存款　　　　B．农村存款

　C．机关团体部分存款　　　　D．个人持有信用卡类存款

　E．居民储蓄存款

2. 货币市场基金不能投资以下证券中的（　　）。

　A．股票　　　　　　　　　　B．政府短期债券

　C．AAA级以下的企业债券　　D．可转债

3. 做好保险规划后，理财师与客户还需要进行的程序包括（　　）。

　A．产品分析过程　　　　　　B．选择过程

　C．执行过程　　　　　　　　D．跟踪过程

4. 买房的成本现值包含（　　）。

　A．首付款成本现值　　　　　B．贷款成本现值

　C．还款额机会成本　　　　　D．房屋处置现值

5. 属于初建期家庭的财务或风险承受能力的特点有（　　）。

　A．经济特征是略有结余、财富增长幅度慢

　B．理财目标为量入为出、积极创造财富

　C．风险承受能力强

　D．适合的投资品种是激进型的

三、判断题

1. 七天通知存款的最低开户金额为5万元人民币或1万美元等值外币。（ ）

2. 货币市场短期有价证券通常是指一年以内、平均期限180天的短期证券。（ ）

3. 买房与租房决策判断的两种方法得到的结果是不相同的。（ ）

4. 从战略和战术的角度去理解理财和投资这两个概念，则投资属于战术层面的问题，理财属于战略层面的问题。（ ）

5. 个人所得税全月应纳税额＝（每月工资所得－四金－个人所得税起征额）×税率。（ ）

四、简答题

1. 为什么要以月必须支出金额的3—6倍作为现金储备的标准？
2. 满足什么条件的风险才有可能转移给保险公司？

五、计算及应用题

1. 王先生今年34岁，将于60岁退休；王太太32岁，将于55岁退休。目前家庭月消费金额为3 000元，年通货膨胀率为3%，基金年均收益率为8%。王先生希望退休后的生活质量与目前持平。根据这些条件测算，王先生应怎样做准备？

2. 有一对夫妻，男31岁，女26岁。双方均有四险一金（女方9月后有公积金）。两人现月收入8 000元，年底无奖金；手头有24 000元现金、借出款32 000元、股票5 000元；男方公积金账户金额现有23 000元左右，有个每月300元的基金，交了一年，暂无收益；老家有一套房子，价值65 000—70 000元。目前月开支为：房租1 000元、平时花销1 500—2 000元；双方父母都有保险，有居住房，现都能独自生活，暂无需赡养（当然年老后还是需要赡养的）；无小孩，无负债。

家庭计划：1—2年生育小孩；2—3年攒首付买下70—80平方米的新房（总房款50万元左右，父母不资助）；给小孩准备30万元教育基金（不考虑送出国，可能有其他培养）；5—10年买辆5万—10万元的小车；给父母准备5万元紧急备用金；给自己准备养老金；若有结余，希望能留几千块钱旅游。

风险喜好：偏稳健。

目标：理财后不影响原来的生活水平。

要求：依据所学内容，试为该家庭编写一份理财规划。

第六章 理财产品的选择

 案例导读

盛先生,30岁,刚刚生育一子。盛先生高兴之余,顿感责任重大。一方面,儿子未来的教育费用成为头等大事;另一方面,盛先生也觉得应该为儿子购买一些保险以保障他健康成长。于是盛先生向理财顾问进行咨询,应该如何配置理财产品以实现上述目标。没想到,理财顾问首先问盛先生有没有为自己购买商业保险。盛先生有点恼火,认为理财顾问是在推销保险产品。理财顾问耐心地告诉盛先生,保险的作用不在于保障被保险人不生病,而在于保障在被保险人生病的情况下不会影响家庭财务的健康。盛先生是家庭的经济支柱,因此,盛先生应该首先为自己买好足够的保险,以保障自己生病或遭受意外的情况下家庭的财务不会受到重大的影响。同时,理财顾问还告诉盛先生,为孩子购买国内的保险,最高保额只能设置为10万元。即便购买超过此保额的保险产品,未来得到的赔付也只能是10万元。所以盛先生要想保障儿子健康成长并能筹备足够的教育费用,首先应该选择合适的保险产品以做好保障,然后通过选择合适的投资品种来筹备教育费用。

第一节 保险的选择

一、保险的定义

保险是指投保人根据合同约定,向保险人支付保险费,保险人对于因合同约定的事故发生所造成的财产损失承担赔偿保险金责任,或者当被保险人死亡、伤残、疾病或者达到合同约定的年龄、期限时承担给付保险金的责任。

二、保险的分类

(一) 按实施方式分类

按实施方式分类,可分为强制保险和自愿保险。

强制保险是由国家(政府)通过法律或行政手段强制实施的一种保险,又称法定保险,如机动车交通事故责任强制保险。

自愿保险是在自愿原则下,投保人与保险人双方在平等的基础上,通过订立保险合同而建立的保险关系。

(二) 按保险标的分类

按保险标的分类,可分为财产保险和人身保险。

财产保险是以财产及其有关利益为保险标的的一种保险,包括财产损失保险、责任保险、信用保险等保险业务。人身保险是以人的寿命和身体为保险标的的保险,包括人寿保险、健康保险、意外伤害保险等保险业务。

人寿保险是以被保险人的生命为保险标的,以被保险人的生存或死亡作为保险事故的人身保险。人寿保险一般又可以分为定期寿险、终身寿险、两全保险和年金保险。定期寿险又称"定期死亡保险",是指被保险人在保险期内死亡可以获得保险金,但保险期满被保险人仍然生存,保险公司不承担给付责任。终身保险即终身死亡寿险,是死亡保险的一种,以人的死亡作为保险事故,在事故发生时,由保险人给付一定保险金额的保险。两全保险,又称生死合险,是指被保险人在保险合同约定的保险期间内死亡,或在保险期间届满仍生存时,保险人按照保险合同约定均应承担给付保险金责任的人寿保险。年金保险是指在被保险人生存期间,保险人按照合同约定的金额、方式,在约定的期限内,有规则的、定期向被保险人给付保险金的保险。

健康保险是以被保险人的身体为保险标的,保证被保险人在疾病或意外事故所致伤害时的费用或损失获得补偿的一种人身保险,包括疾病保险(重大疾病保险)、医疗保险(包括住院医疗保险、手术保险、意外伤害医疗保险)、收入保障保险、长期护理保险等。

意外伤害是指在人们没有预见到或违背被保险人意愿的情况下,突然发生的外来致害物对被保险人的身体明显、剧烈地侵害的客观事实。意外伤害保险是以被保险人因遭受意外事故造成的死亡或伤残为保险事故的人身保险。

(三)按承保方式分类

按承保方式分类,可分为原保险、再保险、共同保险和重复保险。

原保险是指保险人与投保人之间直接签订保险合同而建立保险关系的一种保险。

再保险也称分保,是指保险人将其所承保的风险和责任的一部分或全部转移给其他保险人的一种保险。

共同保险也称共保,是指由几个保险人联合直接承保同一保险标的、同一风险、同一保险利益的保险。

重复保险是指投保人以同一保险标的、同一保险利益、同一保险事故分别与两个或两个以上保险人订立保险合同的一种保险。

(四)按保险产品是否具有保障和投资(储蓄)的功能分类

按保险产品是否具有保障和投资(储蓄)的双重功能分类,可分为纯保障型产品和非纯保障型保险产品。纯保障型产品包括定期寿险、意外伤害保险和健康保险等。非纯保障型保险产品包括养老保险、分红保险、少儿教育金保险、万能型保险、投资连结险等。

三、保险在现代理财中的重要地位

(一)做好保障以释放家庭财务资源

大多数家庭经过一段时间都会有一定的存款积累,但这些存款都不会有大幅度的增值。在负利率时代,存款不但不会增值,反倒会由于通货膨胀率的存在而逐渐贬值。所以大多数人都会发现存在银行的钱越来越不"值"钱。但即便是这样,多数家庭也只能将存款放在银行任其贬值,而不敢投资。造成这种现象主要有两个原因:一是短期投资风险通常较大,容易出现亏损,不如放在银行稳妥;二是担心需要用钱的时候无法动用投资的资金,比如生病时需要用钱却无法取出投资本金。由于这两个主要原因,多数家庭即便知道存款贬值,也束手无策。其实,解决这个问题的关键就在于是否做好了家庭的财务保障。试想一下,无论遇到意外或是疾病的情况下,都有一个机构为我们的家庭提供财务保障,而我们不需要再为未来的财务状况担心,我们是否愿意将银行存款用来进行长期投资从而获得比银行存款利率更高的收益呢?如果有一家机构为我们做好了未来的财务保障,我们就可以释放存在银行的家庭财务资源,从而能更好地追求财富增值。

(二)解决"老有所养"的问题

我们都要经历一个从工作中获得收入维持生活到退休后靠退休金维持生活的过程。我们一生的工作时间是有限的,在有限的工作时间中赚取的财富也是有限的。我们在工作期间所赚取的财富不仅要用于工作期间的生活,还需要为未来的养老生活做准备。我们努力地工作,谁也不希望老了之后或退休之后活得没有尊严,谁都希望退休后的生活品质不会下降。以前的传统观念是"养儿防老",但自从1978年实行独生子女政策以来,养儿防老的观念受到极大的挑战。20世纪70年代甚至80年代出生的人现在大多都成家立业了,一方面他们需要赡养和照顾双方的父母(4个老人),另一方面还需要抚养照顾至少1个孩子,就出现了所谓的"倒三角形"结构,也就是我们常说的4-2-1家庭结构,如图6-1所示。

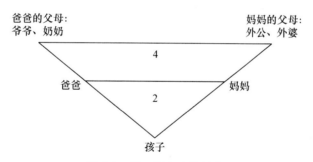

图6-1 新一代家庭的结构

如果仍然持有"养儿防老"的观念,则所有的压力将会传递给最下层的孩子。当爸爸妈妈退休后,位于倒三角形最底层的孩子需要赡养6个老人。一旦遇到其中一个老人长期生病的情况,整个家庭的财务压力将变得相当大。这种压力不但会影响一个家庭的幸福指数,还会对孩子的工作和事业造成很大的冲击。为了保证退休后能拥有高质量的生活,减轻子女的生活压力和负担,在退休之前就需要未雨绸缪,早早做好自己的养老规划,以使自己能在退休后过上有尊严的生活,真正让自己老有所养、老有所依。通过合理的养老规划,并配置一定的养老保险,就能自主选择未来的养老生活质量。

(三) 保障子女生活和教育费用

孩子是一个家庭快乐的源泉,也是我们工作的动力。让孩子享受安定美好的生活和接受良好的教育是每个父母的义务与责任,也是孩子应有的权利。给孩子准备充足的教育金,成为父母们的头等大事。对于经济条件尚可的家庭,一般都认为自己目前的经济情况足以支付孩子的教育费用。但是,如果家庭的经济支柱万一发生了不幸,恐怕就不能如期支付孩子的生活费和高昂的教育费用,在这种情况下,孩子的生活和教育轨道都将发生重大的改变。因而通过选择合适的保险产品,锁定未来的风险,就可以让孩子无论在何种情况下都能接受良好的教育。

(四) 作为财富传承的工具

对于富裕家庭来说,保险还可以起到保全资产传承财富的作用,也可以进行合法合理的避税。根据相关法律规定,保险金的给付并不作为遗产处理,这说明保险金可以免征遗产税、所得税,有利于财产转移和节税。另外,保险金不会因抵偿债务而被冻结,即使在出现债务纠纷的情况下,保险金作为资产仍可保全,这也正是保险理财与其他理财方式不相同的地方。

总之,保险能为个人和家庭构筑一道非常坚固的防火墙。从家庭的资产中拿出一小部分配置保险产品,就能隔离财务风险,从而能更安心地进行其他高风险的投资,以使家庭财富更好地保值增值。

四、保险的选择

由于不同的保险具有不同的作用,因此选对合适的保险产品相当重要。保险并非"购买得越多,保障越多"。因此需要权衡家庭的财务资源来购买合适的保险,用最小的保费支出买到最合适的保险产品。

通常个人和家庭可选择的保障类保险产品,包括寿险、重大疾病险、意外险和医疗保障保险等。

(一) 根据不同的生命周期来选择保险类型

生命周期可以划分为五个阶段:家庭准备期(也就是单身期)、家庭形成期、家庭成长期、家庭成型期和成熟期(退休前期)、家庭享受期(退休期)。

处于不同生命周期的家庭之间有一些相同特征,在选择保险产品时具有一定的共性,但购买者的收入多少和所受教育程度的高低,也会影响到保险产品的选择,因此理财规划师除根据家庭生命周期进行保险规划外,也会根据客户的特性给出量身定做的产品选择方案。

表 6-1　不同生命周期的保险规划

生命周期名称	家庭情况	保险规划建议
家庭准备期（单身期）	该时期为参加工作至结婚前的时期。单身的年轻人没有太大的家庭负担，精力旺盛，要为未来家庭积累资金。	该时期应该以人身意外伤害保险为主。如果父母需要赡养，可以购买一些定期寿险；如果有一定的经济能力，还可以购买一些储蓄型的健康保险和养老保险。
家庭形成期	该时期为结婚到孩子出生前的时期。这一时期虽然经济收入有所增加，但对于刚刚结婚成家过着二人世界的人来说，已经担负起了家庭的责任，为了提高生活质量，往往需要支付较大的家庭建设费用。	该时期因为要担负起家庭的责任，所以最需要的是保障类型的险种，夫妻双方可以选择保障性高的终身寿险或定期寿险、附加意外险、重大疾病险及医疗类的健康险。
家庭成长期	该时期是孩子出生到上大学的时期。这一阶段家庭成员不再增加，但成员的年龄、经济收入和花销均在增长，特别是子女的教育费、生活费、家庭建设费用、保健医疗费用等。	在孩子未成年之前，在做足了大人保障的基础后，可以给孩子购买一些子女险。购买子女险不仅可以给孩子准备教育金，也可以为孩子准备患病时的医疗金。 如果家庭还有经济余力，可以趁年轻、健康时购买一些健康险或养老险，以为退休生活早做规划。
家庭成型期和成熟期	该时期是孩子参加工作到自己退休前的时期。这一时期，大人的经济状况都已达到了最佳状态，大多正值事业发展的顶峰，加上子女开始独立，因此，需要积累财富，要储备一笔养老金。	在这一时期，作为家庭的经济支柱，仍然以人身保障类险种作为第一需要，只有建立了足够的家庭安全保障，才能使孩子顺利完成学业。同时，随着年龄的增长，大人生病的概率逐渐增大，所以第二需要是投保健康保险、重大疾病险等。如果家庭还有经济能力，还可以投保一些养老保险等。
家庭享受期（退休期）	该时期是退休后的时期。这一时期的原则是：身体、精神第一，财富第二，以安度晚年为目的，投资和花费通常都比较保守，这时应做好财产安全和遗产传承。	该时期子女都已成人，以购买医疗保险和意外保险最为必要，还可以为儿孙购买一些子女险。

在实务操作中，一个测算家庭保险需求大小和保费支出控制的简单算法是"双十定律"，即保险需求额度可设置为家庭年收入的 10 倍左右，总保费支出控制在家庭年收入的 10% 比较合适。

（二）在不同类型保险中选择适合自己的保险产品

在不同类型的保险品种下又有不同保险公司提供的不同产品。如何对各种保险产品进行筛选是我们面临的另外一个问题。在选择保险产品的时候，首先要了解不同保险公司的同类产品，并根据自己的家庭情况来选择最合适的产品。但是，保险产品纷繁复杂，保险条款晦涩难懂，非专业人士很难做出合适的选择。依靠专业的第三方理财是一条捷径。虽然聘请专业的理财师进行分析需要支付一定的专家费用，不过这不仅可以帮助我们降低搜寻成本和分析成本、节约时间，还可避免选到错误的产品而花费冤枉钱。

以下按照保险产品是否具有保障和投资（储蓄）的双重功能分成纯保障型产品、保障功能与储蓄功能相结合的保险产品和保障功能与投资功能相结合的保险产品，并对一些主要的保险产品进行分析和比较。

1. 纯保障型产品

纯保障型产品包括定期寿险、意外伤害保险和健康保险。

（1）定期寿险。定期寿险只具有保险功能，虽然被保险人期满后仍然生存，但是它没有现金的返还。由于该保险的功能单一，并且没有现金的返还，所以保费低廉就成为它最为突出的特点，这种保险比较适合那些收支结余不多并且要承担较高家庭责任的人。比如，经济条件不太好并且又刚刚建立起家庭的年轻人，他们将要支付生活的日常开支、偿还房贷、赡养父母等，可以考虑通过购买定期寿险产品来抵御家庭的风险。表6-2对五家保险公司的定期寿险产品的承保年龄、缴费年期、保险期间、保障利益进行了比较。从承保年龄来看，中国人寿的康宁定期保险和新华人寿的定期寿险A款的承保年龄上限是65周岁，中国平安的幸福定期保险和太平洋人寿的太平盛世·长安定期寿险B款的承保年龄上限是60周岁，而泰康人寿的尊崇一生定期保险的承保年龄上限是55周岁。从缴费年期来看，除中国人寿的康宁定期保险缴费期仅有趸缴、10年缴、20年缴以外，其他保险公司的产品缴费周期都较灵活。从保险期间来看，新华人寿的定期寿险A款的保险期间是按年来计算的，分10年、15年、20年、30年，即购买的保险只针对这段时间有效，而不持续到被保险人生存至某一个周岁来计算，而其他保险公司的产品的保险期间都是按周岁来计算的。从保障利益来看，只有中国人寿的康宁定期保险在期满后可按所缴保费（不计利息）给付满期保险金；此外，康宁定期保险和泰康人寿的尊崇一生定期保险附有重大疾病险。

表 6-2　五款定期寿险产品比较

产品名称	幸福定期保险	康宁定期保险	太平盛世·长安定期寿险B款	尊崇一生定期保险	定期寿险A款
所属公司	中国平安	中国人寿	太平洋人寿	泰康人寿	新华人寿
承保年龄	18周岁至60周岁	65周岁以下	18周岁至60周岁	25周岁至55周岁	1周岁至65周岁
缴费年期	10年、15年、20年、30年或缴至被保险人年满55周岁、60周岁、65周岁、70周岁	趸缴、10年缴、20年缴	10年、15年、20年、30年或缴至被保险人年满55周岁、60周岁、65周岁、70周岁	20年、25年、30年或缴至被保险人年满65周岁	趸缴、5年缴或缴至保险期满
保险期间	不超过70周岁	至被保险人年满70周岁	不超过70周岁	至被保险人年满65周岁	10年、15年、20年、30年
保障利益	1. 疾病身故：合同生效起1年内因疾病身故，按保额的10%给付，并返还保费； 2. 意外身故或合同生效1年后疾病身故，给付保险金额。	1. 合同生效180日后的重大疾病按基本保额给付； 2. 身故按基本保额给付； 3. 高残按基本保额给付； 4. 期满按所缴保费（不计利息）给付满期保险金。	身故或全残给付：如果是合同生效180日内因疾病导致的身故或全残，则按已缴保费之和（不计利息）给付；如果是因意外伤害或合同生效180日后因疾病导致，则按保险金额给付。	1. 身故保险金给付：如果被保险人不幸身故，受益人可获得身故保险金（当时保单年度的保险金额），本合同终止； 2. 附加重大疾病保险金给付：在保单生效90天或复效90天后，若被保险人被确诊初次罹患8项重大疾病中的任何一项或几项，且于确诊30日后仍然生存，可获得主合同保险金额15%的重大疾病保险金，本附加合同终止。主合同保险金额相应减少。	身故或全残给付：如果是合同生效1年内因疾病导致，则按保险金额的10%给付，并返还保费；如果是因意外伤害或合同生效1年后因疾病导致，则按保险金额给付。

面对以上五种产品,普通家庭应该如何进行选择呢?

【案例 6-1】 王先生,30 岁,未婚,刚贷款 100 000 元购买一套新房,每月总收入 3 000 元,每月支付贷款 1 200 元,日常开支 1 000 元,没有购买过商业保险。

【案例分析】 根据王先生的情况,他每月结余 800 元,表明其保费支付能力有限。但由于王先生还有房屋贷款,因此其购买的保险保额最好还能覆盖房贷风险。对于王先生这样的家庭来说,需要选择的是低保费、高保障的保险品种。由于定期寿险具有保费低、保障高的特点,建议他先考虑购买一些定期寿险,同时搭配意外险来抵御风险。

表 6-3 列出了上述五种产品的保额和保费情况。如果王先生希望附有重大疾病险,则可以考虑中国人寿的康宁定期保险产品或泰康人寿的尊崇一生组合产品,两者的区别在于:

表 6-3 保险产品的保额、保费以及保障利益比较

公司名称	产品名称	保额(元)	缴费期	保费(元/年)	保障利益
中国平安	幸福定期保险	10 万	20 年	320	1. 合同生效起 1 年内因疾病身故,给付 10 320 元; 2. 意外身故或合同生效 1 年后疾病身故,给付 10 万元。
中国人寿	康宁定期保险	10 万	20 年	2 500	1. 合同生效 180 日,如患指定的 10 种重疾病,给付 10 万元; 2. 合同生效 180 日,身故或高残给付 10 万元; 3. 生存至 70 周岁,返还所缴的保费 5 万元。
太平洋人寿	太平盛世·长安定期寿险 B 款	10 万	30 年	1 040	1. 疾病身故或全残:合同生效 180 日内给付 1 040 元;180 日后给付当年保额(首年为 10 万元,以后每年递增 5 000 元,最高 24.5 万元)。 2. 意外身故或全残:给付当年保额。

(续表)

公司名称	产品名称	保额	缴费期	保费（元/年）	保障利益
泰康人寿	尊崇一生定期保险+附加重疾险	10万	20年	不附加重疾520元，附加重疾1 200元左右	1. 重大疾病保险金：在合同生效90天或复效90天后，若被确诊初次患8项重大疾病中的任何一项或几项，且在确诊30日后仍然生存，则可获得10万元的重大疾病保险金。 2. 身故保险金：在65岁前，如被保险人不幸身故，受益人可领取10万元的身故保险金。
新华人寿	定期寿险A款	10万	20年	250	1. 1年内因疾病身故或全残，给付10 250元； 2. 身故或全残：因意外伤害或生效1年后因疾病导致，给付10万元。

第一，康宁定期保险在生存至70周岁时可返还所缴的保费5万元，而泰康人寿尊崇一生组合保险无返还。

第二，康宁定期保险的合同生效期为180日，而泰康人寿尊崇一生组合的合同生效期为90日。

第三，康宁定期保险可保障的重疾有10种，而泰康人寿尊崇一生组合的重疾只有8种。

如果王先生不考虑重大疾病险，则从保费和保额的配比来看，可选择中国平安的幸福定期保险和新华人寿的定期寿险A款。两者的区别在于：新华人寿的定期寿险A款的保险期间是按10年、15年、20年、30年来计算的，而不是按最终的一个年龄界限来计算的，因此保费比中国平安的幸福定期保险要稍低。

如果王先生希望保额能随着时间的递增而增加，可考虑太平洋人寿的太平盛世·长安定期寿险。这款产品在首年以后每年的保额递增5 000元，最高可达到24.5万元。

综上来看，由于不同的保险产品具有不同的特点，在比较时不仅仅局限于比较其保额和保费，还需要根据自己家庭的实际需求来考虑保险产品的选择。

（2）意外伤害保险。意外伤害保险可以单独办理，也可以附加于其他人身险合同内作为一种附加保险，其保险期限一般都较短。意外伤害保险保险费率一般较低，投保人只要缴纳少量保险费，就可以获得较大的保障，一般被保险人的职业、工种或所从事活动的危险程度越高,所缴纳的保险费也就越多。而且该保险的产品保险期间较短,一般为1年,最多3年或5年,甚至有的就2—3天时间,比如搭乘交通工具时购买的意外险等。单身期的年轻人或经常出差的人可以通过购买意外伤害保险来抵御一些风险。

(3) 健康保险。健康保险又可以分为疾病保险(重大疾病保险)、医疗保险(包括住院医疗保险、手术保险、意外伤害医疗保险)、收入保障保险、长期护理保险等。

① 疾病保险。主要是指重大疾病保险。人在一生中患大病的概率高达74%,只是每个人患病的时间和程度有所不同。重大疾病的高发期一般在40—60岁之间。高额的医药费不仅会影响到我们的工作和收入,对家庭也产生了较大的影响。比如癌症、心脏疾病等,这些疾病一经确诊,必然产生大笔的医疗费用支出。如果患者是家庭的经济支柱,更会对整个家庭产生重大的影响。因此,购买重大疾病保险时,需要注意的是投保的保险金额应足够支付可能产生的各种医疗费用。

现在,市场上有200多款重大疾病保险,不论哪种产品,都一定包含6种疾病的保障。这6种疾病分别是恶性肿瘤、急性心肌梗死、脑中风后遗症、重大器官移植术或造血干细胞移植术、冠状动脉搭桥术、末期肾病(或称慢性肾衰竭尿毒症期)。这6种疾病的发生率最高,所以国家规定重大疾病险必须包含这6种疾病的保障。

选择重大疾病险时需要注意的关键点是:第一,保障是否足够。随着通货膨胀率的提高,医疗费用也在上涨。重大疾病治疗费用一般需要20万—30万元。即重大疾病的保额最好能设置在20万元以上。第二,观察期越短越好。第三,包括的重大疾病类型越多越好。但保费也会随之增加,所以需要在保费与疾病发生概率之间进行权衡。

【案例6-2】 李小姐,30周岁,不吸烟,年收入8 000元。她希望购买200 000元的重大疾病保险。

【案例分析】 我们选择了四款保险产品进行对比分析,如表6-4所示。这四种产品的保额均为20万元,缴费期、保障期限都相同。从保费来看,最低的是关爱专家终身重疾险,其次是康恒终身重大疾病险,然后是平安鑫盛终身重疾险(分红型)、最高的是福禄双至终身重疾险(分红型)。从观察期来看,最低的是平安鑫盛终身重疾险(分红型)和福禄双至终身重疾险(分红型),最高的是康恒终身重大疾病险。从保障疾病的类型来看,最少的是康恒终身重大疾病险,最多的是福禄双至终身重疾险(分红型)。

从以上比较来看,分红型的终身重大疾病险保费较高,保障疾病类型较多的保费较高。如果李小姐希望选择缴费少、保障疾病多、观察期短的产品,则可以选择平安鑫盛终身重疾险或关爱专家终身重疾险。两者的区别在于:平安鑫盛终身重疾险的观察期短,保障的疾病类型较多,虽然保费比关爱专家终身重疾险高,但有一定的分红;而关爱专家终身重疾险的保费较低、保障疾病类型较多,但观察期长,且无分红。

表6-4 部分重大疾病保险产品比较

保险公司	中国平安	人保健康	中国人寿	太平人寿
产品名称	平安鑫盛终身重疾险(分红型)	关爱专家终身重疾险	康恒终身重大疾病险	福禄双至终身重疾险(分红型)
保额	20万元	20万元	20万元	20万元
缴费期	20年	20年	20年	20年
保障期限	终身	终身	终身	终身
每年所缴的保费	6 960元	6 520元	6 800元	7 760元
观察期	90天	180天	365天	90天
重大疾病种类	男28种、女30种	31种	29种	35种

② 医疗保险。医疗保险主要有四种类型:普通医疗保险(包括门诊费用、医药费用、检查费用等一般性医疗费用)、住院保险、手术保险和综合医疗保险(包括医疗和住院、手术等一切费用)。上述保险中有一些还包括住院定额医疗保险、高额医疗保险、补充医疗保险等。

③ 收入保障保险。其主要目的是为被保险人因丧失工作能力导致收入的丧失或减少提供经济上的保障,但不承担被保险人因疾病或意外伤害所发生的医疗费用。

④ 长期护理保险。它是为因年老、疾病或伤残而需要长期照顾的被保险人提供护理服务费用补偿的健康保险,一般的医疗保险或其他老年医疗保险不提供这样的保障。这种保险适合经济条件较好但没有时间长期照顾老人的家庭。

2. 保障功能与储蓄功能相结合的保险产品

带有储蓄功能的保险产品包括养老保险、少儿教育金保险等。

(1) 养老保险。随着中国人口老龄化越来越严重,人们通过购买商业养老保险来补充自己的社会养老保障将会是一个趋势。在选择养老保险的时候要注意几点:

第一,购买多少养老险才足够。在选择养老产品的时候,首先要确定保障额度,综合考虑将来的养老需求缺口和自身的经济承受能力。每个人对退休后的生活都有不同需求,比如每年想出门旅游,退休后可能需要保姆来照顾等,都会直接影响自己对未来养老金的需求。退休后共需要多少养老金,可以根据自身对寿命的估算、通货膨胀的预测、现在的生活水平以及将来退休后可能的收入来源,比如社保养老金、固定资产投资收益(如房屋租金)、子女赡养费等,预算出养老资金缺口,并确定其中商业保险金要占多少比例,再反推出每月或每年需要多少的商业养老金,就可以预算出相对应的保额了。

第二,选择好养老金领取的方式和领取时间。目前商业保险公司将养老金的领取方式分为期领(年领或月领)和趸领两种,对于不同需求的人群,选择领取的方式也不一样。比如趸领比较适合退休后还准备继续创业的,或者预测自己未来寿命不长,短期内需要用钱等。而期领又分为年领和月领。一般家庭选择月领比较合适,可以真正补充社保金。年领比较适合每年有一两笔大支出的人。养老金领取的年龄可以选择与退休年龄相同的时间,即男性60岁、女性55岁。对于可终身领取养老金的保险,由于没有最低领取年限限制,被保险人活得越长就越划算,所以选择这种保险时,养老金开始领取的年龄越早越好,特别是考虑到通货膨胀的因素,早领比晚领要好。

第三,选择适合的养老保险。目前保险公司销售的养老保险既可以是年金型、两全型或终身型,也可以是分红型、万能型或投资连结型。

传统型养老保险的预定利率是确定的,一般在2%—4%,比如年金型或两全型保险等。该保险对领取期限、金额等在投保时就可以明确选择和预知,比较适合工薪阶层的养老需要。

分红型养老险一般有保底的预定利率(1.5%—2%),这个利率往往低于传统险的利率。除了这部分的利率之外,它还有一个不确定的分红。这个不确定的分红主要是现金分红和保额分红。现金分红可以每年兑现,保额分红则是通过长期积累获得。这种产品比较适合希望有长期增长的利率和想抵御通货膨胀的人群。

万能型寿险一般比较偏重账户累积,目前一般有2%—2.5%左右的收益,账户比较灵活,费用比较低,比较适合中高收入但缺乏稳定性的白领人群。

投资连结险是保险产品中投资风险最高的一类。它是一种长期投资的产品,没有设有保底收益,盈亏由投保人自己承担,投保人可以设立不同风格的理财账户、可以按一定比例来组合产品,适合能承担较大风险、收入较高的人群。

购买商业养老保险的好处是可以将未来退休后的现金流锁定,从而能预先安排好退休后的生活。比如购买太平盛世·长寿养老保险,则40周岁起就可以领取保险金。假设被保险人在40周岁起领取的保险金以及其他理财收入已经足够应付每月的生活支出,则被保险人完全可以实现提前退休的梦想,不用靠工作收入而仅靠理财收入来满足日常生活费用。因此,购买养老保险时主要是要先预算未来退休时的生活费用支出,并根据未来预算反推出现在需要的保险额度,然后再根据领取年龄、保障期限、保障利益选择合适的产品。表6-5对部分养老保险产品进行了比较。

(2)少儿教育金保险。少儿教育金保险是少儿保险的一种,从各保险公司所推出的保险来看,主要分为保障型和教育储蓄型两种。

购买少儿教育金保险的时候主要注意以下几点:第一,为子女选购教育金保险的时候,要首先将大人的保障做足,再考虑子女的保险。第二,保险的功能主要在于保障,不要太关注保险的收益率而忽视保险的保障功能。第三,家长在投保时要注意保费的豁免很重要。万一父母发生意外或疾病,很可能会承担不起保费,如果中间保费支付中断,很可能影响日后的教育金领取。保费的豁免意味着在父母发生意外的情况下,保费可以不用继续缴纳,但少儿教育金保险的保单仍然有效,保证了孩子未来的教育费用。

从表6-6的少儿教育金保险比较来看,中国人寿的英才少儿保险、子女教育保险(A)和太平洋的小康之家·英才成长两全保险(分红型)有保费豁免功能。

3. 保障功能与投资功能相结合的保险产品

带有投资功能的保险产品包括投资连结保险、万能保险等。

(1)投资连结保险。投资连结保险是包含保障功能并至少在一个投资账户拥有一定资产价值的人寿保险。这种保险产品会为投保人设立单独的投资账户,所缴纳的保费一部分用来购买寿险保障,另一部分进入专门设立的投资账户进行管理。投保人可以根据自身偏好选择投资账户,给付金额会随着单独投资账户价值的变化而变化。投资账户中的资金没有最低保证收益,投资风险完全由投保人承担。表6-7比较了四款投资连结保险产品。

表 6-5 部分养老保险产品比较

保险公司	中国平安	中国人寿	中国人寿	太平洋	新华	友邦	民生	中国太平	泰康
产品名称	常青终身养老年金保险B	鸿寿年金保险（分红型）	个人养老年金保险（分红型）	太平洋盛世·长寿养老保险	新华金色年华养老保险	友邦金阳年金养老保险	民生长瑞年金保险	太平寿比南山养老两全保险B	泰康松鹤延年两全保险（分红型）
投保年龄	0—65周岁	16—60周岁	18—64周岁	0—60周岁	0—69周岁	18—59周岁	60天至64周岁	60天至65周岁	10—64周岁
领取年龄	45周岁、50周岁、55周岁、60周岁	55周岁或60周岁满期	50周岁、55周岁、60周岁、65周岁	40周岁、45周岁、50周岁、55周岁、60周岁	50周岁、55周岁、60周岁、65周岁、70周岁	55周岁或60周岁	50周岁、55周岁、60周岁、65周岁	45周岁、50周岁、55周岁、60周岁、65周岁、70周岁、75周岁	55周岁、60周岁、65周岁、70周岁
保障期限	终身	至80周岁	终身	终身	终身	80周岁	20年或至88周岁	定期	定期
保障利益	1. 首次领取保险金额的10%，每10次递增保险金额的5%；2. 缴费期内身故返还所缴保费并按10%单利率增长增值；3. 身故无息返还所缴保费。	1. 生存每年领取保险金额的5%；2. 80周岁满期领取2倍保险金额；3. 身故给付分红，保额，2倍保额。	1. 生存每年领取保险金额的10%；2. 每10年领取一次祝寿金，祝寿金额为保额的50%；3. 身故给付分红，保额，领取保费。	1. 10年保证领取期限；2. 年领或月领每份1000元；3. 领取日前身故退保费。	1. 每份年领1 000元，月领100元，足领10 000元；2. 10年保领期限，领故退保费+3%单利。	1. 首年给付保险金额；2. 身故给付保险金额+每年分红利。	1. 保险金若以年领取，领取金额的10%，若以月领取，领取金额的0.9%；2. 身故保险金：领取前身故，保费+领取金额，给付复利；满期领取未领年金；3. 领取年金前分红。	1. 满期养老金（定领）四种领取方式；2. 缴费前身故+2.5%的退保金，给付单利；3. 缴费后身故，保证领取。	1. 满期给付保险金额；2. 身故给付保险金额；3. 每年分配红利。

表 6-6 四家公司少儿教育金保险对比表

公司名称	中国人寿		
保险名称	英才少儿保险	鸿运少儿两全保险(分红)	子女教育保险(A)
投保年龄	60天—14周岁	30天—14周岁	0—14周岁
保障期限	至被保人25周岁	至被保人25周岁	至被保人21周岁
保障利益	1. 18岁领取基本保额的30%；2. 22岁领取基本保额的30%；3. 25岁领取基本保额的40%；4. 18岁前身故，身故金为1.5倍所缴保费；5. 18岁后身故，一次性给付未领取的生存保险金。	1. 18岁领取保额的50%给付"成人保险金"；2. 22岁领取保额的50%给付"创业保险金"；3. 25岁领取保额的50%给付"婚嫁保险金"；4. 18岁前身故，身故保险金以领取保单现金价值或保费为保额；其余情况以领取的身故金为保额。	1. 15—17岁每年领取基本保额的10%给付"高中教育金"；2. 18—21岁每年领取基本保额的30%给付"大学教育金"；3. 保单现金价值给付身故保险金；4. 投保人身故或身体高度残疾，被保人期满前每年可领取基本保额的5%给付"成长年金"。
其他功能	1. 可转换权益 2. 保单借款 3. 豁免保费	1. 保单借款 2. 保单红利	豁免保费
公司名称	中国平安		
保险名称	世纪星光少儿两全保险(分红险)	世纪彩虹少儿两全(分红)	附加大学教育年金保险(分红型)
投保年龄	0—14周岁	0—14周岁	0—14周岁
保障期限	被保险人年满25周岁的保单周年日	满期年龄：男60/女55周岁	至被保险人年满21周岁的保单周年日止
保障利益	1. 25周岁保单周年日按保险金额领取"满期创业保险金"；2. 保单生效日起一年内因疾病身故，为保额的10%支付"身故保险金"，并无息返还保险费；3. 因意外事故或一年后因疾病身故，按保险金额给付"身故保险金"。	1. 18—21岁每年领取保额的40%给付"大学教育金"；2. 25岁领取保额的80%给付"婚嫁保险金"；3. 满期保险金：满期日按保额领取满期金；4. 25岁前身故，身故金为保单现金价值；5. 25岁后身故，身故金为保额。	1. 18—21岁每年领取保额的30%给付"大学教育年金"；2. 21岁保单周年日领取保额的10%给付"学业有成祝贺金"；3. 21周岁之前身故，以保证现金价值给付"身故保险金"。
其他功能	1. 减额缴清 2. 保单借款 3. 保单红利	1. 减额缴清 2. 保单红利	1. 减额缴清 2. 保单借款 3. 保单红利

(续表)

公司名称	太平洋		
保险名称	学有所成两全保险	阳光灿烂少儿两全保险（分红）	小康之家·英才成长两全保险（分红型）
投保年龄	0—12周岁	30天—16周岁	30天—16周岁
保障期限	至被保人21周岁	至被保人60周岁	自合同生效日起至被保险人年满60周岁后的首个合同生效日对应日前一日的24时止
保障利益	1. 教育金（A款）：15—21岁依次领取高中、大学教育金，还可选择15岁一次性给付全额"教育金"；（B款）：18—21岁每年领取大学教育金，也可18岁一次性给付"教育金"。2. 按意外伤害保险金额给付意外身故或全残保障。3. 返还所缴保费给付疾病身故保障。	1. 18—21岁每年领取各保单生效对应日有效保额的20%给付"高等教育金"；2. 22—24岁每年领取各保单生效对应日有效保额的25%给付"深造金"；3. 婚嫁金：25岁领取该保单生效对应日有效保额的50%；4. 30岁领取该保单生效对应日有效保额给付"发展金"；5. 60岁领取该保单生效对应日有效保额给付"养老金"；6. 身故金：18岁前身故，返还保费以及累计红利保额对应的现金价值；18岁后身故，身故金为6倍有效保额。	1. 被保险人生存至18、19、20、21周岁，按保额的80%给付"教育金"；2. 25周岁按保额的80%给付"创业婚嫁金"；3. 30、40、50周岁按保额的80%给付"贺岁金"；4. 如被保险人在保险期间届满时仍然生存，本公司按如下约定的金额给付满期金，保险合同终止：满期金＝已支付的保险费金额＋保险单所载的祝寿金金额；5. 身故保险金：如18岁前身故，返还已支付的保险费。如18岁后身故，本公司按以下三项金额中最高者给付身故保险金，保险合同终止：(1)基本保险金额；(2)已支付的保险费的108%；(3)被保险人身故日保险单的现金价值。
其他功能	减额缴清	保单红利	1. 保单红利 2. 豁免保费
公司名称	友邦		
保险名称	金色年华两全保险（分红）	明日之星年金保险	附加天之英才高中教育年金保险（分红）
投保年龄	60天—15周岁	60天—16周岁	60天—12周岁
保障期限	至被保人25周岁	至被保人88周岁	至被保人17周岁

(续表)

公司名称	友邦		
保障利益	1. 25岁仍生存,按保额领取生存金;2. 4岁前身故,按保额的一定比例领取身故保险金;4岁后身故,身故金为保额。	1. 22岁前身故,按基本保额领取身故金;22岁后身故,身故金为3倍基本保额。2. 18—21岁每年可领取基本保额的20%给付生存现金。3. 生存至88周岁可领取3倍基本保额给付。	1. 按保单载明金额给付"高中教育金";2. 身故保险金为保费减去已领取的教育金之后的余额与该年度保单现金价值之大者。
其他功能	1. 保单借款 2. 保单红利	保单借款	1. 保单借款 2. 保单红利

表6-7 四款投资连结保险产品比较

名称	投保年龄	保险期间	保险责任	初始费用	投资账户管理费	账户转换手续费	部分领取手续费
平安聚富步步高	18—55周岁	终身	身故:被保险人身故当时的基本保额+收到被保险人死亡证明后的下一个资产评估日的投资单位价值总额。	4%	发展投资:1.2% 基金投资:1.2% 精选股权:1.2% 货币投资:0.35%	每个保单年度前12次投资账户转换免收手续费,以后每次20元	每个保单年度前12次部分领取免收手续费,以后每次为20元
国寿裕丰	0—65周岁	75周岁	1. 意外身故:账户价值205%; 2. 疾病身故:账户未设立,保费加利息;账户已设立,账户价值×105%。	3%	进取股票:1.5% 平衡增长:1.5% 精选价值:1% 稳健债券:0.6%	无	第一年:1.5% 第二年:1% 第三年:0.5% 第四年:0.5% 第五年:0.5% 之后年份:0
友邦聚财宝	0—55周岁	80周岁	1. 意外身故:个人账户价值×200%; 2. 疾病身故:个人账户价值×105%。	3%	保单管理费、风险管理费:免;资产管理费:1%—1.5%	每天免费转换账户单位一次	第1—5个保单年度分别为:5%、4%、3%、2%、1%;第6个年度及以后免收
太平财富领御	0—70周岁	终身	1. 意外身故:额外给付账户价值; 2. 保单生效2年内疾病身故:账户价值给付;保单生效2年后身故:110%账户价值给付。	无	账户价值1.5%	无	1. 按照退保次日卖出价计算账户价值 2. 退保手续费: 第一年:10%; 第二年:8%; 第三年:6%; 第四年:4%; 第五年:2%; 之后年份:0。

第六章 理财产品的选择

（2）万能险。万能险是包含保障功能并设有保底投资账户的人寿保险。它具有灵活性高、收益保底、账户透明、流动性强并且兼有保障功能的特点。表 6-8 比较了四款万能险产品。

表 6-8　四款万能险产品比较

保险公司	名称	投保年龄	保险期限	保险责任	初始费用	管理费用
中国人寿	国寿瑞祥终身保险（万能型）	30 天—60 周岁	终身	被保险人身故，按照保险金额大小给付保险金	50%	60 元/年
中国平安	平安智富人生终身寿险（万能型）	0—60 周岁	终身	被保险人身故，给付保单价值的 105% 和基本保险金额之前较大者（A 款）；或给付保单价值与基本保险金额之和（A 款）	60%	60 元/年
友邦	智尊宝万能寿险	60 天—70 周岁	终身	被保险人身故，给付个人账户价值净值和保险金额两者之和	10%	60 元/年
太平洋人寿	小康之家、华彩人生终身寿险（万能型）	30 天—65 周岁	终身	被保险人因意外身故或全残，给付基本保险金额与保单账户价值之和	50%	第 1—2 年 0.3%，第 2—5 年 0.15%，第 5 年以后，原则上为 0—0.15%

第二节　银行理财产品的选择

一、什么是银行理财产品

银行理财产品是商业银行自行开发、设计、销售或与合作机构共同开发并代为销售的资金投资与管理计划。这些投资与管理计划往往是商业银行在对潜在客户群进行细分的基础上，针对特定目标客户群而设计的，投资收益一般要高于银行存款利率，而投资风险由客户或客户与银行按照约定方式承担。

二、银行理财产品的分类

1. 按照本金与收益是否能够得到保证分类

按照本金与收益是否能够得到保证，银行理财产品可以分为保本固定收益产品、保本浮动收益产品与非保本浮动收益产品三类。

保本固定收益产品是指本金和收益都能得到保证的银行理财产品,比如渤海银行2011年渤鑫16号理财产品,对于浩瀚客户和机构客户,扣除相关费用后的保证收益率为3.5%,对于其他客户扣除相关费用后的保证收益率为3.2%,见表6-9。

表6-9 保本固定收益产品举例

产品名称		渤海银行2011年渤鑫16号理财产品(代码:2011B16)	
产品类型		保本保证收益理财产品	
投资范围		银行承兑汇票、商业承兑汇票或拆借、回购等货币市场工具	
目标客户		个人投资者和机构投资者	
保证收益率(年)	浩瀚客户和机构客户	3.5%	已扣除相关费用
	其他客户	3.2%	
首次认购/申购起点		5万元,以1万元整数倍递增(机构投资者单笔投资额不超过1 000万元)	
募集规模		5 000万元—1亿元	
投资及收益币种		人民币	
期限		28天	
募集期		2011年4月20日—2011年4月26日,如果募集期内募集资金总额达到发行量上限(人民币1亿元),则渤海银行有权决定募集期提前终止	
成立日		2011年4月27日	
到期日		2011年5月25日	
产品到期资金到账日		到期日后3个工作日内(遇节假日顺延)	
提前终止权		此处省略,见产品说明书	
提前赎回		客户无权提前赎回	
托管银行		渤海银行股份有限公司	
本金和收益派发		• 到期一次性派发理财本金及收益 • 如果渤海银行提前终止该理财产品,则本金和运作期间收益一次性派发	
客户收益计算方法		客户收益=投资本金×实际收益率(年)×实际理财天数/365	

资料来源:渤海银行。

保本浮动收益产品是指本金能得到保证而收益是浮动的银行理财产品,比如中国工商银行保本型个人人民币理财产品,预期收益是不保证的,年化收益率约为4%,见表6-10。

表 6-10　保本浮动收益产品举例

产品名称	中国工商银行保本型个人人民币理财产品(代码:BB1114)
目标客户	经我行风险评估,评定为保守型、稳健型、平衡型、成长型、进取型的有投资经验和无投资经验的个人客户
期限	191 天
投资及收益币种	人民币
产品类型	保本浮动收益型,工商银行对本理财产品的本金提供保证承诺
计划发行量	130 亿元
募集期	2011 年 3 月 25 日—2011 年 3 月 30 日
起始日	2011 年 3 月 31 日
到期日	2011 年 10 月 7 日
资金到账日	到期日后第 3 个工作日或提前终止日后第 3 个工作日
预期收益率测算	该产品到期后,若所投资的资产按时收回全额资金,则客户投资收益率为 4.00%
认购起点金额及档次	5 万元起购,以 1000 元的整数倍递增
提前终止权	客户无权提前终止该产品;工商银行有权按照产品实际投资情况提前终止该产品,工商银行将在提前终止日前 3 个工作日发布相关信息

资料来源:中国工商银行。

非保本浮动收益产品是指本金和收益都不保证的银行理财产品,比如招商银行节节高升—招银进宝之点贷成 227 号理财计划中明确说明了不保障本金和理财收益,预期年化收益率为 3.6%,见表 6-11。

表 6-11　非保本浮动收益产品举例

产品名称	招商银行节节高升—招银进宝之点贷成金 227 号理财计划(代码:101107)
理财币种	人民币
本金及理财收益	本理财计划不保障本金及理财收益,招商银行购入资产组合正常处置或持有到期的情况下,在扣除相关费用后,本理财计划预期最高到期年化收益率为 3.60%;否则,根据资产组合实际出让或处分的情况计算投资者应得本金及理财收益(如有,下同)
理财期限	31 天
认购起点	1 元人民币为 1 份,认购起点份额为 10 万份,超过认购起点份额部分,应为 1 万份的整数倍
申购/赎回	本理财计划成立后不开放申购与赎回
认购期	2011 年 4 月 22 日 10:00 至 2011 年 4 月 25 日 11:00
登记日	2011 年 4 月 25 日为认购登记日,认购资金在认购登记日前按活期利率计算利息
成立日	2011 年 4 月 25 日,理财计划自成立日起息
到期日	2011 年 5 月 26 日

资料来源:招商银行。

2. 按照投资方式与方向的不同分类

按照投资方式与方向的不同,银行理财产品又可以分为新股申购类产品、银信合作类产品、QDII产品、结构型产品等。

新股申购类理财产品是指银行将募集的资金专门用于申购新发行的股票,以获取投资收益的一种产品。这类产品属于非保本浮动收益产品,如果股票的一级市场表现良好,则该产品有望获得较高的收益;如果一级市场表现较差,新股经常跌破发行价,则该产品的本金也有可能亏损。以2008年招商银行"金葵花"新股申购21期理财计划为例(见表6-12),可以看出这款理财产品期限为1年,需要缴纳1%的年费,收益不固定,门槛为5万元。新股申购类银行理财产品在2008年和2009年发行得比较多,由于2010年新股破发数量越来越多,大多数银行停发了这类理财产品。

表6-12 新股申购类理财产品举例

产品名称	招商银行"金葵花"新股申购21期理财计划(产品代码:8146)
投资币种	人民币
产品期限	1年
产品费用	固定费用1%(年率),按日计提,另外对年化收益率超过7%以上部分收取10%业绩报酬
认购起点	1元人民币为1份,起点份额为5万份,超过认购起点份额部分,应为1万份的整数倍
申购与赎回	产品成立后不开放申购,从2008年6月开始,每月固定日期开放赎回(理财期间最后一个月除外)
提前终止	本理财计划有可能提前终止
产品认购期	2008年3月26日到2008年4月9日17:00,认购期内按活期利率计息。招商银行有权根据市场情况提前结束认购
产品登记日	2008年4月9日
产品成立日	2008年4月11日,理财计划自成立日起息
产品到期日	2009年4月11日,逢假期顺延
产品规模	本理财计划不设发行上限和下限
计息基础	实际理财天数/365
计息单位	每1万份为一个计息单位,每单位收益精确到小数点后两位
清算期	认购登记日到产品成立日期间为认购清算期,到期日(或理财计划实际终止日)到理财资金返还到账日为还本清算期,认购清算期和还本清算期内不计付利息
购买方式	投资者可通过招商银行营业网点或招商银行财富账户、个人银行专业版、大众版办理认购
缴纳税款	理财收益的应纳税款由投资者自行缴纳

资料来源:招商银行。

银信合作类理财产品是指由商业银行从投资者那里募集资金,然后将该资金委托给信托公司,再由信托公司将该资金投资于指定领域以获取收益的一种产品。当股票市场处于牛市时,社会资金将会流入股市,这导致银行存款流失,银行收益受到影响。银行本身受法律的限制,不能将银行资金投入股市,于是银行通过发行银信合作类理财产品借道信托进入股票市场,既可以将银行客户继续锁定,又可以多一份中间业务收入。而信托公司和中小投资者也都能分享到一部分收益。随着股票市场的降温,银信合作类理财产品改变了投资领域,将募集的资金通过信托公司投放到了一些需要资金的企业(比如房地产企业),从而将银信合作类理财产品变成了一种变相投放贷款的融资工具。比如,中国建设银行2011年第26期"利得盈"信托贷款型理财产品是将所有认购资金与四川信托有限公司设立"窑街煤电集团有限公司贷款资金信托",取得"窑街煤电集团有限公司贷款资金信托"的信托受益权,见表6-13。由四川信托有限公司以其名义向窑街煤电集团有限公司发放信托贷款,四川信托有限公司承担信托贷款的贷后管理职能。投资者按其认购金额占该理财产品项下所有认购资金的比例,承担相应的收益和风险。

表6-13　银信合作类理财产品举例

产品名称	"利得盈"信托贷款型(全)2011年第26期
产品类别	非保本浮动收益型信托类理财产品
适合客户类别	有无投资经验的18周岁(含)以上的个人客户均可购买本理财产品
内部风险评级	
本金及收益币种	认购本金币种:人民币 兑付本金币种:人民币 兑付收益币种:人民币
发售规模	2亿元
投资期限	366天
投资起始日	2011年4月2日
投资到期日	2012年4月2日
产品募集期	2011年3月28日—2011年4月1日发售
本金及收益兑付日	2012年4月6日(遇法定节假日顺延)
计息规则	募集期内按照活期存款利息计息,募集期内的利息不计入认购本金份额
预期年化收益率	产品预期最高收益率为4.41%/年
投资起始金额	5万元
投资金额递增单位	1000元
提前终止权	投资者无提前终止权,中国建设银行有提前终止权

(续表)

附属条款	不具备质押等功能
税款	中国建设银行不负责代扣代缴投资者购买本产品的所得税款
其他	本期产品在中国建设银行全行销售

资料来源：中国建设银行。

银行 QDII 理财产品是指银行将募集的资金投资于海外资本市场证券从而获得收益的一种产品。这种产品也属于非保本浮动收益型产品。比如中国建设银行发行的摩根富林明亚洲创富精选 QDII 产品是将募集的资金投资于摩根富林明资产管理有限公司（JF Asset Management Limited）旗下的与亚洲地区及澳大利亚经济相关的基金，见表 6-14。除投资这些基金外，境外投资管理人还可选择现金、债券基金及短期货币市场工具进行动态资产配置。表 6-14 的这款产品不直接投资于上市公司股票及债券。

表 6-14 银行 QDII 理财产品举例

产品名称	摩根富林明亚洲创富精选
产品编号	20071002020000000199
产品类别	人民币开放式非保本浮动收益理财产品，存在本金损失的可能
内部风险评级	
本金及收益币种	投资本金币种：人民币 兑付本金币种：人民币 兑付收益币种：人民币
发售规模	发售上限 100 亿元人民币
发售对象	有投资经验的境内机构和居民个人（境内非居民除外）
投资期限	本产品投资起始日至产品终止日之间的期限
投资起始日	2007 年 10 月 2 日
产品募集期	2007 年 9 月 24 日—2007 年 9 月 28 日
产品封闭期	2007 年 10 月 2 日—2008 年 1 月 3 日
计息规则	募集期内按照活期存款利息计息，募集期内的利息不计入认购本金份额
投资起始金额	100 000 元
追加申购金额	最低 1 000 元
产品开放日	封闭期后，每周二（详见开放日条款）
提前终止权	中国建设银行有提前终止权
附属条款	不可办理质押及存款证明
税款	中国建设银行不负责代扣代缴投资者购买本产品的所得税款

资料来源：中国建设银行。

银行结构型理财产品是将募集的资金投资于固定收益工具（Fixed Income Instruments，通常是定息债券）与金融衍生工具（如远期、期权、掉期等）组合从而获得收益的一种理财产品。这种产品可以看做固定收益工具的一个特殊种类,通过与金融衍生工具进行结构配置,可以做到到期保本以及按照客户预期设计产品。这类产品对金融技术的要求较高,因此一些有较高收益的产品通常面对银行高净值客户进行发售或定制。比如中国农业银行"金钥匙·汇利丰"2011 年第 16 期私人银行客户专享人民币理财产品就是一种结构性理财产品,由投资管理人主要投资于银行间货币市场及利率衍生工具,见表6-15。

表 6-15　银行结构型理财产品举例

产品名称	中国农业银行"金钥匙·汇利丰"2011 年第 16 期私人银行客户专享人民币理财产品
产品编号	H1104601
产品类别	人民币保本固定收益型理财产品
内部风险评级	低风险
发售规模	发售上限 10 亿元人民币
发售对象	本理财产品适合有投资经验的客户和无投资经验的客户
投资期限	62 天
预期收益	投资者可获得 3.6% 的年化理财收益
认购日期	认购开始日 2011 年 4 月 28 日,认购结束日 2011 年 4 月 28 日
产品起息日	2011 年 4 月 29 日
产品到期日	2011 年 6 月 30 日
计息规则	1 年按 365 天计算,计息天数按实际理财天数计算
认购额	起点金额 100 万元人民币,按照 10 万元的整数倍递增
本金保证	本理财产品由中国农业银行为投资人提供本金担保,100% 保障投资者本金安全
投资方向	本理财产品本金由投资管理人主要投资于银行间货币市场及利率衍生工具
附属条款	本理财产品不可质押
到期清算	理财产品到期或提前终止至理财资金返还到账日为理财产品清算期,清算期内理财资金不计付利息

资料来源:中国农业银行。

三、银行理财产品的选择

选择银行理财产品时,首先需要根据理财目标和风险承受能力来选定不同的理财产品类型。

如果是 2 个月内不用,但第 3 个月可能要用的资金,就可以购买一些流动性强、风险低的产品,比如 30—60 天左右的保本固定收益型理财产品。这类产品的年化收益率通常可以接近定期存款利率。但这类产品的缺点是购买起点高,门槛一般为5万元。

如果是1年以上不用的资金,在投资者只愿意承担很低风险的情况下,则可以考虑购买1年期以上的固定收益信托类理财产品。虽然这类产品的风险很低,但购买时仍需要注意流动性风险和信用风险。由于信托类产品通常在到期前是不能提前支取的,如果在到期前投资者因急事需要用钱就可能陷入困境。另外,这类产品所提到的收益虽然是固定收益,但这种固定收益并非"完全固定"的,一旦出现用款方发生经营问题,不能按时偿还本金和利息的极端情况,这类产品也会遭受损失。

如果是1年以上不用的资金,在投资者愿意承担较大风险的情况下,可以考虑购买保本浮动收益类产品。即在保障本金的情况下,投资者通过承担一定的风险换取较高的收益。但由于收益是浮动的,所以最终的实际收益能否达到产品说明中的预期高收益也是有风险的。

如果是1年以上不用的资金,在投资者愿意承担高风险的情况下,可以考虑购买非保本浮动收益类产品。需要注意的是,这类非保本的理财产品风险很高,如果市场行情不好,会出现较大的损失。2007年发行的很多非保本理财产品遭遇2008年的金融危机后受到重创,损失甚至高达40%。所以投资者在选择此类理财产品时,一定要慎重评估自己的风险承受能力和资金使用时间。一般来说,高风险的投资所用资金应是长期闲置的资金。

其次,在相应的产品类型下对产品进行比较分析。比较时可以从产品的以下几个要素进行分析:

(1)产品的预期收益。预期收益指的是年化收益,不是到期收益。而且要注意的是,银行理财产品的预期收益不是最终的实际收益。在购买银行理财产品时要仔细看理财产品的合同内容,对不明确的问题可要求银行工作人员进行解答。

(2)产品的风险。对在宣传中预期收益特别高的产品要特别注意其风险。对于设计复杂、不能明确判断风险的产品,一般投资者最好回避。

(3)产品的赎回条件和期限。这个要素决定了资金的流动性。有的理财产品允许提前赎回,但要扣一定的手续费;有的理财产品允许投资者在到期前的一些特定时间可以赎回;有的理财产品则不允许提前赎回。

第三节 公募基金的选择

一、什么是公募基金

公募基金,是把众多投资人的资金汇集起来,由基金托管人(例如银行)托管,由专业的基金管理公司将投资人的资金投资于股票和债券等证券,通过对这些资金的管理和运用实现收益的一种投资工具。公募基金在美国称为"共同基金"(Mutual Fund),即表明是大家共同拿钱出来交给基金公司进行管理。

对于单个投资者而言,公募基金提供了一个非常好的投资工具。因为对于单个投资者而言,由于信息和研究能力的限制,在挑选股票方面缺乏专业优势,也不可能花高额的成本来进行专业调研。因此,将资金委托给具有专业研究能力的基金公司去打理自己的财富,一来节省了大量的时间和精力,用这部分时间和精力去做自己更擅长的事情也体现了专业分工的精神;二来能分享专业团队进行资金管理所获得的收益,而且这种收益的绝大部分是归属于投资者的。

以下几类投资者是最适合购买公募基金的:

第一类是有钱没时间的"忙族"。这个族群的人通常有着高额的收入,但工作也非常繁忙,根本没有时间打理自己的财富。他们往往认为赚钱是最重要的,而从未将理财放在重要位置。这类"忙族"人群会发现工作越来越辛苦,收入增长的速度似乎很难超越工作辛苦的增加程度。他们希望能降低工作的辛苦程度,而收入仍能增长。从某种程度上来说,工作收入与工作的辛苦程度是成正相关的。因此,只有培养起非工作收入(即理财收入),这类"忙族"人群才能真正地"脱忙"。他们最适合投资公募基金,以实现理财收入的增长。

第二类是有钱有时间但没有专业投资能力的"闲族"。这个族群的人也有着高收入,但工作不忙。他们也许会看看股票,偶尔自己操作一把,在市场好的情况下也能赚到几次。但在市场不好的情况下,就任由其亏损或最后"割肉"离场。虽然有闲,但由于缺乏专业的投资能力,也不愿意将时间花在对股票的详细研究上,所以这类人群也适合将自己的资金委托给专业的基金公司进行管理。

第三类是既没有太多钱也没有太多时间,更不具有专业投资能力的"工薪族"。这个族群的特点是收入不高、时间不多、专业投资能力不具备。这个族群往往存在一个误区:"有钱了才理财。"他们自认为没有财可以理,所以目前的主要目标是打工赚钱。实际上,通过公募基金进行理财的门槛非常低,只需要每月最低拿出100元、200元都可以委托基金公司帮你进行管理。对于"工薪族",公募基金满足了其对理财门槛低的需求。

根据晨星公司截至2009年11月底的一组最新数据,美国共有554家基金公司(Fund Family),前三大基金公司占据了40%的市场份额,它们分别是先锋基金(Vanguard Funds)、美洲基金(American Funds)和富达投资(Fidelity Investments)。先锋基金是一只指数化被动管理的基金,其管理的资产净值规模为1.048万亿美元,占15.51%的市场份额;美洲基金管理的资产净值规模为9 020亿美元,占13.36%的市场份额;富达投资管理的资产净值规模为7 210亿美元,占10.67%的市场份额。排在其后的基金公司分别是PIMCO Funds(以债券投资著名)、富兰克林坦普顿(Franklin Templeton Investments)、普信(T. Rowe Price)、奥本海默(Oppenheimer Funds)、道奇考克斯(Dodge & Cox)、约翰汉库克(John Hancock)和黑岩(BlackRock)。[①]

从图6-2来看,中国在2007年经历了开放式基金的一个高速发展期,从管理资产不到8 000亿元发展到超过3万亿元,从管理份额不到6 000亿份发展到超过25 000亿份。

二、公募基金的种类

根据不同的分类方式,公募基金可以分为不同的类型。

(一)按规模是否固定划分

按照基金规模是否固定进行划分,公募基金可分为封闭式基金和开放式基金。封闭式基金(Close-end Funds)是指基金规模在发行前已确定,在发行完毕后的规定期限内,基金规模固定不变的投资基金。封闭式基金的发起人在设立基金时,限定了基金单位的发行总额,筹足总额后,基金即宣告成立,并进行封闭,在一定时期内不再接受新的投资。开放式基金(Open-end Funds)是指基金设立后,投资者可以随时申购或赎回基金单位,基金规模不固定的投

---

① 厉海强:中美基金业的几组数据对比,http://cn.morningstar.com/article/AR00002629,2009年12月15日。

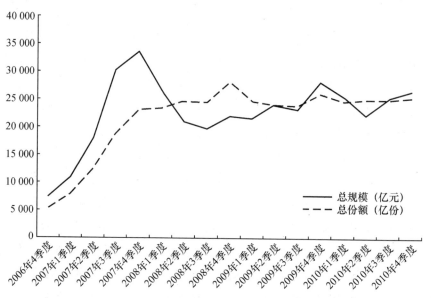

图6-2 2006年4季度至2010年4季度中国开放式基金的总规模
数据来源：Morning Star(晨星中国)。

资基金。投资者既可以通过基金销售机构购买开放式基金使自己所拥有的基金资产和规模相应增加，也可以将所持有的开放式基金份额卖给基金公司并收回现金使基金资产和规模相应减少。

封闭式基金与开放式基金的相同点如下：第一，封闭式基金和开放式基金都属于公募基金，都是投资者将资金交给基金公司进行管理从而获得收益。第二，封闭式基金和开放式基金都可以由普通投资者购买，投资门槛都不高。

封闭式基金与开放式基金的不同之处在于：第一，封闭式基金的规模固定；开放式基金的规模不固定。第二，封闭式基金通过股票账户购买；开放式基金一般通过银行账户购买。第三，封闭式基金有到期日，到期后持有人可以按资产净值取回投资本金和收益；开放式基金没有到期日，持有人可以随时将基金卖给基金公司收回投资本金和收益。第四，封闭式基金的持有人到期日前可通过将基金卖给其他的持有人从而收回投资；开放式基金的持有人在任何开放日都可通过将基金卖给基金公司收回投资。第五，封闭式基金在每日交易时间内的交易价格是连续变化的；开放式基金只在每天按收盘时的资产净值公布其价格。第六，封闭式基金的买卖价格受市场供求关系的影响，常出现溢价或折价现象，并不必然反映基金的净值；开放式基金的交易价格取决于基金单位净值的大小，其申购价格一般是基金单位净值加一定的申购费，赎回价是基金单位净值减一定的赎回费,不直接受市场供求的影响。

从首只基金成立以来,中国已有54只封闭式基金,其中部分封闭式基金到期后转为开放式基金。截至2010年12月,封闭式基金有45只,开放式基金有481只,管理的资产规模达到2.6万多亿元。

(二) 按组织形式划分

按照组织形式进行划分,公募基金可分为公司型基金和契约型基金两类。

公司型投资基金,是指具有共同投资目标的投资者组成以盈利为目的的股份制投资公司,并将资产投资于特定对象的投资基金;契约型投资基金也称信托型投资基金,是指基金发起人依据其与基金管理人、基金托管人订立的基金契约,发行基金单位而组建的投资基金。目前国内基金均为契约型基金。

契约型基金实际上是一个三方契约,是投资人、基金管理人、基金托管人三方共同订立的契约。投资人将资金委托给基金管理公司作为基金管理人,因此需要与基金管理人签订一个契约;但投资人又会担心基金管理人滥用或挪用自己的资金,所以还需要请一个托管人来监督基金管理人对资金的管理,于是还需要与基金托管人再签订一个托管契约,由此形成一个三方契约。

(三) 按投资对象划分

按照投资对象进行划分,公募基金可分为股票基金、债券基金、混合基金、货币基金等。

股票基金是指基金管理人将从投资者处募集的资金大部分投资到股票上,从而为投资者取得收益的一种基金。由于股票基金需要将募集的资金60%以上投资到股票上,所以这种基金的风险较高,但预期收益也较高。2007年股票型基金的平均年收益率是128%,而2008年股票型基金的平均年收益率是-53.06%,这充分说明了股票基金高风险、高收益的特征。

债券基金是指基金管理人将从投资者处募集的资金大部分投资到债券上,从而为投资者取得收益的一种基金。由于债券的风险远低于股票,而债券基金要将募集的资金80%以上投资到债券上,所以债券基金的风险较低,预期收益也较低。2007—2010年债券基金的年收益率在4.99%—15.83%范围内。

混合基金是指基金管理人将从投资者处募集的资金一部分投资到股票上,另一部分投资到债券上,从而为投资者取得收益的一种基金。混合基金对股票仓位和债券仓位没有要求,所以更为灵活,其风险和收益一般介于股票基金和债券基金之间。从2007年的牛市来看,混合基金由于其股票仓位有限,所以平均收益率只有102.93%,低于股票基金,但高于债券基金;但从2008年来看,又因为其股票仓位有限,所以亏损小于股票基金。

表6-16反映了上述三种类型的基金在2007—2010年的收益率的情况。

表6-16 三种类型的基金在各年的收益率比较

	2007年	2008年	2009年	2010年
股票型	128.25%	-53.06%	70.72%	0.32%
混合型	102.93%	-42.29%	48.55%	3.24%
债券型	15.83%	6.46%	4.99%	7.05%

数据来源:Morning Star(晨星中国)。

货币基金是指基金管理人将从投资者处募集的资金专门投向无风险的货币市场工具(如国库券、商业票据、银行定期存单、政府短期债券、企业债券等短期有价证券)的一种开放式基金。货币基金区别于其他类型的开放式基金,具有高安全性、高流动性、稳定收益性、分红免税等优势,可以作为储蓄的替代。不过,货币基金与股票基金相比,在股票市场好的情况下其收益会大幅度低于股票基金收益。

(四) 按投资运作特点划分

按照投资运作的特点进行划分,公募基金可分为成长型基金、收入型基金、平衡型基金。成长型基金是指把追求资本的长期成长作为其投资目的的投资基金,这种基金投资的多是成长股票;收入型基金是指以能为投资者带来高水平的当期收入为目的的投资基金,这种基金投资的多是分红较多的股票;平衡型投资基金是指以支付当期收入和追求资本的长期成长为目的的投资基金,这种基金既投资成长股票,又投资分红较多的股票。

(五) 按募资来源和投资渠道划分

按基金管理的资金募集来源和投资渠道进行划分,公募基金可分为QDII、QFII、国内基金、海外基金等。

1. QDII

QDII是合格的境内投资者的简称,即Qualified Domestic Institutional Investors。由于人民币实行的是经常项目下可兑换,而资本项目下不可兑换的管制制度,因此中国国内个人投资者的资金无法直接投资到海外的股票或债券上。这种情况下,在中国境内设立,经中国有关部门批准,允许投资境外资本市场的股票、债券等有价证券投资业务的境内机构就被称为QDII。国内的部分基金公司设立了一些QDII基金,比如最早成立的南方全球精选配置基金、华夏全球股票精选基金,见表6-17。

表6-17 国内的24只QDII基金(截止日期2010年12月31日)

序号	代码	简称	成立日期	累计净值(元)	基金经理
1	519601	海富通中国海外股票(QDII)	2008-06-27	1.7340	杨铭
2	070012	嘉实海外中国股票(QDII)	2007-10-12	0.6770	江隆隆
3	377016	上投摩根亚太优势股票(QDII)	2007-10-22	0.6920	杨逸枫
4	202801	南方全球精选配置(QDII-FOF)	2007-09-19	0.7550	黄亮
5	040018	华安香港精选股票(QDII)	2010-09-19	0.9620	翁启森
6	270023	广发亚太精选股票(QDII)	2010-08-18	1.0310	潘永华
7	241001	华宝兴业海外中国股票(QDII)	2008-05-07	1.0980	周欣
8	000041	华夏全球股票(QDII)	2007-10-09	0.8970	杨昌桁
9	183001	银华全球优选(QDII-FOF)	2008-05-26	0.9860	周毅
10	486001	工银全球股票(QDII)	2008-02-14	1.0020	游凛峰
11	050015	博时亚太精选股票(QDII)	2010-07-27	1.0310	王政
12	118001	易方达亚洲精选股票(QDII)	2010-01-21	1.0570	李弋
13	486002	工银全球精选股票(QDII)	2010-05-25	1.0700	游凛峰
14	470888	汇添富亚澳成熟优选股票(QDII)	2010-06-25	1.1140	刘子龙
15	519696	交银环球精选股票(QDII)	2008-08-22	1.6740	郑伟辉
16	080006	长盛环球行业精选股票(QDII)	2010-05-26	1.0760	吴达
17	217015	招商全球资源股票(QDII)	2010-03-25	1.2190	张国天
18	539001	建信全球机遇股票(QDII)	2010-09-14	0.9840	高茜
19	206006	鹏华环球发现(QDII-FOF)	2010-10-12	0.9940	李海涛
20	100050	富国全球债券(QDII-FOF)	2010-10-20	1.0000	林如惠
21	160121	南方金砖四国指数(QDII)	2010-12-09	1.0020	黄亮
22	460010	华泰柏瑞亚洲领导企业股票(QDII)	2010-12-02	1.0050	李文杰
23	160213	国泰纳斯达克100指数(QDII)	2010-04-29	1.1210	刘翔
24	040006	华安国际配置混合(QDII)	2006-11-02	0.9540	—

数据来源:WIND数据库。

2. QFII

QFII是合格的境外投资者的简称,即Qualified Foreign Institutional Investors。中国的人民币没有实现完全可自由兑换、资本项目尚未开放,在这种情况下,外国资本要想进入国内进行证券投资,就必须符合一定条件并得到中国有关部门的审批后才能将外汇汇入国内转换为人民币,然后通过严格的监管专户进行证券投资。

QFII与QDII都是在货币不可完全自由兑换的情况下产生的,QFII是为境外投资者投资国内证券市场开辟的通道,而 QDII 是为境内投资者投资国外证券市场开辟的通道。截至 2011 年 12 月,我国的 QFII 已达到 135 家。瑞士银行、摩根斯坦利、花旗、高盛、德意志银行等著名的国际机构都在中国设立了 QFII,一些国际顶尖大学的基金也在中国开设了 QFII,比如哈佛大学、斯坦福大学、耶鲁大学、哥伦比亚大学等。

3. 国内基金

国内基金是指在国内以该国货币募集资金,并投资于国内证券的一种基金。与 QDII 和 QFII 不同的是,国内基金的募集来源和投资渠道都来自本国;QDII 的募集资金来源是境内,但投资渠道是境外;QFII 的募集资金来源是境外,但投资渠道是境内。

4. 海外基金

海外基金(Oversea Fund)是指在一国境外募集资金,且投资于该国境外证券的一种基金。比如美国的基金等。与 QDII 和 QFII 不同的是,海外基金的募集资金来源和投资渠道都是境外,而 QDII 仅投资渠道是境外,QFII 仅募集资金来源是境外。

上述四类基金的对比见表 6-18。

表 6-18 按募资来源和资金投向划分基金类型

基金类型	募资来源	资金投向
QDII	境内	境外
QFII	境外	境内
国内基金	境内	境内
海外基金	境外	境外

(六)按管理方式划分

按管理方式进行划分,公募基金可分为主动型基金和被动型基金。

主动型基金的基金经理需要进行股票的挑选,并选择合适的时机买入或卖出。这类基金通常会设定一个市场指数作为其相对业绩标准,如果基金在管理期间的业绩超越了这个市场指数,则说明基金经理的主动管理水平较强;如果没有超越市场指数,则说明基金经理的管理是无效的。

被动型基金主要指的是指数型基金。这类基金的基金经理不需要主动挑选股票,只需要跟踪相应指数中股票种类和权重的变化。由于指数中的股票种类变换并不频繁,所以基金经理的主要工作是跟踪指数里股票权重的变化。

正是因为省却了选择股票所需要进行的研究工作,指数型基金的管理费用一般比主动型基金的管理费用要低。而国外的研究也表明,长期来看,75%的主动型基金扣除管理费用后都无法超越指数型基金。这也意味着在不具备从众多基金中挑选优秀的基金经理能力的时候,长期投资者不如购买指数型基金。也正是这个原因,在美国规模最大的基金就是前文提到的先锋基金,而它就是一只被动管理的指数型基金。

三、公募基金的净值

基金净值(Net Asset Value,NAV)又分为基金单位净值和基金累计净值。

基金单位净值是指每份基金单位的净资产价值,等于基金的总资产减去总负债后的余额再除以基金全部发行的单位份额总数。发行时的单位净值一般是1元/份。基金单位净值用公式表示为:

$$NAV = \frac{总资产 - 总负债}{基金份额总数}$$

基金的累计净值是指基金最新单位净值与成立以来的所有分红之和,体现了基金从成立以来所取得的累计收益。由于基金发行时通常是以1元/份来发行,所以用基金的累计净值减去1元面值就可以得到基金的总实际收益。基金的累计净值可以比较直观和全面地反映基金在整个运作期间的历史表现,结合基金的运作时间,则可以更准确地体现基金的真实管理水平。比如,如果A基金和B基金成立的时间相同,且风格相同,A基金用2年的时间将累计净值做到3元/份,B基金用3年的时间才将累计净值做到3元/份,则说明A基金的管理水平比B基金要好。

封闭式基金可以用股票账户在二级市场上进行交易,但交易价格与封闭式基金本身的净值关系不太大,其交易价格受供求关系的影响比较大。封闭式基金的交易价格经常低于其本身的净值,比如单位净值为1.8元/份的基金,在二级市场上的交易价格只有1.6元/份。这种现象被称为封闭式基金的折价。从表6-19的数据来看,截至2010年12月31日,封闭式基金最高折价率达到-20.72%(基金鸿阳,代码184728),最低折价率为-2.9%(基金裕泽,代码184705)。封闭式基金到期后,基金持有人可以按照封闭式基金的单位净值赎回基金,所以越接近到期日,封闭式基金的单位价格越会向单位净值靠拢,折价率会逐渐减少。比如,基金裕泽的折价率最低,是因为其到期日为2011年5月31日,单位价格向单位净值回归。

开放式基金的申购和赎回是以基金单位净值为基础进行的。申购的时候在单位净值之上加上一定的申购费,赎回的时候在单位净值之上减去一定的赎回费。由于一般的开放式基金不存在二级市场,所以开放式基金不存在折价的现象。

表 6-19 封闭式基金的折价比较

基金代码	基金简称	单位净值	单位价格	折价率%	到期日
184688	基金开元	1.0963	1.012	-7.69	2013-3-27
184689	基金普惠	1.3731	1.292	-5.91	2014-1-6
184690	基金同益	1.2337	1.064	-13.76	2014-4-8
184691	基金景宏	1.4172	1.274	-10.1	2014-5-5
184692	基金裕隆	1.1957	1.029	-13.94	2014-6-14
184693	基金普丰	1.1912	1.001	-15.97	2014-7-14
184698	基金天元	1.1399	0.97	-14.9	2014-8-25
184699	基金同盛	1.3426	1.174	-12.56	2014-11-5
184701	基金景福	1.5013	1.385	-7.75	2014-12-30
184705	基金裕泽	1.1637	1.13	-2.9	2011-5-31
184721	基金丰和	1.2516	1.116	-10.83	2017-3-22
184722	基金久嘉	1.0756	0.873	-18.84	2017-7-4
184728	基金鸿阳	0.8388	0.665	-20.72	2016-12-9
500001	基金金泰	1.3596	1.261	-7.25	2013-3-27
500002	基金泰和	1.2996	1.225	-5.74	2014-4-7
500003	基金安信	1.3355	1.265	-5.28	2013-6-22
500005	基金汉盛	1.6231	1.515	-6.66	2014-5-17
500006	基金裕阳	1.1171	1.015	-9.14	2013-7-25
500008	基金兴华	1.21	1.165	-3.72	2013-4-28
500009	基金安顺	1.3744	1.287	-6.36	2014-6-14
500011	基金金鑫	1.248	1.055	-15.46	2014-10-21
500015	基金汉兴	1.1916	1.042	-12.55	2014-12-30
500018	基金兴和	1.1928	1.027	-13.9	2014-7-13
500038	基金通乾	1.6478	1.582	-3.99	2016-8-28
500056	基金科瑞	1.2354	1.066	-13.71	2017-3-12
500058	基金银丰	1.213	1.002	-17.39	2017-8-14

数据来源:WIND 数据库,截至 2010 年 12 月 31 日。

四、公募基金的购买和退出方式

开放式基金的销售渠道有直销和代销两种。直销是指由发行基金的基金管理公司直接将基金份额销售给投资者。代销是指发行基金的基金管理公司委托其他机构将基金份额发售给投资者。基金的代销渠道通常为银行、证券公司、第三方理财机构。

投资者购买开放式基金也有两种方式。一种是通过在一级市场上购买（一级市场指的是发行市场，即在基金刚发行时去买），这种方式被称为"认购"；另一种是通过在二级市场上购买（二级市场指的是交易市场，即在基金发行完毕后去买），这种方式被称为"申购"。认购和申购都可以通过直销渠道（基金管理公司）或代销渠道（银行、证券公司、第三方理财机构）进行。

认购和申购的时间都是在每个交易日的15:00之前。投资者认购基金时通常按1元/份进行认购，认购时要扣除一笔认购费，认购费用率一般是1.2%。投资者申购基金时则是按照"未知价"原则进行申购，即申购基金时参照的基金单位净值为当日15:00后经过计算得出的单位净值。也就是说，申购时间早于单位净值计算时间。比如，昨日某基金的单位净值是1.2元/份，这个净值是在昨日15:00以后公布的，今日准备去申购这只基金，那么可以在今日的15:00之前下单申购，15:00之后公布今日的基金单位净值是1.25元/份，则投资者买入的基金是按1.25元/份计算。投资者在申购基金时也需要缴纳一定的申购费用，申购费用率一般是1.5%。

之所以要按"未知价"原则进行基金的申购，是因为资本市场不存在无风险的套利机会。如果按"已知价"原则进行，则存在无风险的套利机会。比如上述例子中按昨日1.2元/份来申购，如果在15:00前看到基金持有的大部分股票都上涨了，则完全可以预测到今日的基金单位净值将高于1.2元/份，投资者就可以通过在15:00前按1.2元/份申购基金，然后在第二天按高于1.2元/份的净值卖出，即可获得无风险的套利机会。

不同的渠道购买基金的方式不太一样，由于现在互联网非常发达，且网上支付的手段也在日益完善，因此通过各个渠道的网络平台进行基金的购买更为方便快捷。

通过银行渠道在网上购买基金的方式为：第一步，持银行卡和有效证件去银行柜台开通基金账户和网银；第二步，登录银行网站，根据银行网站的提示开通TA账户；第三步，选择自己想要购买的基金，点击进行申购即可。

通过证券公司在网上购买基金的方式为：第一步，去证券公司开通基金账户；第二步，登录证券公司的网上交易平台；第三步，选择自己想要购买的基金，点击进行申购即可。

通过基金公司在网上购买基金的方式为：第一步，持银行卡和有效证件去银行柜台开通网银或银联通基金网上直销业务；第二步，进入有提供网上直销渠道的基金公司网站；第三步，选择个人网上交易开户；第四步，选择银行卡，填写相关资料，确认协议；第五步，选择自己想要购买的基金，点击进行申购即可。

一般来说，网上交易的优势是方便快捷且手续费低廉（手续费一般是正常手续费的4—6折）。但在使用网上交易平台时需要注意账户密码和资金的安全性。

投资者在基金申购的当天并不会看到基金账户中有基金份额。由于进行基金净值的计算和份额的登记等都需要一定时间，所以一般要到第5个交易日（即T+5）才能在账户中看到基金份额。

当投资者想从开放式基金中退出投资时，这种行为称为"赎回"，赎回费率一般是0.5%。赎回基金的资金到账期间一般也是5个交易日。如果是海外基金，则需要10个交易日。

封闭式基金与开放式基金不同，封闭式基金的交易主要是通过投资者的股票账户完成，因此投资者需要先在证券公司开立一个股票账户，然后通过股票账户完成封闭式基金的交易（交易过程与股票是一样的）。封闭式基金的交易是即时进行交易的，交易价格即当时的购买价。封闭式基金购买后的第二天才能卖出，资金可即时到账。

五、公募基金的费用

开放式基金认购时的认购费率通常是1.2%，申购时的申购费率一般是1.5%，在网上申购时的费率一般是0.6%。

根据开放式基金在申购赎回时是否即时缴纳手续费还可分成前端收费和后端收费两种方式。前端收费是指投资者在认购、申购基金时就需支付认/申购费的付费方式。后端收费是指投资者在购买开放式基金时并不支付申购费，而等到赎回时才支付的付费方式。一般在后端收费模式中，根据投资者持有该基金的期限会有不同程度的费率优惠或惩罚，比如表6-20中的基金，如果投资者持有不到1年，则后端申购费率比一般的1.5%还要高；如果投资者持有超过5年,则不收申购费和赎回费。

表6-20 某基金的后端申购和赎回费率表

持有期限	申购费率	赎回费率
1年以内	1.80%	0.50%
满1年不满2年	1.50%	0.50%
满2年不满3年	1.20%	0.50%
满3年不满4年	1.00%	0.20%
满4年不满5年	0.40%	0.10%
满5年以上	0	0

如果投资者选择缴纳前端申购费,则申购份额的计算方法如下:

前端申购费用 = 申购金额 × 前端申购费率

净申购金额 = 申购金额 − 前端申购费用

申购份额 = 净申购金额/T日基金份额净值

如果投资者选择缴纳后端申购费,则申购份额的计算方法如下:

申购份额 = 申购金额/T日基金份额净值

基金份额以四舍五入的方法保留小数点后两位,由此误差产生的损失由基金资产承担,产生的收益归基金资产所有。

【案例6-3】 假定T日的基金份额净值为1.2元,三笔申购金额分别为1 000元、100万元和500万元。如果投资者选择缴纳前端申购费,各笔申购负担的前端申购费用和获得的基金份额计算如表6-21所示。

表6-21 前端申购份额计算

	申购1	申购2	申购3
申购金额(元,A)	1 000	1 000 000	5 000 000
适用前端申购费率(B)	1.8%	1.5%	1.2%
前端申购费(C = A × B)	18	15 000	60 000
净申购金额(D = A − C)	982	985 000	4 940 000
申购份额(= D/1.2)	818.33	820 833.33	4 116 666.67

【案例分析】 如果该投资者选择缴纳后端申购费,各笔申购获得的基金份额计算如表6-22所示。

表6-22 后端申购份额计算

	申购1	申购2	申购3
申购金额(元,A)	1 000	1 000 000	5 000 000
申购份额(= A/1.2)	833.33	833 333.33	4 166 666.67

如果投资者在认购/申购时选择缴纳前端认购/申购费,则赎回金额的计算方法如下:

赎回总额 = 赎回份数 × T 日基金份额净值

赎回费用 = 赎回总额 × 赎回费率

赎回金额 = 赎回总额 − 赎回费用

如果投资者在认购时选择缴纳后端认购费,则赎回金额的计算方法如下:

赎回总额 = 赎回份数 × T 日基金份额净值

赎回费用 = 赎回总额 × 赎回费率

后端认购费用 = 赎回份数 × 基金份额面值 × 后端认购费率

赎回金额 = 赎回总额 − 赎回费用 − 后端认购费用

其中,基金份额面值为 1 元。

如果投资者在申购时选择缴纳后端申购费,则赎回金额的计算方法如下:

赎回总额 = 赎回份数 × T 日基金份额净值

赎回费用 = 赎回总额 × 赎回费率

后端申购费用 = 赎回份数 × 申购日基金份额净值 × 后端申购费率

赎回金额 = 赎回总额 − 赎回费用 − 后端申购费用

其中,T 日基金份额净值在当天收市后计算,并在 T + 1 日公告。遇特殊情况,可以适当延迟计算或公告,并报中国证监会备案。

【案例 6-4】 假定某投资者在 T 日赎回 10 000 份,该日基金份额净值为 1.250 元,申购时的基金份额净值是 1.20 元/份。前端赎回费率为 0.5%,后端申购和赎回费率参见表 6-20。分别按照前端收费和后端收费方式计算投资者在半年后、1 年半后和 2 年半后赎回 10 000 份时可拿到的赎回金额(赎回当日的基金份额净值假设分别为 1.230 元、1.300 元和 1.360 元)。

【案例分析】 如果投资者选择的是前端收费模式,则赎回金额计算如下:

赎回总额 = 10 000 × 1.250 = 12 500 元

赎回费用 = 12 500 × 0.5% = 62.5 元

赎回金额 = 12 500 − 62.5 = 12 437.5 元

如果投资者选择的是后端申购模式,则赎回金额计算如表 6-23 所示。

表 6-23　赎回金额计算

	半年后赎回	1 年半后赎回	2 年半后赎回
赎回份数（A）	10 000	10 000	10 000
申购日基金份额净值（B）	1.200	1.200	1.200
赎回日基金份额净值（C）	1.230	1.300	1.360
赎回总额（D = A × C）	12 300	13 000	13 600
赎回费用（E = D × 0.5%）	61.5	65	68
适用后端申购费率（F）	1.8%	1.5%	1.2%
后端申购费（G = A × B × F）	216	180	144
赎回金额（= D − E − G）	12 022.5	12 755	13 388

如果一家基金公司将旗下的开放式基金开通了互相转换的功能，并且为转换提供了一定优惠，则还有一种交易费用被称为"转换费"，即从一只基金转投另外一只基金所支付的费用。这种转换只限于在同一家基金公司的不同开放式基金之间进行。前端收费模式的开放式基金只能转换到前端收费模式的其他基金，申购费为零的基金默认为前端收费模式；后端收费模式的基金可以转换到前端或后端收费模式的其他基金。

一般情况下，基金的转换费用是这样计算的：在股票型基金转为债券型基金或货币基金时，按股票型基金的赎回费率计算转换费；在债券型基金或货币基金转为股票型基金时，按股票型基金的申购费率计算转换费。

封闭式基金进行交易时与股票的交易佣金一样，一般是3‰。在证券公司竞争日益激烈的情况下，证券公司的佣金也在逐渐下降，一般都低于3‰。

除以上在交易过程中能够看到的直接费用以外，基金还有一些隐性的费用。这些隐性的费用是不会体现在交易过程中的，而是在日常经营过程中支付的，比如基金的管理费、托管费和股票交易费用等。

基金的管理费是基金管理公司帮助投资者管理资金时所收取的报酬。基金管理费通常按照每个估值日基金净资产的一定比例（年率）逐日计算，定期支付。我国的基金管理费率一般为1%—3%，按日计提，按月支付。

基金的托管费是托管银行收取的报酬，也是按日计提，按月支付。托管费率一般为0.1%—0.3%。

除托管费和管理费以外，还有注册登记费、席位租用费、证券交易佣金、律师费、会计师费、信息披露费和持有人大会费等。

基金的管理费、托管费以及上述其他费用是基金日常运营过程中产生的费用，这些费用在计算基金的单位净值时会扣除。因此，这部分费用不是显性的费用,而是隐性的费用。

六、特殊类型的基金品种

为了适应投资者的多种需求,使基金产品同质化的程度降低,基金行业不断地进行着一些创新,陆续推出了一些特殊类型的基金。其中比较特别的几种是:ETF 基金、LOF 基金、分级基金、伞形基金、联接基金、保本基金。

(1) ETF 基金。ETF 基金英文名称为 Exchange Traded Fund,中文翻译为"交易型开放式指数基金",或称"交易所交易基金"。ETF 基金本身是属于开放式基金,即规模不固定、投资者可随时申购和赎回的基金。开放式基金一般是不上市交易的,但 ETF 作为一种特殊的开放式基金,可以在交易所上市交易,交易手续与股票完全相同。从这个角度来看,ETF 又具有封闭式基金可在二级市场进行交易的特点。ETF 投资的资产是某个指数中的股票组合,所以ETF 也是一种被动管理型指数基金。从 ETF 的中文命名来看,ETF 的三个特点分别是交易型、开放式、指数基金。我国的 ETF 产品见表 6-24。

表 6-24 ETF 列表

代码	名称	单位净值	累计净值	代码	名称	单位净值	累计净值
159901	易方达深证 100	0.817	3.993	510070	上证民企 50ETF	1.273	1.091
159902	华夏中小板	3.182	3.282	510090	上证责任 ETF	0.94	1.121
159903	深成 ETF	1.2634	0.9322	510110	上证周期行业 50	2.388	0.958
159905	深证红利 ETF	1.0035	1.0035	510130	中盘 ETF	3.16	1.087
159906	大成深证成长 40	1.005	1.005	510160	南方小康 ETF	0.4225	1.0511
510010	治理 ETF	0.748	0.833	510170	上证大宗商品 ETF	1.003	1.003
510020	超大 ETF	0.203	0.749	510180	华安 180	0.651	2.498
510030	上证 180ETF	2.554	0.874	510190	上证龙头企业 ETF	2.552	0.978
510050	华夏上证 50	1.972	2.509	510880	上证红利 ETF	2.183	1.488
510060	上证央企 ETF	1.3226	0.846				

数据来源:WIND 数据库,截止日期 2010 年 12 月 31 日。

ETF 的交易方式与一般的开放式基金不同,其交易渠道对于机构投资者和个人投资者是不同的。个人投资者进行零售交易时是通过股票账户进行的,使用的是现金,购买到的是 ETF 份额。个人投资者如果要取回投资本金和收益,可以通过在股票账户中卖出 ETF 即可实现。机构投资者除了可以进行零售交易外,还可以通过大额申购和赎回的方式购买 ETF,这种申购和赎回机制只面向机构投资者,而不面向个人投资者。机构投资者申购和赎回 ETF 时,使用的通常不是现金,而是一揽子股票组合。当机构投资者申购 ETF 时,是用 ETF 跟踪的指数中的一揽子股票去申购,而赎回时得到的也是一揽子股票。

机构投资者可以利用ETF的单位价格与单位净值之间的差异进行套利。当ETF在交易所市场的单位报价低于其单位净值时,投资者可以以该报价买进ETF,然后申请赎回ETF,可得到一揽子股票,再将股票卖出,即可赚取差价。不过这种套利机会非常少,而且时间很短,因为一旦其他套利者也发现了同样的机会,就会蜂拥地买入ETF,使得ETF价格提高,套利空间消失。同样,当ETF在交易所市场的单位报价高于其单位净值时,机构投资者可以买入一揽子股票,然后用这些股票去申购ETF,再将ETF按单位报价卖出,即可赚取差价。当ETF的价格受到卖盘的影响降低时,这种套利机会消失。

(2)LOF基金。LOF基金英文名称为Listed Open-ended Fund,中文翻译为"上市开放式基金"。从其命名来看,LOF具有两个特征:一是上市的基金(即在证券交易所挂牌交易);二是开放式基金。LOF首先是开放式基金中的一类。开放式基金通常是不能在二级市场上市交易的,但LOF则可以在二级市场上进行交易,所以LOF实际上是开放式基金交易渠道的一个拓展而已。LOF投资者既可以通过基金管理人或其委托的销售机构以基金份额净值进行基金的申购、赎回,也可以通过交易所市场以交易系统撮合成交价进行基金的买入、卖出。LOF的这两个特征与ETF中的两个特征是相似的,不同之处在于ETF是跟踪指数,且申购赎回需要用指数中的一揽子股票,而LOF则可以是主动型基金,不一定跟踪指数,且申购赎回可以直接用现金操作。另外,LOF与ETF的不同之处还体现在一级市场面向的投资者和二级市场的净值报价上。在一级市场上申购赎回时,LOF没有特别限定投资者,而ETF则只面向较大型的投资者,如机构投资者和规模较大的个人投资者;在二级市场的净值报价上,LOF一天只提供一个基金净值报价,而ETF每15秒钟提供一个基金净值报价(这与LOF和ETF的投资标的有关,ETF跟踪指数,所以股票基本不变,只需要根据股票价格计算净值即可,而LOF中的股票可能发生变化,所以无法及时测算基金净值)。

LOF与ETF一样也可以捕捉套利机会。当出现价格高于净值与交易费用之和时,即LOF二级市场价格 > 基金净值 + 交易费用,就可以通过股票账户中的"场内基金申赎"通道进行LOF的申购,在T+2个交易日后申购的份额将进入股票账户。从份额到达账户的这一天起,只要市场价格仍超过基金净值与交易费用之和,就可以将LOF按市场价格卖掉套利。交易费用一般包括申购费用和二级市场交易费用。申购费率一般是1.5%,二级市场交易费率一般是0.3%。

当出现价格低于基金净值减去交易费用之差时,即LOF二级市场价格＜基金净值－交易费用,就可以通过股票账户按股票操作方式(注意不是场内基金申赎)买入LOF即可,份额将在T+1个交易日到达账户,从这天起只要价格低于基金净值减去交易费用之差,就可以通过"场内基金申赎"赎回基金套利。交易费用一般包括二级市场交易费率和赎回费用。二级市场交易费率一般是0.3%,赎回费率一般是0.5%。

我国的LOF产品见表6-25。

表6-25　LOF列表

基金代码	基金名称	基金代码	基金名称
160105	南方积极配置	161610	融通领先成长
160106	南方高增长	161706	招商优质成长
160119	南方中证500	161810	银华内需精选
160211	国泰中小盘	161811	银华沪深300
160215	国泰价值经典	161815	银华通胀
160311	华夏蓝筹	161903	万家公用事业
160314	华夏行业精选	161907	万家中证红利LOF
160505	博时主题行业	162006	长城久富核心
160607	鹏华价值优势	162207	泰达效率
160610	鹏华动力增长	162307	海富通中证100
160611	鹏华优质治理	162605	景顺长城鼎益
160613	鹏华盛世创新	162607	景顺长城资源
160615	鹏华沪深300	162703	广发小盘成长
160616	鹏华中证500	162711	广发中证500
160706	嘉实沪深300	163001	长信中证央企100
160716	嘉实50	163302	大摩资源优选
160717	嘉实恒生中国企业	163402	兴全趋势投资混合
160805	长盛同智	163407	兴全沪深300指数
160807	长盛沪深300	163503	天治核心成长
160910	大成创新成长	163801	中银中国精选
161005	富国天惠精选	164205	天弘深证
161211	国投瑞银金融地产	165309	建信沪深300
161213	国投瑞银中证消费服务	165508	信诚深度价值LOF
161607	融通巨潮100	166001	中欧新趋势
166006	中欧中小盘	166007	中欧沪深300
166009	中欧新动力		

数据来源:WIND数据库,截止日期2010年12月31日。

(3)分级基金。分级基金是根据不同投资者的风险承受能力,将基金分成风险不同的两类份额,风险承受能力较强、期望获得较高收益的投资者可购买较高风险的那部分份额;风险承受能力较低、期望获得保守收益的投资者可购买低风险的那部分份额,并将其中一类份额或两类份额上市进行交易的证券投资基金。2007年国投瑞银成立了第一只分级基金:瑞福基金(包括瑞福优先和瑞福进取)。

分级基金见表6-26。

表6-26 分级基金列表

基金名称	分级份额	适合投资者类型	基准收益率	成立时间
国投瑞银瑞福基金	瑞福优先 121007	保守投资者	1年期同期银行定期存款利率+3%	2007年7月17日
	瑞福进取 150001	激进投资者		
长盛同庆可分离交易基金	长盛同庆A 150006	保守投资者	5.6%	2009年5月12日
	长盛同庆B 150007	激进投资者		
国投瑞银瑞和300分级基金	国投瑞银瑞和300(161207)	被动投资		2009年10月14日
	国投瑞银瑞和小康(150008)	预期保守增长	预期激进增长国投瑞银瑞和远见(150009)	
国泰估值优势可分离交易基金	国泰优先(150010)	保守投资者	5.7%	2010年1月18日
	国泰进取(150011)	激进投资者		
兴业合润分级基金	兴业合润基金份额(163406)			2010年4月22日
	兴业合润A(150016)	保守投资者		
	兴业合润B(150017)	激进投资者		
国联安双禧中证100指数分级基金	国联安双禧中证100(162509)			2010年4月16日
	国联安双禧A(150012)	保守投资者		
	国联安双禧B(150013)	激进投资者		

（续表）

基金名称	分级份额	适合投资者类型	基准收益率	成立时间
银华深证100指数分级基金	银华深证100（161812）			2010年5月7日
	银华稳进份额（150018）	保守投资者		
	银华锐进份额（150019）	激进投资者		
富国汇利分级债券基金	富国汇利分级（161014）			2010年9月9日
	富国汇利分级优先（150020）	保守投资者		
	富国汇利分级进取（150021）	激进投资者		
申万巴黎深证成指分级基金	申万巴黎深证成指分级（163109）			2010年10月22日
	申万巴黎深证成指分级收益（150022）	保守投资者	1年期同期银行定期存款利率（税后）+3%	
	申万巴黎深证成指分级进取（150023）	激进投资者		
信诚中证500指数分级基金	信诚中证500指数（165511）			2011年2月11日
	信诚中证500指数A（150028）	保守投资者	1年期同期银行定期存款利率（税后）+3.2%	
	信诚中证500指数B（150029）	激进投资者		
嘉实多利分级债券型基金	嘉实多利分级债券（160718）			2011年3月23日
	嘉实多利分级优先基金（150032）	保守投资者	5%	
	嘉实多利分级进取（150033）	激进投资者		

(续表)

基金名称	分级份额	适合投资者类型	基准收益率	成立时间
银华中证等权重90指数分级基金	银华中证等权重90金利（150030）	保守投资者		2011年3月17日
	银华中证等权重90鑫利（150031）	激进投资者		

份额折算规则与收益分配方式是理解各类分级基金的关键点。下面以长盛同庆A和同庆B为例,解释基金的收益分配规则。一般来说,基金在成立初期需要逐步建仓,为了保持基金的稳定,成立初期都会有一个封闭期。在这个封闭期基金是不分配收益的。在封闭期末对同庆A与同庆B可单独进行基金份额净值计算,并按各自的基金份额净值进行资产分配及份额转换。[①]

假设NAV为本基金在封闭期截至当日T基金份额净值,NAVa为封闭期截至当日T同庆A基金份额净值,NAVb为封闭期截至当日T同庆B基金份额净值。同庆A约定基准年收益率Ra为单利5.6%。

封闭期截至当日T的同庆A与同庆B基金份额净值计算公式如下:

① 当NAV≤0.467时,则同庆A与同庆B截至封闭期末当日T基金份额净值: NAVa = NAV/0.4; NAVb = 0。

② 当0.467 < NAV ≤ 1.600时,则同庆A与同庆B截至封闭期末当日T基金份额净值: NAVa = 1 + 3 × Ra; NAVb = (NAV − 0.4 × NAVa)/0.6。

③ 当NAV > 1.600时,则同庆A与同庆B截至封闭期末当日T基金份额净值: NAVa = 1 + 3 × Ra + 10% × (NAV − 1.600)/0.4; NAVb = (NAV − 0.4 × NAVa)/0.6。

基金份额资产及收益分配举例:

假设投资者认购本基金份额100份,基金份额面值为1元,则其自动获得同庆A份额40份和同庆B份额60份,且两类份额面值均为1元。同时假设同庆A基金份额的约定年基准收益率为5.6%。

如果在三年封闭期期末,本基金份额单位净值为1.5元,本基金份额总净资产为100×1.5 = 150元,即本基金份额收益率为50%,则同庆A份额和同庆B份额的收益分配如下:

[①] 以下计算部分参见长盛同庆可分离交易股票型证券投资基金招募说明书。

第六章 理财产品的选择

① 同庆 A 基金份额净值 = 1 + 3 × 5.6% = 1.168 元,份额总收益率为 16.80%;

② 同庆 B 基金份额净值 = (1.5 - 0.4 × 1.168)/0.6 = 1.721 元,份额总收益率为 72.13%;

③ 同庆 A 基金份额资产总额 = 40 × 1.168 = 46.72 元;

④ 同庆 B 基金份额资产总额 = 60 × 1.721 = 103.28 元。

如果在三年封闭期期末,本基金份额单位净值为 2.5 元,即本基金份额收益率为 150%,本基金份额总净资产为 100 × 2.5 = 250 元,则同庆 A 基金份额和同庆 B 基金份额的收益分配如下:

① 同庆 A 基金份额净值 = 1 + 3 × 5.6% = 1.168 元;同庆 A 基金份额再次获得收益分配 = 10% × (2.5 - 1.6)/0.4 = 0.225 元;则同庆 A 基金份额实际净值 = 1.168 + 0.225 = 1.393 元,份额总收益率为 39.3%;

② 同庆 B 基金份额净值 = (2.5 - 0.4 × 1.393)/0.6 = 3.238 元,份额总收益率为 223.8%;

③ 同庆 A 基金份额资产总额 = 40 × 1.393 = 55.72 元;

④ 同庆 B 基金份额资产总额 = 60 × 3.238 = 194.28 元。

(4) 伞形基金。伞形基金英文名称为 Umbrella Fund,是在开放式基金的组织结构下,基金发起人根据一份总的基金招募书发起设立多只子基金,各子基金独立进行投资决策,其主要特点在于在基金内部就可以为投资者提供多种投资选择,并且子基金之间可以相互转换。1981 年 7 月 14 日,富达首次推出伞形基金产品——富达伞形精选基金(Umbrella Fidelity Select),包括富达精选科技基金(Fidelity Select Technology)以及能源、医疗、公共事业 4 只子基金。发展至今,富达伞形精选基金已经拥有涵盖汽车、房地产、消费、零售、文化、多媒体、能源、金融、医疗、制造业、原材料、高科技等多个行业的 41 只子基金,成为全球规模最大、覆盖行业最广的伞形基金产品。

伞形基金具有管理费低、转换方便、转换成本低的优势。由于伞形基金在托管、审计、法律服务、管理费用等方面享有规模经济的优势,因此能降低管理成本从而降低基金管理费用;伞形基金内部的各子基金为投资者提供了不同的选择,投资者可以根据市场行情的变化方便地选择和转换不同的子基金;在转换时比一般的基金转换所需时间短且转换费用较低。

我国的首只伞形基金是 2003 年 4 月 27 日成立的湘财合丰系列行业基金,由价值优化型成长类、周期类、稳定类三只基金组成。合丰成长、合丰周期、合丰稳定分别主要投资于成长、周期、稳定三个行业类别中内在价值被相对低估,并与同行业类别上市公司相比具有更高增长潜力的上市公司。由于湘财被泰达荷银收购,所以基金的名称变更为泰达荷银价值优化型成长类行业证券投资基金(162201)、周期类行业证券投资基金(162202)、稳定类行业证券投资基金(162203)。

招商安泰伞形基金成立于2003年4月28日,子基金包括招商安泰股票基金、招商安泰平衡型基金、招商安泰债券基金三只,见表6-27。不同风险承受能力的投资者可以选择不同的子基金。

表6-27 招商安泰伞形基金的子基金

下属基金	代码	短期本金安全性	当期收益	长期资本增值	总体投资风险
招商安泰股票基金	217001	低	不稳定	高	高
招商安泰平衡型基金	217002	适中	适中	适中	适中
招商安泰债券基金(A类)、(B类)	217003	很高	最好	低	低

(5)ETF联接基金。联接基金是指基金将其绝大部分资产投资于跟踪同一标的指数的ETF,密切跟踪标的指数表现,追求跟踪偏离度和跟踪误差最小化的一种开放式基金。由于这类基金的主要投资标的是ETF类的基金,所以这类联接基金也属于FOF(Fund of Fund,即基金中的基金),见表6-28。

表6-28 ETF联接基金列表

序号	代码	名称	成立日期	申购费率	赎回费率	管理费率	基金公司
1	020021	国泰上证180金融联接	2011.3.31	1.20%	0.50%	0.50%	国泰
2	040180	华安上证180联接	2009.9.29	1.20%	0.50%	0.50%	华安
3	040190	上证龙头ETF联接	2010.11.18	1.20%	0.50%	0.50%	华安
4	050013	博时超大联接	2009.12.29	1.20%	0.50%	0.50%	博时
5	090012	大成深证成长40联接	2010.12.21	1.20%	0.50%	0.50%	大成
6	100053	富国上证综指ETF联接	2011.1.30	1.50%	0.50%	0.50%	富国
7	110019	易方达深100联接	2009.12.1	1.20%	0.50%	0.50%	易方达
8	110021	中盘ETF联接	2010.3.31	1.20%	0.50%	0.50%	易方达
9	202017	南方深证联接	2009.12.9	1.20%	0.50%	0.50%	南方
10	202021	南方小康ETF联接	2010.8.27	1.20%	0.50%	0.50%	南方
11	206005	上证民企50ETF联接	2010.8.5	1.20%	0.50%	0.50%	鹏华
12	217017	上证消费80ETF联接	2010.12.9	1.50%	0.50%	0.50%	招商

(续表)

序号	代码	名称	成立日期	申购费率	赎回费率	管理费率	基金公司
13	240016	上证180ETF联接	2010.4.23	1.50%	0.50%	0.50%	华宝
14	257060	上证大宗商品ETF联接	2010.12.1	1.50%	0.50%	0.60%	国联安
15	460220	华泰柏瑞中小盘联接	2011.1.26	1.50%	0.50%	0.50%	华泰
16	481012	深证红利ETF联接	2010.11.9	1.00%	0.50%	0.50%	工银
17	519027	上证周期行业50联接	2010.9.28	1.20%	0.50%	0.50%	海富通
18	530010	建信责任	2010.5.28	1.50%	0.50%	0.50%	建信

数据来源：WIND 数据库，截至日期 2011 年 3 月 31 日。

中国证监会规定，联接基金的资产中 ETF 的投资比重不得低于基金资产净值的 90%。ETF 联接基金具有投资费用低、便于定投、灵活转换的特点。联接基金作为一种被动跟踪指数基金的投资方式，其整体费用水平比较低，同时不对投资 ETF 的资产部分向投资者收取管理费和托管费，避免了重复收费。这类基金能与其他开放式基金一样轻松地在银行开展定投，平摊风险；投资者还可以根据对不同市场阶段的收益预期及个人偏好，在联接基金与同一基金公司发行的其他基金之间进行灵活的转换，优化资产配置，从而使得收益最大化。比如，在整个市场向好的情况下，不知道如何选择股票型基金，则可以投资联接基金，获得指数收益；如果能判断未来的某个行业股票会有很大上升潜力，则可以转换为投资该行业的股票型基金。

（6）保本基金。保本基金（Guaranteed Fund），是指在一定期间内对所投资的本金提供一定比例保证的基金。保本基金的保本模式是将大部分的资产从事固定收益投资，利用获得的利息或收益或以极小比例的资产从事高风险投资，从而保证不论市场如何下跌，其亏损不会超过保证的本金比例。其所采用的技术有固定比例组合保险（Constant Proportion Portfolio Insurance，CPPI）技术、基于期权的组合保险（Option-Based Portfolio Insurance，OBPI）技术等。

保本基金一般会设置一个保本期限，在这个期限内投资者只要坚持持有，就能保本。在我国，一般的保本期限是 3 年，即投资者在 3 年内不赎回基金，就能达到保本效果。但如果投资者在 3 年内要求赎回基金，基金公司并不需要履行保本的责任。

保本基金的保本是有条件的保本，这些条件包括对持有期的要求、对认购或申购的要求等。我国的保本基金都要求持有至保本到期日才提供保本，中途赎回不提供保本。另外，保本基金只针对认购保本，而对申购通常不保本。

在认购期认购的投资者即使亏损,到期本金亏损的情况一般不会发生,但如果中途赎回,则可能发生本金亏损。

从表6-29可以看出,只有国泰金鹿保本增值基金的保本期限是2年,其他基金都是3年。在这些基金中,申购费率最低的是交银保本基金,申购费率最高的是银华保本增值基金;赎回费率为2%的有4只,为1.8%的有2只;管理费率最高的是南方恒元保本基金,最低的是国泰金鹿保本增值基金。

表6-29 保本基金列表

序号	代码	基金名称	成立日期	申购费率	赎回费率	管理费率	保本期限
1	020018	国泰金鹿保本增值	2008.6.12	1.2%	1.8%	1.1%	2年
2	180002	银华保本增值	2004.3.2	1.5%	1.8%	1.2%	3年
3	202202	南方避险增值	2003.6.27	1.0%	2.0%	1.2%	3年
4	202211	南方恒元保本	2008.11.2	1.2%	2.0%	1.3%	3年
5	519697	交银保本	2009.1.21	0.0%	2.0%	1.2%	3年
6	530012	建信保本混合	2011.1.18	1.2%	2.0%	1.2%	3年

数据来源:招宝理财网(www.zhaobaolicai.com)。

七、公募基金的投资方式

公募基金常见的投资方式有单笔投资和定期定额投资。单笔投资是指投资者一次性用拟投资的资金认购或申购一只基金。定期定额投资是指投资者通过指定的基金销售机构提出申请,事先约定每期扣款日、扣款金额、扣款方式及所投资的基金名称,由该销售机构在约定的扣款日在投资者指定的银行账户内自动完成扣款及申购的一种基金投资方式。销售机构既可以是基金公司直销,也可以是银行或证券公司代销。

单笔投资适合能准确把握未来市场趋势的投资者。如果投资者能准确地把握未来市场的趋势,则可以通过一次性在市场低点买入、在高点卖出而获利。由于申购基金和赎回基金都需要缴纳手续费(申购费和赎回费),因此投资者利用单笔投资来获利时要考虑这些交易成本对最终收益的影响。单笔投资适合在牛市初期投资,比如2006年开始进行投资,至2007年可获得非常丰厚的收益。华夏大盘精选基金2006年获得的收益为153.85%,2007年的大牛市中获得的收益为226.24%,2009年的小牛市中也获得了116.08%的收益。

但是,能把握未来市场趋势的专业投资者毕竟是少数,所以大多数的投资者更适合采用定期定额投资的方式来投资公募基金。定期定额投资相对于单笔投资来说具有以下特点：

第一，平均投资、分散风险。投资者很难预测到未来市场是上涨还是下跌。如果投资者现在投资了一笔资金，结果市场没有按预期那样上涨反而下跌，这时投资者可以继续买入，而这时买入的价格低，可以平摊之前高价买入的成本。这种方式在下跌市场中能平摊投资成本，如果未来市场回到当初投资的起点，投资者由于成本降低了，也能获得正收益。因此，这种方式能够起到平均投资、分散风险的作用。这也是定投最显著的一个优势。

第二，形成投资习惯，积少成多。投资者的资金是不断积累的，初期可能是通过不断积累银行存款而形成一笔可投资的资金。当积累好了这笔资金准备进行投资的时候，如果市场处于高位，则这笔资金一次性投资的风险相当高。与其慢慢通过银行存款积累这笔资金，不如通过基金定投的方式积累，一方面可能获得比银行利率高的收益，另一方面通过这种方式可以形成良好的投资理财习惯，积少成多。

第三，免除了择时的烦恼。虽然大家都知道"低买高卖"能够赚钱，但很少有人能够准确把握高点和低点。很多投资者在投资实践过程中进行的操作都是相反的，即在高点买入而在低点卖出。这主要是因为普通的投资者很难把握住市场的波动。基金定投有助于避免这种主观判断失误造成的投资损失，即不需要每天关注市场，也不需要过多地判断市场的趋势从而择时进入。

第四，自动扣款，手续便捷。办理基金定投最简便的方式是开通网银，然后通过网上银行办理。办理好后，只要在关联的银行账户中有当月最低的投资金额，银行就会每月自动在扣款日将存款账户中投资者设置的定投资金转为基金定投资金，不需要投资者再去操作。

第五，长期坚持投资可取得复利效应。由于基金投资所产生的收益可以设置为分红再投，这样投资本金所产生的收益可以不断获得利滚利的效果，这种效果就是复利效应。这种效果需要经过较长时间才能体现出来。由于从长期来看，只要一个国家的经济是不断增长的，市场就能保持逐步向上的长期趋势。尽管市场的反复波动会使得投资经常处于或亏或盈的状态，但通过形成好的长期投资习惯，坚持投资，在一个较长的时期内一定能获得较高的投资回报。

我们可以通过以下这个简单的案例来了解定投的好处。

【案例6-5】 钱女士听说基金能赚钱，于是就去银行做了一个600元的基金定投。当时基金的单位净值是 2 元/份。钱女士买入后,市场开始下滑,基金净值在第 4 个月跌到了 1.5 元/份,见表 6-30。从 5 月起,市场反弹,该基金净值在 6 月达到 1.8 元。钱女士见自己的基金从 2 元一直跌到 1.8 元,以为自己亏了钱,没想到打开账户一看,居然没亏钱,还有 5.83% 的收益(此处不考虑基金的申购费用)。在市场下跌的情况下,究竟钱女士是如何获得正收益的呢?

表 6-30 基金定投举例

时间	定投金额	基金单位净值	份额
1 月	600.00	2.00	300.00
2 月	600.00	1.80	333.33
3 月	600.00	1.60	375.00
4 月	600.00	1.50	400.00
5 月	600.00	1.60	375.00
6 月	600.00	1.80	333.33
合计	3 600.00	1.80	2 116.67
成本收益	3 600.00		3 810.00
收益率		-10.0%	5.83%

【案例分析】 从表 6-30 来看,钱女士每个月都投资了 600 元。6 个月内的基金净值从 2 元跌到 1.5 元又反弹到 1.8 元。从基金净值来看,该基金是亏损的,亏损程度为 $(1.8-2.0)/2.0 = -10\%$。钱女士每个月定投 600 元买入的份额不同,在价格高的时候买入的份额少,而在价格低的时候买入的份额高,比如在 2 元的时候买入 300 份,在 1.5 元的时候买入 400 份。由于价格低的时候买入了较多的份额,当基金净值反弹到 1.8 元的时候,按钱女士买入的总份额来计算,钱女士持有的 2 116.67 份基金的市值为 $2\,116.67 \times 1.8 = 3\,810$ 元,比总投入 3 600 元还高,即有盈利,收益率为 5.83%。相对于基金净值的亏损 10% 来说,5.83% 的收益率相当不错。

定投基金的最佳标的是指数基金。至少有这样几个原因使得投资指数基金具备相对优势:第一,指数基金的费用低。由于指数基金是被动管理基金,所以管理费较低,长期投资的话,能节省管理费。第二,国外的研究表明,只有不到 25% 的主动管理型基金能跑赢指数基金,这意味着选择指数基金是选择了处于中上水平的基金。由于经过长期实践发现主动管理型基金很难超越指数基金,因此美国最大规模的基金最后花落指数基金(先锋基金)。第三,一般的主动管理型开放式基金的规模扩大后,其业绩会下降。这是由于可选择的优秀股票是有限的,资金量大了之后基金经理无法选择将资金投资到优秀的股票上了,因此管理业绩会下降。但指数基金则不会出现这个问题,其原因是基金经理不需要选择股票,只需要将这些资金按指数中的权重分别分配到各个股票上就可以了。规模的扩大对指数基金的影响相对小很多。第四,在中国,还有一个原因使得指数基金具有特殊的优势,即指数基金的基金经理更换频率低。主动管理型基金的基金经理,或者因为业绩,或者因为基金行业的激励制度而经常更换,这对其所管理的基金业绩影响会很大。比如,一个基金经理经过长期研究后确定了这只基金的投资方向,但另外一个基金经理替换他后可能换了一个方向,这就会影响到这只基金最终的业绩。许多优秀的基金经理离开公募基金行业后,其之前管理的基金业绩常常出现大幅下滑的情况就是如此。如果投资者要长期投资一只基金,当然不希望基金经理经常变更。而指数基金的基金经理因为只需要跟踪指数就可以,不存在选股的问题,因而变更相对较少,即使变更,对业绩的影响也较小。综合上述几个特点,指数基金在定投中更具有相对优势。

虽然指数基金定投具有一定的优势,但并不意味着基金定投没有风险。许多投资者将基金定投看做无风险的投资,这是不正确的。

如果根据上证指数进行基金定投模拟,从上证指数的第一天1990年12月19日起每个月定投一次,定投日期选取每个月的最后一个交易日,如表6-31所示。在不考虑交易成本的情况下,坚持定投上证指数至2010年12月31日的年均收益率为6%。需要注意的是,定投也会有收益率低的时候,比如2004年、2005年、2008年定投指数的收益率都没有超过5%。这说明如果遇到熊市,定投基金无法获得良好的收益率。因此,基金定投也要注意相应的风险。不过从模拟情况来看,大部分年份都可以获得较好的年均收益率,只有出现极端的熊市定投收益率才会非常低并且有可能是负的。投资者可以在定投基金获得的基金总值已达到理财目标时将基金赎回,提前实现理财目标;或者,将赎回的资金以安全的银行存款方式保留,以备将来实现理财目标。投资者始终要记住的是,理财是为目标而规划,因此只要实现了目标,就应该及时兑现收益将资金转为安全资产,而不再贪婪。

表 6-31　上证指数模拟定投

净值日期	期数	总投入	上证指数	单位净值	购入份额	累计份额	平均成本	基金总值	总回报率	年均回报率
1990-12-19	1	1 000	99.96	1.00	1 000.00	1 000.00	1.00	1 000		
1991-12-31	13	13 000	292.75	2.93	341.59	8 821.55	1.47	25 825	98.7%	88.4%
1992-12-31	25	25 000	780.39	7.80	128.14	10 888.98	2.30	84 977	239.9%	79.9%
1993-12-31	37	37 000	833.80	8.34	119.93	12 116.51	3.05	101 027	173.0%	38.5%
1994-12-31	49	49 000	647.87	6.48	154.35	14 086.14	3.48	91 260	86.2%	16.5%
1995-12-31	61	61 000	555.29	5.55	180.09	15 970.10	3.82	88 680	45.4%	7.6%
1996-12-31	73	73 000	917.02	9.17	109.05	17 610.81	4.15	161 494	121.2%	13.9%
1997-12-31	85	85 000	1 194.10	11.94	83.74	18 634.41	4.56	222 514	161.8%	14.6%
1998-12-31	97	97 000	1 146.70	11.47	87.21	19 592.33	4.95	224 665	131.6%	10.9%
1999-12-31	109	109 000	1 366.58	13.67	73.18	20 482.02	5.32	279 903	156.8%	10.9%
2000-12-31	121	121 000	2 073.48	20.73	48.23	21 118.90	5.73	437 895	261.9%	13.6%
2001-12-31	133	133 000	1 645.97	16.46	60.75	21 743.54	6.12	357 892	169.1%	9.3%
2002-12-31	145	145 000	1 357.65	13.58	73.66	22 515.65	6.44	305 685	110.8%	6.4%
2003-12-31	157	157 000	1 497.04	14.97	66.80	23 334.85	6.73	349 333	122.5%	6.3%
2004-12-31	169	169 000	1 266.50	12.66	78.96	24 160.76	6.99	305 995	81.1%	4.3%
2005-12-31	181	181 000	1 161.06	11.61	86.13	25 212.42	7.18	292 731	61.7%	3.2%
2006-12-31	193	193 000	2 675.47	26.75	37.38	25 954.86	7.44	694 416	259.8%	8.3%
2007-12-31	205	205 000	5 261.56	52.62	19.01	26 249.27	7.81	381 121	573.6%	11.8%
2008-12-31	217	217 000	1 820.81	18.21	54.92	26 704.17	8.13	486 232	124.1%	4.6%
2009-12-31	229	229 000	3 277.14	32.77	30.51	27 154.65	8.43	889 895	288.6%	7.4%
2010-12-31	241	241 000	2 808.08	28.08	35.61	27 586.24	8.74	774 643	221.4%	6.0%

注：定投中每月的指数选取的是每月最后一个交易日的上证指数，由于定投时是选取每月固定的一天，而不是每月的最后一个交易日，所以与定投实际操作有所差异。另外，本模拟中没有考虑基金的申购费用。

八、公募基金的业绩识别

如果所采用的投资方式是一次性投资，除了要具备选择入市时机的能力外，还需具备优选基金的能力。

许多投资者在选择基金时考虑的第一个因素是基金的单位净值，认为基金的单位净值越低越便宜。这种选择基金的思路是不正确的。基金的单位净值仅仅反映了基金持有的净资产的价值，并不能反映基金未来的业绩增长。单位净值为 2 元/份的基金可以通过拆分（一份拆成两份）的方法将单位净值降低到 1 元/份，也可以通过分红 1 元的方式将单位净值降低到 1 元/份。但不论是拆分还是分红，都不会影响到该基金未来业绩的持续增长。相反，一只好的基金，由于其增长快，所以单位净值往往会超过其他基金，比如华夏大盘精选基金 2010 年 12 月 31 日的单位净值是 12.278 元/份，远远超过其他基金。基金的拆分和分红更多的是基金公司实行的一种营销手段，其目的也是希望通过降低基金单位净值来吸引更多的投资者购买。

既然单位净值无法用来选择基金，那么投资者主要应关注一些什么因素呢?

(1) 应关注基金净值增长率。基金净值增长率在一定程度上反映了基金收益率。基金净值增长快,收益率高;基金净值增长慢,收益率低。

基金的收益率可以通过下面的计算公式计算:

$$R = \frac{NAV_t - NAV_{t-1} + D_t}{NAV_{t-1}}$$

其中,R 表示基金的收益率,NAV_t、NAV_{t-1} 表示基金在前一期和后一期的单位净值,D_t 表示基金在 t 期的分红。

(2) 应关注基金的风险指标。由于同一类型的基金之间投资风格也有差异,有的基金比较激进,有的基金比较稳健,因此除比较基金之间的收益率外,还应考虑基金的风险。激进型的基金在牛市的时候上涨幅度快,但在熊市的时候下跌幅度也快,这类基金的收益波动大,风险高。如果投资者的投资风格属于稳健型,则不适宜选择这类激进风格的基金。基金的风险指标可以通过收益率的标准差 σ 来衡量。其计算公式为:

$$\sigma = \sqrt{\sum_{i=1}^{n} p_i (R_i - \overline{R})^2}$$

其中,σ 是基金收益率的标准差,p_i 是某种收益率出现的概率,R_i 是第 i 种情况下基金的可能收益率,$\overline{R}$ 是基金的预期平均收益率。

【案例 6-6】 假设未来市场好、一般、差三种情况出现的概率分别为 40%、30%、30%,三种情况下某基金的可能收益率分别为 8%、12%、18%,该基金的投资风险如何衡量?

【案例分析】 该基金的预期平均收益率

$$\overline{R} = \frac{8\% + 12\% + 18\%}{3} = 12.67\%$$

该基金的标准差

$$\sigma = \sqrt{40\% \times (8\% - 12\%)^2 + 30\% \times (12\% - 12\%)^2 + 30\% \times (18\% - 12\%)^2}$$
$$= 4.1\%$$

(3) 可关注一些专业评价指标,比如夏普指标、特雷纳指标、Jensen 指标等。这些指标属于风险调整后的指标,即同时考虑基金承担的风险和收益,比较的是基金承担一单位风险后获得的收益。

夏普比率(Sharpe Ratio),是诺贝尔经济学奖得主威廉·夏普(William Sharpe)提出的,其计算公式如下:

$$S = \frac{R_p - R_f}{\sigma}$$

其中，S 代表夏普比率，R_p 代表基金收益率，R_f 代表无风险收益率，σ 代表基金收益率的标准差。

夏普比率的含义是基金每承担一单位风险可以获得的风险回报。该比率越高，说明基金的业绩越好。

特雷纳比率的计算公式如下：

$$T = \frac{R_p - R_f}{\beta}$$

T 代表特雷纳比率(Treynor Ratio)，R_p 代表基金收益率，R_f 代表无风险收益率，β 代表基金承担的系统风险。该比率越高，说明基金的业绩越好。

Jensen 指标的计算需要用到回归方程。将基金收益 R_p 的历史数据、市场收益 R_M 的历史数据、无风险收益 R_f 的历史数据代入下列回归方程求出系数 α 和 β_p。其中的 α 就是 Jensen 指标。

$$R_p = \alpha + R_f + \beta_p (R_M - R_f)$$

这个指标反映了该基金在获得无风险收益和市场风险收益后是否还能取得额外的收益。如果还能取得额外的收益，则 α 大于零，说明基金的业绩表现不错。

(4) 关注衡量基金经理能力的一些量化指标。除指数基金外，股票型基金基金经理的管理能力主要体现在选股能力和择时能力上。基金的选股能力和择时能力可通过 Treynor 和 Mazuy(1966)提出的一个二次项回归方程求得。模型如下：

$$R_p - R_f = \alpha + \beta_1 (R_m - R_f) + \beta_2 (R_m - R_f)^2 + \varepsilon$$

回归方程中的 R_p 是基金收益率，R_f 是无风险收益率，R_m 是市场收益率；α 反映基金的选股能力，β_1 反映基金的系统风险，β_2 反映基金的择时能力。如果 α 显著大于零，表明基金的选股能力显著；如果 β_2 显著大于零，表明基金的择时能力显著。

基金的选股择时能力还可以通过 Henriksson 和 Merton(1981)带虚拟变量的回归方程求得。模型如下：

$$R_p - R_f = \alpha + \beta_1 (R_m - R_f) + \beta_2 (R_m - R_f) \times D + \varepsilon$$

如果 $R_m - R_f > 0$，D 取 1；反之，D 取 0。α 仍然反映基金的选股能力，β_2 仍然反映基金的择时能力。

（5）关注专业理财机构的专业诊断。一些专业机构会提供关于基金的一些评级报告,比如国外的评级机构晨星(Morning Star)、理珀(Lipper)以及国内的评级机构银河、和讯等。不论何种评级,都是基于历史数据进行分析的。历史业绩并不能代表基金未来的业绩,因此投资者在使用这些评级报告时需要谨慎。很多因素会使以往业绩非常好的基金变成业绩较差的基金,比如规模变大、市场风格转换、基金经理更换等。

规模变大是使一些业绩优秀的基金变差的一个重要因素。由于某只基金的业绩非常好,会吸引大量的资金流入该基金,结果由于市场上缺乏更多优秀的股票品种,基金经理无法将流入的资金再投资到好的股票中,因此基金的业绩会因为规模的增大而下降。华夏大盘精选基金之所以能保持较好的业绩,在一定程度上与其暂停申购也是有关的。这样基金经理不容易受到规模变化的影响。

市场风格转换是使基金业绩变差的另一个原因。一些基金经理适合在牛市下管理股票,他们激进的风格适应了当时的市场,但一旦牛市转为熊市,却会因为基金经理的激进而遭受严重损失。由于基金经理的风格很难随着市场而变化,所以牛市里业绩非常好的基金在熊市往往遭受较大亏损,而熊市里业绩非常好的基金在牛市却因为保守的风格而难以跑赢大市。真正能在两种市场都游刃有余的基金经理少之又少。如果发现了这样的基金经理,投资者可以放心地长期持有该基金。

基金经理更换目前对基金业绩的影响非常大。由于公募基金的体制性缺陷,许多优秀的公募基金经理跳槽到了私募行业。一旦优秀的基金经理跳槽,该基金的业绩很难保持以往的状态。在优秀的基金经理更换时,投资者最好选择暂时赎回观望。

正是由于诸多因素都会影响到基金未来的业绩,因此投资者还需要通过阅读一些专业研究机构提供的报告来诊断自己持有的基金。

为了方便一般的投资者能够读懂基金的各项专业评价指标,笔者开发了一套简易的四维度基金诊断系统。在专业评价指标的基础上,形成了考量基金的四个维度:基金回报率、基金抗跌能力、基金选股能力、基金择时能力。将所有同类型的基金进行比较后对该基金在四个指标上的排序分别给出了 A、B、C、D 四个等级,A 代表最优等级,D 代表最差等级。并对这四个维度进行综合评分,按综合评分排出一星——五星五个等级,一星代表最差,五星代表最优。通过将专业的指标简化为投资者可读的语言,能够协助投资者更便捷地查阅诊断信息,了解自己持有的基金状况。

从表 6-32 来看,三只基金华夏大盘精选、华夏复兴、泰达宏利成长属于五星基金,这三只基金的回报率、抗跌能力、选股能力都排在 A 等级,说明基金经理具有很强的选股能力,能够给投资者带来高回报,在大盘下跌的时候也具有很强的抗跌能力。不过,这三只基金的择时能力较一般。从笔者的研究来看,具有很强选股能力的基金往往不需要太强的择时能力,这也符合好股票要长期持有的道理。其他三只四星股票型基金分别是国泰金牛创新成长、泰达宏利周期、交银成长股票。这三只基金的回报率、抗跌能力、选股能力都处于 B 等级,但择时能力处于 A 等级,说明这三只基金的基金经理具有卓越的择时能力。依靠这种择时能力,他们也能为投资者带来较高的回报。从表 6-32 中,投资者可以很清晰地辨识某只基金的特长在哪里,从而有针对性地选择基金。通常来说,选择具有高回报、抗跌能力强、选股能力强的基金作为长期投资是比较合适的,而择时能力强的基金可以适当进行一些短期投资。

表 6-32　招宝四维度基金诊断系统

基金代码	基金名称	回报率	抗跌能力	选股能力	择时能力	综合诊断
000011.OF	华夏大盘精选	A	A	A	B	★★★★★
000031.OF	华夏复兴	A	A	A	B	★★★★★
162201.OF	泰达宏利成长	A	A	A	C	★★★★★
020010.OF	国泰金牛创新成长	B	B	B	A	★★★★
162202.OF	泰达宏利周期	B	B	B	A	★★★★
519692.OF	交银成长股票	B	B	B	A	★★★★
000001.OF	华夏成长	B	B	B	C	★★★
000021.OF	华夏优势增长	B	B	B	B	★★★
000041.OF	华夏全球精选	B	B	B	C	★★★
020001.OF	国泰金鹰增长	B	B	B	B	★★★
040005.OF	华安宏利	C	C	B	C	★★★
040007.OF	华安中小盘成长	C	C	C	A	★★★

注:笔者根据 2008 年 1 月 1 日—2010 年 12 月 31 日数据计算。更多基金诊断数据可在招宝理财网(www.zhaobaolicai.com)查询。

需要注意的是,当基金的基金经理变更后,该基金的回报率、抗跌能力、选股能力和择时能力都会发生变化,因此基金经理变更后,投资者最稳妥的做法是先赎回基金或转换为其他优质基金。

九、公募基金的配置策略

基金作为家庭理财资产配置中的一个品种,具有其独特的优势。

首先,在应急准备中,可以用货币基金作为储蓄的替代品。银行储蓄的利率不高,特别是活期储蓄的利率更低。此时可以采用货币基金的方式替代活期储蓄。货币基金的申购和赎回都很方便,且一般没有认购、申购和赎回手续费,赎回时资金的到账日为2—3天左右。在通胀上涨时期,且通胀率超过了银行活期存款利率,这时投资货币基金比活期存款更有优势。选择货币基金时,应注意货币基金的级别、7日年化收益率、收益波动率、建仓时间、规模。部分货币基金会有A级和B级两类,A级针对小额投资者,门槛一般是1 000元;B级针对大额投资者,门槛一般是100万元。B级的收益比A级高,但门槛较高。7日年化收益率是反映货币基金业绩状况的一个短期指标,代表过去7天的基金盈利水平。与所有业绩指标一样,这个指标并不能说明该基金未来的收益水平。投资者还可以通过对收益波动率的考察来看该基金的收益能否保持稳定。如果波动率很大,则投资者未来的收益和过去的收益相比差异可能较大。投资者可以选择波动率小、历史收益较高的基金。另外,对于选择新基金还是老基金,需要根据当时的市场情况而定。在刚加息的情况下,选择新基金会较好,因为新基金刚好可以建仓加息后的证券。而在其他情况下,选择老基金会更可靠,因为老基金有历史业绩可以考察。在选择货币基金的时候,选择规模小的基金比规模大的基金更具有优势,因为规模小的基金资金投资比较集中,能够取得"集中优势兵力,获得较高收益"的效果。

其次,在子女教育和养老规划中可通过基金定投指数型基金的方式进行长期规划。子女教育和养老规划的期限通常都较长,一般在10年以上。从基金的历史业绩来看,定投10年以上亏损的概率非常小,几乎接近零。在做基金定投的时候,并非一直要持有该基金10年以上,而是要先根据理财目标设定基金投资需要达成的目标金额,一旦定投累积的本金和收益达到这个目标金额,就可以将指数型基金赎回转换成稳健的货币基金,以保证未来时点能百分百地达成理财目标。比如,某个家庭为8岁的孩子做了一个教育定投,定投期设置为10年,希望筹备60万元的教育资金用于孩子出国留学。由于股票市场表现不错,基金定投在第6年就已经成功累积60万元教育资金。这时可以将这60万元转换为货币基金,以使孩子在18岁时一定会有60万元的教育资金供其所用,从而避免第6年后市场下跌所带来的风险。

再次,在有闲置资金时,可通过基金组合满足不同理财目标。中国家庭的储蓄率很高,这也导致很多家庭的资产配置中除了房子外,大部分资产是以银行存款的形式保留。这其中的原因是因为社会保障体系还不够健全,大家未来的养老和医疗保障没有解决,因此需要以储蓄的形式为未来做保障。但在通货膨胀日益上涨的情况下,存款利率低于通货膨胀率变得越来越常见,形成了"负实际利率"时代。在"负实际利率"时代,每天早上一醒来,家庭的财富就缩水了一部分。随着基金品种的日益增多和基金行业的规范发展,在家庭资产配置中适当进行基金组合投资,既可在一定程度上抵御通货膨胀,又可以用不同品种的基金来满足不同类型的理财目标,从而实现用"理财收益"支付日常生活支出,以达到财务自由的境地。

对处于不同生命周期的家庭,可用不同的基金组合对闲置资金进行投资。需要注意的是,这里是指闲置资金的组合投资。从表6-33中可以看到,在单身期可以进行一些高风险的投资,因为未来还有很长的时间可以等待,可做长期投资,且薪资收入也会增长,可以弥补投资风险;而在退休期则只能进行一些无风险或极低风险的投资,以保证本金的安全,因为未来没有持续性的工资收入增长,一旦遭遇风险,投资亏损造成的资金缺口难以弥补。

表6-33 不同生命周期家庭的基金组合

	单身期 (24岁以下)	家庭初建期 (24—30岁)	家庭成长期 (30—45岁)	家庭成熟期 (45—60岁)	退休期 (60岁以上)
风险承受能力	强	强	中等偏强	中等偏弱	弱
对投资报酬的预期	高	高	中等	中等	低
适合的投资品种	激进型	激进型	稳健型	稳健型	保守型
基金组合	A组合:股票型基金80%+债券型基金20% B组合:混合型基金90%+债券型基金10% C组合:杠杆基金激进份额60%+债券型基金40% D组合:封闭式基金40%+ETF40%+债券型基金20%	A组合:股票型基金70%+债券型基金30% B组合:混合型基金80%+债券型基金20% C组合:杠杆基金激进份额50%+债券型基金50% D组合:封闭式基金35%+ETF35%+债券型基金30%	A组合:股票型基金50%+债券型基金50% B组合:混合型基金60%+债券型基金40% C组合:杠杆基金激进份额40%+债券型基金60% D组合:封闭式基金25%+ETF25%+债券型基金50%	A组合:股票型基金30%+债券型基金70% B组合:混合型基金40%+债券型基金60% C组合:杠杆基金激进份额20%+债券型基金80% D组合:封闭式基金15%+ETF15%+债券型基金70%	A组合:货币基金50%+债券型基金50% B组合:货币基金100%

从单身期的组合来看,股票型基金在组合中的比重可以达到80%(对于

风险承受能力强的人还可以更高),另外再配置20%的债券型基金即可。

随着家庭生命周期逐渐过渡,激进型的基金品种在组合中的比例依次下降,以降低基金组合的风险。到了退休期,所有激进型的基金品种都应退出基金组合,基金组合可以以货币基金和债券基金进行组合,也可以全部以货币基金形式持有。

在做基金组合的时候,还可以综合考虑根据家庭不同的理财目标进行不同的基金组合。对于家庭的固定支出,可以通过投资债券型基金获得固定收益来满足这种需求;对于家庭的灵活性支出,可以通过投资股票型基金来满足这种需求。

【案例6-7】 黄先生38岁,家庭年收入15万元,目前有闲置资金80万元。每年黄先生会在逢年过节时给双方退休的父母一笔过节费用,合计2万元。另外,黄先生也希望能每年有一两次出去旅游的机会。如何根据黄先生的这种需求配置相应的基金组合呢?

【案例分析】 首先,根据黄先生的需求划分出固定支出需求和灵活支出需求。黄先生给父母的过节费用可以看做固定支出需求,而旅游愿望则可以看做灵活支出需求。

其次,将黄先生的闲置资金做一个配置,根据黄先生的家庭生命周期来看,其80万元的资金可以构造A组合:50%投资在债券型基金上,50%投资在股票型基金上。2004—2010年债券型基金的年均收益率为5%左右。如果将40万元投资在债券型基金上,按年均5%的收益来计算,年均可以获得2万元的理财收入,这笔收入可以用来支付父母的过节费用。另外40万元投资在股票型基金上,如果市场较好,假设能取得8%的年均收益,则每年平均可获得3.2万元的理财收入,用这部分理财收入可支付灵活的旅游支出费用。万一当年市场不好,股票型基金亏损,由于旅游支出是灵活性支出,这时可通过取消旅游计划来应对亏损。如果某年市场情况好于预期,收益率超过8%,则能够安排更丰富的旅游度假计划。

需要提醒的是,债券型基金并非不会亏损,也有亏损的情况,但亏损幅度通常不会超过10%。为了保证固定支出能得到百分百地满足,则可以将资金投资在债券上而非债券基金上。不过债券的收益率通常较低,十年期国债历史收益率均值约为3.58%。

第四节 股票的选择

如果投资者的风险承受能力足够高并且具备了一定的专业知识,则可以用股票作为投资工具进行投资规划。从长期来看,股票的投资回报要高于基金。其原因很简单,因为基金的收益是建立在这些股票之上的。但大多数投资者无法坚持长期投资某个上市公司的股票,因而往往难以获得较好的收益。需要注意的是,这里所说的"坚持长期投资"并非"坚持长期持有"。坚持长期投资指的是长期关注一个或几个有长期投资价值的公司,在价格低于合理价值范围时买入,在价格高于合理价值范围时卖出。

选股票与选基金的本质是相同的,都是选人。选基金选的是基金经理,选股票则选的是上市公司的管理人员。好的基金经理能够挑选出好的上市公司,好的上市公司应具有好的管理团队,而好的管理团队能带来好的业绩。所以,首先要做的是挑选一家具有长期投资价值的公司。在挑选好具有长期投资价值的公司之后,并不意味着投资者要立即买入。投资者接下来要做的是分析这个公司的合理价值范围,这就需要用到估值的技术。利用估值技术确定了合理价值范围后,就可以根据价格的走势进行操作了。当价格低于价值范围时买入,当价格高于价值范围时卖出。能否继续持有这家公司的股票还需要对这家公司的盈利能力驱动因素和增长进行持续性分析。这个过程被称为三阶段分析范式。

1. 第一阶段:挑选一家具有长期投资价值的公司

需要注意,我们要挑选的是具有长期投资价值的公司,而非成长性公司。在这里,我们希望通过长期关注这家公司以使自己的投资在长期内获得较高的回报。哪类公司值得我们长期投资呢?

它可以通过分析一个公司的财务报表来判断。分析一个公司的财务报表可以按照利润表—资产负债表—现金流量表的顺序进行分析。在2007年中国会计准则与国际接轨后,上市公司的报表中还多了第四个报表——股东权益表。

(1) 利润表。分析利润表首先要看一个公司的毛利率是否高。

毛利率(Gross Profit Margin)是毛利与销售收入(或营业收入)的百分比,其中毛利是营业收入与营业成本之间的差额。毛利率用公式表示:

$$毛利率 = \frac{毛利}{营业收入} \times 100\%$$

$$= \frac{营业收入 - 营业成本}{营业收入} \times 100\%$$

毛利率高意味着这个公司通过卖产品能赚取高收入,在赚取高收入的时候其产品成本却不高。通常,毛利率高于40%以上的公司可能是一个具有长期投资价值的公司,毛利率低于20%的公司一般处于高度竞争的行业。

毛利率高的公司并不意味着这个公司的净利润率高。

净利润率(Net Profit Margin)是扣除所有成本、费用和企业所得税后的利润率,又称销售净利率。它与毛利率一样是反映公司盈利能力的一项重要指标。

净利润率的计算公式是:

$$净利润率 = \frac{净利润}{营业收入} \times 100\%$$

一些公司虽然也具有高毛利率,但其管理费用、销售费用、研发费用、利息费用中的某一项或某几项吞噬了公司的高毛利,使得公司的净利润率并不高。一些高科技公司需要投入大量的研发费用,所以尽管它们的毛利率很高,但净利润率则不一定高,而这也是投资高科技公司的风险所在。一旦公司无力投入大量的研发费用,则高科技公司的长期投资价值就值得怀疑。对于房地产类的公司,其毛利率可能也会很高,但由于房地产类公司需要大量的债务来维持其商业模式,因此其利息费用会吞噬一部分的毛利,这点是投资房地产类公司的风险所在。一旦遭遇金融危机,这类高负债的公司股价下跌将最为严重。如果一家公司的净利润能长期维持在20%以上,这家公司一定具有某种竞争优势,而这种竞争优势能帮助投资者和公司赚钱。

反映盈利能力的另外一个指标是每股收益(Earnings Per Share,EPS)。不过,在用EPS分析公司财务状况时,应注重过去几年的EPS是否有持续增长。一家EPS持续增长的公司,表明股东的收益在持续增长,这样的公司是值得长期投资的一家公司。大多数的公司EPS都是上下波动的,这种波动意味着公司受外部环境和内部因素的影响较大。在行业繁荣的时候,这类公司能获得较高的EPS,但在行业受到冲击的时候,这类公司的EPS也出现大幅滑落。如果从长期投资的角度来看,这类公司显然不具有长期投资价值,因为这类公司在某些年份能帮助投资者取得高回报,但在某些年份则无法帮助投资者。

【案例6-8】 以贵州茅台2010年的财务报表为例,我们可以关注下列几

个指标:

营业收入:116.33 亿元

营业成本:10.52 亿元

毛利润:105.81 亿元

净利润:53.39 亿元

销售费用:6.77 亿元

管理费用:13.46 亿元

【案例分析】 根据上述指标,可以计算出茅台的毛利率为90.96%,净利率为45.90%,销售费用和管理费用占营业收入的比重为17.39%。从中,可以看出贵州茅台的盈利能力非常强。

再看一下茅台EPS近十年的变化。从表6-34中可以看出,除了2006年茅台的EPS有所下降外,其他年份茅台的EPS都是在不断增长的。从以上数据分析可以看到,贵州茅台是一家有长期投资价值的公司。

表6-34 贵州茅台2001—2010年EPS的变化

年份	2001	2002	2003	2004	2005	2006	2007	2008	2009	2010
EPS	1.31	1.37	1.94	2.09	2.37	1.59	3.00	4.03	4.57	5.35

(2)资产负债表。分析完利润表后,接着分析资产负债表。资产负债表反映了一个公司的融资和经营活动的概貌。资产负债表中有一个恒等式:资产=负债+所有者权益。等式的右边反映了公司的资金是怎么融到的,等式的左边则反映了公司的资金如何运用到经营活动中。如果看到一个公司的固定资产为600万元,流动资产为400万元,负债为200万元,股东权益为800万元,这意味着这家公司从债权人手上借了200万元资金,从股东手上筹到了800万元资金,并将这些资金用来投资了600万元固定资产,并持有400万元流动资产。

了解了企业的总资产、总负债以及股东权益后,接着可以分析总资产栏目下各项资产的比重、总负债栏目下各项负债的比重。可以首先看流动资产中的现金、存货和应收账款。一个公司的现金很多,通常都是由以下几个原因造成:一是公司非常赚钱,所以累积了大量现金;二是公司出售了一些资产从而获得了大量现金;三是公司出售股权或发行股票换取了大量现金;四是公司借款获得了大量现金。从以上几个原因来看,只有第一种情况才能完全表明这个公司可能是一个值得长期投资的公司,后面三种情况则说明公司的资金不足需要依靠这三种方式来筹集现金。2007年爆发的金融危机让很多现金不足的企业陷入了财务困境,股价也随之暴跌,而一些现金充裕的企业在经历大盘的洗礼之后股价很快恢复到了危机前,甚至创出新高。一个可长期投资的公司现金持有量应十分充裕,否则遭遇一次危机,投资者可能血本无归。对于有大量现金的企业,金融危机反而给这些企业创造了新的机会,因为企业可以用这些现金以危机后的低价进行收购,实现企业的扩张。

现金多虽然是一个有长期投资价值公司的衡量指标,但也会给股东造成损失。从股东的角度来看,现金所获取的回报是最低的。这些现金与其放在公司的资产负债表上,不如通过分红的方式分给股东,让股东自己拿这些现金去投资获取更好的回报。由于每个企业都会有发展中的"天花板",所以即使是最赚钱的企业也没有办法将资产负债表中的大量现金继续投资在自己的企业当中。但这些企业如果将现金投资到其他企业当中,取得的回报一定不如投资到自己的企业当中。在既不能投资自己又不能投资其他企业时,这些企业应该将现金分给股东,让股东自己去寻求合理的投资回报。如果企业没有将现金分给股东,就会存在公司金融学中常常提到的委托代理问题,即企业管理层没有实现股东利益最大化。一些非常赚钱的企业能否站在股东的利益去考虑,就要看这家公司是否在现金充裕的时候会进行分红或回购股票。

其次,看存货和应收账款。在财务管理中,有两个指标反映了企业对存货和应收账款的管理能力,分别是存货周转率(Inventory Turnover Ratio)和应收账款周转率(Receivables Turnover Ratio)。它们的计算公式分别是:

$$存货周转率 = \frac{销售成本}{\frac{(期初存货 + 期末存货)}{2}}$$

$$应收账款周转率 = \frac{销售收入}{\frac{(期初应收账款 + 期末应收账款)}{2}}$$

存货周转率和应收账款周转率越高,企业对存货和应收账款的管理能力越强。

除这两个比例外,还有一个总资产周转率,其计算公式是:

$$总资产周转率 = \frac{销售收入}{\frac{(期初总资产 + 期末总资产)}{2}}$$

这三个比率从不同侧面反映了企业对资产的营运能力。

存货周转率和应收账款周转率如果能长期维持在高于行业的水平,说明这家公司在行业内具有某种特殊的优势。比如,一家有竞争优势的企业,往往不太需要靠应收账款这种方式去获得订单,而在每次交易中都可以从客户手中取得现金。如果从其应付账款来看,可能这家企业的应付账款比应收账款多出很多。这种情况下,企业不但可以从客户那里收到现金,还可以不用现金而以应付账款的方式从供应商那里拿货。

看完流动资产后,可以再看一下固定资产。一家具有优势的公司固定资产不会更新得太快,只有不具有优势的公司不得不更新固定资产以适应新的市场形式。由于更新固定资产需要消耗大量现金,对于那些现金不足的企业就需要被迫发行股票或债券融资。不论是哪种情况,对原来的股东来说都是不太有利的。发行股票会稀释原来股东的股份,发行债券则会增加公司的债务。由于需要不断更新固定资产,这类企业也不会有大量现金留存,如果还有巨额债务要偿还的话,这类企业的长期投资价值就值得怀疑。

看完资产这个部分后,可以计算总资产回报率(Return on Total Assets Ratio,ROA),其计算公式如下:

$$总资产回报率 = \frac{息税前利润}{\frac{(期初总资产 + 期末总资产)}{2}} \times 100\%$$

其中,息税前利润(Earnings Before Interest and Tax)是扣除利息和所得税支付之前的利润,等于净利润加上所得税费用再加上利息支出。

资产负债表的另外一个部分是负债。对于一家具有持续竞争优势的公司,其负债不应太多。合理地利用负债能发挥财务杠杆和税盾的作用,但负债过多则会增加企业的破产概率,使企业的风险提高。一旦遭遇金融危机或经济危机,这类企业的股票价格会下跌地非常快。如果结合之前的现金来看,一家拥有充足现金且没有多少长期负债的公司是具有长期投资价值的备选公司之一。

资产负债率是衡量公司偿债能力的一个指标,用总负债/总资产来衡量。当资产负债率超过100%时,意味着这个公司已经资不抵债。适度地利用一定的负债能提高股东的权益,因为负债有杠杆作用和税盾的作用。但过高的负债则会导致公司陷入财务困境。公司需要权衡负债的正面作用和风险提高所带来的负面作用。

衡量公司偿债能力的指标还有流动比率和速动比率。其中,流动比率

(Current Ratio)是指流动资产对流动负债的比率,速动比率(Quick Ratio)是指速动资产对流动负债的比率。流动资产是指企业可以在一年或者超过一年的一个营业周期内变现或者运用的资产,包括货币资金、短期投资、应收票据、应收账款和存货等。速动资产是指可以迅速转换成为现金或已属于现金形式的资产,包括现金、应收账款、应收票据等。流动负债是指将在一年(含一年)或者超过一年的一个营业周期内偿还的债务,包括短期借款、应付票据、应付账款、预收账款、应付工资、应付福利费、应付股利、应交税金、其他暂收应付款项、预提费用和一年内到期的长期借款等。

一般来说,流动比率的经验值是2,速动比率的经验值是1。即公司的流动资产是流动负债的2倍,速动资产是流动负债的1倍时是合适的。如果公司的流动资产低于流动负债的1倍时,则说明公司一旦遭遇流动负债需要偿还的情况,即使将流动资产全部卖掉也无法清偿流动负债,会陷入财务困境。不过,巴菲特认为,一家具有长期投资价值的公司,其流动比率不一定需要保持在2的水平,其原因在于一家具有长期投资价值的公司融资能力会很强,即使出现流动资产不足以偿付流动负债的情况,也可以通过各种融资渠道来解决。

【案例6-9】 接着以茅台为例,来审阅一下其2010年的资产负债表。这里只提取了一些关键数字:

货币资金:128.88亿元

应收账款:0.01亿元

存货:55.74亿元

流动资产:203.00亿元

固定资产:41.92亿元

非流动资产:52.87亿元

资产总计:255.87亿元

流动负债:70.28亿元

非流动负债:0.1亿元

负债合计:70.38亿元

所有者权益合计:185.49亿元

【案例分析】 首先,茅台的总资产是255.87亿元,刚好等于负债与所有者权益合计的总和(70.38亿元+185.49亿元)。这个等式是资产负债表里的一个恒等式。从这里可以看出,茅台从股东手上筹集了185.49亿元,从债权人手上借了 70.38 亿元,将资金投入了非流动资产 52.87 亿元,投入了流动资产 203.00 亿元。从这里来看,茅台的大部分资金是以股权的形式融到的,只有少部分资金是通过借债筹集的。另外,茅台将这些资金大部分用于营运,只有少部分投放在非流动资产上。

其次,看茅台资产中的各个项目。茅台的货币资金有 128.88 亿元,负债合计是 70.38 亿元,说明茅台仅用其货币资金就足以偿还所有负债。这也说明,不论发生什么样的金融危机,茅台都不会因为债务问题而受困扰。茅台的应收账款是 0.01 亿元,年初的应收账款从资产负债表中可以查阅,查阅后得到年初应收账款是 0.21 亿元,利润表中显示的营业收入是 116.33 亿元,因此应收账款周转率是 1 057,显示茅台营运能力非常强。由于茅台在市场中是强势企业,几乎不需要通过应收账款等信用方式进行交易,其现金回收非常快。

最后,看茅台的负债情况。茅台的负债中大部分是流动负债,仅有 0.1 亿元的非流动负债。这与一些有长期投资价值的公司是吻合的。低负债使得这样的公司在金融危机中受到的冲击是最小的。一般非流动负债大多用于固定资产投资,茅台的长期负债低从另一个方面也说明茅台不需要太多的固定资产投资和更新。

(3) 现金流量表。资产负债表审阅完毕之后,接着可以看这家公司的现金流量表。现金流量表分成三个部分:经营活动产生的现金流量、投资活动产生的现金流量、融资活动产生的现金流量。

经营活动产生的现金流量中主要关注销售产品、提供劳务收到的现金和购买商品、接受劳务所支付的现金。

投资活动产生的现金流量中可以分成两个部分来看。一个部分是用现金投资于自己公司的业务产生的,比如购建固定资产、无形资产和其他长期资产支付的现金,处置固定资产、无形资产和其他长期资产收回的现金净额;另一个部分是用现金投资于其他公司的业务产生的,比如投资支付的现金、收回投资收到的现金。如果公司有多余资金,可能会将资金投资于其他公司。

从筹资活动产生的现金流量中可以看出公司在当年的现金是否充裕或现金是怎么得到的。从筹资活动现金流入中可以看到吸收投资收到的现金、取得借款收到的现金、发行债券收到的现金。如果在吸收投资收到的现金一栏中有金额显示,意味着这家公司在当年发行了股票来筹集资金;如果在取得借款收到的现金或发行债券收到的现金一栏中有金额显示,意味着这家公司在当年向债权人借了钱。为什么这家公司要发行股票或借债，则可以回头去看投资活动或经营活动中是否有现金缺口。如果有现金缺口，意味着这家公司被迫通过融资来缓解资金缺口。需要特别关注的是经营活动的现金缺口，因为经营活动的现金缺口预示着公司的经营可能出现困难。

【案例 6-10】 以茅台为例，审阅其 2010 年的现金流量表，可以看到以下几个关键数字：

销售商品、提供劳务收到的现金：149.39 亿元

收到其他与经营活动有关的现金：1.38 亿元

经营活动现金流入小计：150.77 亿元

购买商品、接受劳务支付的现金：16.70 亿元

支付给职工以及为职工支付的现金：14.93 亿元

支付的各项税费：48.86 亿元

支付其他与经营活动有关的现金：8.27 亿元

经营活动现金流出小计：88.76 亿元

收回投资收到的现金：0.17 亿元

取得投资收益收到的现金：0.02 亿元

收到其他与投资活动有关的现金：0.56 亿元

投资活动现金流入小计：0.75 亿元

购建固定资产、无形资产和其他长期资产支付的现金：17.32 亿元

投资支付的现金：0.5 亿元

支付其他与投资活动有关的现金：0.56 亿元

投资活动现金流出小计：18.38 亿元

收到其他与筹资活动有关的现金：0.0001 亿元

筹资活动现金流入小计：0.0001 亿元

分配股利、利润或偿付利息支付的现金：12.93 亿元

筹资活动现金流出小计：12.93 亿元

【案例分析】 从茅台的现金流量表来看，茅台在 2010 年销售商品、提供劳务收到的现金为 149.39 亿元，而购买商品、接受劳务支付的现金仅为 16.70 亿元，这也充分显示了茅台在经营上的优势。茅台投资活动的现金流入有 0.75 亿元，投资活动现金流出 18.38 亿元，这 18.38 亿元中有 17.32 亿元用于购建固定资产、无形资产和其他长期资产，但这笔资金仅占营业收入 116 亿元的尾数而已，说明茅台并不需要通过大规模更新固定资产投资来维

持其竞争优势。茅台在2011年筹集活动中没有发行股票,也没有发行债券或通过借款来筹集资金,并且用了12.93亿元现金支付股利等,这再次充分说明茅台的资金非常充裕。

利用现金流量表中的购建固定资产、无形资产和其他长期资产支付的现金金额以及利润表中的净利润,可以计算一下资本支出/净利润这个比例。这个比例反映了公司需要从净利润中提取多少资金用于资本支出。茅台的资本支出/净利润比例是32.44%。一般来说,这个比例持续保持在50%以下就具有某种竞争优势。如果能保持在25%以下,说明该公司有很强的优势。

(4) 股东权益表。第四个表是股东权益表。股东权益包含四个部分:实收资本(股本)、资本公积、盈余公积、未分配利润。实收资本是指企业实际收到投资者投入的资本。一般应与企业在工商行政管理部门登记的注册资本一致。资本公积是指由投资者或其他人(或单位)投入,所有权归属于投资者,但不构成实收资本的那部分资本或者资产,比如资本(或股本)溢价、接受捐赠资产、拨款转入、外币资本折算差额等。盈余公积是指从税后利润中提取的积累资金,主要为企业未来发展所用。未分配利润是指留待以后年度进行分配的结存利润或待分配的利润。盈余公积和未分配利润也称作留存收益。留存收益反映了这家公司未来发展的潜力。

股东权益表中还有一个栏目值得注意,就是库存股。如果一个公司利用现金回购了公司股票,通常有两种处理方式:注销和库存。如果是注销,则公司的股本减少;如果是库存,则股东权益表中在库存股一栏会显示出有库存股。如果一家公司的股东权益表中显示有库存股,这家公司也可能是一家有长期投资价值的公司。因为好的公司通常有大量的现金,这些现金又无法进行更好的投资,所以最好的处理方式是分红给股东或从股东手上回购股票。

【案例6-11】 以茅台2010年的股东权益表上年年末和本期期末的余额来解读一下股东权益的变化。

上年年末:

实收资本(或股本):9.43亿元

资本公积:13.75亿元

盈余公积:15.85亿元

未分配利润:105.61亿元

少数股东权益:1.86亿元

所有者权益合计:146.50 亿元

本期期末:

实收资本(或股本):9.43 亿元

资本公积:13.75 亿元

盈余公积:21.77 亿元

未分配利润:139.03 亿元

少数股东权益:1.51 亿元

所有者权益合计:185.49 亿元

【案例分析】 茅台在2010年本期期末的股东权益(所有者权益)合计是185.49亿元,这个数字与之前的资产负债表中的所有者权益合计数是一样的。这185.49亿元的所有者权益是这样构成的:实收资本(或股本)9.43亿元+资本公积13.75亿元+盈余公积21.77亿元+未分配利润139.03亿元+少数股东权益1.51亿元。其中,少数股东权益(Minority Stockholder's Interest)是指除母公司以外的其他投资者在子公司中的权益,表示其他投资者在子公司所有者权益中所拥有的份额。

从股东权益上年年末到2010年本期期末的变化来看,实收资本没有发生变化,资本公积也没有发生变化,盈余公积从15.85亿元增加到21.77亿元,未分配利润从105.61亿元增加到139.03亿元,少数股东权益从1.86亿元减少到1.51亿元。盈余公积和未分配利润作为留存收益是在增加的,这也是一个具有长期投资价值的公司特征。

由于目前我国上市公司中回购股票的行为比较少,因此很少能在上市公司的股东权益表中看到有库存股。未来也许能够看到越来越多的上市公司通过回购股票的方式将现金回馈给股东。

除之前提到的总资产回报率(ROA)之外,做投资分析的时候还会经常关注另外一个指标——股东权益回报率(Rate of Return on Equity, ROE)。ROE是净利润与股东权益的百分比。由于股东权益就等于净资产,所以有时也称这个比率为净资产回报率。

茅台2010年的净利润为53.39亿元,期初和期末的股东权益分别为146.51亿元和185.49亿元,所以ROE为32.16%。这个回报率对股东来说是相当不错的一个回报率。

2. 第二阶段:估值

以上是第一个阶段的工作。第一个阶段的工作可以帮助我们挑选到值得长期投资的公司。但挑选公司与是否对这家公司进行投资是两个不同的问题。一家值得长期投资的公司并不意味着现在就要买入。回答"现在买还是不买"这个问题需要进一步的分析工作,这个分析工作就是估值。如果通过估值发现这家公司的股票价格大于估值,这个时候不应该买;如果股票目前的价格低于估值,这个时候就可以买。

估值有两类方法:一类是静态估值,一类是动态估值。静态估值法不需要用到预测数据,比如市盈率法、市净率法、市销率法等;动态估值则需要运用分析师的预测数据或自己进行预测。

(1)静态估值法。静态估值法的基本思路是挑选几家与估值目标行业相近、业务相似的上市公司作为参照公司,运用市盈率(P/E)、市净率(P/B)、市销率(P/S)等财务比率指标对目标公司进行估值。

【案例6-12】 假如要对贵州茅台进行估值,可以挑选五粮液、洋河股份这两家上市公司作为参照公司,并以市盈率和市净率作为估值指标。

【案例分析】 根据2010年的年报和2010年年末的股票价格可以计算出五粮液和洋河股份的P/E分别是29.04和49.23;P/B分别是7.7和16.13。然后从贵州茅台的年报中获得利润、股份数量、净资产三个指标并计算出每股净利润(EPS)为5.35元和每股净资产(BPS)为19.49元。

将这些数字整理进入下面的估值表格,如表6-35所示。

表6-35 贵州茅台静态估值法估值

	五粮液	洋河股份	平均值	贵州茅台的 EPS 和 BPS	贵州茅台估值(元)
P/E	29.04	49.23	39.14	5.35	209.37
P/B	7.7	16.13	11.92	19.49	232.22
最终估值	220.80				

然后根据五粮液和洋河股份的P/E和P/B分别计算出平均值为39.14和11.92。以这个平均值作为酒类企业的市盈率和市净率的代表值,来估算贵州茅台的价值。

利用P/E估算贵州茅台的每股价值为:$5.35 \times 39.14 = 209.39$元

利用P/B估算贵州茅台的每股价值为:$19.49 \times 11.92 = 232.32$元

贵州茅台最终的估值为$(209.39 + 232.32)/2 = 220.85$元。

估值中经常还会用到一些其他的财务比率指标,比如 EV/EBITDA、EV/Sales 等。其中,EV(Enterprise Value)是指企业价值,用公司市值加上净负债来计算;EBITDA(Earnings Before Interest, Taxes, Depreciation and Amortization)是指未计利息、税项、折旧及摊销前的利润,是反映公司经营业绩的一个指标;Sales是指营业收入(销售额)。投资者可以根据自己的需要,在进行静态估值时选取不同的指标。

(2)动态估值法。动态估值法需要运用未来的预测数据。其基本思路是将公司未来的某一类型的资金流进行贴现,求得公司的价值(V)。其计算公式如下:

$$V = \frac{Money_1}{(1+r)} + \frac{Money_2}{(1+r)^2} + \frac{Money_3}{(1+r)^3} + \cdots + \frac{Money_n}{(1+r)^n}$$

其中,$Money_1$, $Money_2$, $\cdots$, $Money_n$ 代表公司未来各期的某一类型的资金流,比如股利、现金流等;r 代表贴现率。从模型来看,运用动态估值的关键点主要在于对未来资金流的预测和对贴现率的选取。根据选取的不同资金流,形成了不同的动态估值模型。主要的估值模型有以下几个:

模型一:股利贴现模型(DDM, Divident Discount Model)。

这个是最简单的一个估值模型,适用于股利随着公司净利润的增长成固定比例增长的情况。专业的证券分析师会给出一个公司未来营业收入、净利润或EPS的预测,运用这些预测数据可以估计未来的股利,然后用股利贴现模型对公司股票进行估值。其估值模型如下:

$$V_E = \frac{D_1}{(1+r_e)} + \frac{D_2}{(1+r_e)^2} + \cdots + \frac{D_n}{(1+r_e)^n}$$

其中,D_1, D_2 $\cdots$, D_n 代表公司未来若干年的股利;r_e 代表股权的资本成本率。

股权的资本成本率本质上是指股东投入资本所要求的最低回报率。如果公司赚取的回报高于股东要求的最低回报率,股东就会对这个公司进行投资;相反,股东就不会投资这个公司。

股权的资本成本率可以用资本资产定价模型(Capital Asset Pricing Model, CAPM)进行计算。其公式如下:

$$R_i = R_f + \beta \times (R_m - R_f)$$

其中,R_i 表示个股的收益率,R_f 表示无风险收益率,R_m 表示市场收益率,β 表示个股承担的系统风险。上述公式虽然被称为定价模型,但其本质只是用来计算定价中所需要的股权资本成本率。其含义可以理解为股东投资个股所要求的最低收益率应等于无风险收益率(相当于银行存款利率)加上风险收益率(承担了风险所应获得的相应收益)。个股的风险收益率等于个股承担的系统风险乘以市场的风险溢价,即 $\beta \times (R_m - R_f)$。只要投资者进入资本市场进行投资,就要承担相应的风险。如果投资者能投资这个市场上所有的股票,并且能按这些股票在市场中所占的权重进行一模一样的投资,则投资者承担市场风险所获得的风险溢价就是 $(R_m - R_f)$。但大多数的投资者都没有办法对所有股票进行组合投资。如果投资者对市场中的一只股票进行投资,那么投资者应获得的风险溢价就是这只股票承担的系统风险乘以市场的风险溢价,即 $\beta \times (R_m - R_f)$。在投资定价中,CAPM 常常用来计算股权的资本成本率。按照上述步骤计算出的 R_i 就是股利贴现模型中所用的 r_e。

模型二:现金流贴现模型(Discounted Cash Flow, DCF)。

现金流贴现模型又可分为股权现金流贴现模型(Free Cash Flow of Equity, FCFE)和公司现金流贴现模型(Free Cash Flow of Firm, FCFF)。股权现金流贴现模型使用的资金流是股权投资者对应可以拿到的自由现金流(Free Cash Flow),这笔现金流需要从公司现金流中减掉给债权人的现金流。由于股权现金流贴现模型使用的资金流是股权对应的现金流,所以其贴现率应该使用股权的资本成本率。其模型如下:

$$V_E = \frac{\text{FCFE}_1}{(1 + r_e)} + \frac{\text{FCFE}_2}{(1 + r_e)^2} + \cdots + \frac{\text{FCFE}_n}{(1 + r_e)^n}$$

公司现金流贴现模型使用的资金流是公司的自由现金流,包含股东和债权人共有的现金流,因此贴现率应该使用公司的资本成本率。公司的资本成本率也叫做加权平均资本成本(Weighted Average Cost of Capital, WACC)。即将股权的成本和债权的成本加权平均求得公司的资本成本。其计算公式如下:

$$\text{WACC} = r_e \times \frac{E}{V} + r_d \times (1 - t) \times \frac{D}{V}$$

其中,V 表示公司账面价值,E 表示所有者权益账面价值,D 表示债务账面价值,t 表示税率,r_e 和 r_d 分别表示股权的资本成本率和债务的资本成本率。

公司现金流贴现模型如下:

$$V_F = \frac{\text{FCFF}_1}{(1 + \text{WACC})} + \frac{\text{FCFF}_2}{(1 + \text{WACC})^2} + \cdots + \frac{\text{FCFF}_n}{(1 + \text{WACC})^n}$$

模型三:剩余收益模型(Residual Earnings Model, REM)[1]。

剩余收益是指公司的收益减去资本成本后的账面价值。其计算公式如下:

---

[1] 斯蒂芬·H. 佩因曼著,刘力、陆正飞译,《财务报表分析与证券定价》,中国财政经济出版社,2007年。

$$RE_t = Earn_t - r_e \times B_{t-1}$$

其中,RE_t是指第t期的剩余收益,$Earn_t$是指第t期公司的收益,r_e是指股权资本成本率,B_{t-1}是指公司$t-1$期的账面价值。

这个公式的含义可以这样解读:如果公司的收益额超过资本成本额,这时就有剩余收益,意味着这个公司在支付给股东资本成本后还能有收益。这样的公司未来才有价值上涨的空间。如果公司的收益额刚好等于资本成本额,这时剩余收益为零,意味着这个公司在支付给股东资本成本后就没有收益了,公司未来价值不会上涨。如果公司的收益额低于资本成本额,这时剩余收益为负,意味着这个公司的收益还不足以满足股东的最低收益率,公司未来价值会下降。

剩余收益的估值模型如下:

$$V_E = B_0 + \frac{RE_1}{(1+r_e)} + \frac{RE_2}{(1+r_e)^2} + \cdots + \frac{RE_n}{(1+r_e)^n}$$

其中,B_0表示公司当前的账面价值,是用公司资产负债表上的资产减去负债得到的,也是净资产。

从剩余收益模型来看,当一个公司未来有正的剩余收益时,这个公司的价值会比当前的账面价值要高;反之,这个公司的价值会比当前的账面价值要低。如果一个公司未来的所有剩余收益都为零,那么这个公司的价值就等于当前的账面价值。

剩余收益模型解释了为什么在账面价值之上会有溢价,即解释了P/B为什么经常不等于1。如果未来的剩余收益为零,那么P/B就等于1;如果未来的剩余收益不为零,P/B就可能高于1(剩余收益为正)也可能低于1(剩余收益为负)。从这个模型来看,一个公司未来的价值增量就来自于未来的剩余收益。

由于一个公司的价值增量来自于剩余收益,所以通过对剩余收益的分析就能找到这个公司的价值驱动因素。将剩余收益的公式做一个变换,可以得到如下公式:

$$RE_t = \left(\frac{Earn_t}{B_{t-1}} - r_e\right) \times B_{t-1} = (ROE_t - r_e) \times B_{t-1}$$

公式的右边显示了剩余收益的两个驱动因素:$(ROE_t - r_e)$和B_{t-1}。$(ROE_t - r_e)$是指公司股权收益率与股东要求的收益率之间的差异。B_{t-1}是指公司前一期的股东账面价值。当公司股权收益率超过股东要求的收益率时,这时剩余收益是正的,公司未来价值会增加;当公司股权收益率低于股东要求的收益率时,这时剩余收益是负的,公司未来价值会减少。当($\text{ROE}_t - r_e$) > 0 时,增加 B_{t-1},会增加公司剩余收益从而增加公司价值;当($\text{ROE}_t - r_e$) < 0 时,增加 B_{t-1},会进一步增加负的公司剩余收益从而使公司价值减少。了解了这一点,就可以知道公司在什么情况下应该采取扩张策略,在什么情况下应该采取收缩策略。如果公司所赚取的收益超过股东要求的收益率,这时公司应采取扩张策略;如果公司所赚取的收益低于股东要求的收益率,这时公司应采取收缩策略。

通过两条曲线即可以看出一个公司未来的发展前景是否被看好,如图 6-3 所示。

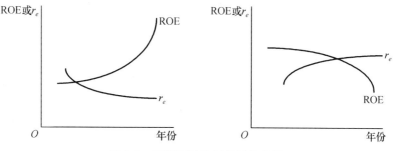

图 6-3 两类不同发展前景的公司

如果一个公司的 ROE 曲线和 r_e 曲线呈现图 6-3 中左图的情况,说明这个公司未来的发展前景越来越好;如果一个公司的 ROE 曲线和 r_e 曲线呈现图 6-3 中右图的情况,说明这个公司未来的发展前景越来越差。

上述模型都是动态估值模型,需要用到未来的预测数据。在实际操作中还会遇到一个关键点,就是对未来增长率的预测。一般情况下,可以将公司的发展分成两个阶段,第一个阶段是不稳定增长阶段,第二个阶段是稳定增长阶段。不稳定增长阶段需要根据每年的增长情况估算股利、现金流或剩余收益,进入稳定增长阶段后,就可以根据零增长模型和固定增长模型来对公司的永续价值进行估算,如图 6-4 所示。

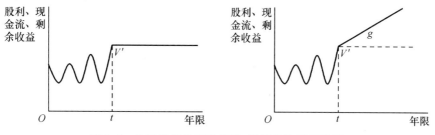

图 6-4 公司增长的两种类型:零增长和固定增长

(1) 零增长模型。零增长模型与永续年金是类似的。当公司未来的资金流保持不变时,求这个公司的价值就相当于求永续年金的现值。

在零增长情况下,公司第 t 期的价值 V' 可以用如下公式计算:

$$V' = \frac{\text{Money}_{t+1}}{r}$$

其中,Money_{t+1} 是公司未来保持不变的股利、现金流或剩余收益,r 是公司或股权的资本成本率。如果 Money_{t+1} 使用的是公司的现金流,则用公司的加权平均资本成本 WACC 作为 r;其他情况下,则用股权资本成本率作为 r。

(2) 固定增长模型。在固定增长情况下,公司未来的股利、现金流或剩余收益将以一个固定的增长率 g 保持增长。这也同样属于一种稳定状态。在这种稳定状态下,可以用如下公式计算公司第 t 期的价值 V':

$$V' = \frac{\text{Money}_{t+1}}{r - g}$$

当公司未来增长率 $g = 0$ 时,这个公式就与零增长模型是一模一样的。

需要注意的是,这个固定增长模型只适用于增长率小于资本成本的情况。如果增长率大于资本成本,这个模型中的分母是负的,所计算出的价值是不正确的。

上述两个模型经常用于估算公司第 t 期后的永续价值。需要注意的是,计算出的永续价值是公司在第 t 期的现值,要计算当期的公司价值还需要将 V' 贴现到当期。

所以,估值模型最终可以变为:

$$V = \frac{\text{Money}_1}{(1+r)} + \frac{\text{Money}_2}{(1+r)^2} + \frac{\text{Money}_3}{(1+r)^3} + \cdots + \frac{\text{Money}_t}{(1+r)^t} + \frac{V'}{(1+r)^t}$$

运用以上估值模型,需要用到对公司若干财务数据的预测。目前很多证券公司的分析师会提供一些上市公司的财务数据预测,并且会给出这些公司的估值区间。由于无法判断分析师是否是中立的,所以在运用这些分析师给出的估值区间时还需要自己对上述一些关键参数进行判断。这些关键参数包括公司的收益预测、公司未来的增长率预测、公司的资本成本等。如果分析师给出的这些预测数据都比较合理,那么估值区间就可以看做这个公司的合理估值范围。投资者还可以自行设定一个最低增长率,根据这个最低增长率判断公司估值的底限。一旦股票价格跌至该估值底限附近,投资者就可以考虑买入;而一旦冲高至估值上限附近,投资者就可以考虑卖出。在实践中,估算一个公司的底线比估算一个公司的上限要容易很多,因为公司未来的增长速度下限比上限要更易于判断。

进行完估值后,投资者可以了解这个公司的价值合理范围,并能根据价格与价值的比较来进行投资决策。但这个过程可能还不太保险。因为公司的过去并不能完全代表公司的未来。这也是为什么在这次金融危机中,已有百年历史的一些大公司也未能幸免的原因。公司的发展是动态的,因而仍然要时刻关注公司任何可能引起未来发生重大变化的因素。这就是第三个阶段要做的工作:分析公司未来与现在相比可能发生什么样的变化,也就是分析公司未来是否还会和现在一样或比现在更好。

3. 第三阶段:采用杜邦分析法

在这里经常用到的分析工具是杜邦分析法。杜邦分析法(DuPont Analysis)是将一个主要的财务指标通过分解成若干个财务指标,从而找到影响这个主要财务指标的重要因素的方法。

(1)第一层次分解。净资产收益率首先可以分解为:总资产收益率×权益乘数,见图6-5。

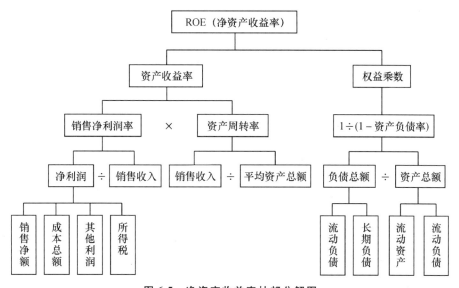

图6-5 净资产收益率杜邦分解图

权益乘数是总资产与所有者权益的比值,反映了股权投资者投入1元股权所能经营的总资产额。如果股东投入1元,公司又借了1元,那么公司可以经营的总资产是2元,权益乘数就是2。权益乘数越高,表明公司的负债越高。

将净资产收益率分解后,可以看出提高净资产收益率的两个驱动因素分别是经营活动中的总资产收益率与融资活动中的杠杆。当总资产收益率不高时,公司仍然可以通过提高融资杠杆来提升权益乘数从而提高净资产收益率,即提升股东的收益率。

从长期投资的角度来看,一个总资产收益率不高但杠杆很高的公司显然不如一个总资产收益率高但杠杆不高的公司。所以,具有同样高的净资产收益率的公司并不都是可长期投资的公司。只有那些经营活动能创造高的收益率(ROA),而融资杠杆不高的公司才更可能具有长期投资价值。

(2)第二层次分解。资产收益率又可以分解为:销售净利润率×资产周转率。

$$销售净利润率 = 净利润/销售收入$$
$$资产周转率 = 销售收入/平均资产总额$$

其中,销售净利润率反映了公司经营活动创造利润的能力,资产周转率反映了公司对资产的营运能力。对于具有相同的总资产收益率的两个公司,销售净利润率高但资产周转率低的公司可能比销售利润率低但资产周转率高的公司更具有优势。因为高的销售净利润率意味着公司有相当大的定价空间,只需要加强其对资产的营运能力就能提升总资产收益率。而低销售净利润率的公司未来的提升空间则有限。

权益乘数也可以分解为:$1 \div (1 - 资产负债率)$。

$$资产负债率 = 负债/资产$$

这个分解则将杠杆更进一步地突显出来。资产负债率越高,分母就越小,计算出来的权益乘数就越大。这也说明,资产负债率提高,能提高净资产收益率。

(3)第三层次分解。这个层次的分解进行得更为细致,将净利润分解为各项收入和各项成本,以考察影响净利润的重要因素。这个分解实际上需要考察利润表中的各个项目。

另外一个分解则涉及资产负债表中的资产项目和负债项目,同样要考察流动资产、固定资产、流动负债、非流动负债等细项。

【案例 6-13】 继续以贵州茅台为例,做一个杜邦分析。

【案例分析】 茅台的 ROE = 32.16%

$$资产收益率 = \frac{53.39}{\frac{255.87 + 197.70}{2}} = 23.54\%$$

$$权益乘数 = \frac{1}{1 - \frac{\frac{70.38 + 51.18}{2}}{\frac{255.87 + 197.70}{2}}} = 1.366$$

$$销售净利润率 = \frac{53.39}{116.33} = 45.90\%$$

$$资产周转率 = \frac{116.33}{\frac{255.87 + 197.70}{2}} = 51.30$$

$$资产负债率 = \frac{\frac{70.38 + 51.18}{2}}{\frac{255.87 + 197.70}{2}} = 26.80\%$$

ROE32.16% = 资产收益率23.54% × 权益乘数1.366

资产收益率23.54% = 销售净利润率45.90% × 资产周转率51.30

权益乘数1.366 = 1 ÷ (1 - 资产负债率26.80%)

从茅台财务指标的杜邦分解来看,茅台的净资产收益率大部分是来自于资产收益率的贡献。净资产收益率32.16%与资产收益率23.54%之间的差异8.62%是来自于茅台少量的财务杠杆。这表明茅台主要是靠经营活动为股东取得回报,而非依靠融资杠杆。依靠经营活动为股东取得回报的公司更值得长期投资。

从资产收益率的分解来看,茅台的资产收益率高的原因是其销售净利润率高达45.90%,在同行业是位于前列的。资产周转率在同行业则位于后列。这说明茅台在经营活动中主要是靠强盈利能力取胜,而非靠营运能力取胜。依靠强盈利能力取胜的公司更具有投资价值。

从权益乘数来看,茅台的权益乘数很低,只有1.366,这是因为茅台的资产负债率只有26.80%。如果仔细观察资产负债表中负债栏目,还会发现茅台的非流动负债很少,大部分是流动负债,而且流动负债中大部分都是经营活动中往来账款所产生的。这说明茅台的实力非常强,能够大量利用经营活动中产生的流动负债。从流动负债中可以看到,有47.38亿元是预收账款,有8.19亿元是其他应付款。这说明茅台在产业链中居于主导地位。

从以上分析可知,茅台是一家依靠经营活动为股东带来高回报的公司,其经营活动的盈利能力非常强,负债率不高,且在经营活动中处于产业链中的主导地位。这种公司未来发生变化的可能性比较小,因此是值得长期跟踪投资的一家公司。

第五节 其他理财产品的选择

随着中国的资本市场越来越发达,理财产品也越来越多。一些产品的投资门槛比较高,所以一般投资者接触的比较少。如果家庭闲置的资金比较多,又希望有专业人士帮助打理财富,可以考虑通过券商集合理财产品、信托理财产品、私募基金、PE(私人股权基金)等方式进行理财。

一、券商集合理财产品

券商集合理财产品是指由证券公司发行的、集合客户的资金,由证券公司专业人士进行管理的一种理财产品。这种产品是证券公司面向高端客户开发的理财产品,具有门槛较高、专业管理的特点。

券商集合理财产品包括限定型和非限定型两种类型。限定型券商集合理财产品的风险相对较低,因为其投资品种有较多限制,一般情况下将其投资对象限定在现金、货币市场基金、国债和企业债券等固定收益类资产,而投资于权益类证券和股票的比例不超过20%。限定性券商集合理财产品适合追求稳定收益的投资者。根据投资对象的限制,限定型产品可分成债券型和货币市场型两种,有点类似于公募基金中的债券型基金和货币型基金。非限定性券商集合理财产品的风险较高,其投资方向没有限制,适合追求高风险、高收益的投资者。但这类非限定性券商理财产品能否获得高收益是与证券公司的专业投资能力相关的。在非限定型产品中,主要包括股票型、混合型、FOF和QDII产品四种,有点类似于公募基金中的股票型基金。

从券商集合理财产品的本质来看,这类产品实质上也属于基金中的一类,不过其管理人不是基金公司,而是证券公司。券商集合理财产品与公募基金在资金门槛、管理方式、募集方式、流动性、手续费、透明度等方面有较大差异,见表6-36。

表 6-36　券商集合理财产品与开放式基金的区别

	券商集合理财产品	开放式基金
资金门槛	一般起点 5 万元	认购起点 1 000 元,基金定投最低 200 元
管理方式	券商不仅提取管理费,还包括业绩分成	基金管理人只收取管理费
募集方式	不能公开宣传	可以公开宣传
流动性	开放期有限,一般每个月只开放 3—5 个工作日,其他时间不能交易	随时申购赎回
手续费	收取参与费、退出费	收取认购费、申购费、赎回费
透明度	至少每三个月向客户提供一次资产管理报告	每日公布基金份额,还需要披露季报、半年报、年报

券商集合理财产品相比开放式基金具有以下几个优势:

(1) 券商集合理财产品的参与费和退出费通常都比公募基金的申购费和赎回费要低。从表 6-37 中可以看出,券商集合理财产品的参与费比申购费低很多,赎回费按赎回时间不同也有差异。

表 6-37　券商集合理财产品和股票型基金的费用比较

某券商集合理财产品		某股票型基金	
参与费:		申购费:	
$P < 100$ 万元	1.2%	$X < 100$ 万元	1.50%
100 万元 $\leq P < 500$ 万元	0.6%	100 万元 $\leq X < 500$ 万元	1.20%
500 万元 $\leq P < 1\,000$ 万元	0.3%	500 万元 $\leq X < 1\,000$ 万元	0.80%
$P \geq 1\,000$ 万元	1 000 元/笔	$X \geq 1\,000$ 万元	1 000 元/笔
退出费:		赎回费:	0.5%
持有期限(n)			
$n <$ 一年	0.5%		
一年 $\leq n <$ 两年	0.2%		
$n \geq$ 两年	0%		

(2) 券商集合理财产品的激励方式比开放式基金具有优越性。券商集合理财产品是通过收取管理费和业绩分成来获利的,这将券商的利益与购买券商集合理财产品的投资者的利益绑定在一起。只有产品的业绩提升了,券商才能与投资者共同获利。而开放式基金的管理人只按管理的资产规模收取相应的管理费,即使帮投资者赚到了钱,也没有业绩提成奖励,这对优秀的基金经理来说激励不够。也正因为这样,很多优秀的公募基金的基金经理都选择

跳槽到私募基金行业。

（3）券商集合理财产品的规模比开放式基金小，易于管理。开放式基金因为依靠管理费获得收益，因此不得不不断地做大规模。而一般来说，规模扩大会影响到该基金的业绩。券商集合理财产品由于设置了较高的门槛，且不能公开宣传，因此规模通常都不大，有利于资金管理业绩的提升。

（4）券商集合理财产品的抗跌性通常比开放式基金高。券商集合理财产品中的混合型理财产品的股票仓位可以控制在0—95%的范围，即在熊市时可以将股票全部清仓，这使得遭遇下跌时券商集合理财产品的跌幅通常都小于同类型的开放式基金。另外，开放式基金由于开放日投资者可以随时赎回，当很多投资者同时赎回该基金时，该基金必须将股票变现去应对投资者的赎回，这种被迫减仓又会导致该基金的收益进一步降低。而券商集合理财产品因为开放日有限，能有时间进行减仓，面临投资者赎回的压力较小。

（5）券商集合理财产品可以提供一定的安全保障。券商可以以自有资产购买一定比例的本公司开发的集合产品。在券商集合理财产品的合同中，可以约定当投资出现亏损时，券商投入的资金将优先用来弥补该公司其他购买人的损失，这实际上为普通投资者提供了一定的安全保障。除保本型开放式基金外，其他基金都无法提供安全保障。

表6-38是成立最早的10款混合型券商集合理财产品的大致情况。从中可以看出，有4款产品的券商都用自有资金进行了相应投资。

表6-38 成立最早的10款混合型券商集合理财产品

序号	产品名称	公司名称	单位净值	累计净值	成立以来收益率	自有资金占总资产比例	成立日期
1	光大阳光	光大证券	1.2651	2.9251	192.51%	10.00%	2005-4-28
2	广发理财3号	广发证券	0.9255	2.6481	164.81%	—	2006-1-18
3	中信理财2号	中信证券	1.0946	2.6203	162.03%	—	2006-3-22
4	华泰紫金3号	华泰证券	1.193	1.494	49.40%	—	2007-3-6
5	中信证券3号	中信证券	0.92	1.3258	32.58%	—	2007-4-6
6	光大阳光3号	光大证券	1.1694	1.2494	24.94%	2.98%	2008-8-6
7	中投汇盈核心优选	中国建银投资	0.8789	1.1389	13.89%	5.00%	2008-9-1
8	国信"金理财"	国信证券	0.9229	1.2811	28.11%	—	2008-11-21
9	长江超越理财3号	长江证券	0.9761	1.2511	25.11%	2.91%	2009-1-5
10	中银中国红1号	中银国际证券	1.077	1.367	36.70%	—	2009-1-20

数据来源：根据《金融界》网站（www.jrj.com.cn）数据进行整理，截止日期2011年5月18日。

在选择券商集合理财产品时,与选择开放式基金的思路大体一致,就是要挑选好的资金管理人。这可以从三个方面来看,一是发行券商集合理财产品的证券公司以前是否发行过同类产品,旗下管理的券商集合理财产业整体业绩是否都不错;二是看该款新发行的券商集合理财产品是由谁来负责投资,即基金经理是谁,这个基金经理过往的业绩如何等;三是看这个基金经理未来的投资思路是否符合经济和行业发展逻辑。

由于券商集合理财产品不公开发售,产品信息较难通过公开渠道获得,因此建议普通的投资者通过与专业理财机构建立相应联系,并在理财师做出全方位理财规划后,再根据自己的实际需要进行选择。

二、信托理财产品的选择

信托理财产品是由信托公司发行的采用委托方式对投资人资产进行管理的一种产品。

拥有不同财富数量的人群对理财产品的需求是完全不同的。对于工薪阶层而言,其最理想的理财产品是共同基金,因为投资门槛不高,每个月投入100元、200元都可以。而对于拥有百万元以上可投资的金融资产的人群,其选择的范围更广,可配置的理财产品也更多。但由于这些产品不能像共同基金那样在各大媒体进行广告宣传,因此高端人群不一定能接触到好的产品。这也正是一些第三方理财机构近年来陆续兴起的原因。

在国外,高端人群一般拥有自己的独立理财顾问,其性质与家庭医生类似。只不过家庭医生管理的是家庭成员身体的健康,而独立理财顾问管理的是家庭的财务健康。独立理财顾问与金融机构的理财师不同,他们不隶属于任何银行、券商、基金公司,因而能更公正地为客户提供理财诊断服务。通常独立理财顾问会精通于某个专业领域,同时又具有综合理财的视野和技巧。对于其不熟悉的领域,则会请求业内其他同仁的帮助。只有极少数顶尖的理财顾问能同时精通证券、基金、保险、信托等多个领域。

招商银行和全球知名咨询公司贝恩公司的调查显示,2008年,中国的高净值人群(个人可投资资产超过1 000万元人民币)达到约30万人。2009年年9月国际金融巨头汇丰银行的调查显示,7成中国内地受访富裕人群表示其净资产在过去6个月内快速增加,这一比例在亚太区所有受访国家和地区中居于首位。上述两份调查结果还同时显示了富裕人群的风险偏好,即投资趋于谨慎。由于自身从事的工作繁忙,无暇打理家庭财富,更没有时间去研究金融理财产品,因此他们也倾向于向理财顾问寻求专业建议。

富裕人群的理财需求与工薪阶层的理财需求不同。从马斯洛的需求层次理论来看,富裕阶层目前的需求更多的是尊重需求。这种需求也体现在其对消费服务和理财服务的需求上。很多金融机构针对富裕阶层提供的 VIP 服务、金卡等就是从这种需求出发考虑的。

理财需求上的差异也决定了适合富裕人群与适合工薪阶层的理财产品有所不同。信托是适合富裕人群的一类理财产品,也是能满足其多种需求的一类理财产品。从信托满足的需求不同来划分,可将信托分成财产信托和投资类信托。

财产信托主要用于满足富裕人群家庭的财产传承需求,其操作模式就是把自己的财产委托他人管理。应用较为广泛的是遗产信托(又称生前信托)。洛克菲勒家族之所以能延续百年传奇,经历数个春秋,就是靠财产信托的方式,在家族成员没有能力管理庞大的家族财产前,委托专业人士帮其管理财产。著名香港演员沈殿霞生前就为自己名下的财产设立了财产信托,首席信托人为其前夫郑少秋,也是其女儿郑欣宜的父亲。根据信托合同约定,一旦沈殿霞不在人世,她的全部资产将转到郑欣宜的名下。不过,郑欣宜在未有足够能力管理这些财产时,动用大额资产需经过郑少秋等信托人的审批,并由信托人协助才能使用。利用信托是目前国际上常用的财产传承方式。

另一类信托是投资类信托。目前国内市面上出现的绝大部分信托都是投资类信托。投资类信托按收益的不同,可划分为固定收益类信托和浮动收益类信托。

固定收益类信托的预期收益率通常高于 6%,有的甚至达到 9%,期限为 1—3 年。这类信托产品对于大额资金防止通货膨胀并取得较稳定的收益是非常适合的。不过,固定收益类信托门槛较高,一般为 300 万元,而且需要提前预约购买。

这种固定收益类信托的运作模式是通过把中小投资者的资金集合起来,投资于成熟物业、房地产开发、基础设施建设等项目。由于这些项目的利润很高,因此可以从中提取一部分增值收益作为信托产品投资者的收益。要注意的是,这类信托产品所说的固定收益指的是预期收益,并非完全没有风险。投资者还需要通过第三方理财师根据不同信托产品的设计去衡量风险所在,以及是否适合自己投资。

考察上述信托产品时,要注意这样几个因素:

第一,看投资标的。你投资的钱用到哪里去了,这当然是你首先要关注的问题。是投资于房地产还是投资于基础设施建设?如果是投资于房地产,其风险比投资于基础建设项目肯定要高。但也正是由于风险高,其预期收益率也会较高。

第二,看投资期限。固定预期收益率信托产品期限一般不会太长,这是因为太长的话投资人会面临利率上涨的风险。一般的投资期限是1—3年。投资者需要根据自己资金的使用情况来决定。如果未来1年需要动用这笔资金,那么选择1年期的信托产品则更符合自己的需要。这类信托类产品投资的资金在未到期之前是无法支取的,因此投资者用来购买信托产品的资金一定是此段时间内闲置不用的资金。

第三,看投资风险。上述的固定收益是预期收益,这种固定收益的风险很小,但并非不存在。每款信托产品的设计不同,因此需要专业人士提示信托产品的风险。寻求第三方理财的帮助是有必要的。比如2009年发售的某一款房地产信托产品,固定收益率7.5%,1.5年期。其中有一条设计是当投资的房地产项目价格下降到某一价位(预期售价的62%以下)时,固定收益部分受损;下降到更低价位(预期售价的59%以下)时,本金开始受损。根据这个条款,如果该处的房地产价格预期售价为10 000元/平方米,当开发完后由于国际宏观调控使房价下降到6 200元/平方米,则房地产商的利润空间被压缩,因此无法保证7.5%的固定收益率;当房地产价格下降到5 900元/平方米时,则本金也会受到损失。根据这个设计,投资者需要判断两个关键点:一是该处的房地产预期售价10 000元/平方米是否符合实际情况?二是未来1.5年中房地产价格跌到6 200元/平方米的概率有多大?根据这两个关键点的判断来决定是否投资于该款产品。

除了固定收益类信托产品以外,还有浮动收益类信托产品。这类产品的投资标的一般是股票、私人股权等。如果将浮动收益类的信托产品按投资标的进行分类,可以分成投资上市前私人股权的信托产品、投资一级市场的打新股产品、投资二级市场的股票类信托产品等。

投资上市前私人股权的信托产品一般以未上市企业股权为投资标的,这与通常所说的PE(Private Equity,私人股权)基金类似。此类信托产品将募集的资金投资在一些有潜力上市的企业上,一旦企业上市,投资人可跟随上市企业获得高额回报。这类产品的投资周期很长,因为投资的企业能否上市并不确定,具有高风险高收益的特征。这类信托与 PE 的差别主要在于投资门槛上。相对而言,信托类产品的投资门槛较低,一般是 100 万—300 万元。

投资一级市场的打新股产品则以新发行的股票为投资标的,募集的资金主要用于新股发行时的网下申购。在二级市场处于震荡期的时候,打新股类产品容易获得投资者的青睐。

投资二级市场的股票类信托产品则类似市场上的公募基金,以二级市场的证券为投资标的。与公募基金不同的是,信托类产品不能公开募集,只能私下募集,因此一些客户是无法通过媒体广告了解到这些信托产品的,而只能通过金融机构或第三方理财机构才能了解到这些产品。按照发行方的不同,还可以将这类产品分成券商集合理财产品、信托公司集合理财产品等。之前提到的券商集合理财产品是证券公司推出的集合理财产品,本质也属于信托类产品。而一些阳光私募则实际上是一些优秀的投资经理(部分是以前的公募基金经理)借道投资管理公司与信托公司合作推出的理财产品。这两款产品与公募基金的另一个区别就在于其股票仓位可以自由控制,而公募基金的股票仓位则需按规定保留一个比例。在二级市场向下运行的时候,上述两款信托产品从操作规则来看要优于公募基金。

三、私募基金的选择

私募基金是相对于公募基金而言的一种理财产品。私募的英文名称应为 "Private Placement",意指私下募集,而公募是公开募集(Public Placement)。需要注意的是,投资者经常将 PE 和 "私募" 这个概念混淆。PE 的英文名称是 "Private Equity",意思是资金的投资对象是私人股权,而私募是指资金的来源是私下募集的。这两个概念是完全不同的概念,一个是指资金的投向,一个是指资金的来源。

一般来说,国家对私募基金的资金募集都会有相对严格的限制,比如不能利用媒体做广告宣传、募资对象应在 200 人以下等。

除了募集资金是私下募集以外,私募基金与公募基金的另外五个区别分别体现在募资对象、投资门槛、投资限制、业绩报酬和信息披露上,如表 6-39 所示。

表 6-39　私募基金与公募基金的区别

	私募基金	公募基金
募资对象	少数特定的投资者,200 人以下	不特定的公众投资者,200 人以上
投资门槛	100 万元以上	门槛非常低,一般 1 000 元即可
投资限制	可根据协议自由定制	有投资品种、仓位等的限制
业绩报酬	主要来自业绩提成	只能收管理费
信息披露	不需要公开披露	要公开披露

在公募基金与私募基金之间进行选择时,可根据上述差异进行取舍。如果投资者的资金额度超过 100 万元,愿意将投资收益中的一部分(通常是 20%)与私募基金分享,可以找一家拥有优秀基金经理的正规私募(如阳光私募),委托其管理财富,其优点在于私募基金的仓位可以灵活控制,在熊市时可以清仓回避风险。如果投资者的资金额度低于 100 万元,可以考虑选择公募基金作为理财产品,其优点在于门槛低、获得的收益扣除固定管理费后全部属于投资者。但缺点是熊市时由于仓位的要求不能完全清仓,无法回避全部风险。

上述所说的正规私募,在市场上称为"阳光私募",通常是指借助信托公司发行的投资于股票市场的私募基金。这类基金需要经过监管机构备案,且其资金与公募基金一样需要由第三方银行托管,并且要定期公布业绩报告。阳光私募基金区别于一般的私募基金,由于需要在监管机构备案,因此运作规范透明。投资者在选择私募基金时最好选择阳光私募。

表 6-40 列示了一些私募基金管理机构,表 6-41 列示了收益排行前十名的私募基金。

表 6-40　2009—2011 年中国最佳私募证券基金管理机构

序号	公司名称
1	深圳市翼虎投资管理有限公司
2	北京源乐晟资产管理有限公司
3	淡水泉(北京)投资管理有限公司
4	福建省麦尔斯通投资管理有限公司
5	广东新价值投资有限公司
6	景林资产管理有限公司
7	上海泓湖投资管理有限公司
8	上海理成资产管理有限公司
9	上海朱雀投资发展中心(有限合伙)
10	深圳市合赢投资管理有限公司

(续表)

序号	公司名称
11	深圳市景良投资管理有限公司
12	深圳市林园投资管理有限责任公司
13	深圳市中睿合银投资管理有限公司

资料来源：http://www.simuwang.com/bencandy.php?fid=2&id=89825。

表6-41　2011年私募基金产品排行前十名

排序	产品名称	投资顾问	成立时间	基金经理	净值日期	最新净值	2011年收益(%)
1	兴业信托·呈瑞1期	呈瑞投资	2010年10月25日	芮崑	40907	1.5029	0.3131
2	西部信托·信合东方	倚天阁	2010年10月30日	唐伟晔	40907	1.3167	0.2338
3	中融·思考一号	思考投资	2010年5月31日	岳志斌	40907	1.1968	0.1418
4	华润信托·泽熙5期	泽熙投资	2010年7月30日	徐翔	40908	144.57	0.1242
5	深国投·景良能量1期	景良投资	2008年3月4日	廖黎辉	40892	117.4	0.1185
6	中信信托·国弘1期	国弘资产	2009年5月18日	王强	40907	99.74	0.1047
7	山东信托·银叶1号	银叶投资	2009年4月30日	单吉军	40907	1.0694	0.0957
8	重庆国投·金中和西鼎	金中和	2007年7月27日	曾军	40907	1.9918	0.0796
9	外贸信托·嘉实股票精选1号	嘉实基金	2008年8月18日	—	40907	1.5558	0.0755
10	山东信托·泽熙瑞金1号	泽熙投资	2010年3月5日	徐翔	40907	1.8371	0.0721

资料来源：私募排排网数据中心，截止日期2012年1月5日。

由于公募基金的基金经理只能从管理费中获得报酬，而无法从给投资者带来的投资收益中获得业绩报酬，这种激励机制上的缺陷使得公募基金行业很难留住优秀的基金经理。一些在公募基金行业为投资者取得过高额回报的基金经理纷纷转投私募行业。因此，投资者也可以根据投向私募基金行业的原公募基金经理的过往业绩来选择相应的私募基金。始终不要忘记，投资的本质是投资人，选择私募基金产品的本质也是选择优秀的私募基金经理。

四、PE(私人股权基金)

对于并不想参与二级市场股票投资的高净值人士(拥有高额可投资金融资产)，公募基金和私募基金都不是合意的理财产品。高净值人士可通过信托的方式打理财富,也可以通过 PE 来打理财富。

PE 是指私人股权基金,是将投资者的资金投向还未上市的私人股权的一种基金。这种基金通过购买一家非公众公司的私人股权,并推动该公司上市来获取高额收益。一旦其投资的公司成功上市,私人股权的价值由于能通过二级市场得到体现而成倍增长。

在国外,创业投资(Venture Capital,VC,也称风险投资)有时也被列入 PE 的范畴,因为创业投资也是将资金投资于非上市公司,只不过创业投资所投向的企业处于发展早期阶段,而 PE 投资的企业通常处于上市前期(Pre-IPO)。

私人股权基金与公募基金、私募基金的组织形式通常会有差异。公募基金、私募基金一般是采用公司制方式运作,但私人股权基金一般采用有限合伙方式运作。在有限合伙制中,有两类合伙人,一类是有限合伙人,一类是普通合伙人。有限合伙人(Limited Partner)是指负有限责任的合伙人,通常是私人股权基金的投资人;普通合伙人(General Partner)是指负责管理私人股权基金的人,负的是无限责任。他们也会投入一笔自己的资金到私人股权基金中从而成为合伙人,负责管理所有投资人投入的资金。这种有限合伙制能有效地将有资金的投资者和有管理能力的投资者联合起来,发挥优势互补的作用。有限合伙人只是投钱,而普通合伙人则负责去寻找投资项目并管理投资。因此,选择一只好的私人股权基金,同样是选择一个好的普通合伙人或普通合伙人团队。

表 6-42　2007—2011 年排名前 30 名的 PE 资本

序号	2007 年	2008 年	2009 年	2010 年	2011 年
1	鼎晖投资	弘毅投资	鼎晖投资	新天域资本	中科招商
2	摩根士丹利	鼎晖投资	中信产业投资基金管理有限公司	建银国际(控股)有限公司	昆吾九鼎
3	贝恩投资有限公司	凯雷投资集团	美国华平投资集团	凯雷投资集团	新天域资本
4	高盛集团	高盛集团有限公司	霸菱亚洲投资有限公司	九鼎投资	中信产业基金
5	淡马锡控股(私人)有限公司	摩根士丹利	新天域资本	高盛集团有限公司	中金佳成
6	华平创业投资有限公司	新天域资本	厚朴投资	联想控股	建银国际
7	国际金融公司	中信资本控股有限公司	凯雷投资集团	老虎基金	平安财智

(续表)

序号	2007年	2008年	2009年	2010年	2011年
8	美林	华平创业投资有限公司	建银国际（控股）有限公司	中信产业投资基金管理有限公司	淡马锡
9	弘毅投资（北京弘毅投资顾问有限公司）	英联投资	九鼎投资	海富投资	摩根士丹利
10	霸菱亚洲投资基金	厚朴投资	弘毅投资	弘毅投资	弘毅投资
11	新加坡政府直接投资有限公司	艾威基金管理公司	IDG资本	摩根士丹利	金石投资
12	黑石集团	贝恩投资有限公司	KKR	金石投资	招商湘江
13	KKR	霸菱亚洲投资基金	百仕通集团	华平	广发信德
14	花旗集团	CVC Asia Pacific Ltd	贝恩资本亚洲有限责任公司	挚信资本	信中利
15	国泰财富集团	德意志银行	德克萨斯太平洋集团	KKR	复星创富
16	雷曼兄弟公司	德克萨斯太平洋集团	德意志银行股份有限公司	平安财智	国信弘盛
17	普凯投资基金	淡马锡控股（私人）有限公司	方源资本（亚洲）有限公司	贝恩资本	鼎晖投资
18	凯雷投资有限公司	方源资本（亚洲）有限公司	高盛集团有限公司	鼎晖投资	KKR
19	美国泛大西洋投资集团	国际金融公司	金石投资有限公司	TPG	明石投资
20	渤海产业投资基金	汇丰直接投资（亚洲）有限公司	麦格理集团	厚朴投资	普凯投资
21	德克萨斯太平洋集团	黑石集团	美林集团全球私人股本投资部	盛桥资本	中信资本
22	老虎基金	景林资产管理有限公司	摩根大通	凯石中欧	新加坡政府投资
23	美国国际集团	捷鸿资本	瑞士信贷集团	黑石	海通开元
24	CVC Asia Pacific	KKR	上海麦顿投资咨询有限公司	复星创富	方源资本
25	3i集团	摩根大通	泰山投资亚洲控股有限公司	平安创新资本	黑石集团
26	新宏远创基金	麦格理集团	新加坡淡马锡控股（私人）有限公司	工银国际	麦顿投资
27	法国NATIXIS亚洲投资	普凯投资基金	新加坡政府直接投资有限公司	华泰紫金	和光投资

(续表)

序号	2007 年	2008 年	2009 年	2010 年	2011 年
28	汉鼎亚太	新加坡政府直接投资有限公司	英联投资	麦顿投资	凯雷集团
29	英联投资	3i 集团	挚信资本	中信资本	高盛集团
30	蓝山中国资本	中国宽带产业基金	中信资本控股有限公司	中银投资	博信资本

资料来源：根据 China Venture 公布的每年排名整理。

复习题

一、名词解释

新股申购类银行理财产品　基金单位净值　基金定投　资本公积　杜邦分析法

二、选择题（不定项选择）

1. 按照本金与收益是否有保证，银行理财产品可以分为（　　）。
   A. 保本固定收益产品　　　　B. 保本浮动收益产品
   C. 非保本固定收益产品　　　D. 非保本浮动收益产品

2. 封闭式基金的交易价格主要受（　　）的影响。
   A. 市场利率　　　　　　　　B. 二级市场供求关系
   C. 上市公司质量　　　　　　D. 基金资产净值

3. 与公募基金相比，私募基金不能进行公开的发售和宣传推广，投资金额较高，投资者的（　　）常常受到严格的限制。
   A. 人数　　　　　　　　　　B. 资格
   C. 资金实力　　　　　　　　D. 投资经验

4. 国际上比较流行的保本基金投资组合保险策略主要有（　　）。
   A. 套期保值策略　　　　　　B. 对冲保险策略
   C. 固定并长期持有策略　　　D. 固定比例投资组合保险策略

5. 如果投资者选择缴纳前端申购费，则下列计算公式中正确的有（　　）。
   A. 前端申购费用 = 申购金额 × 前端申购费率
   B. 净申购金额 = 申购金额 - 前端申购费用
   C. 申购份额 = 净申购金额/T 日基金份额净值

D. 前端申购费用 = 净申购金额 × 前端申购费率

6. ETF 的申购、赎回采用（　　）方式。

A. 金额申购、份额赎回　　　　B. 份额申购、金额赎回
C. 金额申购、金额赎回　　　　D. 份额申购、份额赎回

三、判断题

1. 预期收益指的是年化收益，也是到期收益。（　　）
2. 毛利率高的公司意味着这个公司的净利率高。（　　）
3. 个股的风险收益率等于个股承担的系统风险乘以市场的风险溢价。（　　）
4. 在二级市场处于稳定期的时候，打新股类产品容易获得投资者的青睐。（　　）
5. 指数基金选取特定的指数作为跟踪对象，试图取得超越指数的表现。（　　）
6. 基金管理人可以对选择前端收费方式的投资人根据其持有该基金的期限使用不同的前端申购费率标准。（　　）
7. 私募资金的投资对象是私人股权。（　　）

四、简答题

1. 选择银行理财产品时，需要在相应的产品类型下对产品进行比较分析。那么，比较时应注意哪几个要素呢？
2. 券商集合理财产品相比开放式基金具有哪些优势？

五、计算及应用

1. 某投资人投资 1 万元认购基金，认购资金在募集期产生的利息为 3 元，其对应的认购费率为 1.2%，基金份额面值为 1 元。请计算该投资者的认购费用及其能认购的份额。
2. 假设某基金在 2008 年 12 月 3 日的份额净值为 1.4848 元/单位，2009 年 9 月 1 日的份额净值为 1.7886 元/单位，其间基金在 2009 年 2 月 28 日每 10 份派息 2.75 元，那么这一阶段该基金的收益率是多少？
3. 选一家自己认为有长期投资价值的公司，分析四份财务报表中的各组成项目，计算出有意义的比率指标并进行估值，初步确定该公司的投资价值。

第七章　资产配置

 案例导读

　　王先生2006年开始投资股票型基金,投资本金10万元。最初的时候,王先生赚了10%就将基金抛掉了。可是基金在经历了短暂的下跌后,又随着市场的上涨而继续上涨,王先生看着市场上涨又忍不住再次将资金10万元投到了股票型基金上。这一次王先生又赚了10%。吸取了前一次的经验,王先生没有将基金赎回,继续等待市场上涨。可喜的是2007年的上半年,市场迎来了一波大牛市。王先生投资的股票型基金已经上涨了1倍,变成了20万元。王先生很高兴地将基金赎回,逢人便说起自己的投资之道。没承想,在2007年5月30日"印花税事件"之后,市场还在继续上涨。王先生一口气将50万元资金投入了股票型基金。50万元的资金在短短几个月内涨到了60万元。王先生又一次追加了20万元。不过这次幸运似乎没有降落到他的头上,在追加了这20万元后,市场开始下跌。王先生仍然坚持前几次的经验,认为市场还会上涨,坚守着自己的股票型基金投资。80万元变成了70万元时,王先生是这么想的:"不着急,反正这些钱是赚回来的。"70万元变成了60万元,王先生是这么想的:"跌了这么多,市场应该会上涨了。"60万元变成了50万元,王先生仍然坚持自己的信念。到2008年,王先生的投资资产缩水到36万元。王先生越来越困惑:"投资大师一直都倡导长期投资,我一直坚持,可是为什么得到的结果却是这样?"在动摇了信念之后,王先生在投资资产缩水为36万元时将所有股票型基金全部赎回,不再进行任何投资。而市场似乎给王先生开了一个大大的玩笑,就在王先生赎回不久,市场开始恢复性上涨。

　　相信这个案例反映了大多数经历过这段时期的投资者的切身感受。

其实，每一个亲身体验了市场的人都应该会有这种感受，因为市场就是那么捉摸不定。捉摸不定意味着变化和不确定性。有些人将这种不确定性看做市场的魅力，从而参与其中进行博弈或投机，乐此不疲。但理财与投机不同，理财不是在不确定性环境中进行博弈，而是在不确定性环境中采用相应的规划去应对这种不确定性，或使目标达成的不确定性降低。王先生的操作可以看做一种投机，其背后承受的是各种不确定性，而不确定性越高，风险越大，最终出现投资亏损严重的结局。就连史上最传奇的基金经理彼得·林奇都坦承自己没能预测1987年的股市暴跌，并在其撰写的《彼得·林奇的成功投资》一书中用了很大篇幅来告诉人们"不要预测股市"。那么，在不预测股市的情况下，应该如何投资呢？资产配置就是以"不变"应"万变"的一种投资策略。

第一节 资产配置的内涵

资产配置是指根据理财目标将可投资资金分配在具有不同收益和风险特征的资产上,通过这种分配达成分散风险、降低不确定性的效果。资产配置的思想最早启蒙于一千多年以前犹太人的《塔木德经》法典,法典中这样写道:"每个人都应该把自己手里的钱分为3份,1/3用来买地(不动产),1/3用来做买卖(实业和金融投资),剩下的1/3存起来。"从这里可以看出,犹太人的资产配置思想是1/3的资产用来保值,1/3的资产用来增值,1/3的资产用来保障流动性。这种配置至少满足了三个方面的目标:保值、增值、流动性。而这些目标也正是每个家庭的基本理财目标。

将资产配置的思想形成理论的是美国的马可维茨(Harry M. Markowitz)。马可维茨(1952)发表了《资产组合选择》一文,解释了如何通过计算资产的收益和风险并构造相应的资产组合来满足多样化的效用。因为这一理论的重大贡献,马可维茨在1990年获得了诺贝尔经济学奖。

Brinson, Hood 和 Beebower(1986)研究了1974年到1983年这10年中91个大型退休基金的绩效决定因素后,发现在资产配置、选股能力、预测市场、投资成本四个因素中,最关键的因素是资产配置,其对绩效的解释力度可达93%,而其他三个因素只占7%。这个结果意味着,对投资者取得的投资报酬率最重要的因素不是有没有精准选股的眼光,也不是有没有预测市场的判断力,而是资产配置的方式。在选定资产配置方式的那一刻,投资者的报酬率几乎就被决定了。

第二节 收益的度量

投资收益率通常用持有期的收益率(Holding Period Return, HPR)来度量。它是进行投资时要考虑的一个重要因素,在一定程度上反映了投资的绩效。之所以说"在一定程度上",是因为承担不同风险可获得不同收益,承担高风险获得的预期收益通常较高,承担低风险获得的预期收益通常较低。但我们不能认为获得了较高收益的产品就一定比只获得较低收益的产品好,因为前者承担了较高的风险而后者只承担了较低的风险。

持有期的收益率计算公式如下:

$$持有期收益率 = \frac{资本利得 + 资本收入}{初始投资}$$

其中,资本利得是持有期间低买高卖产生的差价,资本收入是持有期间获得的分红、股利、股息等。需要注意的是,这里假设分红、股利、股息等都是在持有期末支付的,因此不考虑在持有期内将分红再投资的问题。

【案例 7-1】 某股票的价格为 10 元/股,张三按此价格买入 1 000 股后持有了 1 年卖出,卖出时的价格为 12 元/股,期间公布了一次 10 派 5 的分红方案。张三在这 1 年中的持有期收益率是多少?(不考虑交易成本)

【案例分析】 张三获得的资本利得为 $(12-10) \times 1\,000 = 2\,000$ 元。

期间该股有现金分红,10 派 5 意味着每 10 股可派现金分红 5 元,即 1 股可获得现金 0.5 元。

张三获得的资本收入为 $0.5 \times 1\,000 = 500$ 元

$$持有期收益率 = \frac{2\,000 + 500}{10\,000} = 25\%$$

除了要计算某个持有时期的收益率以外,投资者还经常会遇到需要计算平均收益率的情况。平均收益率的计算方法有算术平均法、加权平均法、资金加权收益率法等。

算术平均法是将各个时期的收益之和加总除以时期总数。计算公式如下:

$$算术平均值 = \frac{r_1 + r_2 + \cdots + r_n}{n}$$

几何平均法是通过将各个时期的收益相乘,从中找出每个时期收益的均值。计算公式如下:

$$几何平均值 = [(1+r_1) \times (1+r_2) \times \cdots \times (1+r_n)]^{1/4} - 1$$

资金加权收益率法的本质是内涵报酬率(IRR),即使得投资所实现的现金流量的现值与所投入的资金相等时的收益率。计算公式如下:

$$\frac{C_1}{1+\text{IRR}} + \frac{C_2}{(1+\text{IRR})^2} + \cdots + \frac{C_n}{(1+\text{IRR})^n} + C_0 = 0$$

其中,C 代表各期投资的现金流,IRR 代表资金加权收益率。

【案例 7-2】 某只开放式基金初始运作时的资产规模为 20 亿元。基金的规模增加来自两个方面,一是原有的资产增值,二是新的投资者加入。同样,基金的规模减少也来自资产亏损以及投资者赎回这两个原因。投资者会在基金收益较好的时候增加投资,而在基金收益较差的时候赎回基金。这种资金

变化使得投资在该基金上的净现金流经常变化。假定基金在四年中的情况如表 7-1 所示,请分别计算这只基金按算术平均法、几何平均法、资金加权平均法的四年平均收益率。

表 7-1 某开放式基金运作情况

	第一年	第二年	第三年	第四年
期初所管理的资产总额(亿元)	20	26	38.8	23.04
持有期收益率(%)	20	30	(-20)	25
净现金流入之前的总资产(亿元)	24	33.8	31.04	28.8
净现金流入(亿元)	2	5	-8	0
期末所管理的资产总额(亿元)	26	38.8	23.04	28.8

【案例分析】 从表 7-1 中可以看到,上述开放式基金第一年和第二年的收益较高,因而吸引了净现金流入分别为 2 亿元和 5 亿元。资产规模也在第二年达到 38.8 亿元。但由于第三年市场环境不好,导致亏损 20%,投资者赎回超过了申购,规模缩减为 23.04 亿元。第四年收益回升,但投资者的申购和赎回达到平衡,无净现金流入。

以下分别按算术平均法、几何平均法、资金加权平均法来计算。

$$算术平均值 = \frac{(20\% + 30\% - 20\% + 25\%)}{4} = 13.75\%$$

从计算中可以看出,算术平均值没有考虑到复利效应。

$$几何平均值 = [(1+20\%) \times (1+30\%) \times (1-20\%) \times (1+25\%)]^{1/4} - 1 = 11.76\%$$

几何平均值的计算考虑到了复利效应,但没有考虑资金的流入流出对基金收益率的影响。资金加权平均收益率既考虑了复利效应,又考虑了资金流入流出对收益率的影响。

计算资金加权平均收益率之前,先要了解对于投资者的净现金流在每期是多少。从表 7-1 中可以看到,投资者的初始投资是 20 亿元,第一年追加了净投入 2 亿元,第二年追加了净投入 5 亿元,第三年减少了净投入 8 亿元,第四年没有增减净投入。如果第四年清算并收回投资,则可以收回 28.8 亿元。所以,对于投资者来说,其各期的净现金流量如表 7-2 所示。

表 7-2 某开放式基金各期净现金流量

	0	1	2	3	4
净现金流量 C	-20	-2	-5	8	28.8

注:投资者投入的现金流用负号表示。

计算资金加权平均收益率可由下式推导出来：

$$\frac{-2}{1+\text{IRR}} + \frac{-5}{(1+\text{IRR})^1} + \frac{8}{(1+\text{IRR})^2} + \frac{28.8}{(1+\text{IRR})^3} - 20 = 0$$

计算结果为：

$$\text{IRR} = 9.66\%$$

第三节 风险的度量

做任何投资都是有风险的，即便是将资金全部以存款形式保留，都会面临通货膨胀的风险。风险的背后是投资收益的不确定性。举个例子，如果去年你获得了10%的收益率，今年你希望也能获得10%的收益率，结果到今年年底一结算发现只获得了5%的收益率。在这个过程中，你的预期收益率10%未能实现，这就是风险。风险可以看做实际收益与预期收益的偏差。

不过，你可能会有疑惑：虽然我没有实现10%的收益率，但已经实现了5%的收益率，这不是很好嘛，这怎么能算风险？一个更极端的例子是你预期获得10%的收益率，而到年底一结算，实际获得20%的收益率，那么这也造成了实际收益与预期收益的偏差，不过这种偏差是正向偏差，这是否也是风险？

回答是肯定的：这也是风险。为什么是风险？因为造成了不确定性。如果将投资时间考虑得更长远一点，这种不确定性会带来损失。比如，你原本打算在明年要投资一个赚钱的新项目，但在今年做计划时发现资金不够，于是放弃了那个项目。结果今年年底你的投资收益大大超过了你的预期，这使得原本可投资的项目有资金可投了，但这时候那个项目因为不在计划之内，所以只好搁置。所以，从这个层面去理解，就能明白为什么正向偏差也是风险了。

那么，怎样去度量风险的大小呢？是否可以用平均偏差来度量？

在度量风险之前，我们还需要先学会如何计算预期收益率。科学地计算预期收益率的方法是根据场景分析判断每种场景出现的概率，并计算出在该种场景下可能获得的收益（可以用历史数据计算）。以下以一个例子来说明如何计算预期收益率和风险。

【案例7-3】 A股票在经济繁荣时期、正常时期、衰退时期三种情况下的收益率分别为20%、5%和-10%。根据未来的经济形势分析，繁荣出现的概率为30%，正常出现的概率为40%，衰退出现的概率为30%。请计算A股票的预期收益率和风险。

【案例分析】 我们可以根据 A 股票的上述信息列出表格,如表 7-3 所示。

表 7-3 A 股票在不同场景下收益率的概率分布

经济形势	概率 $p(s)$	持有期收益率 $r(s)$
繁荣	0.3	20%
正常	0.4	5%
衰退	0.3	-10%

根据上述信息,可以首先计算出 A 股票的预期收益率。计算公式如下:

$$E(r) = \sum_s p(s)r(s)$$

其中,$E(r)$ 是预期收益率,$p(s)$ 是第 s 种场景发生的概率,$r(s)$ 是在第 s 种场景下的持有期收益率。

本例中的预期收益率计算如下:

$$E(r) = 0.3 \times 20\% + 0.4 \times 5\% + 0.3 \times (-10\%) = 5\%$$

从计算预期收益率的方式来看,实际上是计算加权平均收益率。那么,风险是否也能按这种方式加权平均呢?

我们先用加权平均的方法来计算一下:

$$0.3 \times (20\% - 5\%) + 0.4 \times (5\% - 5\%) + 0.3 \times (-10\% - 5\%) = 0$$

计算出的结果为零。难道风险为零?这显然是不对的。因此,计算风险的方法不能简单地加权平均。

由于正向偏差和负向偏差在加权平均时会抵消,所以可以对偏差进行平方计算后再加权平均,这样求得的数值被称为"方差"(Variance)。计算公式如下:

$$\text{Var}(r) \equiv \sigma^2 = \sum_s p(s)[r(s) - E(r)]^2$$

其中,$\text{Var}(r)$ 和 σ^2 都代表方差。

上例中的方差计算如下:

$$\text{Var}(r) \equiv 0.3 \times (20\% - 5\%)^2 + 0.4 \times (5\% - 5\%)^2$$
$$+ 0.3 \times (-10\% - 5\%)^2 = 0.0135$$

方差开方后得到的值被称为标准差(σ)。

$$\sigma = \sqrt{0.0135} = 11.62\%$$

第四节　风险与收益的关系

在金融市场中经常流行一句话：风险高收益高。但不少人错误地理解了这句话。准确的说法应该是"风险高预期收益高"。投资者如果愿意承担较高的风险，就可以预期获得较高的收益率。但由于风险较高，最终实际获得的收益偏离预期的程度也较大，既可能出现实际收益比预期收益高很多的情况，也可能出现实际收益比预期收益低很多甚至亏损的情况。因此，投资者在选择资产配置时要充分考虑到各种金融产品的风险与收益之间的关系。

表7-4列举了美国1926—1998年小公司股票、大公司股票、长期国债、中期国债、国库券、通货膨胀率的数据。从表中可以看到，尽管这段时间美国经历了1929—1933年的大股灾和经济大萧条、1948—1949年的战后第一次经济危机、1953—1954年的战后第二次经济危机、1957—1958年的全球第一次经济危机、1960—1961年的美元危机、1969—1970年的越南战争战后经济危机、1973—1975年的全球第二次经济危机、1980—1982年的全球第三次经济危机、1990—1991年的经济危机等众多危机，投资小公司股票和大公司股票仍可以分别获得18.77%和13%的几何年均收益率，股票的收益率远远超过国债的收益率。虽然某些年份股票的收益率是负的，但最终坚持投资的结果仍能远远跑赢通货膨胀。即使是投资最保守的国库券，长期下来也能超越通货膨胀。从各种投资品种的标准差来看，风险最高的是小公司股票，其次是大公司股票，然后依次是长期国债、中期国债和国库券。这与风险高收益高的规律是一致的。在了解了风险与收益之间的关系后，投资者不应再奢望承担较低的风险获取较高的回报。

表7-4　美国1926—1998年不同投资品种的收益率

1926—1998年	小公司股票	大公司股票	长期国债	中期国债	国库券	通货膨胀率
几何平均值	18.77	13.00	5.54	5.26	3.80	3.18
标准差	39.95	20.33	7.99	6.39	3.31	4.49
最小值	-52.71	-45.56	-7.41	5.81	-1.59	-10.27
最大值	187.82	54.56	32.68	33.39	14.95	18.13

资料来源：〔美〕兹维·博迪、亚历克斯·凯恩、艾伦·J.马科斯著，陈雨露等译，投资学精要（第四版），中国人民大学出版社，2003年，第194页。

第五节 投资组合理论

一、无风险资产与风险资产的组合

我们首先来看无风险资产与风险资产的组合。如果投资者准备将自己的100万元拿来构建一个投资组合,他需要先分别了解无风险资产的收益、风险资产的收益与风险特征。风险资产既可以是股票,也可以是基金,或者是股票的组合或基金的组合。不论如何,我们现在可以将风险资产看做一个单一的"资产包",这个单一的"资产包"具有其本身特定的收益和风险特征。在下一小节的内容中我们再来看如何组合风险资产形成"资产包"。

假设无风险资产的收益率为 r_f,风险资产的预期收益率为 $E(r_p)$,风险资产的标准差为 σ_p。那么,投资者要投资风险资产需要的风险溢价就等于 $E(r_p) - r_f$。用数字来举例更容易理解。无风险利率通常可以用一年期定期存款利率(也可以用国债利率)来代替。这里以2011年7月7日公布的一年期定期存款利率3.5%作为无风险利率。假设风险资产的预期收益率为8%,标准差为11%。那么,投资者必须要获得一定的风险溢价才愿意选择投资风险资产,否则不如不承担风险而投资无风险资产了。风险溢价用 $E(r_p) - r_f$ 的公式计算,所以此例中的风险溢价为 8% - 3.5% = 4.5%。

如果我们选择将所有资金都投入无风险资产中,我们可以获得的收益率为3.5%,风险为零。如果我们选择将所有资金都投入到风险资产中,我们可以获得的收益率为8%,风险为11%。如果我们将一半资金投入到无风险资产中,另一半资金投入到风险资产中,会怎样呢?这时,无风险资产与风险资产形成了新的投资组合,这个新的组合的预期收益率 $E(r_n)$ 为:

$$E(r_n) = 0.5 \times 3.5\% + 0.5 \times 8\% = 5.75\%$$

整个新组合的风险溢价为 5.75% - 3.5% = 2.25%,刚好为将全部资金投资在风险资产时的一半。新组合的标准差也为全部资金投资在风险资产时的一半,即5.5%。这意味着风险溢价与风险资产在投资组合中的比重呈线性关系,见图7-1。

从图7-1来看,当我们将所投资的资金从无风险资产逐渐分配到风险资产时,预期收益率与标准差都沿着资本分配线 CAL(Capital Allocation Line)从 F 点向 P 点移动。随着风险资产的比重增加,预期收益率和标准差都在增加。

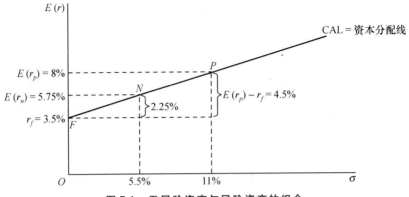

图7-1 无风险资产与风险资产的组合

新组合的风险溢价与风险资产的风险溢价之间的关系可以用以下线性公式来表达：

$$E(r_n) - r_f = b \times [E(r_p) - r_f]$$

其中，b 代表新的组合中风险资产所占的比重。

新组合的标准差与风险资产的标准差之间的关系也可以用线性公式来表达：

$$\sigma_n = b\sigma_p$$

资本分配线的斜率也可以用公式来表示：

$$k = \frac{E(r_p) - r_f}{\sigma_p} = \frac{8\% - 3.5\%}{11\%} = 0.409$$

由于两点确定一条直线，所以只要知道无风险资产的收益率、风险资产的收益率与标准差，就能确定一条资本分配线，从而也确定了在无风险资产与风险资产之间进行任何组合所得到的预期收益率与风险。资本分配线的斜率反映了每承担一单位风险所获得的风险溢价，这个斜率也被称为"方差报酬率"（Reward-to-variability Ratio）。

资本分配线以全部资金投资在风险资产上的 P 点为分界点，可以划分为左侧和右侧。在 P 点左侧，是投资者将自有资金分配在无风险资产和风险资产上时形成新的组合时的预期收益率与风险。在 P 点右侧，则是投资者除用自有资金进行投资组合外，还可以通过借款的方式增加自己的投资。如果投资者的借款利率与无风险利率相同，那么投资者通过借款来投资风险资产所获得的预期收益率与风险就会沿着资本分配线 P 点右侧的直线上移。可以看出，借款越多，风险越大，预期收益率越高。但这并不意味着投资者应该去借款来获得高预期收益,因为高预期收益背后还有高风险。

投资者通常很难以无风险利率借款,因为银行贷款的利率通常都高于存款利率。当借款利率高于无风险利率时,资本分配线 P 点右侧的直线将向下弯折,因为当借款利率高时投资获得的预期收益会下降,如图 7-2 所示。

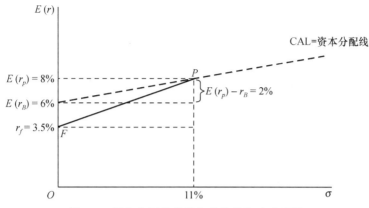

图 7-2 投资者用借款进行投资的资本分配线

比如,当借款利率 r_B 为 6% 时,使用借款进行风险资产的投资时风险资产的溢价就不再是 $E(r_p) - r_f = 4.5\%$,而是 $E(r_p) - r_B = 2\%$ 了。资本分配线 P 点之后的斜率 k' 就为:

$$k' = \frac{E(r_p) - r_B}{\sigma_p} = \frac{8\% - 6\%}{11\%} = 0.182$$

当投资者以 6% 的贷款利率借款投资时,其预期收益率和风险将沿着图 7-2 中 P 点以后斜率为 0.182 的虚线向上移动。

二、风险资产与风险资产的组合

上面所讲的资产组合是无风险资产与风险资产的组合。如果风险资产的预期收益率和风险特征已经既定,那么上述资产组合的预期收益率和风险只能在既定的资产分配线上滑动。如果能改变风险资产的预期收益率和风险,就能改变资产分配线的斜率,从而可以使得投资者能在整个收益—风险平面上有更多的选择。要做到这一点,还需要通过对风险资产进行组合来实现。

现在假设有 L 和 H 两种风险资产,L 的预期收益率和风险都较低,H 的预期收益率和风险都较高。两种风险资产进行组合后形成新的风险资产组合 P。P 具有什么样的预期收益率和风险呢?除依赖于资金在低风险资产 L 和高风险资产 H 上的分配比例,P 的预期收益率和风险还取决于低风险资产 L

和高风险资产 H 之间的相关性。

举个例子,如果是将生产雨伞的公司股票与生产雨衣的公司股票来做组合,假设生产雨伞的公司股票风险较低,而生产雨衣的公司股票风险较高。由于生产雨伞和雨衣的公司相关性非常高,我们近似地将这两种风险资产看做完全正相关的,即同涨同跌。由于两种风险资产完全正相关,对它们进行组合无法起到分散风险的作用,所以资金在这两种风险资产上的配置只取决于多少投资在高风险的资产 H(雨衣公司的股票)上,多少投资在低风险的资产 L(雨伞公司的股票)上。这时将低风险资产 L 和高风险资产 H 进行组合后预期收益率和风险特征将会沿着图 7-3 中 A 图所示的直线移动。

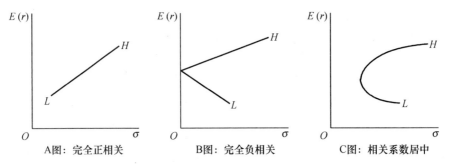

图 7-3　相关性不同的风险资产进行组合所得到的预期收益率和风险

如果不是以雨衣和雨伞公司的股票做组合,而是用汽油和汽车公司的股票进行组合,则结果就会发生变化。假设汽油公司股票的风险较低,汽车公司股票的风险较高,当汽油价格上涨时,汽油公司的股票会涨,而汽车公司的股票则会下跌。假设汽油公司和汽车公司的股票是完全负相关的,即汽油公司股票上涨 10%,汽车公司股票下跌 10%。那么将这两种风险资产进行组合时就可以在一定程度上起到分散风险的作用。这时,低风险资产 L(汽油公司股票)和高风险资产 H(汽车公司股票)组合后的风险在最初会降低,预期收益会提高。但这种组合不可能将风险降低为负值。所以如图 7-3 中 B 图所示,当两种风险资产完全负相关时,组合 P 的预期收益率和风险会随着资金在两种资产上的分配比例沿着 L 到 H 的折线进行滑动。

要找到完全正相关和完全负相关的两种风险资产不是一件容易的事情,这和找到一模一样的两个人一样难。绝大部分的风险资产的相关性都介于完全正相关和完全负相关之间。如果两种风险资产的相关性既不是完全正相关,也不是完全负相关,那么组合 P 的预期收益率和风险会随着资金在两种资产上的分配比例沿着图 7-3 中 C 图所示的曲线滑动。

至此,我们已经知道了在组合两种风险资产时除了要考虑资金的分配比例以外,还要考虑两种风险资产的相关性。确定了两种风险资产的相关性后,我们就确定了图 7-3 中 C 图中曲线的位置。投资者就只需要在该条曲线上寻找最适合自己的分配比例就可以了。

要注意的是,在图 7-3 中 C 图中的曲线中有一部分是所有投资者都不会去选择的组合,这个部分就是曲线下方往左的折线部分,即图 7-4 中 LE 虚线部分。在 LE 虚线部分任何一点,投资者总可以在 EH 线上找到一点,其风险相同,但预期收益更高。因此所有投资者都不可能在 LE 这条虚线上进行投资组合,而只可能在 EH 线上进行投资组合。EH 线就是风险资产的有效边界(Efficient Frontier)。

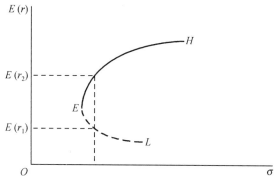

图 7-4　风险资产与风险资产组合的有效边界

以上的理论分析可以通过数学模型得到,并应用于构建实际的投资组合中。我们以一个案例来分析如何构建两种资产的有效边界。

【案例 7-4】　低风险资产 L 和高风险资产 H 的收益率见表 7-5。根据这两种资产过去 10 年的历史收益率构建其有效边界。

从 H 和 L 过去 10 年的历史数据来看,H 的最高年收益率可以达到 110%,最低年收益率为 -40%;L 的最高年收益率为 70%,最低年收益率为 -35%。我们可以按照下列步骤来构建有效边界。

【案例分析】　第一步,根据 H 和 L 的历史收益率数据计算出平均收益率和标准差。

表 7-5　低风险资产和高风险资产的历史收益率

年份	H 年收益率(%)	L 年收益率(%)
1	60.00	-20.00
2	50.00	30.00
3	-30.00	-6.00
4	-15.00	-35.00
5	70.00	30.00
6	110.00	30.00
7	-25.00	70.00
8	50.00	30.00
9	-30.00	-40.00
10	-40.00	50.00

以历史数据计算平均收益率和标准差的方法与之前的方法略有不同。

平均收益率直接计算每年收益率的算数平均值。

$$H 平均收益率 = \frac{60\% + 50\% + \cdots + (-40\%)}{10} = 20\%$$

$$L 平均收益率 = \frac{(-20\%) + 30\% + \cdots + 50\%}{10} = 13.9\%$$

运用历史数据计算标准差需要用到统计学中的计算方法,计算公式如下:

$$\sigma = \sqrt{\frac{\sum_{t}^{n}(r_t - \bar{r})^2}{n-1}}$$

其中,r_t 是每一期的历史收益率,$\bar{r}$ 是收益率的平均值。n 是总期数。之所以除以 $(n-1)$,是为了解决以历史数据代表整体数据所可能产生的偏误。

这个过程可以在 EXCEL 中完成。运用 EXCEL 函数 $f(x)$ 中的统计函数 AVERAGE(求均值)和 STDEV(求标准差)即可计算出资产 H 和资产 L 的均值和标准差分别如表 7-6 所示。从中可以看到,H 的平均收益率比 L 要高,但 H 的标准差比 L 也要高。

表 7-6　H 和 L 的平均收益率和标准差

	H	L
平均收益率	20.00	13.90
标准差	53.59	37.01

第二步,计算相关系数。

正如前面所讲到的,在构建 H 和 L 的有效边界时还需要知道 H 和 L 的相关性。所以我们还需要先计算出 H 和 L 的相关系数。相关系数一般用 ρ 表示,计算公式如下:

$$相关系数\ \rho = \frac{协方差}{\sigma_H \times \sigma_L}$$

这里又有一个新的名词"协方差"。协方差是衡量两种资产收益率变动之间的相互关系的一个指标,从字面意义来理解,可以理解为"方差之间的协同变化"。如果协方差是负的,表明两种资产收益率是反向变动的,即一种资产的业绩较好时另一种资产的业绩较差;如果协方差是正的,表明两种资产收益率的变动方向相同,即一种资产的业绩较好时另一种资产的业绩也较好。

协方差的计算公式如下:

$$协方差 = 偏差乘积的平均值$$

为了计算出 H 和 L 的协方差,我们可以先计算出 H 和 L 资产每年各自与平均收益率的偏差,然后计算出每年的偏差乘积,再计算偏差乘积的平均值。同样,为了解决以历史数据代表整体数据所可能产生的偏误,在计算均值时要用算数平均值 $\times n/(n-1)$,如表 7-7 所示。

表 7-7　H 和 L 的协方差和相关系数的计算

年份	收益率(年,%)		与平均收益率之间的偏差(%)		偏差的乘积
	H	L	H	L	$H \times L$
1	60.00	-20.00	40.00	-33.90	-1 356
2	50.00	30.00	30.00	16.10	483
3	-30.00	-6.00	-50.00	-19.90	995
4	-15.00	-35.00	-35.00	-48.90	1 711.5
5	70.00	30.00	50.00	16.10	805
6	110.00	30.00	90.00	16.10	1 449
7	-25.00	70.00	-45.00	56.10	2 524.5
8	50.00	30.00	30.00	16.10	483
9	-30.00	-40.00	-50.00	-53.90	2 695
10	-40.00	50.00	-60.00	36.10	-2 166
协方差	286.11		计算方法:偏差乘积的算数平均值 $\times$ (10/9)		
相关系数	0.14		计算方法:协方差/(H 标准差 $\times$ L 标准差)		

尽管协方差的正负号可以反映出两项资产收益率的变动方向是否一致,但协方差的大小无法反映出这种一致程度。因为只要一种资产收益率的偏差比较大,就可能造成整个协方差也比较大。因此,需要用相关系数来衡量两类

资产收益率的变动一致程度。

相关系数介于 -1 到 +1 之间。如果相关系数为 +1,则说明两种资产是完全正相关的;如果相关系数为 -1,则说明两种资产是完全负相关的。绝大多数情况下,两种资产的相关系数都在 -1 和 +1 之间。对 H 和 L 计算的结果表明,它们之间的相关系数是 0.14。

第三步,根据相关系数计算出某些特定比例的组合,再根据这些组合画出有效边界。

我们可以先计算出 H 和 L 之间按如下比例进行配置的投资组合,见表 7-8。

表 7-8 H 和 L 在不同比例组合下的均值和标准差

组合序号	投资于 H 的比例	投资于 L 的比例	组合均值	组合标准差
1	0.0	1.0	13.90	37.01
2	0.1	0.9	14.51	34.49
3	0.2	0.8	15.12	32.91
4	0.3	0.7	15.73	32.40
5	0.4	0.6	16.34	33.02
6	0.5	0.5	16.95	34.69
7	0.6	0.4	17.56	37.29
8	0.7	0.3	18.17	40.63
9	0.8	0.2	18.78	44.55
10	0.9	0.1	19.39	48.90
11	1.0	0.0	20.00	53.59

组合的均值和标准差计算公式如下:

$$\mu = w_H \times r_H + w_L \times r_L$$

$$\sigma = \sqrt{w_H^2 \times \sigma_H^2 + w_L^2 \times \sigma_L^2 + 2 \times w_H \times w_L \times \sigma_H \times \sigma_L \times \rho}$$

从表 7-8 可以看出,组合 1 向组合 2 转变的过程就是逐渐将资金从低风险资产 L 转移至高风险资产 H 的过程。在最初将资金做分散投资时(比如从组合 1 调整到组合 2),可以将单一投资低风险资产 L 时(组合 1)的风险进一步降低,这意味着在进行投资组合时起到了分散风险的作用。尽管我们加入的资产是风险更高的资产,但通过组合仍能够分散风险,其收益也比单一投资低风险资产 L 时的收益要高。但是,随着大部分资金逐渐转向投资高风险资产 H 时,整个组合的风险又逐渐提高。

哪种比例的组合风险会是最小的呢?可以通过以下公式计算最小方差的

组合中 H 资产的投资比例：

$$w_H = \frac{\sigma_L^2 - \sigma_H \sigma_L \rho}{\sigma_H^2 + \sigma_L^2 - 2\sigma_H \sigma_L \rho}$$

$$= \frac{37.01^2 - 53.59 \times 37.01 \times 0.14}{53.59^2 + 37.01^2 - 2 \times 53.59 \times 37.01 \times 0.14}$$

$$= 29.5\%$$

L 资产在组合中的投资比例 $w_L = 1 - w_H = 1 - 29.5\% = 70.5\%$

按 29.5% 投资于 H 和 70.5% 投资于 L 形成的投资组合，其收益为：

$$\mu = 0.295 \times 20.00 + 0.705 \times 13.90 = 15.7$$

其标准差为：

$$\sigma = \sqrt{w_H^2 \times \sigma_H^2 + w_L^2 \times \sigma_L^2 + 2 \times w_H \times w_L \times \sigma_H \times \sigma_L \times \rho}$$

$$= \sqrt{0.295^2 \times 53.59^2 + 0.705^2 \times 37.01^2 + 2 \times 0.295 \times 0.705 \times 53.59 \times 37.01 \times 0.14}$$

$$= 32.34$$

这个组合的方差是最小的。

然后，在 EXCEL 中使用画图功能中的"散点图"，将表 7-8 中的组合均值作为 y 轴、组合标准差作为 x 轴，可以得到图 7-5。

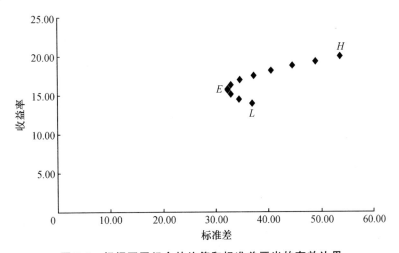

图 7-5　根据不同组合的均值和标准差画出的有效边界

三、无风险资产与风险资产的最优组合

将高风险资产 H 和低风险资产 L 进行组合后形成了风险资产的组合。如果将风险资产的组合再与无风险资产进行组合，我们应该选择将多少资金配

置在风险资产组合上,将多少资金配置在无风险资产组合上呢?

我们可以在图7-5上添加资本分配线。EH 有效边界上的所有点都可以与无风险利率(假设为3.5%)形成一条资本分配线。在图7-6中,我们画了两条资本分配线,一条经过 A 点,一条经过 B 点。资本分配线的斜率代表了承担一单位风险所获得的报酬率。由于 FB 线的斜率高于 FA 线的斜率,所以 F 与 B 的组合要优于 F 与 A 的组合。以此类推,斜率越大且与 EH 有效边界有交点的资本分配线是最优的。因此,最优组合点只能是资本分配线与 EH 有效边界相切的那个点。

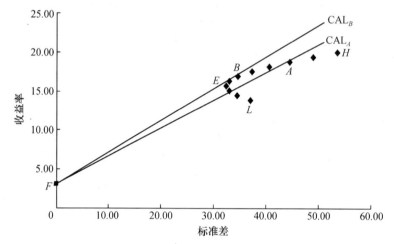

图7-6　无风险资产与风险资产组合的最优配置

最优组合点中投资于低风险资产 L 的比例可以用如下公式计算:

$$w_L = \frac{[\bar{r}_L - r_f]\sigma_H^2 - [\bar{r}_H - r_f]\sigma_L\sigma_H\rho}{[\bar{r}_L - r_f]\sigma_H^2 + [\bar{r}_H - r_f]\sigma_L^2 - [\bar{r}_H - r_f + \bar{r}_L - r_f]\sigma_H\sigma_L\rho}$$

将上述数值代入进行计算后,得到 $w_L = 56\%$。

即将无风险资产考虑进来后,风险资产的最优组合点为将用于投资风险资产的资金中的56%投资于低风险资产 L、44%投资于高风险资产 H 上。

我们总结一下求最优风险组合的思路:

第一步,根据两类风险资产的历史收益率数据求出各自的年均收益率、标准差、相关系数。

第二步,根据这些数据可以求出按不同比例组合风险资产所获得的组合收益率和组合标准差。以此数据为基础可画出有效边界。

第三步,找到资本分配线与有效边界的切点,这个切点就是最优风险组合。

但是,仍然有一个问题没有解决:对于单个投资者来说,究竟应该将多少资金投资于无风险资产?多少资金投资于风险资产组合呢?

要回答这个问题,不能从资产的特征来着手解答,而只能从投资者的特征来解答。因为不同的投资者所适用的无风险资产上的投资比例不同。

四、单个投资者的最优组合

有效边界是针对所有投资者而言,在低风险资产 L 和高风险资产 H 之间进行资金分配后所获得的比例。这个边界是根据两种资产 L 和 H 的预期收益率、风险特征、相关性就可以确定的。也就是说,只需要考虑资产的特征,而不需要考虑人的特征。所有投资者都会在 EH 线上进行风险资产的组合。但每个投资者的风险厌恶程度不同,他们在低风险资产 L 和高风险资产 H 之间进行组合时分配资金的比例也不同。在考虑单个投资者的最优组合时,我们还需要分析单个投资者的风险厌恶程度。

每个人是不同的,有的人风险厌恶程度很高,有的人风险承受能力很强。风险厌恶程度高的人即使知道"高风险可能获得高收益",也不愿意多承担一点风险去博取更高的收益。对他来说,风险会令他"不舒服",效用下降。而风险厌恶程度低的人能够承受风险,而且愿意承受风险,希望通过多承担一点风险去博取更高的收益。对于前者,可以用风险厌恶(Risk Aversion)来形容;对于后者,可以用风险容忍(Risk Tolerance)来形容。

风险厌恶程度取决于投资者承担风险后所要求获得的预期收益率的高低。如果某项投资承担了更多的风险,那么风险厌恶程度高的投资者要进行投资就会要求比较高的预期收益率。我们用参数 A 来代表投资者的风险厌恶程度。那么投资者承担风险后要求获得的风险溢价可以用公式表达为风险厌恶程度和风险的函数:

$$E(r_p) - r_f = 0.5 \times A \times \sigma_p^2$$

公式里的 0.5 仅仅是一个比例因素,在分析中不需考虑。从公式中可以看到,当投资者的风险厌恶程度 A 较高时,承担同样风险 σ_p^2 时所要求的风险溢价 $E(r_p) - r_f$ 较高。

将上述公式变换一下,就可以得到度量投资者风险厌恶程度的公式:

$$A = \frac{E(r_p) - r_f}{0.5 \times \sigma_p^2}$$

【案例 7-5】 金先生对理财师说,如果能帮他找到一个回报率高出一年期定期存款利率5%以上的投资组合,风险不超过20%,他就愿意将资金投入到这个投资组合上。根据金先生的需求判断金先生的风险厌恶程度。

【案例分析】 从金先生的需求来看,他希望在承担20%风险的情况下获得5%的风险溢价。所以他的风险厌恶程度为:

$$A = \frac{5\%}{0.5 \times 20\%^2} = 2.5$$

不同风险厌恶程度的投资者对同一项投资的感觉不同,这种感觉可以用效用来表示。风险厌恶程度较高的投资者与风险厌恶程度较低的投资者相比,在同一项投资上获得的效用要低。

效用函数可用以下公式表达:

$$U = E(r) - 0.5A\sigma^2$$

U代表投资者的效用水平。

有了投资者的风险厌恶程度度量和效用函数后,我们可以在以风险—收益为坐标的平面上得到不同投资者的效用水平曲线。

【案例 7-6】 目前有三种资产供投资者选择,三种资产的预期收益率与风险特征分别为:低收益资产预期收益为6%,风险为5%;中等收益资产预期收益为9%,风险为10%;高收益资产预期收益为15%,风险为20%。请画出风险厌恶程度分别为2、2.5、4的投资者的效用水平曲线。

【案例分析】 我们可以首先计算出不同风险厌恶程度的投资者投资三种资产所获得的效用水平,见表7-9。

表7-9 不同投资者的效用水平

风险厌恶 (A)	预期收益低的资产 $E(r_L)=6\%, \sigma_L=5\%$	预期收益中等的资产 $E(r_M)=9\%, \sigma_M=10\%$	预期收益高的资产 $E(r_H)=15\%, \sigma_H=20\%$
2	6% − 0.5 × 2 × 5%^2 = 0.0575	9% − 0.5 × 2 × 10%^2 = 0.08	15% − 0.5 × 2 × 20%^2 = 0.11
2.5	6% − 0.5 × 2.5 × 5%^2 = 0.0569	9% − 0.5 × 2.5 × 10%^2 = 0.0775	15% − 0.5 × 2.5 × 20%^2 = 0.1
4	6% − 0.5 × 2 × 5%^2 = 0.055	9% − 0.5 × 4 × 10%^2 = 0.07	15% − 0.5 × 4 × 20%^2 = 0.07

根据上述数据,可以在风险—收益平面上画出不同投资者的效用曲线,见图7-7。投资者的效用曲线具有如下几个特征:

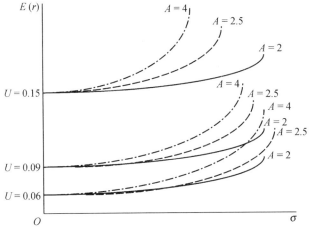

图 7-7　不同投资者的效用曲线

（1）在同一条曲线上所有的点对同一个投资者来说在效用上都是无差异的,这形成了无差异曲线；

（2）同一个投资者的不同效用曲线(无差异曲线)不会相交；

（3）风险厌恶程度越高的投资者,效用曲线越陡峭。

在有了不同投资者的效用曲线后,我们就可以求出不同投资者应该将多少资金配置在无风险资产上,多少资金配置在风险资产组合上了。

图 7-8 反映了不同投资者对无风险资产和风险资产的配置不同。A 图是风险厌恶程度为 2.5 的投资者的最优组合,B 图是风险厌恶程度为 4 的投资者的最优组合。之前,我们已经探讨过,对于所有投资者来说,风险资产的最优组合是 CAL 与有效边界的切点 C。但对于不同的投资者,由于其风险厌恶程度不同,所以在将资金分配到无风险资产和风险资产中时,所选择的比例不同。对于风险厌恶程度为 2.5 的投资者,会选择其效用曲线与 CAL 相切的点 A 作为其最优选择；而对于风险厌恶程度为 4 的投资者,会选择其效用曲线与 CAL 相切的点 B 作为其最优选择。效用曲线越陡峭,切点越靠近纵轴；而越靠近纵轴,说明投资者在无风险资产和风险资产之间进行组合时,更倾向将资金配置在无风险资产上,从而降低自己的投资风险。

【案例 7-7】　根据案例 7-3 中 H 和 L 资产的最优组合点求出风险厌恶程度为 2.5 的投资者和风险厌恶程度为 4 的投资者应如何在无风险资产和风险资产中进行资金分配？

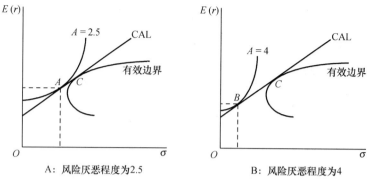

A：风险厌恶程度为2.5　　　　　B：风险厌恶程度为4

图 7-8　不同投资者对无风险资产和风险资产的配置

【案例分析】　对于所有投资者来说，风险资产 H 和风险资产 L 的最优组合点是通过资本分配线与有效边界的切点求得的。这个最优组合点在图 7-8 中的 C 点位置。在 C 点，我们已经求得所有投资者都会将配置在风险组合上的资金中的 56% 分配在低风险资产 L 上，并将 44% 分配在高风险资产 H 上。

在 C 点，根据上述比例，我们可以求得该组合的平均收益率为 16.58%，标准差为 33.57%。

$$\mu_c = 0.44 \times 20.00 + 0.56 \times 13.90 = 16.58$$

$$\sigma_c = \sqrt{w_H^2 \times \sigma_H^2 + w_L^2 \times \sigma_L^2 + 2 \times w_H \times w_L \times \sigma_H \times \sigma_L \times \rho}$$

$$= \sqrt{0.44^2 \times 53.79^2 + 0.56^2 \times 37.01^2 + 2 \times 0.44 \times 0.56 \times 53.79 \times 37.01 \times 0.14}$$

$$= 33.57$$

根据 C 点的组合，可以求出资本分配线的斜率为：

$$k = \frac{r_c - r_f}{\sigma_c} = \frac{16.58\% - 3.5\%}{33.57\%} = 0.39$$

可得到资本分配线的表达式为：

$$E(r) = r_f + k\sigma = 3.5\% + 0.39 \times \sigma$$

对于风险厌恶程度为 2.5 的投资者，会选择图 7-8 中的 A 点进行投资。A 点应在资本分配线上，所以 A 点应满足：

$$E(r_a) = r_f + k\sigma_a = 3.5\% + 0.39 \times \sigma_a$$

同时，A 点也在投资者的效用曲线上，所以 A 点还应满足：

$$U_a = E(r_a) - 0.5A\sigma_a^2$$

注意，公式中的 A 代表的是风险厌恶程度，下标 a 代表的是 A 点。

将 $E(r_a) = r_f + k\sigma_a = 3.5\% + 0.39 \times \sigma_a$ 代入公式 $U_a = E(r_a) - 0.5A\sigma_a^2$，可以得到：

$$U_a = E(r_a) - 0.5A\sigma_a^2 = r_f + k\sigma_a - 0.5A\sigma_a^2$$

要求解投资者效用最大时组合的风险,可对上述公式求导,解出最优组合的风险为:

$$\sigma_a = \frac{k}{0.5 \times A \times 2} = \frac{0.39}{0.5 \times 2.5 \times 2} = 15.6\%$$

如果投资者的风险厌恶程度为4,则最优组合变为 B 点, B 点的风险为:

$$\sigma_b = \frac{k}{0.5 \times A \times 2} = \frac{0.39}{0.5 \times 4 \times 2} = 9.75\%$$

由于在资本分配线上风险是呈线性变化的,满足下列公式:

$$\sigma_a = b\sigma_c$$

其中, b 是投资在风险组合 C 上的资金比例。

根据上述公式,可以求得 A 点投资在风险资产组合上的比例为:

$$b = \frac{\sigma_a}{\sigma_c} = \frac{15.6\%}{33.57\%} = 46.47\%$$

同样,可求出 B 点投资在风险资产组合上的比例为:

$$b' = \frac{\sigma_b}{\sigma_c} = \frac{9.75\%}{33.57\%} = 29.04\%$$

至此,我们完全可以根据每个投资者的风险厌恶程度量身定做其资产配置方案。对于风险厌恶程度为 2.5 的投资者,其最优组合应是将 46.47% 的资金配置在风险资产组合上,而将 53.53% 的资金配置在无风险资产上。而对于风险厌恶程度为 4 的投资者,其最优组合应是将 29.04% 的资金配置在风险资产组合上,而将 70.96% 的资金配置在无风险资产上。不论是风险厌恶程度高还是风险厌恶程度低的投资者,在进行风险资产 H 和 L 的组合时,其最优组合比例都是将投资在风险组合上的资金中 56% 投资于低风险资产 L、44% 投资于高风险资产 H。

第六节 风险类别与风险管理

一、风险类别

(一)系统风险与非系统风险

通过资产配置可以改变投资组合的预期收益率和风险特征,从而找到符合投资者风险厌恶程度的最优组合。而对于风险资产与风险资产的组合,不论是将高风险资产加入低风险资产,还是将低风险资产加入高风险资产,只要两种风险资产之间的相关系数不为+1,就可以起到分散风险的作用。相关系数越小,分散风险的作用越强。由于很难找到两种完全负相关的风险资产,因此对风险资产的组合很难将风险降低为零。

通过风险资产与风险资产的组合很难达成无风险的状态还有一个原因,就是系统风险的存在。我们可以将总风险分成系统风险和非系统风险。系统风险是指整个市场的风险,是由于某种因素的影响导致所有投资者的收益都发生波动的风险。这种影响因素涉及的不是单个证券,而是整个市场。只要投资者在这个市场上进行了投资,就承担了这种因素造成的整体市场波动。比如2007年5月30日,中国政府宣布对证券交易加收印花税,这个消息使得股票市场连续大跌,殃及几乎所有的A股股票。只要投资者在这个时间持有A股,那么就不可避免地要承担损失。即使投资者之前通过投资足够多的A股股票进行了风险分散,但在这种系统风险面前还是要承担损失。这意味着系统风险是不能通过投资组合而降低的。

非系统风险则是指单个证券的风险,是与整个市场波动无关的风险。比如,投资者投资了某家上市公司的股票,结果该上市公司突然公布一个不利的消息,使得该公司的股票大跌,这个就是非系统风险。这种非系统风险是可以通过进行投资组合而分散的。如果投资者将所有资金都投入了该上市公司的股票,就承担了该股票下跌的全部风险。但如果投资者将一半的资金投入该公司的股票,而将另一半的资金投入其他公司的股票,承担的风险就会下降。

系统风险和非系统风险与投资组合的关系可以通过图7-9得到说明。

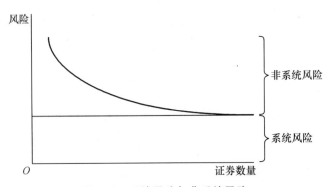

图7-9 系统风险与非系统风险

图7-9的纵轴是风险,横轴是投资组合中的证券数量。非系统风险能够通过投资组合进行分散,但始终不能将风险降低为零,其原因就在于有系统风险的存在。

（二）投资风险识别

除以上关于系统风险和非系统风险的区分外，投资过程中会面临各种各样的具体风险。这些风险包括市场风险、商业风险、经济周期风险、信用风险、利率风险、购买力风险、汇率风险、政策法律风险等。投资者在投资时应注意识别这些风险。

市场风险是指因股市价格、利率、汇率等的变动而导致所投资的产品遭遇未预料到的潜在价值损失的风险。这种风险与上文提到的系统风险有关，比如2008年的大熊市。

商业风险是指所投资的公司在经营过程中出现决策失误而导致公司盈利水平变化，进而产生投资者预期收益下降的风险，比如双汇瘦肉精事件。

经济周期风险是指所投资的产品与宏观经济周期波动相联系所产生的风险，比如有色金属投资。

信用风险是指债务人无法或不愿偿还债权人或债券持有者利息和本金的风险，比如美国的次级债。

利率风险是指利率上升导致所持有的投资产品价格下降的风险，比如利率上升会导致债券价格下跌和股票估值下跌。

购买力风险是指投资者投资某产品获得的回报率无法超过通货膨胀率的风险，比如银行"负实际利率"现象，即银行存款利率3.5%，而通货膨胀率已达5%。

汇率风险是指由于汇率变化对所投资的国外证券收益率产生的负面影响，比如用人民币兑换成美元投资于美国的债券，但如果在持有债券期间人民币升值了，则到期后拿到的美元再兑换人民币就少了，最终可能导致实际收益为负。

政策法律风险是指由于国家制定各类宏观调控政策或者推出新的法律文件给投资者带来的风险，比如国家通过收紧货币政策，就能对资本市场上的资金起到一定的限制作用，从而影响到市场的走势。

二、不同理财产品的风险

从理论上来说，投资于任何一种理财产品都有风险。即使是将资金存放于银行，也仍然会有购买力风险。在负实际利率时代，不投资意味着每天拥有的财富都在贬值。

常见理财产品的风险比较见表7-10。

表 7-10　常见理财产品的风险比较

序号	产品类型	风险	主要风险来源
1	银行存款	很低	购买力风险
2	货币基金	很低	购买力风险
3	债券	低	利率风险、信用风险、购买力风险
4	债券基金	低	利率风险、市场风险、购买力风险
5	固定收益信托产品	较低	信用风险、商业风险、政策法律风险
6	混合型基金	较高	市场风险、商业风险、经济周期风险、政策法律风险
7	浮动收益信托产品	高	市场风险、商业风险、经济周期风险、政策法律风险
8	股票型基金	高	市场风险、商业风险、经济周期风险、政策法律风险
9	券商集合理财产品	高	市场风险、商业风险、经济周期风险、政策法律风险
10	股票	高	市场风险、商业风险、经济周期风险、政策法律风险

货币类资产面临的最大风险是购买力风险。如果银行的存款利率或货币基金的收益率无法超过通货膨胀率，就意味着存款者或货币基金投资者遭受了财富的实际损失。

债券类资产面临的最大风险是利率风险。利率上升，将导致投资者所持有的债券价值下降，投资者将遭受损失。比如，投资债券时的债券票面利率是6%，银行利率是3%，这时选择债券是有利的；但当银行利率提高到7%时，投资债券还不如将资金存放银行。除此之外，投资者还需要关注债券发行人的质量，以降低信用风险。如果投资债券的收益率无法超过通货膨胀率，还会面临购买力风险。

股票类资产面临的最大风险是市场风险。由于市场风险是无法通过投资组合来分散的，所以这一风险几乎是不可回避的。在市场不好的情况下，要想获得好的收益是非常难的。除市场风险外，投资者还要关注理财产品发行人或股票发行人的投资管理或经营管理能力带来的商业风险、经济周期风险以及国家宏观经济调控带来的政策法律风险。

三、风险管理

投资者识别出投资风险后，可以针对不同风险采用不同的管理方式。对风险的管理有风险回避、风险分散、风险转移、风险控制、风险保留五种方式。

风险回避是指不去做可能导致某种风险的事，从而避免该风险带来的损失。比如，风险厌恶程度较高的投资者不选择股票投资，而只将资金存放于银行。这种管理方式可以回避股票投资中的高风险，但也丧失了获得高回报的可能性。

风险分散是指设法通过投资组合来降低投资于单一产品的风险。前文已经看到,通过增加投资组合中证券的数量,能够降低非系统风险,这种管理方式就是分散风险。

风险转移是指将风险转移给他人。购买保险就是一种风险转移的方式。但投资中的风险是无法通过保险的方式来转移的。

风险控制是指意识到潜在的风险时采取相应的措施限制风险发生的条件,以降低风险发生的概率。比如在投资时设置止损线或预警指标,一旦出现不利情况时,立即停止投资以避免损失。

风险保留是指自己承担风险并承受可能带来的损失。为了获得较高的回报,投资者必须自己承担较高的风险。

投资者在进行投资时,需要根据自己的生命周期对投资风险进行相应的管理。在生命周期的前期(工作以后)可以适当地运用风险保留和风险分散的方式来管理风险。在生命周期的中期(结婚生子以后)可以运用风险转移、风险控制、风险保留的方式来管理风险。在生命周期的后期(接近退休时期)就应该运用风险回避的方式来管理风险了。

复习题

一、名词解释

资产配置　系统风险　资金加权收益率

二、选择题(不定项选择)

1. 若证券 A 的投资收益率等于 7%、9%、10% 和 12% 的可能性大小是相同的,则(　　)。

   A. 证券 A 的期望收益率等于 9.5%

   B. 证券 A 的期望收益率等于 9.0%

   C. 证券 A 的期望收益率等于 1.8%

   D. 证券 A 的期望收益率等于 1.2%

2. 对于无差异曲线的特点,下列描述正确的有(　　)。

   A. 每个投资者的无差异曲线形成密布整个平面又互不相交的曲线簇

   B. 无差异曲线越低,其上的投资组合给投资者带来的满意程度就越高

   C. 同一条无差异曲线上的组合给投资者带来的满意程度不同

   D. 不同无差异曲线上的组合给投资者带来的满意程度不同

3. 假设甲、乙证券收益的相关系数接近于0,甲证券的预期报酬率为6%(标准差为10%),乙证券的预期报酬率为8%(标准差为15%),则由甲、乙证券构成的投资组合(　　)。

A. 最低的预期报酬率为6%

B. 最高的预期报酬率为8%

C. 最高的标准差为15%

D. 最低的标准差为10%

4. 关于证券投资组合理论的以下表述中,正确的是(　　)。

A. 证券投资组合能消除大部分系统风险

B. 证券投资组合的总规模越大,承担的风险越大

C. 最小方差组合是所有组合中风险最小的组合,所以报酬最大

D. 一般情况下,随着更多的证券加入到投资组合中,整体风险降低的速度会越来越慢

5. 下列事项中,能够改变特定企业非系统风险的是(　　)。

A. 竞争对手被外资并购

B. 国家加入世界贸易组织

C. 汇率波动

D. 货币政策变化

6. 下列有关证券组合投资风险的表述中,正确的有(　　)。

A. 证券组合的风险不仅与组合中每个证券的报酬率标准差有关,而且与各证券之间报酬率的协方差有关

B. 持有多种彼此不完全正相关的证券可以降低风险

C. 资本市场线反映了持有不同比例无风险资产与市场组合情况下风险和报酬的权衡关系

D. 投资机会集曲线描述了不同投资比例组合的风险和报酬之间的权衡关系

三、判断题

1. 资产配置的思想理论形成于《塔木德经》法典。(　　)

2. 资本利得是持有期间获得的分红、股利、股息等。(　　)

3. 资本分配线描述了无风险资产与风险资产之间进行任何组合所得到的预期收益率与风险。(　　)

4. 市场风险是指所投资的公司在经营过程中出现决策失误而导致公司

盈利水平变化,进而产生投资者预期收益下降的风险。(   )

5. $r=1$,机会集是一条直线,不具有风险分散化效应。(   )

6. 个人的效用偏好与最佳风险资产组合相独立。(   )

四、简答题

1. 试概括有效边界的特点。

2. 什么情况下资本分配线 P 点右侧的直线会向下弯折?

五、计算题

1. 股票 A 和股票 B 的部分年度资料如下:

年度	A 股票收益率(%)	B 股票收益率(%)
1	26	13
2	11	21
3	15	27
4	27	41
5	21	22
6	32	32

要求:

(1) 分别计算投资于股票 A 和股票 B 的平均收益率和标准差。

(2) 计算股票 A 和股票 B 收益率的相关系数。

(3) 若投资组合中,股票 A 占 40%,股票 B 占 60%,该组合的期望收益率和标准差是多少?

2. 已知某风险组合的期望报酬率和标准差分别为 15% 和 20%,无风险报酬率为 8%,假设某投资者可以按无风险利率取得资金,将其自有资金 200 万元和借入资金 50 万元均投资于风险组合,则投资人总期望报酬率和总标准差分别为多少?

第八章 理财案例

 案例导读

林小姐,28岁,从南方某大学毕业后留在当地一家外资企业工作,中途跳槽一次至另一家外资企业。林小姐从毕业到现在已工作6年,目前有活期存款15万元。4年前投资于股票市场,共投资了2万元股票与1万元基金,目前股票总值剩下16 000元,基金总值剩下9 000元。1年前,她购得一部价值8万元的汽车,其中5万元来自自己的积蓄,3万元来自父母的支持。其固定税后收入约为12 000元/月,年终奖约为12 000元/年。林小姐租住一套位于繁华地段的公寓,租金支出3 500元/月,基本生活开支1 500元/月,其他生活开支(如化妆品费用、交际费用等等)1 000元/月,养车费用900元/月。林小姐每年给父母提供9 000元左右的赡养费。林小姐有五险一金保障,但是没有购买其他商业保险。目前,林小姐觉得自己在事业上遇到了瓶颈,心里一直很渴望回到学校继续深造,于是打算2年后在国内某知名大学攻读MBA学位,花费大约10万元。同时,她计划在2年内购置一套小户型住宅,预算为50万元。

林小姐是现在工作人群中"外企女性"一族的典型代表。她们生活在快节奏的现代都市中,衣着优雅地在外企中工作。她们通常拥有稳定和丰厚的收入,消费水平比较高。较高的消费水平具体可表现在购买高档服装和化妆品、定期旅游、交际活动频繁等等。高消费需要高收入的全力支撑,这其中隐藏着一定的财务风险。同时,外企女性们在生活和事业中有不少建立在一定经济基础上的需求,比如买房、买车以及在遇到事业瓶颈时回到校园继续深造等等。于是,在"高消费"和"多需求"的双重压力下,外企女性们应该如何做好自己的财务规划,以达到在消费水平不受重大影响的情况下,同时实现多种理财需求的目标呢?下面我们来看看林小姐是如何通过合理的理财规划达到目标的。

第一节　单身期外企白领攻读 MBA 加购房理财规划

一、家庭财务状况分析

我们将从资产负债情况和收入支出情况两方面来对林小姐的财务状况做一个具体的分析。

（一）资产负债情况分析

表 8-1 为林小姐的资产负债表，可以看出，目前其有活期存款 15 万元，股票 1.6 万元，基金 0.9 万元，汽车价值 8 万元，家庭总资产为 25.5 万元。无负债，家庭净资产为 25.5 万元。虽然林小姐没有高额负债的财务风险，但是零负债未必会对资产的增长起积极作用。事实上，家庭最好能够进行在其承受范围内的一定程度的负债，因为合理负债才可以充分利用财务资源，从而帮助家庭实现理财目标，进而增长财富。

表 8-1　林小姐资产负债表

家庭资产	金额/万元	占比(%)	家庭负债	金额/万元	占比(%)
现金与活期存款	15.0	58.82	房屋贷款	0.00	0.00
股票	1.6	6.27	汽车贷款	0.00	0.00
基金	0.9	3.53	其他贷款	0.00	0.00
汽车等其他资产	8.0	31.37	其他债务	0.00	0.00
合计	25.5	100.00	合计	0.00	0.00
家庭净资产	25.5				

（二）收入支出情况分析

从表 8-2 可以看出，林小姐的月总收入为 13 000 元，其中，固定工资收入 12 000 元，占 92.31%；年终奖收入（平摊到每月）1 000 元，占 7.69%。

表 8-2　林小姐收入支出表

月收入	金额/元	占比	月支出	金额/元	占比
固定工资	12 000	92.31%	基本生活开支	1 500	19.61%
			其他生活开支	1 000	13.07%
			养车费用	900	11.76%
年终奖（平摊到月）	1 000	7.69%	房租	3 500	45.75%
			父母赡养费（平摊到每月）	750	9.80%
合计	13 000	100.00%	合计	7 650	100.00%
月结余	5 350				

从支出方面来看,月总支出为7 650元,月总支出占月总收入的59%。其中,基本生活开支为1 500元,占19.61%;其他生活开支为1 000元,占13.07%;养车费用为900元,占11.76%;父母赡养费(平摊到每月)为750元,占9.80%。其房租为3 500元,占月总支出的45.75%,相比其他开支项目来讲比例较高,建议林小姐在此项目上考虑减少一定程度的支出。而林小姐表示自己现在所住公寓地段太贵,也正有搬去便宜地段以降低房租的打算,她预计房租月支出可尽快降为2 000元。

理财诊断总结:林小姐月支出占月收入的59%,比例较高,说明林小姐消费水平较高,控制开支的能力不强。调整后(房租由3 500元/月降为2 000元/月)的家庭结余为6 850元/月(82 200元/年)。对于这笔可观的结余资金,可以通过合理的负债和投资来实现其未来各项财务目标。同时,林小姐现有的资产也应重新进行配置,以在获得应急保障和长期保障的基础上,取得较大的投资价值。

二、理财规划建议

林小姐应从应急准备、长期保障、教育、养老与购房等方面入手,进行相应的理财规划。

(一) 应急准备规划

首先,林小姐需要准备一笔应急资金来保障可能出现的短期风险。应急资金的金额一般为家庭3—6个月的生活开支,即出现意外情况下3—6个月的开支保障。具体来讲,林小姐调整后(房租由3 500元/月下降为2 000元/月)的月支出为6 150元,需要准备18 450—36 900元,这笔资金应使用流动性较好的方式持有以备随时取用,可选择现金、活期存款或货币基金等方式持有。

(二) 长期保障规划

林小姐有五险一金,具有基本保障。但是由于林小姐消费水平较高,拥有多种理财目标,即将面临房贷压力,并且身为独生子女,父母需要其承担相应的赡养责任,我们建议林小姐为自己购买商业保险以覆盖家庭的全面财务风险,受益人可以为其父母。保险保额一般为年收入的5—10倍(即保障5—10年有收入)。由此来看,林小姐年收入为15.6万元,可以78万—156万元作为保额。另一方面,我们考虑到林小姐有五险一金的基本保障,因此保额可以适度降低为40万—50万元。年保费支出控制在年收入的10%以内,约为1.5

万元,每月保费1 250元。

(三) 教育规划

林小姐计划在2年后花费10万元攻读MBA。她的活期存款账户中共有资金15万元,在拿出2.5万元作为现金保障后,还剩12.5万元。2年后,林小姐可直接从这12.5万元中拿出10万元用于学费的支付,活期存款余额为2.5万元。

(四) 养老规划

林小姐表示希望自己退休后生活质量依然保持较高水平,因此在基本的社保基础上,我们还需要为其考虑额外的养老金规划。养老规划可以通过指数基金定投来实现。从长期表现来看,指数基金比其他基金的收益更高,而手续费更低,利于长期投资。林小姐打算55岁退休,按再次调整后的3 400元/月(1 500 + 1 000 + 900 = 3 400元/月)的生活水平来计算,假设年均通货膨胀率为3%,于是到退休时生活费用将达到7 552元/月。如果林小姐退休后可拿到3 500元/月的社保,这里仍然有4 052元/月的差额需要通过专门的养老规划来补足。再假设其退休后的资金收益率与通胀率相同,那么55—85岁的生活费用总额为4 052 × 12 × 30 = 1 458 720元。若按投资的年均收益率8%计算,每月定投1 278元,则在27年后账户中有1 458 720元。这样就能在一定程度上保证林小姐高质量的退休生活了。

(五) 购房规划

假设林小姐在2年后买入一套50万元的小户型住宅,首付3成需付15万元资金,采用30年还款的方式。根据目前5年以上人民币贷款利率6.8%来计算,则每月需还2 282元。综合考虑以上各项规划,林小姐现在的每月结余是6 850 - 1 250(保费) - 1 278(养老定投) = 4 322元,那么买房前的月结余总和为4 322 × 12 × 2 = 103 728元,加上活期存款2.5万元,股票及基金2.5万元(假设2年后价值与目前价值相同;为保证买房目标,建议将股票和基金投资转为货币基金),2年后买房时的总结余为153 728元,能够保证15万元的首付房款。2年后,林小姐的每月结余是6 850 - 1 250(保费) - 2 282(住房贷款) - 1 278(养老定投) = 2 040元。这部分结余的资金可以为未来的子女教育投资做准备。

三、实施策略

(1) 林小姐应将活期存款15万元当中的2.5万元作为应急保障,以现金、活期存款或货币基金的形式持有。

（2）林小姐应多方了解保险产品，为自己购买适合自身情况的商业保险，年保费支出约为1.5万元，月保费支出约为1250元。

（3）2年后林小姐从活期存款中拿出10万元用于攻读MBA。

（4）为实现买房目标，建议林小姐将股票和基金资产转换为货币基金持有，2年内积累每月结余，加上已有的活期存款，可实现2年后15万元的购房首付；2年后，向银行申请30年期房贷还款购房，每月还款2282元，在能力允许的情况下，可以考虑缩短还款期限提前还款。

（5）从现在开始，林小姐应坚持做一笔为期27年的指数基金定投，每月定投1278元，以此作为养老基金。

（6）2年以后每月结余2040元，林小姐可通过定投为未来的子女教育做准备。

第二节 家庭初建期职场新人买房规划

宋小姐，24岁，在广州从事医药销售代表的工作；宋小姐的丈夫张先生，25岁，在某网络开发公司工作。宋小姐和张先生是大学同学，大学毕业刚参加工作两年，如今两人工作稳定，决定步入人生的新阶段——结婚。为了在广州建立一个幸福的小家庭，他们打算近期买一套婚房。两人的收入主要来自于工资，宋小姐每月平均工资6000元，张先生5000元，两人每年年终奖共30000元，两人都有五险一金。现在房租每月1500元，其他生活费4000元，每年花5000元旅游。目前共有存款100000元，面对居高不下的房价和越来越严的调控政策，怎样才能完成成家立业的梦想呢？

理财师根据宋小姐的家庭情况开展以下分析和规划：

一、家庭财务状况分析

（一）家庭资产状况分析

表8-3为宋小姐一家的家庭资产负债表，由表中可以看出，宋小姐的家庭资产负债情况比较简单。资产方面是10万元的活期存款，目前没有负债，因此不存在还款压力，资产负债情况比较稳健。但是活期存款的资本增值能力很弱，尤其在目前通货膨胀比较高的情况下，容易造成资产缩水。考虑到其近期买房的计划，理财师建议把活期存款中的大部分投资于货币市场基金、七天

通知存款等,这些投资方式变现能力强且利率高于活期存款。

表 8-3 家庭资产负债表

家庭资产	金额/万元	占比(%)	家庭负债	金额/万元	占比(%)
现金、活期及定期储蓄	10	100.00	房屋贷款	0	0.00
债券、基金、股票及理财产品	0	0.00	汽车贷款	0	0.00
自用房产	0	0.00	其他贷款	0	0.00
房产投资、黄金及收藏品	0	0.00	信用卡透支金额	0	0.00
汽车等其他资产	0	0.00	其他债务	0	0.00
合计	10	100.00	合计	0	0.00
家庭净资产	10				

假设宋小姐选择了一套面积 80 平方米两室一厅的房子,每平方米均价为 1.2 万元,那么房子总价为 96 万元。如果买房的首付比例三成为 28.8 万元,由自己的存款和向双方父母借款完成,其余 67.2 万元用商业贷款。根据目前商业贷款的基准利率为 6.6%,贷款年限设为 30 年,每月需要还房贷 4 292 元。每月还贷额占月均收入的比例为 31.8%,低于 40%的安全线。

(二)收入支出分析

表 8-4 为宋小姐一家的收入支出表。宋小姐一家月总收入为 13 500 元。其中,宋小姐每月收入 6 000 元,占 44.44%;张先生每月收入 5 000 元,占 37.04%;两个人奖金收入月均 2 500 元,占 18.52%。在家庭收入构成中,夫妻收入相差不大,属于共同奋斗型。从家庭收入构成来看,来源较为单一,可以尝试通过各种途径获得兼职、投资等其他收入。

表 8-4 收入支出表

收入	金额/元	占比(%)	支出	金额/元	占比(%)
本人月收入	6 000	44.44	家庭日常月支出	5 500	92.95
配偶月收入	5 000	37.04	贷款月供	0	0.00
家庭月其他收入	2 500	18.52	其他月支出	417	7.05
月均收入合计	13 500	100.00	月均支出合计	5 917	100.00
月结余	7 583				

目前宋小姐家庭的月总支出为 5 917 元。其中,日常生活支出为 5 500 元,包括房租 1 500 元以及其他生活开支 4 000 元,占 92.95%;其他支出主要是旅游花费,每年约 5 000 元。家庭支出中,日常支出和其他支出占月总收入的 43.83%。目前家庭月度结余资金 7 583 元,年度结余资金 90 996 元,占家庭年总收入的 56.17%,显示宋小姐家庭控制开支的储蓄能力不强,还存在提

升空间。

根据上文的假设,如果加上买房的支出,则每月贷款月供增加4 292元,但同时减少了1 500元的房租费,相当于每月增加了2 792元的支出。每月结余资金为4 791元,年度结余资金约为57 492元,这一部分资金除了还父母借给的买房首付款之外,可通过合理的投资来帮助其实现家庭未来各项财务目标。

理财师建议宋小姐开源节流:在收入方面,由于目前收入来源比较单一,可以尝试其他途径,如做一些投资等;从开支方面可以看出,日常开支费用是比较大的,对于目前正准备投资买房的他们来说,可以适当缩减每月花费,如尽量使用公共交通、减少外出吃饭的次数等。

理财诊断总结:宋小姐及其丈夫的收入并不低,但家庭的收入来源单一,无法防范失业风险;由于平时消费较高,开支不尽合理,可以做进一步缩减。为了尽快实现买房的目标,一方面需要开源增加收入,另一方面需要节流减少开支。同时,要建立综合理财的观念,即在做好保障的情况下取得财务资源的财富增值。

二、理财规划建议

宋小姐应从应急准备、长期保障、子女生育及教育、养老规划、还债等方面入手,进行相应的规划。

(一)应急准备规划

现金保障的目的是规避短期风险,防止在收入中断的情况下影响家庭正常生活及资产和投资(比如房产、汽车等)。一般来讲,家庭需要储备月支出总额的3—6倍作为现金保障。目前宋小姐家庭平均月支出为5 917元,需要保留它的3—6倍,约为17 800—35 500元作为现金保障。如果算上房贷增加的2 792元,则需要保留约26 000—52 000元左右。

(二)长期保障规划

宋小姐夫妇都有五险一金,基本保障是足够的。但如果增加了房屋贷款,这种基本保障无法覆盖家庭全部财务风险,需要购买商业保险至少覆盖还房贷的这三十年。购买商业保险的基本思路是:先给家庭经济支柱买足保险,再给第二经济支柱买。保险的主要目的是保障家庭其他成员,并非保障自己,所以购买保险是承担家庭责任的一种形式。宋小姐夫妇二人收入比较平均,所以两人都需要购买一定数量的保险。从整个家庭的收入情况来说,可以拿出10%左右的收入购买商业保险,重点考虑重大疾病险、意外险、寿险。通过一定的组合配置,可在保费较低的情况下实现较高的保障。宋小姐家庭年收入是 16.2 万元,可以拿出约 1.6 万元购买商业保险,平均每月 1 333 元。

(三)子女生育及教育规划

由于宋小姐夫妇二人还比较年轻,事业正处于上升周期,未来三年内暂无生育小孩的计划,因此关于这部分目前尚无需准备太多资金。

(四)养老金规划

宋小姐夫妇都有社保,这意味着其未来退休后基本生活是有保障的。但如果希望退休后生活质量维持较高水平,可趁年轻时提早做好规划。按保持目前的生活水准月开支 4 000 元来计算,假设通胀率 3%,那么 31 年后即当宋小姐 55 岁退休时的生活费用将达到每月 10 000 元左右。退休后 55—85 岁的生活费用至少需要 $10\ 000 \times 12 \times 30 = 360$ 万元(假设通胀率与资金收益率相同,都为 3%)。假设 50% 通过社保满足,50% 由自己筹备。为筹备 180 万元,需要每月进行基金定投 1 107 元(可选择指数基金),按年均收益率 8% 计算,定投 31 年退休时即可实现。

(五)还债规划

目前宋小姐家庭每月负债。如果投资买房的话,由于首付中有部分钱是向父母借的,那么宋小姐家庭的月结余应先保留足够的应急准备,其他可用来还给父母或提前还贷。月结余是 13 500 - 5 917 - 2 792 - 1 333(保险费用平摊到每月)- 1 107(养老定投)= 2 351 元,一年可偿还债务 2.8 万元左右。

三、实施策略

(1)宋小姐可将活期存款 10 万元中的 2 万元左右作为应急准备,以活期存款或者货币基金等流动性好的方式持有。

(2)宋小姐可向保险公司询问保险产品,购买保险年支出约 1.6 万元;也可向专业第三方理财机构(如诺亚财富、招宝理财等)咨询保险产品组合,以保证家庭获得足够的保障,在获得足够保障的前提下可以释放家庭财务资源进行更多地投资,使财富增长速度加快。

(3)宋小姐应开通基金定投账户,从现在开始坚持做一笔为期 31 年的指数基金定投,每月定投 1 100 元左右作为夫妻二人的养老基金;如果未来有了小孩,则再增加一笔指数基金定投,作为孩子的教育基金。

(4)近期内房价涨势趋稳,如果宋小姐夫妇决定投资买房自住,则需要密切关注楼市调控政策,同时准备好首付款,遇到合适的机会则可出手,以免错失良机。

以上是理财师根据宋小姐家庭情况及买房意愿设计的理财方案及操作方法,以期帮助其家庭更好地实现各项理财目标。同时,理财方案需要根据家庭实际情况及外部环境的变化进行适当的调整,建议定期与理财师保持密切联系,以便及时对理财规划进行相应的调整。

第三节　家庭形成期商界高层新贵理财规划

刘先生,31岁,现为某民营股份公司董事会秘书,年轻有为,在公司是高管成员之一,月均收入在1.8万元左右。刘先生妻子,28岁,在公司担任销售部副总,月均收入在1万元左右。刘先生夫妇在商界拼搏多年,帮助公司获得巨大成功,自己也收获了相应的高收入和社会地位,算得上商界中的高层新贵。两人结婚两年,已经买车买房,但家庭支出较大,房贷加养车支出需要6 000元左右,其他支出主要在日常用品和社会交际,这方面支出在8 000元左右,总共月均支出14 000元。目前,刘先生夫妇有存款30万元,房贷尚有90万元要偿还。另外,夫妻双方父母年纪都在60岁左右,有社保,身体状况还不错,刘先生夫妇每年给予其1万多元的赡养费。

刘先生表示,目前夫妇两人除了单位的社保外,没有配置过其他保险,想要在这方面做一定规划,过一两年也计划生小孩,想准备点教育金。另外,父母年龄逐渐增加,刘先生也准备给父母购买保险,以备父母生病时使用。关于闲置资金的使用,刘先生表示,目前通胀越来越高,存在银行是不合适的,但由于妻子是比较稳妥的人,不太愿意参与过大风险的投资,希望以稳健的方式对资产进行保值增值。

理财师先从刘先生夫妇的家庭财务状况着手,分析其资产负债情况和收入支出情况。

一、家庭财务状况分析

(一)家庭资产状况分析

资产是指拥有所有权的财富,包括金融资产、实物资产等。债务是指由过去的经济活动而产生的,将会引起家庭现在的经济资源流出的责任。一般而言,按照期限长短,债务可分为短期负债(1年以下)、中期负债(1—5年)和长期负债(5年以上)等。而净资产是指家庭的资产减去债务后剩下的那一部分财富,它表示了在某个时点上家庭偿还了所有债务后能够支配的财富价值。

表 8-5 为刘先生家庭的资产负债表,家庭总资产 192 万元,由于已经还贷几年,家庭房屋贷款还剩下 90 万元,总资产减去总负债后的家庭净资产为 102 万元。

表 8-5 刘先生家庭资产负债表

家庭资产	金额/万元	占比(%)	家庭负债	金额/万元	占比(%)
现金、活期及定期储蓄	30.0	15.6	房屋贷款	90.0	100.0
债券、基金、股票及理财产品	0.0	0.0	汽车贷款	0.0	0.0
自用房产	150.0	78.1	其他贷款	0.0	0.0
房产投资、黄金及收藏品	0.0	0.0	信用卡透支金额	0.0	0.0
汽车等其他资产	12.0	6.3	其他债务	0.0	0.0
合计	192.0	100.0	合计	90.0	100.0
家庭净资产	102.0				

根据表 8-5 计算,刘先生家庭总负债占总资产的比例为 46.9%,低于 50% 的安全水平,说明刘先生家庭目前的资产状况较为稳健;家庭净资产占总资产的比例为 53.12%,也说明刘先生家庭的资产负债状况比较稳健,即使在经济不景气时也有能力偿还所有债务。

(二)收入支出情况分析

家庭理财计划都要从储蓄开始,没有资金,任何投资都将无从谈起。而收支结余资金正是投资资金的重要来源。运用"开源节流"的思想,增加收入,理性消费,减少不合理的开支,都将增加家庭可用于投资的资金。尤其是在家庭消费方面,做好预算,通过记账等方式进行家庭财务管理都是有效的手段。

如表 8-6 所示,刘先生家庭的月度支出当中,家庭月总收入 28 000 元。其中,刘先生的月收入为 18 000 元,占 64.3%;配偶的月收入为 10 000 元,占 35.7%;无其他收入。家庭收入中,刘先生收入较高。

表 8-6 刘先生家庭收入支出表

收入	金额/元	支出	金额/万元
本人月收入	18 000	家庭日常月支出	10 500
配偶月收入	10 000	贷款月供	3 500
家庭月其他收入	0	其他月支出	1 000
月均收入	28 000	月均支出	15 000
月结余	13 000		

从家庭收入构成来看,工资收入占到总收入的100%,显示其家庭的收入来源较为单一,可尝试通过各种途径获得兼职收入、租金收入等其他收入。

目前家庭的月总支出为15 000元。其中,日常月支出为10 500元,包括生活支出和养车支出,占70%;父母赡养费用为1 000元,占6.7%;房贷月供支出为3 500元,占23.3%。在家庭支出构成中,按揭还款占月总收入的12.50%,负担并不大;日常支出和其他支出占月总收入的41.07%,还可进一步对支出进行控制,增加可储蓄金额。

目前家庭月度结余资金13 000元,年度结余资金156 000元,占家庭年总收入的46.4%。这一比率称为储蓄比例,反映了家庭控制开支和能够增加净资产的能力。对于这些结余资金,家庭可通过合理的投资来实现未来家庭各项财务目标的积累。

二、理财规划建议

家庭理财规划要尽量实现长期目标与短期目标相结合、规避风险与获取投资收益相结合,优化家庭财务质量。

(一) 应急准备规划

家庭需要对月必需支出准备应急现金保障,以备紧急情况出现时能有适当的缓冲时间,为应付风险提供现金支持。刘先生家庭月支出比较大,需要整理月支出中哪些是月必需支出,哪些是可控支出。根据刘先生家庭情况,房贷和养车支出及月生活费支出为月必需支出。那么,应急准备以月必需支出的3—6倍来准备应急资金,以便应付意外情况下未来3—6月的必需支出。假设15 000元的80%是必需支出,则刘先生家庭需要准备36 000—72 000元作为应急准备金。

(二) 长期保障规划

家庭应该注重长期风险的对冲,主要通过配置保险来实现。刘先生夫妇都有社保,但只是基本保障。如果刘先生家庭想释放更多的财务资源用于满足其他目标,则可以购买商业保险,以商业保险做好补充保障后,再进一步考虑其他投资规划。

家庭商业保险的购买可将保额设置在年收入的5—10倍,即保障意外情况下未来5—10年的收入,保费控制在年收入的10%—15%左右。按照刘先生家庭的年收入33.6万元来计算,可将保额设置为168万—336万元,保费控制在年收入的适当范围,大致为3万—5万元保费支出。

商业保险的险种应考虑寿险、重大疾病险、意外险。买保险时的顺序是先给家庭经济支柱买(即先给最能赚钱的人买),再给次经济支柱买,最后才给孩子买。具体的保险产品组合可咨询保险机构或者保险顾问。通过不同组合可以在控制保费的情况下达到相应的保额需求。

(三) 子女生育和教育规划

在子女方面,如果单位已经配备了生育保险,则刘先生家庭可准备 1 万元左右的生育金用来应付一些情况就可以了。当子女出生后,一方面月生活支出将增加 1 000—2 000 元,另一方面还需要为子女准备未来的教育基金。刘先生家庭可从子女出生开始为他每月做一笔基金定投,如果每月投资 1 250 元,投资 18 年后,按照基金年收益率 8% 左右计算,可在孩子 18 岁时筹集到 60 万元左右的教育资金。如果刘先生夫妇有更高的要求,可相应提高定投金额。理财师建议,刘先生夫妇在孩子出生后可再次联系理财师,根据家庭财务状况修改和完善理财规划。

(四) 养老规划

这里的养老规划不是给父母做的养老规划,而是刘先生夫妇为自己做的规划,以减轻子女未来的负担。随着社会的不断进步,人的寿命越来越长,而子女的人数越来越少(一般是独生子女),所以子女以后的负担很重。

按刘先生夫妇目前的消费水平,退休后要想保持和退休前一样的生活水平是比较困难的。按刘先生家庭目前的总支出 15 000 元计算,扣除房贷和养车支出还剩下 9 500 元左右,那么按年通货膨胀率 3% 计算,则到 55 岁退休时的生活费开支每月需要 19 891 元。通过计算,55 岁退休到 85 岁的 30 年间双方共需要生活费用 716 万元。即使一半由社保来支付,另一半也需要自己筹集。那么,刘先生家庭可以通过每月定投基金 3 765 元来筹备这笔养老费用,如果还需要提高老年时的生活水平,则需要再提高月定投额度。

而对于父母的考虑,由于父母年龄已经 60 岁,过了买保险的时机,保费会出现倒挂情况,所以现在已经不适合买商业保险了。父母如果有社保,依赖社保可以解决基本问题,其他问题只能通过刘先生夫妇来解决。刘先生夫妇可以每年将一笔钱给父母储蓄起来,在他们需要的时候拿出来用。给父母存的这笔钱最好是用风险较小的方式保留,以应付不时之需,尽量不要做较高风险的投资。

三、实施策略

（1）刘先生夫妇可以将存款30万元中拿出7万元作为应急准备，以现金或者活期存款等流动性好的方式持有；剩余资金做投资组合，使得资产保值增值，详见投资组合操作方案。

（2）刘先生夫妇可向保险机构或者保险顾问咨询寿险、重大疾病险、意外险组合，保额设置为150万元左右，保费控制在3万—5万元左右。

（3）月结余资金13 000元中，假设每月留出4 170元作为保费，则可留出1 250元作为子女教育定投，3 765元作为刘先生夫妇养老定投，还可结余3 815元。定投可以选指数基金，比如嘉实300或广发中证500，定投指数基金是长期投资，在累计金额达到相应目标后可取出转成银行存款。

（4）投资组合可以为：对剩余的23万元进行资产配置，由于刘先生夫妇比较厌恶风险，可以配置较大比重的债券基金，比如债券基金70%（可选华夏债券基金等）+股票基金30%（可选华夏红利基金或华夏策略精选等）。另外，每月还结余的3 815元也可做如下组合进行基金定投：债券基金50%（同上，用做父母未来生病基金）+指数基金50%（广发中证500，用做旅游基金或其他改善生活所用基金）。

第四节　家庭成熟期不惑之年换房规划

李先生今年40岁，与太太结婚多年，儿子已上高中，是典型的三口之家。李先生是公务员，月收入3 300元；李太太是中学教师，月收入2 500元。两人目前工作稳定，单位福利也不错，奖金福利一年约8 000元左右。经过多年累积，现拥有一套80平方米的住房（价值约20万元）和一辆家用轿车（价值约10万元）。家庭活期存款约10 000元，定期存款50 000元，投资于基金20 000元和银行理财产品30 000元，无负债。家庭日常支出每月约为2 000元，另外儿子上高中的费用一年为3 000元。李先生希望改善目前的生活环境，在近期买一套稍大的房子，方便照顾年事已高的父母。目前二、三线城市的房价也在逐渐上涨，买房需要一笔巨大的花费，同时也考虑为儿子三年后上大学准备一笔教育费用，如何利用现有资源合理规划达成理财目标呢？

一、家庭财务状况分析

(一) 家庭资产状况分析

表 8-7 为李先生一家的家庭资产负债表。由资产负债表可看到，家庭拥有固定资产和流动资产总值 41 万元，无负债，不存在还款压力，资产负债情况比较稳健。固定资产为一套价值 20 万元的房产和一辆价值 10 万元的轿车，流动资产方面是 6 万元的活、定期存款，2 万元的股票型基金和 3 万元的保险理财产品。家庭资产的 73.17% 为固定资产，如果不变卖折现的话，则可用于达成理财目标的部分仅有流动资产的 11 万元。

表 8-7 家庭资产负债表

家庭资产	金额/万元	占比(%)	家庭负债	金额/万元	占比(%)
现金、活期及定期储蓄	6	14.63	房屋贷款	0	0.00
债券、基金、股票及理财产品	5	12.20	汽车贷款	0	0.00
自用房产	20	48.78	其他贷款	0	0.00
房产投资、黄金及收藏品	0	0.00	信用卡透支金额	0	0.00
汽车等其他资产	10	24.39	其他债务	0	0.00
合计	41	100.00			
家庭净资产	41				

根据李先生的购房意愿，假设购买一套面积 130 平方米四室二厅的房子，每平方米均价为 2 500 元，那么房子总价为 32.5 万元。鉴于李先生之前买房并无贷款记录，因此可按首套房来向银行贷款。如果买房的首付比例按三成计算约 10 万元，可用存款和从理财产品中赎回的资金来支付，其余 22.5 万元可用公积金贷款，根据 2011 年 4 月 6 日加息后 5 年以上个人住房公积金贷款的基准利率为 4.7% 计算，贷款年限设为 20 年，每月需要还房贷 1 448 元。每月还贷额占月均收入的比例为 38.11%，低于 40% 的安全线。

(二) 收入支出分析

表 8-8 为李先生一家的收入支出表。李先生一家月总收入为 5 800 元。其中，李先生每月收入 3 300 元，占 56.9%；李太太每月收入 2 500 元，占 43.1%。另外，家庭年终奖金收入约 8 000 元。家庭收入构成中，夫妻收入相差不大。从家庭收入构成来看，来源较为单一，可以尝试通过各种途径获得兼职、租金等其他收入。

表 8-8 收入支出表

收入	金额/元	占比(%)	支出	金额/元	占比(%)
本人月收入	3 300	56.9	家庭日常月支出	2 000	100.0
配偶月收入	2 500	43.1	贷款月供	0	0.0
家庭月其他收入	0	0.0	其他月支出	0	0.0
月均收入合计	5 800	100.0	月均支出合计	2 000	100.0
月结余	3 800				

目前李先生家庭的平均月总支出为 2 000 元，主要为日常生活支出 2 000 元，包括衣、食、行等方面，占 100%；其他支出主要是孩子的学杂费等，每年约 3 000 元。家庭支出中，日常支出占月总收入的 34.48%。目前家庭月度结余资金 3 800 元，年度结余资金 50 600 元（= 3 800 × 12 + 8 000 − 3 000），占家庭年总收入的 65.21%（= 50 600/77 600）。显示李先生家庭控制开支的储蓄能力较强，可以为投资买房提供一定保障。

根据上文假设，如果李先生一家执行了买房的计划，那么加上买房的贷款月供，则支出每月增加 1 448 元。在新房入住后，可以把目前所住的房屋出租，每月可以获得一定的租金收入来减轻还贷负担，例如每月房租 700 元。这样相当于每月只需增加 748 元的支出。贷款月供支付后每月结余资金为 3 052 元，年度结余资金约为 41 624 元，这一部分资金可通过合理的投资来为孩子未来的大学学费做储备以及达成其他家庭财务目标。

理财师建议李先生开源节流：在收入方面，由于目前收入来源比较单一，可以尝试其他途径，如做一些投资或租金收入等；从开支方面可以看出，目前日常开支费用控制得比较好，但对于未来赡养老人可能会增加一定的花费，这一部分的可能支出应尽可能早做打算，如通过购买医疗保险等，以免出现财务困境。

理财诊断总结：李先生夫妇的收入在当地属于中上水平，但家庭的收入来源单一，且存在失业风险；由于平时消费安排比较合理，多年的财富积累为投资买房提供了坚实基础。但同时也要注意夫妻双方已处于中年，日后的收入应该不会有更大的增长空间，赡养老人以及孩子读书花费将会是未来数年内的重要开支项目，所以应提早做好理财规划，以免出现财务困境。

二、理财规划建议

李先生应从应急准备、长期保障、子女生育及教育、养老规划等方面入手，进行相应的规划。

(一)应急准备规划

现金保障的目的是规避短期风险,防止在收入中断的情况下影响家庭正常生活及资产和投资(比如房产、汽车等)。一般来讲,家庭需要储备月支出总额的3—6倍作为现金保障。目前李先生家庭平均月支出为2 000元,需要保留它的3—6倍,约为6 000—12 000元作为现金保障。如果算上房贷增加的748元,则需要保留约8 200—16 500元左右。

(二)长期保障规划

李先生夫妇都有五险一金,基本保障已足够。但如果增加了房屋贷款,这种基本保障无法覆盖家庭全部财务风险,需要购买商业保险至少覆盖还房贷的这二十年。购买商业保险的基本思路是:先给家庭经济支柱买足保险,再给第二经济支柱买。保险的主要目的是保障家庭其他成员,并非保障自己,所以购买保险是承担家庭责任的一种形式。从整个家庭的收入情况来说,可以拿出10%左右的收入购买商业保险,重点考虑重大疾病险、意外险、寿险。通过一定的组合配置,可在保费较低的情况下实现较高的保障。李先生家庭年收入约5万元,可以拿出约5 000元购买商业保险,平均每月417元。

(三)子女教育规划

子女教育是家庭理财的重要方面,可以通过投资的方式实现。李先生和太太育有一个儿子,现在在某高中就读。买房首付需要花费大部分现有资金,为了准备三年后儿子上大学的学费,则需要在每月还贷之余再另做储蓄计划。可采用定投基金的方式作为教育金储备。定投基金具有风险,不同类型的基金风险不同,股票型基金可能的收益较高,但风险相应较大;债券型基金风险较小,但收益相对较低。一般来看,投资指数基金的费用较低,长期年均收益率为8%左右。李先生儿子15岁,如果从现在开始,每月定投指数基金1 233元,孩子18岁时可获得5万元左右的教育金。

(四)养老金规划

李先生夫妇都有社保,这对其未来退休后的基本生活是有保障的。但如果希望退休后生活质量维持较高水平,可提早做好规划。按保持目前的生活水准月开支2 000元来计算,假设通胀率3%,那么20年后即60岁退休时的生活费用将达到每月3 600元左右。退休后60—85岁的生活费用至少需要3 600×12×25=108万元(假设通胀率与资金收益率相同,都为3%)。假设50%通过社保来满足,50%由自己筹备。为筹备54万元,需要每月定投基金

917元(可选择指数基金),按年均收益率8%计算,定投20年退休时即可实现。

(五) 其他投资

按照以上的理财规划,李先生家庭每月的结余资金为3 800−748(房贷月供增加差额)−417(月均保险支出)−1 233(教育基金定投)−917(养老基金定投)=485元。另外,每年年终结余有5 000元(年终奖金收入−孩子学费支出),那么总剩余资金约为1万元。由于买房的首付资金占用了家庭的大部分流动资产,这些剩余资金应首先补足应急准备金。做好了相应的保障后,可将剩余的资金进行投资。鉴于其风险承受能力和年龄情况,可考虑中等风险投资,如蓝筹股、平衡型基金、债券基金和股票基金组合等。

三、实施策略

(1) 李先生应保持目前投资方式不变,如果最近一年考虑买房,可将基金等理财产品变现作为首付准备,以活期存款等流动性好的方式持有。

(2) 李先生可向保险公司询问保险产品,也可向专业第三方理财机构(如诺亚财富、招宝理财网等)咨询保险产品组合,购买保险年支出约5 000元,以保证家庭获得足够的保障。在获得足够保障的前提下,可以尽可能地释放家庭财务资源进行更多地投资,使财富增长速度加快。

(3) 李先生应开通基金定投账户,一是要从现在开始坚持做为期20年的指数基金定投,每月定投900元左右作为夫妻二人的养老基金;二是要每月定投1 200元左右作为孩子的大学教育储备。

(4) 在房价调控的政策影响下,二、三线房价依然趋涨,如果李先生夫妇决定投资买房,则需要密切关注楼市调控政策,如房贷政策等。如果遇到合适的机会则可以买入,以达到改善居住环境的目标。

以上是理财师根据李先生家庭情况及买房意愿设计的理财方案及操作方法,以期帮助其家庭更好地实现各项理财目标。同时,理财方案需要根据家庭实际情况及外部环境的变化进行适当的调整,建议定期与理财师保持密切联系,以便及时对理财规划进行相应的调整。

第五节 家庭退休期安逸晚年理财规划

家住广州,年近六旬的谢先生今年刚从部门主管的职位上退下来,开始筹划与3年前退休的老伴共享晚年生活。谢先生的女儿大学毕业后一直在广州工作,已结婚生子,小外孙女今年3岁了,很招二老喜欢。目前谢先生夫妇除了单位提供的社保,还有年轻时购买的重大疾病和住院医疗保险,每月可领退休工资分别为2 000元、1 600元,另外女儿每月给二老1 000元作为赡养费。二老现住的房子近80平方米,市值约70万元,每月生活开支3 000元左右。谢先生是位老股民,退休前一直以投资股市作为其投资主力,现有价值约10万元的股票。前段时间女儿买房二老资助了20万元的部分首付款,手头上暂无多余存款。退休后夫妇俩感觉工资水平大不如从前,但乐观的谢先生相信只要合理规划,他们定能安度晚年。惦着女儿女婿还房贷压力不小,谢先生还想着给外孙女筹措一笔上大学用的教育基金。

一、家庭财务状况分析

如表8-9所示,谢先生家庭净资产80万元,无负债风险。但资产主要由固定资产房产和金融资产股票构成,虽说资金利用效率高,但家庭所有资产难以及时兑现,流动性配置不足,蕴涵较高的风险。步入晚年,创造财富的机会越来越少,老年人主要的生财之道就是利用手中积累的钱再生钱,通过投资使财富增值。但退休后家庭收入锐减,承担风险的能力大不如从前,老年人投资理财应将本金安全放在第一位,在风险得到防范的情况下再去追求更高的收益,投资工具以稳健型为主。谢先生投资的10万元股票属于高风险资产,本金安全难以保障,应当大幅度削减这种高风险的投资,退出的资金可用于购买国债、货币市场基金或保本型基金等较稳妥又高于银行利息收益的理财产品。

表8-9 谢先生家庭资产负债表

家庭资产	金额(元)	占比(%)	家庭负债	金额(元)	占比(%)
现金、活期储蓄	0	0.0	房屋贷款	0	0.0
定期存款	0	0.0	汽车贷款	0	0.0
自用房产	700 000	87.5	其他贷款	0	0.0
汽车	0	0.0			
股票	100 000	12.5			
其他资产	0	0.0			
合计	800 000	0.0	合计	0	0.0
家庭净资产	800 000				

表 8-10　谢先生家庭收入支出表

收入	金额(元)	支出	金额(元)
本人月收入	2 000	夫妇二人日常月支出	3 000
配偶月收入	1 600	其他月支出	0
其他	1 000		
月均收入	4 600	月均支出	3 000
月结余	1 600		

从表 8-10 来看,退休后谢先生夫妇每月收入 4 600 元,年总收入 55 200 元。若仍保持退休前的生活水平,每月除去生活开支 3 000 元后可结余 1 600 元,年度结余资金达 19 200 元。

二、理财规划方案

退休后的收入锐减,抗风险能力也急剧下降,因此退休后的理财应以保守为主。

（一）应急准备规划

应急准备金是家庭抵御风险的第一道防线。退休老人的家庭收入主要来源于退休工资或社会养老保险,一般不会有新的收入渠道,收入有限且比较固定,所以更应准备一笔安全性高、流动性强的资金以应对突然出现的现金支出需要。一般来说,应急准备金是家庭月支出的 3—6 倍,但对于老年人家庭来说,以 6 倍来准备会更加稳妥。谢先生家庭月支出为 3 000 元,所以应至少预留 18 000 元作为应急准备金。

应急准备金强调安全性和流动性,这笔钱不能以股票、基金等价格易波动可能带来损失的投资方式储备,同时避免购买无法提前支取的固定期限的银行理财产品。谢先生可以将股市退出的 10 万元资金留出 2 万元作为家庭的应急准备金,以活期存款或货币基金的形式持有。

（二）保障规划

健康是人生最宝贵的财富,没了健康,再多的财富也会流失殆尽。因此,谢先生夫妇可首先从每月退休金中拿出 500 元做一个健康保障规划。一年可准备 6 000 元的健康管理费用,这笔费用可用于每年的健康体检、一些日常医疗费用和购买意外险。就商业保险来看,60 岁以上的老人除了意外险可以考虑购买外,除非经济条件不错,一般不再适合购买其他商业保险。由于谢先生夫妇很早就有良好的保险意识,之前购买的重大疾病和住院医疗保险在退休后仍能起到一定的作用。

(三) 教育基金规划

谢先生疼爱外孙女,还想着为外孙女筹备教育基金。教育基金储备是一个长期的过程,可采取基金定投的方式,细水长流,积少成多。基金定投,即指在固定的时间以固定的金额投资到选定的开放式基金中,类似于银行存款零存整取的方式。这种长期投资不但在时间上平摊了投入成本,而且能降低整体风险。办理基金定投后,每月申购基金的费用代销机构会自动在固定日期从投资者的银行账户内扣缴,投资者只需保证银行卡内资金足够即可,这对老年朋友而言是个既省力又省心的不错选择。基金种类有很多,对于老年人,由于其承担风险的能力很弱,一般建议选择低风险收益稳定的债券型基金,费率也相对较低,年均收益率按大约5%计算。

谢先生的外孙女今年3岁,距离上大学的时间还有15年,若每月定投500元,按5%的年均收益率计算,则当15年后外孙女18岁上大学时,可筹集到13.4万元的教育基金,可满足二老的心愿。

(四) 投资规划

首先,将退出股市后剩余的8万元按比例可在国债、保本基金中进行资产配置。比如用6万元购买国债,作为晚年养老资金的储备;用2万元购买保本基金,作为较高收益但有保底的投资。由于谢先生有长期的炒股经验,若爱好炒股不愿全部退市也可留下1万—2万元的股票,但切记不适宜进行过多的高风险投资,毕竟未来的收入只有退休金而已,不像年轻人那样还有收入成长的空间。另外,理财产品太多,以老年人的精力难以打理,所以退休老人理财应控制在2—3个理财产品之内,并保留好原始凭证或记录,以免忘记。

其次,在提取健康管理费和准备好投资教育基金后,谢先生家庭的月度结余资金将变为1 600 - 500 - 500 = 600元。为了使这笔余钱保值增值,谢先生可采取"滚雪球"的方法进行储蓄。所谓"滚雪球",就是将每月的结余资金都存为一年定期存单,每月存一次,以此类推,一年之后就会有12张存单。这样第二年每个月都会有一笔存款到期,无论哪个月急需用钱,都可取出当月到期的存款并获得利息。不需要用钱的月份则可将到期的存款连同利息及手头的余钱,接着转存一年定期。如此,雪球就会越滚越大,积蓄也会越来越多。加之现在银行推出的自动转存服务,只要储蓄时与银行约定好,存款到期后就会按原来的利率和期限自动续存。它给储蓄者带来方便的同时也规避了利率调整带来的利息损失。

三、实施策略

总结以上规划和分析,我们得出以下具体操作方案:

(1)谢先生将其在股市的投资逐步退出变现,将变现的收入中的 2 万元以活期存款或货币基金的方式作为应急准备资金,6 万元用于购买国债,2 万元用于购买保本基金,如表 8-11 所示。

表 8-11 调整后的家庭资产结构

应急准备金	国债	保本基金	房产
2 万元	6 万元	2 万元	70 万元

(2)在保持原有生活水平的前提下,谢先生夫妇可每月拿出 500 元进行健康管理,并为自己和老伴购置意外保险或者增加运动、文化、娱乐方面的消费,充实养老生活。

(3)谢先生每月从结余中拿出 500 元坚持债券基金定投,15 年内可为外孙女筹得一笔 13.4 万元的教育基金,实现其心愿。

(4)每月剩余的 600 元,夫妇俩可选择"滚雪球"的方式积累储蓄以备日后所用,如表 8-12 所示。

表 8-12 月度支出规划表

月生活开支	健康管理	定投教育基金	滚雪球储蓄
3 000 元	500 元	500 元	600 元

如今通胀持续高涨,尽管央行多次加息仍难逃银行储蓄"缩水"的尴尬局面,老年朋友渐渐感觉到钱放在银行并不是最放心的。日益高涨的物价和相对稳定的收入催生了"银发一族"保值增值的理财需求。但老年朋友应特别注意自己的风险承受能力在退休后迅速降低,不再适合进行高风险的投资。通过合理的资产配置,相信老年朋友能在退休后颐养天年,过上幸福的晚年生活。

复习题

一、简答题

总结一下不同类型(以年龄或职务划分)客户的理财目标及其风险承受能力。

二、案例分析

1. 试为以下家庭做一份理财规划。

家庭状况：家庭成员——男30岁、女26岁、有两个小孩（6岁与3岁）；现有住房一套，无房贷；工资收入9 000元/月、房租收入6 000元/年；生活支出大概3 500元/月；基金定投嘉实沪深500元+易方达300元；两人有五险，没有住房公积金，分别购买了重疾与意外险，年保费6 000元；目前家庭无余款。

家庭目标：在3—5年内购一辆10万元左右的代步车；尽早购入第二套房子，大概60万元。

2. 了解自己家庭的财务目标，运用资产负债表和收入支出表进行财务状况分析，做出理财诊断，提出规划建议及具体操作方案。

附录一 复利终值系数（FVIF 表）

$$FV/PV, i, n = (1+i)^n$$

期数(n)	1%	2%	3%	4%	5%	6%	7%	8%	9%	10%	11%	12%	13%	14%	15%	16%	17%	18%	19%	20%	25%	30%
1	1.010	1.020	1.030	1.040	1.050	1.060	1.070	1.080	1.090	1.100	1.110	1.120	1.130	1.140	1.150	1.160	1.170	1.180	1.190	1.200	1.250	1.300
2	1.020	1.040	1.061	1.082	1.103	1.124	1.145	1.166	1.188	1.210	1.232	1.254	1.277	1.300	1.323	1.346	1.369	1.392	1.416	1.440	1.563	1.690
3	1.030	1.061	1.093	1.125	1.158	1.191	1.225	1.260	1.295	1.331	1.368	1.405	1.443	1.482	1.521	1.561	1.602	1.643	1.685	1.728	1.953	2.197
4	1.041	1.082	1.126	1.170	1.216	1.262	1.311	1.360	1.412	1.464	1.518	1.574	1.630	1.689	1.749	1.811	1.874	1.939	2.005	2.074	2.441	2.856
5	1.051	1.104	1.159	1.217	1.276	1.338	1.403	1.469	1.539	1.611	1.685	1.762	1.842	1.925	2.011	2.100	2.192	2.288	2.386	2.488	3.052	3.713
6	1.062	1.126	1.194	1.265	1.340	1.419	1.501	1.587	1.677	1.772	1.870	1.974	2.082	2.195	2.313	2.436	2.565	2.700	2.840	2.986	3.815	4.827
7	1.072	1.149	1.230	1.316	1.407	1.504	1.606	1.714	1.828	1.949	2.076	2.211	2.353	2.502	2.660	2.826	3.001	3.185	3.379	4.300	4.768	6.275
8	1.083	1.172	1.267	1.369	1.477	1.594	1.718	1.851	1.993	2.144	2.305	2.476	2.658	2.853	3.059	3.278	3.511	3.759	4.021	5.160	5.960	8.157
9	1.094	1.195	1.305	1.423	1.551	1.689	1.838	1.999	2.172	2.358	2.558	2.773	3.004	3.252	3.518	3.803	4.108	4.435	4.785	6.192	7.451	10.604
10	1.105	1.219	1.344	1.480	1.629	1.791	1.967	2.159	2.367	2.594	2.839	3.106	3.395	3.707	4.046	4.411	4.807	5.234	5.695	7.430	9.313	13.786
11	1.116	1.243	1.384	1.539	1.710	1.898	2.105	2.332	2.580	2.853	3.152	3.479	3.836	4.226	4.652	5.117	5.624	6.176	6.777	8.916	11.642	17.922
12	1.127	1.268	1.426	1.601	1.796	2.012	2.252	2.518	2.813	3.138	3.498	3.896	4.335	4.818	5.350	5.936	6.580	7.288	8.064	10.699	14.552	23.298
13	1.138	1.294	1.469	1.665	1.886	2.133	2.410	2.720	3.066	3.452	3.883	4.363	4.898	5.492	6.153	6.886	7.699	8.599	9.596	12.839	18.190	30.288
14	1.149	1.319	1.513	1.732	1.980	2.261	2.579	2.937	3.342	3.797	4.310	4.887	5.535	6.261	7.076	7.988	9.007	10.147	11.420	15.407	22.737	39.374
15	1.161	1.346	1.558	1.801	2.079	2.397	2.759	3.172	3.642	4.177	4.785	5.474	6.254	7.138	8.137	9.266	10.539	11.974	13.590	18.488	28.422	51.186
16	1.173	1.373	1.605	1.873	2.183	2.540	2.952	3.426	3.970	4.595	5.311	6.130	7.067	8.137	9.358	10.748	12.330	14.129	16.172	22.186	35.527	66.542
17	1.184	1.400	1.653	1.948	2.292	2.693	3.159	3.700	4.328	5.054	5.895	6.866	7.986	9.276	10.761	12.468	14.426	16.672	19.244	26.623	44.409	86.504
18	1.196	1.428	1.702	2.026	2.407	2.854	3.380	3.996	4.717	5.560	6.544	7.690	9.024	10.575	12.375	14.463	16.879	19.673	23.106	31.948	55.511	112.455
19	1.208	1.457	1.754	2.107	2.527	3.026	3.617	4.316	5.142	6.116	7.263	8.613	10.197	12.056	14.232	16.777	19.748	23.214	27.252	38.338	69.389	146.192
20	1.220	1.486	1.806	2.191	2.653	3.207	3.870	4.661	5.604	6.727	8.062	9.646	11.523	13.743	16.367	19.461	23.106	27.393	32.429	46.005	86.736	190.050
21	1.232	1.516	1.860	2.279	2.786	3.400	4.141	5.034	6.109	7.400	8.949	10.804	13.021	15.668	18.822	22.574	27.034	32.324	38.591	55.206	108.420	247.065
22	1.245	1.546	1.916	2.370	2.925	3.604	4.430	5.437	6.659	8.140	9.934	12.100	14.714	17.861	21.645	26.186	31.629	38.142	45.923	66.247	135.525	321.184
23	1.257	1.577	1.974	2.465	3.072	3.820	4.741	5.871	7.258	8.954	11.026	13.552	16.627	20.362	24.891	30.376	37.006	45.008	54.649	79.497	169.407	417.539
24	1.270	1.608	2.033	2.563	3.225	4.049	5.072	6.341	7.911	9.850	12.239	15.179	18.788	23.212	28.625	35.236	43.297	53.109	65.032	95.396	211.758	542.801
25	1.282	1.641	2.094	2.666	3.386	4.292	5.427	6.848	8.623	10.835	13.585	17.000	21.231	26.462	32.919	40.874	50.658	62.669	77.388	114.475	264.698	705.641
26	1.295	1.673	2.157	2.772	3.556	4.549	5.807	7.396	9.399	11.918	15.080	19.040	23.991	30.167	37.857	47.414	59.270	73.949	92.092	137.371	330.872	917.333
27	1.308	1.707	2.221	2.883	3.733	4.822	6.214	7.988	10.245	13.110	16.739	21.325	27.109	34.390	43.535	55.000	69.345	87.260	109.589	164.845	413.590	1192.533
28	1.321	1.741	2.288	2.999	3.920	5.112	6.649	8.627	11.167	14.421	18.580	23.884	30.633	39.204	50.066	63.800	81.134	102.967	130.411	197.814	516.988	1550.293
29	1.335	1.776	2.357	3.119	4.116	5.418	7.114	9.317	12.172	15.863	20.624	26.750	34.616	44.693	57.575	74.009	94.927	121.501	155.189	237.376	646.235	2015.381
30	1.348	1.811	2.427	3.243	4.322	5.743	7.612	10.063	13.268	17.449	22.892	29.960	39.116	50.950	66.212	85.850	111.065	143.371	184.675	237.376	807.794	2619.996
40	1.489	2.208	3.262	4.801	7.04	10.286	14.974	21.725	31.409	45.259	65.001	93.051	132.78	188.88	267.86	378.72	533.87	750.38	1051.7	1469.8	7523.2	36119
50	1.654	2.692	4.384	7.107	11.467	18.42	29.457	46.902	74.358	117.39	184.57	289	450.74	700.23	1083.7	1670.7	2566.2	3927.4	5988.9	9100.4	70065	497929

附录二 复利现值系数（PVIF 表）

$$(PV/FV, i, n) = (1+i)^{-n}$$

贴现率（i）

期数(n)	1%	2%	3%	4%	5%	6%	8%	10%	12%	14%	15%	16%	18%	20%	25%	30%	35%	40%	50%
1	0.99	0.98	0.97	0.961	0.952	0.943	0.925	0.909	0.892	0.877	0.869	0.862	0.847	0.833	0.8	0.769	0.74	0.714	0.666
2	0.98	0.961	0.942	0.924	0.907	0.889	0.857	0.826	0.797	0.769	0.756	0.743	0.718	0.694	0.64	0.591	0.548	0.51	0.444
3	0.97	0.942	0.915	0.888	0.863	0.839	0.793	0.751	0.711	0.674	0.657	0.64	0.608	0.578	0.512	0.455	0.406	0.364	0.296
4	0.96	0.923	0.888	0.854	0.822	0.792	0.735	0.683	0.635	0.592	0.571	0.552	0.515	0.482	0.409	0.35	0.301	0.26	0.197
5	0.951	0.905	0.862	0.821	0.783	0.747	0.68	0.62	0.567	0.519	0.497	0.476	0.437	0.401	0.327	0.269	0.223	0.185	0.131
6	0.942	0.887	0.837	0.79	0.746	0.704	0.63	0.564	0.506	0.455	0.432	0.41	0.37	0.334	0.262	0.207	0.165	0.132	0.087
7	0.932	0.87	0.813	0.759	0.71	0.665	0.583	0.513	0.452	0.399	0.375	0.353	0.313	0.279	0.209	0.159	0.122	0.094	0.058
8	0.923	0.853	0.789	0.73	0.676	0.627	0.54	0.466	0.403	0.35	0.326	0.305	0.266	0.232	0.167	0.122	0.09	0.067	0.039
9	0.914	0.836	0.766	0.702	0.644	0.591	0.5	0.424	0.36	0.307	0.284	0.262	0.225	0.193	0.134	0.094	0.067	0.048	0.026
10	0.905	0.82	0.744	0.675	0.613	0.558	0.463	0.385	0.321	0.269	0.247	0.226	0.191	0.161	0.107	0.072	0.049	0.034	0.017
11	0.896	0.804	0.722	0.649	0.584	0.526	0.428	0.35	0.287	0.236	0.214	0.195	0.161	0.134	0.085	0.055	0.036	0.024	0.011
12	0.887	0.788	0.701	0.624	0.556	0.496	0.397	0.318	0.256	0.207	0.186	0.168	0.137	0.112	0.068	0.042	0.027	0.017	0.007
13	0.878	0.773	0.68	0.6	0.53	0.468	0.367	0.289	0.229	0.182	0.162	0.145	0.116	0.093	0.054	0.033	0.02	0.012	0.005
14	0.869	0.757	0.661	0.577	0.505	0.442	0.34	0.263	0.204	0.159	0.141	0.125	0.098	0.077	0.043	0.025	0.014	0.008	0.003
15	0.861	0.743	0.641	0.555	0.481	0.417	0.315	0.239	0.182	0.14	0.122	0.107	0.083	0.064	0.035	0.019	0.011	0.006	0.002
16	0.852	0.728	0.623	0.533	0.458	0.393	0.291	0.217	0.163	0.122	0.106	0.093	0.07	0.054	0.028	0.015	0.008	0.004	0.001
17	0.844	0.714	0.605	0.513	0.436	0.371	0.27	0.197	0.145	0.107	0.092	0.08	0.059	0.045	0.022	0.011	0.006	0.003	0.001
18	0.836	0.7	0.587	0.493	0.415	0.35	0.25	0.179	0.13	0.094	0.08	0.069	0.05	0.037	0.018	0.008	0.004	0.002	0.001
19	0.827	0.686	0.57	0.474	0.395	0.33	0.231	0.163	0.116	0.082	0.07	0.059	0.043	0.031	0.014	0.006	0.003	0.001	0
20	0.819	0.672	0.553	0.456	0.376	0.311	0.214	0.148	0.103	0.072	0.061	0.051	0.036	0.026	0.011	0.005	0.002	0.001	0
21	0.811	0.659	0.537	0.438	0.358	0.294	0.198	0.135	0.092	0.063	0.053	0.044	0.03	0.021	0.009	0.004	0.001	0	0
22	0.803	0.646	0.521	0.421	0.341	0.277	0.183	0.122	0.082	0.055	0.046	0.038	0.026	0.018	0.007	0.003	0.001	0	0
23	0.795	0.634	0.506	0.405	0.325	0.261	0.17	0.111	0.073	0.049	0.04	0.032	0.022	0.015	0.005	0.002	0.001	0	0
24	0.787	0.621	0.491	0.39	0.31	0.246	0.157	0.101	0.065	0.043	0.034	0.028	0.018	0.012	0.004	0.001	0	0	0
25	0.779	0.609	0.477	0.375	0.295	0.232	0.146	0.092	0.058	0.037	0.03	0.024	0.015	0.01	0.003	0.001	0	0	0
26	0.772	0.597	0.463	0.36	0.281	0.219	0.135	0.083	0.052	0.033	0.026	0.021	0.013	0.008	0.003	0.001	0	0	0
27	0.764	0.585	0.45	0.346	0.267	0.207	0.125	0.076	0.046	0.029	0.022	0.018	0.011	0.007	0.002	0		0	0
28	0.756	0.574	0.437	0.333	0.255	0.195	0.115	0.069	0.041	0.025	0.019	0.015	0.009	0.006	0.001	0		0	0

(续表)

贴现率（i）

期数(n)	1%	2%	3%	4%	5%	6%	8%	10%	12%	14%	15%	16%	18%	20%	25%	30%	35%	40%	50%
29	0.749	0.563	0.424	0.32	0.242	0.184	0.107	0.063	0.037	0.022	0.017	0.013	0.008	0.005	0.001	0	0	0	0
30	0.741	0.552	0.411	0.308	0.231	0.174	0.099	0.057	0.033	0.019	0.015	0.011	0.006	0.004	0.001	0	0	0	0
31	0.734	0.541	0.399	0.296	0.22	0.164	0.092	0.052	0.029	0.017	0.013	0.01	0.005	0.003	0	0	0	0	0
32	0.727	0.53	0.388	0.285	0.209	0.154	0.085	0.047	0.026	0.015	0.011	0.008	0.005	0.002	0	0	0	0	0
33	0.72	0.52	0.377	0.274	0.199	0.146	0.078	0.043	0.023	0.013	0.009	0.007	0.004	0.002	0	0	0	0	0
34	0.712	0.51	0.366	0.263	0.19	0.137	0.073	0.039	0.021	0.011	0.008	0.006	0.003	0.002	0	0	0	0	0
35	0.705	0.5	0.355	0.253	0.181	0.13	0.067	0.035	0.018	0.01	0.007	0.005	0.003	0.001	0	0	0	0	0
36	0.698	0.49	0.345	0.243	0.172	0.122	0.062	0.032	0.016	0.008	0.006	0.004	0.002	0.001	0	0	0	0	0
37	0.692	0.48	0.334	0.234	0.164	0.115	0.057	0.029	0.015	0.007	0.005	0.004	0.002	0.001	0	0	0	0	0
38	0.685	0.471	0.325	0.225	0.156	0.109	0.053	0.026	0.013	0.006	0.004	0.003	0.002	0.001	0	0	0	0	0
39	0.678	0.461	0.315	0.216	0.149	0.103	0.049	0.024	0.012	0.006	0.004	0.003	0.001	0	0	0	0	0	0
40	0.671	0.452	0.306	0.208	0.142	0.097	0.046	0.022	0.01	0.005	0.003	0.002	0.001	0	0	0	0	0	0
41	0.665	0.444	0.297	0.2	0.135	0.091	0.042	0.02	0.009	0.004	0.003	0.002	0.001	0	0	0	0	0	0
42	0.658	0.435	0.288	0.192	0.128	0.086	0.039	0.018	0.008	0.004	0.002	0.002	0.001	0	0	0	0	0	0
43	0.651	0.426	0.28	0.185	0.122	0.081	0.036	0.016	0.007	0.003	0.002	0.001	0.001	0	0	0	0	0	0
44	0.645	0.418	0.272	0.178	0.116	0.077	0.033	0.015	0.006	0.003	0.002	0.001	0.001	0	0	0	0	0	0
45	0.639	0.41	0.264	0.171	0.111	0.072	0.031	0.013	0.006	0.002	0.001	0.001	0.001	0	0	0	0	0	0
46	0.632	0.402	0.256	0.164	0.105	0.068	0.029	0.012	0.005	0.002	0.001	0.001	0	0	0	0	0	0	0
47	0.626	0.394	0.249	0.158	0.1	0.064	0.026	0.011	0.004	0.002	0.001	0.001	0	0	0	0	0	0	0
48	0.62	0.386	0.241	0.152	0.096	0.06	0.024	0.01	0.004	0.001	0.001	0	0	0	0	0	0	0	0
49	0.614	0.378	0.234	0.146	0.091	0.057	0.023	0.009	0.003	0.001	0.001	0	0	0	0	0	0	0	0
50	0.608	0.371	0.228	0.14	0.087	0.054	0.021	0.008	0.003	0.001	0	0	0	0	0	0	0	0	0

附录三 年金终值系数表（FVIFA 表）

$$(FV/PMT, i, n) = \frac{(1+i)^n - 1}{i}$$

期数(n)	1%	2%	3%	4%	5%	6%	7%	8%	9%	10%	11%	12%	13%	14%	15%	16%	17%	18%	19%	20%	25%	30%
1	1.000	1.000	1.000	1.000	1.000	1.000	1.000	1.000	1.000	1.000	1.000	1.000	1.000	1.000	1.000	1.000	1.000	1.000	1.000	1.000	1.000	1.000
2	2.010	2.020	2.030	2.040	2.050	2.060	2.070	2.080	2.090	2.100	2.110	2.120	2.130	2.140	2.150	2.160	2.170	2.180	2.190	2.200	2.250	2.300
3	3.030	3.060	3.091	3.122	3.153	3.184	3.215	3.246	3.278	3.310	3.342	3.374	3.407	3.440	3.473	3.506	3.539	3.572	3.606	3.640	3.813	3.990
4	4.060	4.122	4.184	4.246	4.310	4.375	4.440	4.506	4.573	4.641	4.710	4.779	4.850	4.921	4.993	5.066	5.141	5.215	5.291	5.368	5.766	6.187
5	5.101	5.204	5.309	5.416	5.526	5.637	5.751	5.867	5.985	6.105	6.228	6.353	6.480	6.610	6.742	6.877	7.014	7.154	7.297	7.442	8.207	9.043
6	6.152	6.308	6.468	6.633	6.802	6.975	7.153	7.336	7.523	7.716	7.913	8.115	8.323	8.536	8.754	8.977	9.207	9.442	9.683	9.930	11.259	12.756
7	7.214	7.434	7.662	7.898	8.142	8.394	8.654	8.923	9.200	9.487	9.783	10.089	10.405	10.730	11.067	11.414	11.772	12.142	12.523	12.916	15.073	17.583
8	8.286	8.583	8.892	9.214	9.549	9.879	10.260	10.637	11.028	11.436	11.859	12.300	12.757	13.233	13.727	14.240	14.773	15.327	15.902	16.499	19.842	23.858
9	9.369	9.755	10.159	10.583	11.027	11.491	11.978	12.488	13.021	13.579	14.164	14.776	15.416	16.085	16.786	17.519	18.285	19.086	19.923	20.799	25.802	32.015
10	10.462	10.950	11.464	12.006	12.578	13.181	13.816	14.487	15.193	15.937	16.722	17.549	18.420	19.337	20.304	21.321	22.393	23.521	24.701	25.959	33.253	42.619
11	11.567	12.169	12.808	13.486	14.207	14.972	15.784	16.645	17.560	18.531	19.561	20.655	21.814	23.045	24.349	25.733	27.200	28.755	30.404	32.150	42.566	56.405
12	12.683	13.412	14.192	15.026	15.917	16.870	17.888	18.977	20.141	21.384	22.713	24.133	25.650	27.271	29.002	30.850	32.824	34.931	37.180	39.581	54.208	74.327
13	13.809	14.680	15.618	16.627	17.713	18.882	20.141	21.495	22.953	24.523	26.212	28.029	29.985	32.089	34.352	36.786	39.404	42.219	45.244	48.497	68.760	97.625
14	14.947	15.974	17.086	18.292	19.599	21.015	22.550	24.215	26.019	27.975	30.095	32.393	34.883	37.581	40.505	43.672	47.103	50.818	54.841	59.196	86.949	127.910
15	16.097	17.293	18.599	20.024	21.579	23.276	25.129	27.152	29.361	31.772	34.405	37.280	40.417	43.842	47.580	51.660	56.110	6.965	66.261	72.035	109.690	167.290
16	17.258	18.639	20.157	21.825	23.657	25.673	27.888	30.324	33.003	35.950	39.190	42.753	46.672	50.980	55.717	60.925	66.649	72.939	79.850	87.442	138.110	218.470
17	18.430	20.012	21.762	23.698	25.840	28.213	30.840	33.750	36.974	40.545	44.501	48.884	53.739	59.118	65.075	71.673	78.979	87.068	96.022	105.930	173.640	285.010
18	19.615	21.412	23.414	25.645	28.132	30.906	33.999	37.450	41.301	45.599	50.396	55.750	61.725	68.394	75.836	84.141	93.406	103.740	115.270	128.120	218.050	371.520
19	20.811	22.841	25.117	27.671	30.539	33.760	37.379	41.446	46.018	51.159	56.939	63.440	70.749	78.969	88.212	98.603	110.290	123.410	138.170	154.740	273.560	483.970
20	22.019	24.297	26.870	29.778	33.066	36.786	40.995	45.762	51.160	57.275	64.203	72.052	80.947	91.025	102.444	115.380	130.030	146.630	165.420	186.690	342.950	630.170
25	28.243	32.030	36.459	41.646	47.727	54.865	63.249	73.106	84.701	98.347	114.410	133.330	155.620	181.870	212.790	249.210	292.110	342.600	402.040	471.980	1 054.800	2 348.800
30	34.785	40.588	47.575	56.085	66.439	79.058	94.461	113.280	136.310	164.490	199.020	241.330	293.200	356.790	434.750	530.310	647.440	790.950	966.700	1 181.900	3 227.200	8730
40	48.886	60.402	75.401	95.026	120.800	154.760	199.640	259.060	337.890	442.590	581.830	767.090	1 013.700	1 342.000	1 779.100	2 360.800	3 134.500	4 163.210	5 519.800	7 343.500	30 089.000	120 393
50	64.463	84.579	112.800	152.670	209.350	290.340	406.530	573.770	815.080	1 163.900	1 668.800	24 000	3 459.500	4 991.500	7 217.700	10 436	15 090	21 813	31 515	45 497	280 256	165 976

附录四 年金现值系数表（PVIFA 表）

$$(PV/PMT, i, n) = \frac{1-(1+i)^{-n}}{i}$$

期数(n)	1%	2%	3%	4%	5%	6%	8%	10%	12%	14%	15%	16%	18%	20%	22%	24%	25%	30%	35%	40%	45%	50%
1	0.99	0.98	0.97	0.961	0.952	0.943	0.925	0.909	0.892	0.877	0.869	0.862	0.847	0.833	0.819	0.806	0.799	0.769	0.74	0.714	0.689	0.666
2	1.97	1.941	1.913	1.886	1.859	1.833	1.783	1.735	1.69	1.646	1.625	1.605	1.565	1.527	1.491	1.456	1.44	1.36	1.289	1.224	1.165	1.111
3	2.94	2.883	2.828	2.775	2.723	2.673	2.577	2.486	2.401	2.321	2.283	2.245	2.174	2.106	2.042	1.981	1.952	1.816	1.695	1.588	1.493	1.407
4	3.901	3.807	3.717	3.629	3.545	3.465	3.312	3.169	3.037	2.913	2.854	2.798	2.69	2.588	2.493	2.404	2.361	2.166	1.996	1.849	1.719	1.604
5	4.853	4.713	4.579	4.451	4.329	4.212	3.992	3.79	3.604	3.433	3.352	3.274	3.127	3.325	2.863	2.745	2.689	2.435	2.219	2.035	1.875	1.736
6	5.795	5.601	5.417	5.242	5.075	4.917	4.622	4.355	4.111	3.888	3.784	3.684	3.497	3.604	2.99	3.02	2.951	2.642	2.385	2.167	1.983	1.824
7	6.728	6.471	6.23	6.002	5.786	5.582	5.206	4.868	4.563	4.288	4.16	4.038	3.811	3.837	3.166	3.242	3.161	2.802	2.507	2.262	2.057	1.882
8	7.651	7.325	7.019	6.732	6.463	6.209	5.746	5.334	4.967	4.638	4.487	4.343	4.077	4.03	3.415	3.421	3.328	2.924	2.598	2.33	2.108	1.921
9	8.566	8.162	7.786	7.435	7.107	6.801	6.246	5.759	5.328	4.946	4.771	4.606	4.303	4.192	3.619	3.565	3.463	3.019	2.665	2.378	2.143	1.947
10	9.471	8.982	8.53	8.11	7.721	7.36	6.71	6.144	5.65	5.216	5.018	4.833	4.494	4.327	3.786	3.681	3.57	3.091	2.715	2.413	2.168	1.965
11	10.367	9.786	9.252	8.76	8.306	7.886	7.138	6.495	5.937	5.452	5.233	5.028	4.656	4.439	3.923	3.775	3.656	3.147	2.751	2.438	2.184	1.976
12	11.255	10.575	9.954	9.385	8.863	8.383	7.536	6.813	6.194	5.66	5.42	5.197	4.793	4.532	4.035	3.851	3.725	3.19	2.779	2.455	2.196	1.984
13	12.133	11.348	10.634	9.985	9.393	8.852	7.903	7.103	6.423	5.842	5.583	5.342	4.909	4.61	4.127	3.912	3.78	3.223	2.799	2.468	2.204	1.989
14	13.003	12.106	11.296	10.563	9.898	9.294	8.244	7.366	6.628	6.002	5.724	5.467	5.008	4.675	4.202	3.961	3.824	3.248	2.814	2.477	2.209	1.993
15	13.865	12.849	11.937	11.118	10.379	9.712	8.559	7.606	6.81	6.142	5.847	5.575	5.091	4.729	4.264	4.001	3.859	3.268	2.825	2.483	2.213	1.995
16	14.717	13.577	12.561	11.652	10.837	10.105	8.851	7.823	6.973	6.265	5.954	5.668	5.162	4.774	4.315	4.033	3.887	3.283	2.833	2.488	2.216	1.996
17	15.562	14.291	13.166	12.165	11.274	10.477	9.121	8.021	7.119	6.372	6.047	5.748	5.222	4.812	4.356	4.059	3.909	3.294	2.839	2.491	2.218	1.997
18	16.398	14.992	13.753	12.659	11.689	10.827	9.371	8.201	7.249	6.467	6.127	5.817	5.273	4.843	4.39	4.079	3.927	3.303	2.844	2.494	2.219	1.998
19	17.226	15.678	14.323	13.133	12.085	11.158	9.603	8.364	7.365	6.55	6.198	5.877	5.316	4.869	4.418	4.096	3.942	3.31	2.847	2.495	2.22	1.998
20	18.045	16.351	14.877	13.59	12.462	11.469	9.818	8.513	7.469	6.623	6.259	5.928	5.352	4.891	4.441	4.11	3.953	3.315	2.85	2.497	2.221	1.999
21	18.856	17.011	15.415	14.029	12.821	11.764	10.016	8.648	7.562	6.686	6.312	5.973	5.383	4.909	4.46	4.121	3.963	3.319	2.851	2.497	2.221	1.999
22	19.66	17.658	15.936	14.451	13.163	12.041	10.2	8.771	7.644	6.742	6.358	6.011	5.409	4.924	4.475	4.129	3.97	3.322	2.853	2.498	2.221	1.999
23	20.455	18.292	16.443	14.856	13.488	12.303	10.371	8.883	7.718	6.792	6.398	6.044	5.432	4.937	4.488	4.137	3.976	3.325	2.854	2.498	2.221	1.999
24	21.243	18.913	16.935	15.246	13.798	12.55	10.528	8.984	7.784	6.835	6.433	6.072	5.45	4.947	4.498	4.142	3.981	3.327	2.854	2.498	2.222	1.999
25	22.023	19.523	17.413	15.622	14.093	12.783	10.674	9.077	7.843	6.872	6.464	6.097	5.466	4.956	4.507	4.147	3.984	3.328	2.855	2.499	2.222	1.999
26	22.795	20.121	17.876	15.982	14.375	13.003	10.809	9.16	7.895	6.906	6.49	6.118	5.48	4.963	4.513	4.151	3.987	3.329	2.855	2.499	2.222	1.999
27	23.559	20.706	18.327	16.329	14.643	13.21	10.935	9.237	7.942	6.935	6.513	6.136	5.491	4.969	4.519	4.154	3.99	3.33	2.856	2.499	2.222	1.999
28	24.316	21.281	18.764	16.663	14.898	13.406	11.051	9.306	7.984	6.96	6.533	6.152	5.501	4.974	4.524	4.156	3.992	3.331	2.856	2.499	2.222	1.999
29	25.065	21.844	19.188	16.983	15.141	13.59	11.158	9.369	8.021	6.983	6.55	6.165	5.509	4.978	4.528	4.158	3.993	3.331	2.856	2.499	2.222	1.999
30	25.807	22.396	19.6	17.292	15.372	13.764	11.257	9.426	8.055	7.002	6.565	6.177	5.516	4.996	4.531	4.16	3.995	3.332	2.857	2.499	2.222	1.999
40	32.834	27.355	23.114	19.792	17.159	15.046	11.924	9.779	8.243	7.105	6.641	6.233	5.548	4.999	4.543	4.165	3.999	3.333	2.857	2.499	2.222	1.999
50	39.196	31.423	25.729	21.482	18.255	15.761	12.233	9.914	8.304	7.132	6.66	6.246	5.554	4.999	4.545	4.166	3.999	3.333	2.857	2.499	2.222	1.999

附录五 投资时针测算盘使用案例介绍

目前,金融机构在从事个人理财或私人银行业务普遍遇到的两个难点是:复杂的理财规划让客户望而生畏和私密信息不便透露让理财师无用武之地。

本书作者开发并获得国家专利的投资时针测算盘完美地解决了上述两个问题。第一,投资时针测算盘使理财规划变得简单,用户只需转一转测算盘,就可以得到量身定做的投资规划;第二,理财师不再需要通过客户的私密信息才能进行理财规划,直接利用测算盘就能为客户定制方案了。

我们可以通过以下案例来展示投资时针测算盘的作用。

【理财案例】 黄先生,30岁;黄太太,28岁;儿子,1岁。黄先生、黄太太每月生活费用各3 000元。

理财目标(1):黄先生想为儿子18岁时准备50万元的教育金。

理财目标(2):准备黄先生和黄太太两个人的养老费用。

理财目标(3):黄先生还准备5年后儿子读小学时买一个学区房,价值100万元,首付三成。

请为黄先生做一个简易的理财规划。

【理财规划】 假定投资年均收益率为8%,通货膨胀率为3%,在这种情况下,利用本书中学习到的方法可以用计算器计算出实现各项理财目标每月需投资的金额。

(1)子女教育规划:为实现18岁时有50万元教育金的目标,黄先生需每月投资1 158元。

(2)养老规划:黄先生目前生活费用3 000元,退休后想保持目前的生活水平需每月投资1 466元;黄太太目前的生活费用3 000元,退休后想保持目前的生活水平需每月投资2 102元。

(3)买房规划:黄先生5年后要为儿子读小学买学区房,为筹集首付款30万元,每月需要投资4 083元。

在不用计算器的情况下,我们可以运用投资时针测算盘来解决上述理财目标的规划问题:

第一步,转动子女教育规划测算盘。黄先生的孩子现在1岁,将投资时针转动至"1岁",对应于箭头左边数字50万元,可以在箭头中央看到需要每月投资1 158元。

子女教育投资时针测算盘

第二步，转动男性养老规划测算盘。黄先生现在30岁，将投资时针转动至"30岁"，对应于箭头左边数字生活费用3 000元，可以在箭头中央看到需要每月投资1 466元。

男性养老投资时针测算盘

附录五　投资时针测算盘使用案例介绍

第三步,转动女性养老规划测算盘。黄太太现在28岁,将投资时针转动至"28岁",对应于箭头左边数字生活费用3 000元,可以在箭头中央看到需要每月投资2 102元。

女性养老投资时针测算盘

第四步,转动买房规划测算盘。黄先生未来5年后要为孩子买学区房,将投资时针转动至"5年",对应于箭头左边数字房屋首付款30万元,可以在箭头中央看到需要每月投资4 083元。

房产投资时针测算盘

读者如需索取投资时针测算盘,可通过以下方式联系:

地址:广州市海珠区新港西路 135 号中山大学西门国家科技园 B 座 313 房

电话:020-84115189

网址:www.zhaobaolicai.com

邮箱:chenyugang76@163.com

qq:416701384@qq.com

参 考 文 献

1. 陈兵,Alfred Wong:澳大利亚个人理财业的发展与启示,《金融教学与研究》,2007年第1期。

2. 陈玉罡,黄捷:外企女性求学置业规划,《大众理财顾问》,2011年第8期。

3. 陈玉罡,窦倩:职场新人买房方案,《大众理财顾问》,2011年第4期。

4. 陈玉罡,窦倩:不惑之年二线城市换房巧打理,《大众理财顾问》,2011年第5期。

5. 傅豪:商界新贵理财规划书,《大众理财顾问》,2011年第3期。

6. 韩松,于江:独立理财公司在美国——独家专访国际金融理财标准委员会前主席提姆·柯契斯,《当代金融家》,2006年第9期。

7. 厉海强:中美基金业的几组数据对比,http://cn.morningstar.com/article/AR00002629,2009年12月15日。

8. 李善民,毛丹平:《个人理财规划:理论与实践》,中国财政经济出版社,2003年。

9. 玛丽·巴菲特,戴维·克拉克:《巴菲特教你读财报》,中信出版社,2009年。

10. 钟欣:梅艳芳遗产纠纷落幕,母亲执著争产7年终败诉,中国新闻网,2011年5月9日。

11. 孙飞,陈兵:美国个人理财业发展概况,《农村金融研究》,2006年第2期。

12. 张逊:王永庆遗产争夺案再开打,《北京晚报》,2011年4月24日。

13. 杨雪:日本私人理财业务规范发展,《金融时报》,2005年03月23日。

14. Brinson, Gary P., L. Randolph Hood, and Gilbert L. Beebower, Determinants of Portfolio Performance, *Financial Analysts Journal*, 1986, 42, 4: 39—48.

15. Markowitz, H. M., Portfolio Selection, *Journal of Finance*, 1952, 7(1): 77—91.

16. Markowitz, H. M., *Portfolio Selection: Efficient Diversification of Investments*, New York: John Wiley, 1959.

17. Maslow A. H., A Theory of Human Motivation, *Psychological Review*, 1943, 50(4), 370—396.

18. 〔美〕斯蒂芬·H.佩因曼著,刘力、陆正飞译:《财务报表分析与证券定价》,中国财政经济出版社,2007年。

19. 〔美〕兹维·博迪、亚历克斯·凯恩、艾伦·J.马科斯著,陈雨露等译:《投资学精要(第四版)》,中国人民大学出版社,2003年。

教师反馈及教辅申请表

北京大学出版社以"教材优先、学术为本、创建一流"为目标,主要为广大高等院校师生服务。为更有针对性地为广大教师服务,提升教学质量,在您确认将本书作为指定教材后,请您填好以下表格并经系主任签字盖章后寄回,我们将免费向您提供相应教辅资料。

书号/书名/作者				
您的姓名				
校/院/系				
您所讲授的课程名称				
每学期学生人数	_____ 人	_____ 年级	学时	
您准备何时用此书授课				
您的联系地址				
邮政编码		联系电话（必填）		
E-mail（必填）		QQ		
您对本书的建议:			系主任签字 盖章	

我们的联系方式：

北京大学出版社经济与管理图书事业部
北京市海淀区成府路 205 号，100871
联 系 人： 徐 冰
电 话： 010-62767312 / 62757146
传 真： 010-62556201
电子邮件： em@pup.cn　xubingjn@yahoo.com.cn
网　　址： http://www.pup.cn
微　　博： 北大出版社经管图书，http://weibo.com/pupem